钱颖一

清华大学经济管理学院教授、院长（2006—2018）
清华大学文科资深教授
西湖大学校董会主席

生于北京，祖籍浙江。1977级清华大学数学专业本科毕业。毕业后留学美国，先后获哥伦比亚大学统计学硕士学位、耶鲁大学运筹学/管理科学硕士学位、哈佛大学经济学博士学位。之后任教于斯坦福大学、马里兰大学、伯克利加州大学。2006—2018年任清华大学经济管理学院院长。2018年起任西湖大学首届校董会主席。

学术荣誉包括：2012年当选为世界计量经济学会（The Econometric Society）会士（Fellow），2018年当选为清华大学首批文科资深教授；获得2009年度孙冶方经济科学奖、2016年度首届中国经济学奖。研究领域包括：比较经济学、制度经济学、转轨经济学、中国经济、中国教育。中文著作包括：《现代经济学与中国经济改革》《现代经济学与中国经济》《理解现代经济学》《钱颖一对话录：有关创意、创新、创业的全球对话》。

大学的改革

第五卷·学子篇（研究生）

钱颖一 著

中信出版集团｜北京

图书在版编目（CIP）数据

大学的改革．第五卷，学子篇．研究生／钱颖一著
．-- 北京：中信出版社，2021.7
ISBN 978-7-5217-3028-9

Ⅰ．①大… Ⅱ．①钱… Ⅲ．①高等教育－教育改革－研究－中国 Ⅳ．① G649.21

中国版本图书馆 CIP 数据核字（2021）第 058303 号

大学的改革（第五卷 · 学子篇 · 研究生）

著　　者：钱颖一
出版发行：中信出版集团股份有限公司
（北京市朝阳区惠新东街甲 4 号富盛大厦 2 座　邮编　100029）
承 印 者：北京通州皇家印刷厂

开　　本：787mm × 1092mm　1/16　　印　　张：30　　字　　数：472 千字
版　　次：2021 年 7 月第 1 版　　印　　次：2021 年 7 月第 1 次印刷
书　　号：ISBN 978-7-5217-3028-9
定　　价：128.00 元

目 录

第二编 MBA 学生与院长共品下午茶（英文场）

第四章 2010—2014 学年

第五章 2014—2018 学年

第三编 硕士生与院长共品下午茶

第六章 2010—2018 学年

第四编 博士生与院长共品下午茶

第七章 2010—2018 学年

第五编 高管教育学生与院长共品下午茶

第八章 2010—2018 学年

引　言

我是清华大学1977级“文革”后第一届大学生，1981年从清华提前本科毕业后留学美国。从2002年起，我在清华大学经济管理学院担任特聘教授，并从2006年9月起担任学院院长，于2018年8月卸任，历经四届共12年。基于我在清华任教和担任院长的经历，我在2016年9月出版《大学的改革》“第一卷·学校篇”和“第二卷·学院篇”，又在2020年6月出版《大学的改革》“第三卷·学府篇”。这三卷书共收集了我在2002年至2018年，主要是在2006年至2018年担任院长期间的文章和讲话311篇。

在我担任清华经管学院院长期间，每学期定期举办一个活动，叫作“院长与学生共品下午茶”，简称“院长下午茶”或“下午茶”。“下午茶”由学生自由报名参加，每次时长两至三个小时。在“下午茶”上我与学生面对面毫无拘束地自由对谈，所谈话题也没有限制。在我担任院长的12年间，一共举办了106场“下午茶”活动，其中本科生40场，研究生66场。《大学的改革》第四卷和第五卷就是“下午茶”活动中我与学生对谈的实录，由此定名为“学子篇”。其中第四卷是本科生卷，收录“下午茶”32场共32篇，第五卷是研究生卷，收录“下午茶”51场共54篇。“学子篇”两卷共收录“下午茶”83场86篇。

贯穿《大学的改革》五卷的是我对大学改革的基本思路，包括一个主题——“大学为学生”，以及两项内容——“实践现代教育理念”和“建立现代大学制度”。在阐述教育改革思想的同时，这五卷真实记述了教育改革行动。它既是一套理念上“为何改革”的书，更是一套实践中“如何改革”的书。在这个意义上，它是中国教育领域中一套独特的书。

第四卷和第五卷在两方面不同于前三卷。其一是侧重点不同：因为是

“学子篇”，所以后两卷聚焦于两项内容的第一项——“实践现代教育理念”。其二是文字风格不同：前三卷是我的文章和讲话，所以场合正式、主题聚焦、行文连贯；而后两卷记录的是我与学生的对谈交流，是非正式的场合，话题随着现场学生的提问行走，口语性强。其实也正是这个特点使得这两卷具有前三卷没有的吸引力，那就是真实、朴实、现实。如果说大学教育管理者的文章和讲话总能看到的话，这种类型的与学生对谈就少见了，这也就有了它的额外价值。

“下午茶”中对谈的内容广泛，话题多样，看上去零碎，但是它有三条反复出现的主线横贯于两卷之中。

第一，传播现代教育理念。我的教育理念就是大学为学生，为学生的一生。教育要回归学生本身，回归人本身。学生进入大学是一个自我审视、自我发现、自我实现的个性发展过程。教育是为学生打开多扇窗，点亮学生的心灵，让学生认识自己，认识世界，寻找适合自己的发展方向。因此，大学要为学生创造自由、宽容、多元、共生的环境。学生在大学不仅仅是为了学习知识，更重要的是训练大脑会思考，为此必须保持好奇心。从根本上讲，学生的问题是“三观”问题，即人的世界观、价值观、人生观问题，也是眼光问题，视野问题，人格养成问题。这种回归学生自身的现代教育理念是要使得学生在自由探索中认识自我，具有长远眼光、全球视野，因此不是短期功利主义和狭隘民族主义的人才培养观。

通过“下午茶”，我把现代教育理念传递给学生，同时获得他们的反馈，再做出进一步解释，如此反复。重要的是，这个传递过程不是灌输，不是讲抽象的概念和枯燥的教条，而是通过具体事例在三个维度上展开：回忆清华的百年历史，特别是早期历史；诠释大学的国际比较，特别是领先大学的办学经历；关注当今中国大学中的现实问题，特别是一些普遍的问题。通过一个个具体事例，我与学生共同推敲和理解现代教育的精髓、现代大学的本质，并从中吸收人类文明的精华。以这种教育理念来看国际化办学和海外交换学习，就不再是英语授课、海外交换、招收国际学生的问题，而是融入人类文明主流的问题。

第二，了解学生的真实想法。毋庸置疑，清华经管学院的学生都是精英学生。这期间参加“下午茶”的本科生以“90后”为主，也有“80后”。而研究生则以“80后”为主，也有“70后”“90后”。本科生中除了清华经管学院的学生，还有在经管学院选修第二学位的非经管学院的学生，他们来自清华的理科、工科和其他文科院系。研究生组成也非常多元，除了学术导向的博士生外，还有就业导向的专业硕士生，以及具有多年工作经验的专业硕士生。这些本科生和研究生来自国内各地区，有城市的，也有乡村的，来自各类中学，各类大学。除了国内学生，还有来自世界各地的国际学生。参加“下午茶”学生群体的广泛性和多样性造就了这两卷中信息的丰富性和普遍性。

通过“下午茶”这个渠道，我直接地、真切地听到学生用自己的语言提出自己关心的问题。对谈中我能够了解到“80后”“90后”学生关注的问题，他们的思维逻辑，以及他们的价值偏好，也就是他们的心智模式（mindset）。这是在其他正式场合不易获得的信息，是教育者必须思考的信息。与“50后”“60后”“70后”的教师不同，“80后”“90后”的本科生和研究生面临着不同的市场竞争环境和国内外政治社会生态。我通过“下午茶”深切感触到，他们在面临难得的机遇的同时，也在新型竞争压力下感到迷茫、困惑和焦虑，最后导致不少无奈的选择，甚至落入博弈论中讲的“囚徒困境”。

第三，通过与学生直接沟通把改革落实到位。“下午茶”中我与学生对谈的大量时间花在落实教育改革过程中的相互磋商。这些细节反映的是实践现代教育理念中“如何改革”的过程。改革者呈现给读者的往往是最初的改革设计和最后的改革结果。因此看上去很干净、很漂亮。殊不知改革的实际过程很凌乱、很复杂，这是每个经历过改革的人在事中都很清楚，但在事后又容易忘记和忽略的。复原这些改革过程的细节，对理解真实的改革，而不仅仅是改革初衷和改革结果，很有意义。

“下午茶”中的对谈记录了把教育改革落到实处的过程。我在这个过程中调研存在的问题，听取学生对改革方案的反馈意见，并且根据这些意见对改革方案做出解释、进行修改和补充。虽然其中不免有学生的误解和他们的惯性思维，但更多的是反映了真实问题。我们讨论的范围非常广泛，包括课程设置的合理性、教师授课的质量和授课效果、学生的职业发展规划、中国企业案例的开发、清华资源的利用等。改革落到实处就是要具体落实每一门课程，落实每一个课堂，落实每一位教师，落实每一个环节，所以要解决每一个具体问题。改革的整体结果是由无数的局部改变组成的。事实上，实践现代教育理念是一个把上述两条主线结合起来的过程：一方面需要传播教育理念，另一方面也需要理解学生的需求。

综上所述，传播现代教育理念、了解学生的真实想法、通过与学生直接沟通把改革落实到位，是“学子篇”这两卷中的三条主线。

下面概括介绍这两卷各编各章中在“下午茶”上对谈的话题。

《大学的改革》“第四卷·学子篇（本科生）”分为两编，分别为“本科生下午茶”和“双学位本科生下午茶”。我作为特聘教授在清华第一次讲授“经济学原理”课是在2002年秋季学期，选课学生主要是2001级和2002级本科生，他们大多生于1983年和1984年，都是“80后”。在我担任院长的第一年时入校的2006级，多生于1988年，已经是“85后”并接近“90后”。在我担任院长的最后一年入校的2017级，他们多生于1999年，这是20世纪的最后一年，再之后入校的就是“00后”了。由此可见，参加“下午茶”的本科生中的绝大多数是“90后”。

“本科生下午茶”的参加者是经管学院本科生。在2007级之前经管学院本科有四个专业：经济、金融、会计学、信息管理与信息系统，只招收理科生。从2007级开始改为三个专业：经济与金融（国际班）、会计学、信息管理与信息系统，文理兼收。经管学院本科生绝大部分是通过全国高考招收的学生，也有一小部分是保送生，就是通过参加竞赛或其他形式（比如外国语学校推荐）招收的学生。除此之外还有转系生，就是在二年级从清华其他院系转入经管学院的本科生。从2016年起，新雅书院面向全国高中招生，文理兼收，学生入学时不分专业，在一年级之后自主选院系，其中一些学生选了经管学院的专业，但他们的学籍和宿舍仍保留在新雅书院。学籍在经管学院的在校本科生接近 1 000 人。①

“本科生下午茶”分为四章。第一章是 2008—2010 学年②，共四篇。这两学年正值新的本科生培养方案的启动期。在此之前的 2006—2008 学年，学院已经大幅度增加英语授课和海外交换，新开设“经济与金融（国际班）”，并且在招生上下功夫。在此基础上，2008—2010 学年集中调研并出台新的本科生培养方案，整体思路是通识教育与个性发展相结合。这个培养方案从 2009 级开始实施。2009—2010 学年是值清华大学第 23 次教育工作讨论会，历时一年，我全程参加并担任本科教育改革小组牵头人。虽然清华的教育工作讨论会每五年召开一次，但这次教育工作讨论会是为 2011 年 4 月清华百年校庆做准备的一次研讨会，因此具有特殊意义。

第二章是 2010—2012 学年，共四篇。这两年主要是落实新培养方案的细节，包括请老师上课、多课堂开课、分层次开课等。落实通识教育远比落实专业教育更困难，不仅要在院外聘请教师，而且学生的学习动力是一个问题，因为通识教育的收益在将来。这期间越来越多的学生在大学三年级去海外交换学习一个学期，他们回来分享各种体验，表现出多样性的影响。我开始去中学听课，了解我们的学生在中学的学习经历，这对理解他们的基础和特征很有帮助。

第三章是 2012—2016 学年，共七篇。在 2012 级本科开学典礼上，我讲了“无用”知识的有用性，这是针对教育界中流行的我称之为“短期功利主义”的社会风气而讲的。从 2011 年春季学期开始，学院正式开出本科生必修课

---

① 除此之外，经管学院还有体育特长生班（简称“经体班”），五年制，单独招生，单独培养，教学由学校体育部与经管学院共同组织。“本科生下午茶”活动不包括经体班学生。但是学院的在校学生人数中包括经体班学生。

② 本书中所有年份都是学年概念。比如 2008—2009 学年的含义是指从 2008 年 8 月到 2009 年 7 月。

“批判性思维与道德推理”（简称“CTMR”）。CTMR 很快成为对学生影响非常大的一门课，也成为经管学院的一张名片。也是在这几年中，学院对外开放力度加大，比如邀请库克、马斯克来学院对话，邀请彼得·蒂尔、尼尔·弗格森来学院开课。

第四章是2016—2018 学年，共四篇。2016 年9 月，《大学的改革》“第一卷·学校篇”和“第二卷·学院篇”出版，记录了我担任院长 10 年间的教育改革。在接下来的这两年中，随着教育改革实践的进一步深化，我与学生的交流也更加深入。在这个时候，学生面临的竞争环境日趋激烈，拼学分绩、拼社工、拼实习开始成为潮流，他们心中的焦虑、纠结已经呈现，到今天发展成为一种“内卷”局面。多样选择本来是为个性发展创造条件，但是结果却导致了同质竞争，流于从众。这期间举行了我的第 100 场“院长下午茶”。

“双学位本科生下午茶”的参加者是清华大学非经管学院学籍本科生在第一学位之外选修经管学院开设的第二学位的学生。他们从本科第二年（或第三年）开始，在满足第二学位的学分和毕业设计要求后获得本科第二学位。经管学院从 2006 年开始开设经济学第二学位，简称“经双”；从 2013 年开始，恢复开设管理学第二学位，简称“管双”。① 在经管学院读双学位的本科生占全清华读双学位本科生的三分之二。经管学院双学位本科生来自清华的理科、工科及其他文科院系，覆盖面非常广，规模非常大，在后期每年录取600 人，占全清华一年本科生的五分之一。经管学院的第二学位本科生在1 800人左右。

“双学位本科生下午茶”分为两章。第五章是 2008—2013 学年，共八篇。在此期间，经管学院提供的双学位只有“经双”一个项目。所以这一章讨论的话题集中在“经双”学生在学习中的疑惑、对经管学院的认知，以及他们对自己所在院系的评论。第六章是 2013—2018 学年，共五篇。在此期间，经

① 经管学院自 1983 年起开设企业管理本科第二学位，于 1999 年因全校本科学制从五年改为四年而停止招生。

管学院提供两个双学位项目，除了“经双”还有“管双”，而且在这两个项目中开设了多种方向，比如“经双”中的金融方向，“管双”中的创新创业领导力方向等。所以在这一章，参加“下午茶”的双学位学生的背景和兴趣更为多样，讨论的话题更为广泛。

《大学的改革》“第五卷・学子篇（研究生）”分为五编，分别为“下午茶”的 MBA 学生中文场、MBA 学生英文场、硕士生场、博士生场以及高管教育学生场。研究生是指所有本科之后的学位项目学生，包括各类硕士和博士。在清华经管学院就读的研究生有 3 500 人左右。MBA 学生中文场的“下午茶”也称为“比萨之夜”，硕士生和博士生的“下午茶”也称为“咖啡时间”。

MBA（Master of Business Administration）是我国于 1991 年开设的第一个专业硕士，清华是第一批试点举办学校。在 2014 年之前，经管学院的 MBA 有三个子项目：用中文授课的 MBA 全时班项目和在职班项目，用英文授课的全时班，即与麻省理工斯隆管理学院合作举办的国际 MBA 项目。从 2014 年开始，MBA 重新划分为两个子项目：在职班用中文授课，称为清华 MBA；全时班用英文授课，称为清华全球 MBA，继续与斯隆管理学院合作。①

第一编是“MBA 学生中文场”，分三章。第一章是 2008—2011 学年，共六篇。2008 年正值 MBA 百年，学院借此时机开启 MBA 课程改革，在 2008 级试点，在 2009 级全面实施。教学改革是一项细致工作，特别是 MBA 项目，还不同于其他教学项目，因为 MBA 学生都有多年工作经验，经历丰富，服务要求意识高。通过“下午茶”听取他们的意见，有时是需要容忍尖锐批评的，不过这对提高办学水平很有帮助。2010 年学院又启动了 MBA 招生改革，以使学生来源更加适合新的 MBA 项目培养未来领导者的目标。

---

① EMBA（Executive Master of Business Administration）项目独立于 MBA 项目管理，全部是在职班，要求至少八年以上工作经历，五年以上管理经历。其中 TIEMBA（Tsinghua-INSEAD Executive MBA）是清华经管学院与 INSEAD（欧洲工商管理学院）联合举办的国际 EMBA 项目，全英文授课，获得清华大学和 INSEAD 两个 EMBA 学位。

第二章是2011—2014 学年，共五篇。MBA 招生改革后的第一届学生在2011 年秋季入学。2011 年是中国举办 MBA 教育20 周年，借此机会，学院回顾20 年的成就，展望未来 MBA 教育的趋势。其中一个重要的发展基点是推动“学院与大学融合”，为此学院推动了多项开创性的活动，比如开启“MBA + X”双硕士学位，举办与大学融合系列论坛八次，开设“清华探究”课，创立清华 x-lab，举办“校长杯创新挑战赛”，等等。也是在此期间学院率先开始了在线课程。所有这些都为 MBA 学生提供了新的学习机遇，包括“跨界”的机遇。

第三章是2014—2018 学年，共八篇。从2014 年秋季开始，中文班只有在职班。创业成为这个时期的主题。2014 年学院毕业典礼邀请马云演讲，之后马斯克、扎克伯格、蒂尔、马化腾、张一鸣、沈南鹏等先后来学院参加“院长对话”活动，在学院与我对话，主题都是创新创业。学院借助清华 x-lab 这个平台与 MBA 的“整合实践项目”（IPP）对接，创新创业教育取得新的突破。特别是借助清华的理科和工科优势，以科学和技术为基础的创新创业教育展现出“大学商学院”超越独立商学院的潜力。

第二编是“MBA 学生英文场”，分两章。第四章是2010—2014 学年，共六篇。这一时期是在新版 MBA 推出之后，国际 MBA 项目围绕新课程体系听取学生意见，不断进行调整，以完善课程体系，提高课程质量。这一时期国际 MBA 学生关心双语环境的改善，增加海外交换名额等问题，以及与此相关的学院的愿景，特别是国际 MBA 项目的定位。

第五章是2014—2018 学年，共八篇。在这一阶段，国际 MBA 项目与中文全时班合并升级为全球 MBA 项目。这时新的 MBA 课程体系已经趋于成熟，国际化办学更加丰富，学院开设多种具有国际高水平的外请教师讲座、课程，比如“麦肯锡全球领导力”课程、Facebook 的“创新创业”课程、蒂尔的“创办新企业”课程，这些都成为全球 MBA 教育中的新亮点，受到学生特别是国际学生的高度评价。与此同时，一些国际学生感受到面临一个新的挑战：学习中文，因为他们想要在中国工作。

第三编是“硕士生下午茶”。这里的硕士生是指除 MBA 和 EMBA 之外的所有硕士项目的学生，称为“普通硕士”（简称“普硕”）。最开始，“普硕”学生都是从本科毕业后直接就读学术型研究生。后来有的硕士演变为专业硕士（比如会计硕士、金融硕士），也有的要求有本科毕业后的工作经验。硕士在传统上三年毕业，现在通常两年毕业。2011 年之前，经管学院硕士分为八个专业：经济、金融、会计、战略、人力资源、市场营销、技术经济、管理科学与工程。2011 年硕士项目转型后硕士专业分为五个：经济学硕士、管理科学与工程硕士、管理硕士（MiM）、金融专业硕士（MOF）、会计专业硕士（MPAcc）。其中金融专业硕士在北京和深圳两地举办，但使用同一个培养方案。

第三编含一章，第六章，覆盖 2010—2018 学年，共九篇。2010—2011 学年学院规划硕士项目转型，从 2011—2012 学年开始实施。这个转型中遇到很多具体问题，包括如何对接本科专业与四类硕士项目（会计专业硕士、金融专业硕士、管理硕士以及学术型硕士）的学习。在金融专业硕士中，还有一个特殊的问题就是深圳班，他们在深圳学习，但都到北京来找工作。由于绝大多数硕士生毕业后直接就业，因此硕士生在校期间的实习问题凸显，这对学院的硕士教育提出了挑战。

第四编是“博士生下午茶”。博士生包括两种。一种是传统式的，就是学生获得硕士学位后通过参加每年 12 月底举行的全国研究生考试成为博士生（简称“普博”）。“普博”在早期是成为博士生的唯一路径，但在后来演化出一些非学术型的“在职博士”“论文博士”等。为了回归博士的学术定位，近年来发展出另一种博士生路径，就是本科应届毕业生不参加全国研究生考试，由所在本科大学推荐在本校或外校读博士，并在读博过程中获得硕士学位（简称“直博”）。对这些免试推荐上来的应届本科毕业生，招收高校制定录取标准和规则并决定是否录取。“直博”学生不需要先读硕士再读博士，具有一步到位进入博士阶段学习的优势，也更加容易坚持学术导向。

第四编含一章，第七章，覆盖 2010—2018 学年，共九篇。博士项目的改革方向是学术导向。坚持博士项目的学术导向就是必须把控博士培养质量，其中的一个关键环节就是引入统一的、严格的博士资格考试，学生只有在通过资格考试后再经过双向选择才能确定导师。这样，第一年的博士生基础课的质量就是关键。学院的经济学、管理科学与工程两个平台较早就建立了第一年学术上严谨的基础课体系，而工商管理平台第一年的基础课体系尚待建立。博士项目改革的另一个关键点是为博士毕业生寻找教职创造条件。在中国目前的情况下，各高校，特别是研究型大学，优先招聘海外博士，造成国内高校博士毕业生寻找教职比较困难。除此之外，博士生还面临诸如博士论文选题、博士生之间的学术交流、学术研究动力等问题。

第五编是“高管教育学生下午茶”。经管学院有多种非清华学位教育项目，在此编中包括了三个项目。一是 EMBA 媒体班，是由学院 EMBA 中心举办的一年制 EMBA 课程项目。这是一个免费公益项目，招收对象是媒体界的管理人员。二是金融财务 MBA（简称“FMBA”），是由清华经管学院与香港中文大学工商管理学院联合举办的两年制硕士项目，授予香港中文大学 MBA 学位和清华大学结业证书，分为北京班和深圳班，分别在两地举办。三是清华—青腾未来科技学堂（简称“青腾班”），是由学院高管教育中心与腾讯集团的青腾大学联合举办的培训项目，招收对象是年轻的创业者。

第五编含一章，第八章，覆盖 2010—2018 学年，共三篇。因为这些项目不是清华的学位项目，所以“下午茶”对谈主题不是关于项目课程的设计问题，而是关于清华的历史、经管学院的发展，以及中国教育、创新创业等问题。

与本书前三卷一样，这两卷在各编各章中的一些内容有重合或相似。由于它们是在不同场合并针对不同学生群体的，为了保持完整性，在收录时尽量保持原样。

2021 年是清华大学建校 110 周年。谨以《大学的改革》“学子篇”两卷向母校清华致意。

钱颖一

2021 年 1 月于清华园

第一编
MBA学生与院长共品下午茶

第一章

2008—2011 学年

MBA 学生与院长共品下午茶

（2008 年 12 月 10 日）

MBA 百年之际的课程改革

钱颖一： 今年是“MBA 百年”。在大学之外的商学教育起源很早，但是在大学内的正式商学教育应该追溯到成立于 1881 年的宾州大学沃顿商学院，当时教育对象主要是本科生。商学的研究生教育始于 1900 年的达特茅斯学院，当时学位叫作 Master of Commerce Science（商学硕士），教育性质为学术型。MBA（Master of Business Administration）于 1908 年最早诞生在哈佛大学。因此，今年是“MBA 百年”应该是正确的。借 MBA 百年之际，哈佛商学院组织了活动和研讨，讨论 MBA 的未来。他们研究了五所顶尖商学院，写了六个案例，提出现在 MBA 教育的一些问题和改革方向。

借 MBA 百年，今年开始我们学院力推 MBA 改革，推出了“新版清华 MBA”。MBA 是我们学院最大的一个教学项目，投入的师资力量也最多。目前清华经管学院已经走在中国商学院 MBA 教育改革的前列，在全国具有示范作用。

学生： 钱院长，您听了 MBA 课程后有什么评价？正面的有哪些，不理想的地方在哪里？

钱颖一： 这学期我抽空去听了全时班（中文班）和国际班（英文班）的课程。整体上感觉是“方差”比较大。第一，同一门课，中文班的和英文班的很不一样。第二，同一门课，不同老师讲得很不一样。

整体上讲，全时班中文课教得更有趣、更深入。国际班由于是英文授课，同样一门课，学生投入程度和一些细节上不如中文班。在软课程中，对“领导力开发”这门课印象比较深，老师很下功夫，很有激情，能从不同角度诠释主题。听课的时候，我会问自己，是不是从中学到了什么？我对国际班的“管理沟通”“英语”课程比较失望。国际班的职业规划要考虑学生的要求不一样，国际班的中国学生和外国学生的文化背景存在差别。总体来讲，软课程比较难教，硬课程相对好一些。

现在把硬课程都集中在后八周上，前八周集中上软课程，大家觉得如何？

学生：感觉后八周无法消化硬课程。

学生：我们很多是文科生。后八周一次上三门硬课程，数学基础不够，感觉特别痛苦。

钱颖一：四个老师教的 DMD（“数据、模型与决策”）课程我都听过，同一个课本讲法也不一样。这门课也是一种思维方法的训练。

学生：学 DMD 课程很痛苦，但确实很重要。我们的课程老师授课很好，案例也很新颖。

钱颖一：我想听听 2008 级同学的感受，关于软硬课程错开时间教学的问题。

学生：“管理沟通”属于软课，和我们的预期相差较大，上课是在第 1 ~ 16 周。后面的三门硬课程可不可以拉长到 1 ~ 16 周？

学生：课程设置水平非常高，软课程更受大家欢迎。管理的综合性强，清华 MBA 是在清华大环境之下的教育，是否可以融合哲学、心理学等课程，与中国的文化历史结合起来？硬课程是否可以将模型、公式等数理方面的内容与社会现实结合起来？

学生：考 MBA 的初衷是出于完善知识结构的目的。我在银行 IT（信息技术）部门，觉得有的课程当时学得不是很深入。知识不够系统，只知道课程，但是不知道脉络。软的东西需要学生的悟性，教师的引导可能还不够，与案例结合也不够。可能与老师有关，需要跨专业整合。

我建议：第一，关于课程，增加企业实例，请一些企业家从不同角度理解实际的东西。第二，讲解知识路线图，便于知道自己的 MBA 学习路径、大致方向以及目标。第三，促使教师差异化，发挥他们的经验。第四，课程阶段性评估，希望效果作用在自己身上，而不是在下一届。第五，灵活安排课程时间，增加交流。第六，软硬考核兼备。文科生学硬课、理科生学软课都有一些问题。第七，针对学生主动引导，在最初阶段就帮助学生快速进入角色。第八，重视毕业论文和导师选择。

学生：采用自由选择机制，自由选择课程和上课老师。

学生：改革势在必行。原来的MBA教育有欠缺或不足，我们这些快毕业的人以后还希望能继续得到学习资源。

学生：今年出现了金融危机，我的问题是MBA怎样“过冬”？在目前形势下我们应该如何规划，从学院能获得什么资源？

钱颖一：MBA怎么“过冬”？有些动物有冬眠，我们在冬季正好可以读书。冬季应该是大家读书的最好时机，因为户外寒冷，活动的参与程度下降，机会成本降低了。改革开放30年来，我们中国人还是第一次面对全球金融危机这样的事情。这次金融危机与1998年亚洲金融危机不一样，这次是从发达国家的核心领域开始的，我们还没有经历过这样的“冬天”。每个行业都需要深入思考，尤其是从事管理的人，因为你们更直接地触摸、感受到危机。

有几点很重要。第一，目前MBA教育几乎全是对当前案例的分析、比较，而我们应该更多地学习历史。从1908年到2008年的一百年间，像现在这样的金融危机和经济状况也发生过。时下有一种错觉：当冬天来临时，要看到春天不远了；新经济来了，旧的就不适用了。实际上，历史知识和基本推理还是很重要的。第二，经济的基本规律很重要。20世纪20年代，汽车等行业比现在互联网给经济带来的冲击要大得多。在“冬天”，我们对基本规律的思考会更冷静、更深刻。第三，软技能、软实力更应该受到重视。即使模型没有问题，但数据是过去的，对模型的解释也存在偏差。所以，要更加重视全面的综合知识和技能。

建立校友间顺畅的沟通机制

学生：时间过得很快，三年前的入学仿佛就在昨天，现在却已经在写毕业报告了。每个人学习 MBA 的动机和目标不一样，但重要的是过程。快要毕业了，如何在毕业之后，还能保证顺畅的沟通机制？

学生：校友网的灵活性、稳定性和互动性还不够。能不能发动大家的力量加强一下互动性，利用网络增进一下相互交流？“校友导师计划”能不能有更灵活的方式和经常性的长期交流机制，而不是每年才启动一次？

钱颖一：IT 很重要。哈佛商学院把 IT 作为一种战略竞争优势，下了很大功夫，也做了很久。我们要通过 IT 建立长期有效的沟通机制。

MBA学生与院长共品下午茶

（2009年5月20日）

"新版MBA"的改革探索

学生："新版MBA"改革在经验、成果方面有什么值得推广的地方？

钱颖一："新版MBA"课程我们是从2008级开始做试点，将在2009级全面推广。我们在2008级的秋季课程中引入了一些新的课程，从中探索到了一些经验，也总结了一些教训，在下一学年里会有很多改进。我们将更多强调软技能，强调领导力和沟通，因为这将成为一种全球趋势。

下学期，我们将会开设"领导力开发""管理思维""管理沟通"等课程，也会对我们现存的一些问题进行改进。例如，我们现在将软课程安排在前八周、硬课程安排在后八周，发现学生压力太大，这样不合适，我们会做调整。有些课程可能变成选修课，其他课程安排上也会做一些调整。在第一年的春季学期，我们会引入整合实践项目（IPP），包括与企业的合作项目，都是一些真实的项目。上面这些变化和改革从趋势上看都已非常明显。

三天前，我刚从美国回来，我去哈佛商学院参加他们的顾问委员会会议。在会议中我们讨论到MBA项目的情况，在思考要做改变。看来"领导力开发""管理沟通""商业伦理"等课程是大势所趋。经过这一年的试验，我们大有进展，到了2009级学生进来的时候会有更大的突破、更好的发展。对此我们还是满怀信心的。

学生：我想问一些学习上的问题。现在，学习了两年时间，感觉和老师、同学在沟通过程中进步很大。但有一个缺陷，我们与一流企业的沟通和交流显得比较少，这和国外商学院的差距比较大。比如我从事房地产业，能够接触一些房地产公司的情况，同时也希望能在与其他行业的顶尖企业接触中，了解他们的管理理念以及战略思想。希望加强同国内更高层面的互动交流。现在，出现了一些同学的自发组织，比如房地产俱乐部。但是，同学的组织经验毕竟有限，这样的行业俱乐部一般是国际班或全时班发起的，他们整合社会资源的能力相对在职班同学来说还是有一些差别的。

钱颖一：清华就有一个房地产研究所，名气很大，但不是我们经管学院的，是土木水利学院的。这个资源离我们很近。有很多这方面的机会，可以加强联络，加深合作。但这件事还没有做成，同学们还没有通过这样的平台与一些企业接触。

MBA 中心老师：这其实是商学院的外部关系问题。国际上一流商学院如麻省理工斯隆管理学院都有专门负责外部关系的部门，会用项目把这些知名大企业都网罗起来，称作“学院企业关系共建”，可以解决学生实习、研究等各方面问题。但在我们校园里，对项目层面的支持太少了。

钱颖一：其实，我们也有这样的部门，叫作合作与发展办公室。唯一的差别就是我们办公室只有一个半人。在过去六个月中，至少有三个高层人士——BP 总裁、苏黎世保险公司顾问、高盛总裁都来访过。我们确有这样的部门，只是目前力度不够，扩展的面不够。因此需要加强这个部门。

案例的质量是关键

学生：学院购买了哈佛案例库，有很多不错的经典案例，但感觉年代太久远了。我们希望有一些更新的案例，与时代联系更紧密一些。而且，我们主要学习的是国外案例，但也希望和国内的顶尖企业都建立起联系。还特别希望能同一些民族产业的企业家有实践交流的机会，而不仅仅是在讲座上做比较浅层次的交流。

钱颖一：案例确实非常重要。特别是国际 MBA 的外国同学非常想学到中国企业案例。中国也有大量案例，但与哈佛不一样的是，哈佛写的案例有人用，我们写的没人用。关键是案例质量。

我们正在跟哈佛商学院的麦克法兰（Warren McFarlan）教授谈，想让他来帮助组建我们的案例中心。他在哈佛商学院工作了50年，就要退休了，他开发过十几个中国企业的案例。我们希望他每年至少来我们这儿四次，指导我们的案例中心，一起把中国的案例做好。现在的哈佛商学院院长莱特（Jay Light）曾经是他的学生。他经验丰富，资历很深，颇具权威，对中国问题也很有兴趣。我希望他参与进来，再配以相应的政策支持，在这方面会有很大突破。这件事目前正在操作中。

高旭东老师：我们MBA中心去年就做了很多我们自己的案例，包括大企业如中石油等24个案例，都按照哈佛商学院的要求，我们会很努力。另外，关于案例新旧的问题，案例不能太新，太新的案例看不清楚企业真正的发展究竟会怎样。案例本身没有太大意义，关键是背后的道理，要将理论问题说清楚。案例不能全是老的，也不能都是新的。

钱颖一：案例的质量最重要，不然写了没有用。目前国内很多案例其实只有简单的描述，无法从中一步步地思考问题。那些卖得好、用得多的案例，涵盖的问题、结论都不会那么肤浅。比如以一对夫妇经营手包的案例为例。案例讲述他们如何从零开始，之后遇到了四种选择，写得很有意思，其中大家有很多讨论，充满了各种权衡（trade-off）。一个好的案例制作出来是要下很大功夫的，不仅仅是讲述一个故事，而是富有层次结构的。所以，案例的质量确实很重要，也不容易。

教学资源的配置兼顾各方

学生：我想问一个关于课程设置方面的问题。大家在MBA课程改革中受益很大。但是今年，关于营销方面的课程，大家普遍感觉不太好。下半年营销这门课程能不能有更好的教师资源？

钱颖一：今年我听了很多课，也去听过营销课。我很吃惊大家对这门课反映强烈，我印象中它是我们的强项。各位老师用的是同一教材，营销系老师自己写的书非常好，课也比较容易教。大家对这门课程不满意，还是很让我吃惊。

我去听过一个班的营销课。我判断课程好坏的标准是，坐了一个小时出来后，还能记住一些东西。那堂课讲的内容与中国市场结合，非常生动，互动交流也很好，回答学生的问题也不错。但另外两个班的课，我没有去听过。

学生：对我们 MBA 学生能不能也开放一点，让我们也有权利选择教师？对于我们普遍反映不好的课程，有没有比较开放的做法？上学期的选修课有的不错，有的不是很好，不能体现我们清华经管老师的风采。有没有反映民意、民声的渠道？学院有很多大师，我们已经学了一年，却没有机会听他们的课，领会他们的思想，感受他们的魅力。

钱颖一：有一个办法，就是规定教学评估落在后 5% 的不能再教 MBA。其他解决办法，比如可以在两个教室同时开同一门课，学生自由选择，但这会出现操作层面的问题。如果一个老师讲得很好，所有人都跑到一个教室，他也是无法承受的。

学生：关于教学资源配置的问题。去年，很多很好的选修课安排在了工作日的下午，这些课程应该是可以对我们在职班开放的，但这种时间安排让我们很困惑。甚至开学典礼也安排在工作日的下午。另外，学院可不可以从我们学生的角度考虑，针对实际需求设置课程，而不是单纯从教师研究的角度开设课程。现在，老师很投入，但对我们的帮助不大。

MBA 中心老师：我注意到去年开学典礼是安排在周五下午，其实并非真想难为大家，当时要顾及很多学校领导和学院老师的工作时间。今年看能不能协调安排到周末举行。还有是因为我们入学导向的时间都很紧张，在职班的课程把周末的时间也都占了。今年把时间排开了，这样以后周末也可以有更多的时间组织其他活动。

MBA 中心老师：选修课的问题。有的课主要是针对硕士生开的，分配了一些名额给 MBA，以硕士生的时间为主。这样排课就在白天，因为硕士生晚上还有其他课，要保证不与他们的专业课冲突。还有另一门课是同样的课，老师也讲得很好，供大家选择。

做好职业发展规划

学生：全时班和我们在职班在课程设置上有一个不同，就是“职业发展规划”课程。全时班有这门课程，但我们在职班没有。其实，我们在职业发展中也有困惑，也需要相关咨询。CDC（职业发展中心）对我们不开放。学院是否也可以给我们提供这类发展指导，为我们提供更多的信息和帮助？

钱颖一：最近，我们听到了这样的声音，也了解到了一些情况。我们很重视职业发展规划，首先考虑的是全时班和国际班的需求，因为在职班同学已经有工作了。现在，我们发现你们在职班也有这样的需求，也存在职业选择问题。我们考虑从下学期开始，让它也对在职班同学开放。

新楼设计要体现新的教学理念

主持人：请您谈谈关于建新楼的想法。

钱颖一：我曾经去六教听课，发现六教的教室和中学教室是一样的。上星期我去美国开会，总共待了四天，去了三个商学院，顺便参观了他们的教学楼和 MBA 教室。那些教室的模样现在都记在我的脑子里。哈佛有两种教室：四排座位的和五排座位的。四排的可容纳 60 多人，五排的可容纳 90 多人，座位都没有超过五排的。而在我们舜德楼，最好的教室是六排座位的，最后两排还不是阶梯的。

到了六教教室，我发现同学们都不爱把姓名桌牌放上去，因为桌面太窄了，桌牌容易掉下来。在美国，相关的设计很好，桌上有一条缝，可以把桌牌塞进去。而且，桌牌上的姓和名写在两排，老师可以清楚地看到。

还有，芝加哥商学院的教室全在地下一层。哈佛商学院的教室虽在地面上，但都没有窗户，不过通风非常好。窗户都在楼道里，教室里没有窗户，这样听讲时注意力就会比较集中，也有利于声音聚拢。

因此，建新楼最重要的是教室的改进。教室的设计不同，效果确实会不同。而且我们还需要有专门的地方作为 MBA 活动室，校友和同学可以在里面活动。

现在，新教学楼还处在概念设计阶段，目前一切都还可以想象，大家有意见都可以提。建筑设计商为商学院设计大楼最讲究，要求也高。教室的座位常常设计成 U 形，座位不超过五排，这样老师与学生的距离很近。而且还要有很多分组讨论室。楼道里要留有足够的空间，便于大家随时可以坐下来聊天，进行充分交流。商学院非常强调沟通这一点，其中是很有道理的。

清华经管 EMBA 与中欧、长江的对比

学生：我们入学快一年了，也很有感触。老师对我们支持很多，为我们考虑也很周全。“管理沟通”课的老师教得很好，形式也很新颖。另外，加入清华经管后我的归属感、荣誉感很强。不过，很多人会问我 EMBA 方面的问题，我不太清楚，无法回答。我想知道，EMBA 和 MBA 在课程设置上有什么区别？也想知道，中欧、长江和我们清华经管这三所商学院的 EMBA 的特点和差别有哪些？

钱颖一：现在 EMBA 和 MBA 之间的交流太少。EMBA 课程设计的要求和 MBA 是不一样的。MBA 全国指导委员会规定 EMBA 要上 19 门课，一门课要上 32 学时，通常是加上周末连续上四天。他们要在两年内完成学业，时间非常紧。必修课有统一要求，还有一些选修课。因此 EMBA 和我们 MBA 在课程设计上是不一样的。

这三所不同商学院的 EMBA 风格不一样。我们和北大光华的风格比较接近，依托大学建立的商学院一般会深受大学文化的影响，比如在校园里，会有很多其他方面的大学生活，充满文化底蕴。同时，我们也受制于相关制度，比如学费就比较低。这些都是其他两所商学院没有的特点。

中欧和长江是独立商学院。其实从严格的法律意义上说，长江商学院不是独立的，而是汕头大学的商学院。中欧商学院也不是完全独立的，它是上

海市政府和欧盟合办的学院，依托在上海交大。但在运行上它们都是独立的。这两所商学院已形成了各自的风格。长江商学院的同学关系很紧密，院长会花很多时间与同学打高尔夫。长江的二十多个老师都是从国外大学的终身教授职位上过来的，他们的研究成果在国外是被认可的。长江有一个独特文化，就是在 EMBA 中同学的事情一定会帮着办，这很有吸引力。中欧在管理上严格规范，学生群体在外企的中层比较多。长江则是民企和官员偏多，官员有奖学金。

我们的 EMBA 有一个突出特点，就是班级活动、校友活动十分丰富。我们每个班都有班级主管，现有 25 个 EMBA 同学会。这方面，他们不能跟我们比。我们的 MBA 正在筹划成立校友会，这很值得下功夫，网络关系对我们的 MBA 同学至关重要。我很关注各商学院的优缺点。我希望我们的 MBA 和 EMBA 之间也要多交流多沟通，对这方面的资源加以整合、利用。

MBA 学生与院长共品下午茶

（2009 年 11 月 19 日）

钱颖一：在座的大多数是 2009 级新生，我在 MBA 开学典礼上与大家见过面。今年是多年来 MBA 项目作为一个整体首次在一起举办开学典礼。以前因为种种原因没有这么做过，有时就是国际 MBA 项目单独举行过开学典礼。而去年，MBA 开学典礼在星期五，许多在职班同学无法赶来参加。所以我说今年的开学典礼一定要放在星期六，让大家都能到场。

经管学院最初只有本科生的“与院长共品下午茶”活动。我担任院长后觉得这一活动不应该仅局限于本科生，我们 MBA 项目也应该组织这样的活动。但如果是“下午茶”，不少在职的 MBA 同学就无法到场，所以我们就将活动放在了晚上，叫作“比萨之夜”，这样在职班的同学就都能赶来参加，这就是 MBA 的活动叫“之夜”的原因，但是与“下午茶”是一个性质的。这个活动的目的是为了每学期有一次我与同学们面对面交流的机会。这样，我就能更充分地了解同学们在想什么，同时也让大家知道学院在想什么，院长在想什么。

李荣融对管理教育的洞见

钱颖一：今天上午，我去拜访国资委主任李荣融，他是我们学院顾问委员会委员。本来预定谈半个小时，在不知不觉中聊了一个半小时。两年前我去他办公室拜访，介绍了一些 MBA 的情况。我重点叙述了我们这次 MBA 课程改革中强调的软技能，包括沟通、领导力开发、商业伦理、职业规划等，在这方面我们下了很大功夫。他跟我谈论了一番伦理教育的重要性。

我们原来有一门课叫“商法与伦理”。但是顾问委员一眼就看出了其中的破绽。淡马锡 CEO 何晶说："恐怕不行，这两者是不能合而为一的，给人的感觉是好像要用伦理的办法逃避法律。一定要分开。"今天我就向李荣融讲述了这件事，他也觉得正确，法律是"律他"，伦理是"律己"。每次和这样的人交流都受益良多。我不仅获得很多有益的想法，还一定要落实，体现在课程中。

李荣融主任作为国企"老板"的"老板"，对细节极为关注。他给我讲了他去日本的几个故事。他到日本开会演讲，整个演讲过程中，台下没有任何手机铃声响起，而这在中国是不可想象的。还有一次去吃饭，他要了三种啤酒，想品尝一下。接下来的事情让他非常震惊：冰镇啤酒，不光酒是冰的，连杯子也是冰的，这是第一。第二，服务员把三种不同啤酒装在三种颜色各异的杯子里，并且每种酒都和杯子颜色一致。随后他又问：像他这样提出此类要求的人多么？回答是否定的。这就让他感到十分惊叹了。

像他这样一位高层的管理者，统管着我们 136 家中央国有企业，很多是在世界上能排上名次的企业。他确实是一位能够善于洞察我们管理中问题的人。在谈话过程中他总是提到别人的长处。谈到素质问题时他认为，经济发展越快，如果国民素质不能与之相适应地提高，是会很危险的。

我就此领悟到，咱们的 MBA 课程改革，也要强调自我认知。我们的 MBA 课程改革还是非常超前的。MIT 的院长得知我们的改革思路后，表示很欣赏，也很惊讶，认为我们现在的想法已经与他们相当一致了。学院在 MBA 的培养思路上，在全国都居于十分前沿的位置，希望大家在上课的时候能够深入体会。我们一直在强调培养 leader（领导者），这体现在各方面，不在于他（她）的职位高低，而在于其超前性和影响力。

软技能在 MBA 教育中的位置

学生：我想了解软技能在院长和老师心目中想要达到什么样的目标。我想，大家对软技能培养有很高的期望。

钱颖一：这里需要了解一个背景。我们国家的 MBA 项目起步较晚。1991 年开始试点，清华是第一批。现在已经有 184 所大学举办了，大致可分为三类：一类是原来的工科学校，像清华等；一类是原来的综合型大学，像北大等；一类是财经类学校。在全国的 MBA 教育中影响较大的还是工科学校，这类学校的长处在于我们现在称之为的硬课程，这类课程分析性很强。但在另一方面，所有院校都一样，就是软课程比较薄弱。究其原因，我们的教育，始自中小学教育，包括口语表达、书面表达等沟通能力，一直比较欠缺。我们现在强调软技能，一部分原因是想弥补中小学培养中的欠缺；另一部分原因，意在培养有综合管理能力的领导者。观察这些领导者，他们的共同特点是综合能力、领导力很强。我们有责任在这方面开设这些课程，但这就给我们提出了很大的挑战。

到底期望有多高？MBA 教育是完整的、系统的培养，不是培训。软技能课程的作用，就是认识自我，认识别人，反思、思考自我与他人的关系。一方面要培养一些技能，如谈判、沟通等技能；另一方面又超出技能的培养，培养认知能力。我们也知道情景式教育至关重要，“领导力开发”课程也正在学习国际经验。我们很清楚自己的目标，也知道差距，正在朝这方面努力。

学生：我们感到，软技能课程需要同老师更多互动。我想了解一下，学院有没有双向激励机制来促进软课程整体质量的提升？

钱颖一：这对我们老师来说，也是相当大的挑战。以前他们都习惯于讲一些硬课程。我们也在考虑要不要每个月都听取学生反馈，便于及时搜集信息。特别是大家作为首期的学生和改革参与者，应该反馈更多，不能等到学期末的教学评估。另外，下星期四我们将召开教师交流会，大家可以在此之前进行意见反馈。

从众不会有大出息

学生：特别高兴今天能有这个交流的机会。以前我在国家机关和世界 500 强的外企都工作过。在金融危机这个时候，您认为目前中国经济有哪些不足，

MBA 同学们将来能在哪些方面努力，为中国的发展做出点贡献？

钱颖一：我们目前处于世界历史上的一次巨大变革与机遇当中。现在讲这些也许不新鲜，但确实如此。今年中国增长 8% 以上没有悬念；美国、欧洲是 -2%，净差距几乎超过 10 个百分点。从这一点可以看出，我们处于和以往不同的时代。昨天，我参加了一场小型研讨会，大家都感到中国经济将很快超过日本成为第二大经济体。这种崛起与一个世纪前很不一样。那时美国有大量发明创造，唯一要做的就是不断生产汽车。而现在我们要考虑两方面的事情：既要多生产汽车，还要考虑环境等问题。

大家可以选择很多职业，国企、外企等等。但我想说的是，可以尝试一些没有人走过的路。仅“随大流”也会做出好成绩，但不会在大变革中留下太多痕迹。我不会教导大家如何投资，这是你们自己的选择。我只想勾勒出这样一个大背景，你们身在其中可能不容易理解。

以我自己为例。我在清华学的是数学，到美国后学的是数理统计，后来转到了经济学。那时我的同学都说我疯了。当时我对经济学很感兴趣，又有些数学基础，而且周围还没有多少中国人学经济学，所以就做出了决定。多年以后我回来教书，又是一个很多人没想到的举动。领导力关键要看做什么事情。但是如果从众，那样绝对不会有大出息的。

这是我想与大家分享的：一个是大环境，可以提供一点有启发的想法。另一个是我个人的经历，虽然没做什么惊天动地的大事，但所作所为还是很有意义的。

学生：我在外企工作，现在面临的竞争者不仅来自国内学生，更包括留学回来的学子。我想请问钱院长，从清华毕业后我们的优势在哪里？

钱颖一：首先，千万别让人家觉得你有某种清华的优势。正因为你出自清华，就更应该谦卑，这至关重要。上次在哈佛商学院参加顾问委员会会议，委员们都是高职位的人，但我听到最多的词语就是 humility（谦卑）。现在学校不重视这方面的教育，我却认为这使人终身受益。谦卑并不与你内心对自我有更高要求相矛盾。如果非要说出清华的优势，我觉得就是，一方面眼界比较开阔，这样看待和思考问题的方式就比较高明，另一方面是态度谦卑。这一对儿是我们独特的优势。

学生：我本科的专业是土木工程，做过地产。我们每个人的背景都不同，大家汇集在一起，如何才能因材施教？我们最后应该成为一个什么样的人？

钱颖一：MBA 这个学位是美国创造的，后来输出到全世界。过去两年，我花了大量时间对此加以研究。虽不敢说是专家，但也对 MBA 过去 100 年的演变有所了解。所有 MBA 项目最终都需要权衡，以达到某种平衡。一方面，学生应该有一些共同的技能；另一方面也要使得背景不同、兴趣不同的学生走上个性发展的道路。咱们的第一年，共同的核心课程比较多，第二年大都是选修课程。从整体来讲，MBA 教育模式中至少有三分之一时间花在共同课程上，作用不是要让大家一模一样，而是要促使大家具备“共同语言”。这为什么重要？因为这样可以节省大量“交易成本”。第二学年要根据个人特点进行选择。在第一学期，你的感觉是自己个性没有得到充分释放。但是要记住，共同的核心课程有它的价值。

学生：我代表我们有创业想法的同学问一个问题。现在感觉“国进民退”的现象很严重。我们认为，国家对民营企业的支持力度远远不够。请问现在是创业的好时机吗？如果现在不是，那什么时候是？

钱颖一：作为一个创业者，必须坚定地相信现在就是创业的最好时机。你用的词很温和，但是我知道你的疑惑。的确，现在是“国进民退”的时候。不过，可能这是暂时的。去年还在应对危机，西方国家政府也同样出手很重，显示政府力量很强。但是，如果误认为这就是大趋势，那就大错特错了。我个人并不认为这种趋势会“线性”地发展下去，历史从来不会如此，一向都是波浪式前进的。所以，越是在这种很多人放弃创业的时候，如果你立志创业并坚持下来，多年后恰能证明，你会是最后的成功者。

学生：提一个自我认知的问题，相当一部分学生可能不了解自己。学院能不能提供更好的路径让学生自我认知，免得到就业时不得不做出选择？

钱颖一：去年我们试行 MBA 课程改革的时候，曾经开了一门课叫“职业发展规划”，但效果很不理想。因为学生背景很不一样，中国学生从来没有做过自我认知的测评，但外国学生都做过很多次。我觉得这门课是有必要的。首先要有这门课的安排，也请到了在斯坦福专门从事这方面教育的老师，然而因为老师的原因没能开成。我们还得想办法。

深入“中国根基”

学生：这次金融危机此消彼长，让全球目光都聚焦于中国。清华经管作为中国一流的商学院，怎样才能体现中国特色？为了满足大家增强自身软实力的需求，我们自发组织了读书会，希望您能来指导。

钱颖一：我很鼓励你们做这样的事情。我们不说“中国特色”，而说“中国根基”，这一表述比较恰当。“中国特色”语义较轻、内涵宽泛，很多意思都能填入其中。现在，研讨案例等动不动加上“中国特色”一词，也是一种时髦。

地处中国，网络在中国，但是如果能把中国的根基挖掘更深，是很了不起的。比如，最近我花了很多时间再造我们的案例中心，目前正在开发用友的系列案例。案例的目的在于追求深度，一定要从学习材料上深入挖掘，制作出有深度的案例，不能只像公司的宣传材料那样。再比如，我们EMBA 办了四期媒体班，由花旗奖学金项目支撑，往年一期几十人，今年一期达到 120 人。有人觉得，那是新闻学院的事儿，我们可不这么看。再有，顾问委员会期间的清华全球论坛就吸引了 100 多名记者。我们不但要有根基，而且要“扎”得很深，深度与政府、商界、媒体、学界联系并合作。

学生：作为新版 MBA 首期的学生，我们毕业时正值清华百年校庆，也在想助推学院发展。我们正在进行一些尝试。比如，在“管理沟通”课堂上邀请宝马公司的人来，共同组建了一个基金。我们还开了一堂杨斌老师主讲的“管理思维”公开课，杨老师请了孙立哲、王济武来与我们交流。我们也与CDC 合作，等等。

我们来清华后颇有感触，觉得清华人文荟萃，也希望充分吸收，能出标志性的东西。最近，我看了一本书《哈佛商学院 1949 届》。我们 MBA 学生与老师的接触少了一点。所以我们也在想，能不能尽一些力整合资源，比如筹办 MBA 案例大赛等。我们每个人都将非常愿意添砖加瓦。

钱颖一：首先，你们要有这个眼光和雄心，希望你们多少年后也能像哈佛商学院一样有这么一本书，我会全力支持。其次，在我的计划中确实有一个你想象中的环节，叫作“整合实践项目”（IPP），希望能整合你们第一年各方面所学的知识，应该在你们明年毕业前开展。我们这次先在国际班和全时班中推行，在职班还是叫“整合实践课程”。希望它可以成为具有整合性和体验式的课。

打造精品课程

学生：我们这一批其实是变革的一代，师资是与我们 400 个学生严重不匹配的最矛盾之处。这是一个教学相长的过程。我举一个很简单的例子，坦率地讲，对于很多“硬课程”，我们完全听不懂。

钱颖一：对学校来说，课程设定以后，老师就是决定因素。我参与了很多课程的设计，老师们也面临很大挑战。整体来讲，老师的数量和质量还很欠缺。下星期，我们安排了与教师的交流。再过一星期安排学生和 MBA 教育中心的互动。之后我们归纳总结，再来看。

学生：我们确实感受到了学院的变革，比如课程设置，还有去掉了专业方向，为我们提供了很多机会。但是，很多同学第一次接触 MBA，不了解课程的情况，失去了很多其他机会。是否可以提供一些方法让大家提前了解一下课程情况？另外现实情况还有，现在的邮箱不好用。

钱颖一：先回答第二个问题，我的邮箱也不好用。我们打算彻底改造学院的 IT 系统。经过几个月调研，至少三家国内外公司竞标，已基本确定了软件提供商、实施团队，希望建成国内商学院中最好的 IT 系统。我们的参照基准是哈佛商学院，这是一个很高的标准，不一定能达到，但是我们的目标已定。目标是在基础设施、CRM（客户关系管理）、门户三方面全面改变。

你的第一个问题，我们取消的是专业方向必修学分数设置，但是这些专业方向课程组并没有取消，并且你可以自己设置课程。取消的只是硬性规定，我们仍然建议某个课组要选什么课，达到什么目的，内在关系是什么，信息包含更多指导。原来有些机械，将来会提供更多根据以往经验总结出来的学习建议。

学生：我是带着我们班同学的共同心愿来的。这学期我们学了“商法”课，但是时间太短了，我们希望能延长到12周。另外，我们也希望跟老师有更多的互动。

钱颖一：“商法”这门课程我也去听过，确实很好，把中国转型期间的案例整合起来，非常生动，很有收获。我也想提个建议，你们能不能更主动点，邀请老师来参加你们的活动。比如据我所知，EMBA学生邀请老师参加一些班会之类。邀请也有技巧，不是写个邮件就可以了。你可以走到老师面前，不必递上一束花，可以递上一封很精致的邀请信。我想，老师还是很愿意去的。

MBA 学生与院长共品下午茶

（2010 年 5 月 19 日）

MBA 课程改革的目的

钱颖一：我们的新版 MBA 难免存在问题，这毕竟是第一次尝试。教师、学生、学院和整个 MBA 项目中间的问题，包括操作方面的问题，我们都会仔细研究。

学生：哪些课程重点培养未来领导者的说写能力？

钱颖一：从我们课程设计的初衷来讲，主要有两门课意在达到这个目的。一门是“管理思维”，另一门是“管理沟通”。这两门课的初衷在于，希望大家在思维方面有所提升，并随之转化为表达能力的提高。可能我们还没有达到这一目的，效果没有显现出来。所以，我们也正在考虑怎么整合这两门课程，以期实现初衷。

学生：如何在课程中培养未来领导者的技能？

钱颖一：“领导力开发”这门课就是为了这个目的。

学生：在社会责任和道德培养相关课程方面又有何考虑？

钱颖一：涉及伦理问题的课程，我觉得我们还是走在前列的。去年 MIT 的一位教授来讲课，主讲商业伦理道德。前一段时间，我们顾问委员会的一位委员想捐赠一个讲座教授席位，就与企业社会责任相关。现在，我们也考虑设置一门关于企业社会责任的课，这样会更引起大家的关注。

学生：MBA 进入金融投资领域的比例会比较高。但课程里面有“管理经济学”，却没有“宏观经济学”，不知道以后会不会开设？我不知道，法律之类的课程以后在必修课里会不会有所安排？

钱颖一：会有“商法”这门课。至于“宏观经济学”，我们有一门选修课与这方面有关。国外商学院60%～70%的学校都有“宏观经济学”课程，特别是经历这场金融危机以后，需求量也随之增大，渴望了解资本市场、货币市场与宏观经济之间的关系。但我们确实没有把“宏观经济学”这门课作为必修课。

我们有一门课是关于国际经济和全球管理方面的。当今时代，各国经济联系紧密，如欧元汇率稍有变动就会迅速传导到其他经济体，随即引发人民币问题、美元问题等诸多货币问题，同时又牵涉企业全球跨文化管理的关系。哈佛有一门课，叫BGIE（Business，Government and International Economy，商业、政府与国际经济），很多学校也有类似课程。一般这门课包括几方面：从商业的角度讲述跨文化管理，还有全球化背景下的一些内容，比如跨国管理必然会涉及各国的政治经济以及资本市场、货币市场、金融市场等内容。我们已经关注到这个问题。我觉得，与其开一门以国内为主的纯粹的“宏观经济学”，还不如开一门宏观经济学中的国际部分，再加上全球跨文化管理。这可能更有必要。

学生：这学期几门必修课，“组织行为学”“战略管理”“运营管理”“营销管理”四门课，听一遍后我觉得，老师的PPT内容太多了，是否能够简化一些？上学期杨斌老师给我们的PPT，在我的印象中好像不超过五页，但所有东西都能记下来。留下的不是任何PPT，而是课程中研究过的案例、思考讨论过的问题以及所形成的思维。

钱颖一：你说的这四门课恰好都是我们保留下来的课。而上学期的课大多数是经过我们重新设计的课。这四门课我们叫作功能性（functional）课，即管理职能的课，再加上“公司金融”，一共五门课。这五门课是传统的MBA核心课程。如果你没学出兴趣来，可能有时间紧的问题，也有老师讲课的问题，还有一个客观原因——压缩学分问题，如“运营管理”和“战略管理”原来是三学分，现在改为两学分。

学生：是不是可以把我们学习的强度降低一些？

钱颖一：如果是课程之间分布不均，应该可以调整。如果是整体强度大的问题，还得征求全体同学的建议。

学生：能不能给我们在选修课上予以方向性的指导？是否第一年就可以开选修课？

钱颖一：课程方向性的指导在“入学导向周”就有。按照国际一流商学院的经验，一般情况下第一学年都是必修课，选修课都是放在第二学年。不过，对此我们也可以再调整。第二学期课程，包括整合实践课程如何安排。

学生：这学期前八周非常忙，很多作业都难以深度讨论，切分成几个不同模块各自分别完成，同学们感觉收获不大。

学生：我觉得，一定要使大家预先明白：前八周做什么，后八周做什么，表述得清清楚楚。课程安排方面，在我们自我暗示以及相互潜移默化的影响下，很多人都会强化一种意识，以为后八周没课了，可以随心所欲。各方面因素综合起来，就使得后八周我们自己对课程投入的预期降低了，但前八周又承受不了。

钱颖一：“领导力开发”和“组织行为”两门课有什么联系？有重复吗？你们的体会是什么？一位老师一次讲三个小时，另一位老师则分两次讲，一次一个半小时。你们更喜欢哪一种？

学生：上“领导力开发”的时候，我不想缺课，但“组织行为”课我宁愿睡觉。我觉得，深层原因在于老师的魅力，再就是课程容量。“组织行为”是大课堂。一般来说老师分两次讲好，但也取决于老师的水平。有的老师的课恐怕三个小时都不够，还想上。

钱颖一：英语作为两学分的课，你们觉得如何？

学生：我觉得，英语要么请外教来上小班课，要么干脆砍掉。

MBA 中心老师：我们不是没有安排过外教，但学生反映不是特别好。

钱颖一：外教讲地道的外语，但通常都不是专业老师。所以你会发现，他们跟你讲得就像聊天似的，没有结构，没有章法。一个学期之后，你们的英语水平提高了多少？

学生：基本上没有，反而还下降了。

钱颖一：如果这门课程帮助不大，那我们就跟学校谈，不要上这门课了。

学生：可以免修，但要求入学英语考试成绩达到标准。

钱颖一：秋季的三门硬课程——“会计学”“管理经济学”和DMD（数据、模型和决策）都是三学分，你们的时间配置怎样？在哪门课上花的时间最多？

学生：“会计学”耗时最多，其次是DMD，然后是“管理经济学”。

学生：跟个人背景有关。像我是文科出身，在DMD上花的时间就会比较多，而“会计学”以前学过，可能就不会耽误那么多工夫。

MBA是教育不是培训

学生：我们的MBA课程设计是假设同学都不知道自己今后的发展方向。但对于那些已经有明确目标的同学来讲，MBA的培养方案到底价值在哪里？比如，营销课程对我来说，毫不相干，但现在不得不学它。目标被冲淡了，难以集中精力，突破性就比较差。而且，第二学期有些选修课也不分方向。

钱颖一：我不太认同你的观点。你可能尚未达到高层管理者的位置。从前你比较擅长自身的专业，以后若要成为领导者，你的视野必定需要足够宽广。比如，假定你一直从事人力资源管理，你可能觉得营销意义不大。但如果你不接触它，到实际运用时就会产生问题。如某位负责营销的同事在述及这类问题时，你的头脑中就不会有相关概念。我一直跟大家讲，我们MBA项目不是培训项目，需要给大家提供足够的知识宽度和深度。

学生：MBA在职班的同学如果没有转变工作的要求，其未来就是现在职业发展的延续，那么，他需要什么职业技能？他有明确需要学习的单子，如果经管学院能够提供，那当然很好。但是，未来发展是否就一定能用到，这是个问号。假设他需要必备的职业技能，应该懂得的是营销、HR（人力资源管理），是不是这样呢？

钱颖一：这还是课程设计的理念问题。我还是想说，MBA 项目不是培训项目。它为你夯实一个相对宽广、牢固的基础。清华的同学跟其他学校同学的区别在于，“刚上手”时可能没有别人快速，但是达到一定程度后，有足够广的宽度和纵深发展空间，所以，通常能够走得比别人更好、更远。也就是说，知识的积累基础一定要广阔、厚实。

从入学导向到选课

学生：我们学习每一门管理课程都近乎盲人摸象，但我们最终会摸到“整只象”。能不能在学习一开始就给同学们一个全景图？

钱颖一：我们在“入学导向周”里有“管理导论”，是一学分的课，试图给大家“整只象”的描述。

学生：入学导向占用开学后的很长一段时间，是否可以提前到开学前完成？

钱颖一：如果新生提前报到的话，学校那边很难协调，如中国学生、外国学生的住宿等都是问题。

学生：是否能在开学的时候对我们进行能力测评？给每位同学建立档案，指出欠缺之处，并在其中进行跟踪评估。这样，可以更有利于我们增强自我认知，便于更有效地学习。

钱颖一：有单个测评，但没有系统的测评。在国外有此类测评，但费用太贵。

学生：同学在选择选修课时，往往十分盲目，甚至仅根据课程名称或简单介绍就做决定。能否增加一些对选修课相关知识的介绍？而且，选修课的时间安排大多为 1 ~ 8 周，9 ~ 16 周只有一门课，一周的一、三、五都得来学校，这对我出差来讲很难安排。

钱颖一：选修课和必修课有重大差别。必修课是出于我们深思熟虑后的精心设计，是着眼于同学们的根本需求而酝酿出来的课程。设计最终出炉后，老师得按部就班，跟着这个走，基本上属于需求驱动。但选修课不同，差不多是供给推动的，由教师的供给决定。

同学们在选择选修课时，一定要考虑清楚，早一点确定自己的方向。比如，我若是做汽车行业的，那就去听与汽车相关的选修课；我要是搞金融的，就去听资本市场的课。别把触角伸得太广，没那么多时间，也就两三年时间。

学生：能不能给我们提供一个关于创业的指导机构？我们想真正体验一次创业的经历。

钱颖一：创业者要学会寻找资源，寻找机会。我觉得，如果你想同哪个老师交流，就主动找那个老师交流。这也是创业者的素质之一啊！

呼应在职班的诉求

学生：职业发展中心给在职班的帮助不多。其实在职班同学也有换工作的需求。职业发展中心是不是应该给在职班的同学多一些帮助，多一些资源？

钱颖一：从我目前了解到的情况看，我们的项目从本科生到硕士到博士、MBA、国际学生，异常复杂，我们的人员也极为有限。目前我们职业发展中心的定位和任务，主要还是针对全日制、有急切转换工作需求的学生，在职班不是他们的核心任务。

一直以来在职班的定位是在自己原有职业轨道上进一步发展。我们注意到，现在越来越多的在职班同学有转换工作的需求或希望有更好的机会。从学院来讲，在准备职业发展资源方面，对大家是一视同仁的。

学生：我了解到全时班、国际班的企业家班主任都已经确定下来了，但我们在职班还没有。是不是完全靠我们自己来找？对企业家有什么要求？

钱颖一：我们只有相当有限的企业家班主任资源。班委们可以自己物色企业家班主任。但至于最终聘请，学院和MBA项目都有一套完整的流程。

学生：我觉得，我们对校友资源的开发严重不足。校友们的就业信息十分宝贵，应该加大力度，开拓这方面资源。我不知道为什么学院在校友资源开发利用方面效果不佳？

钱颖一：MBA 校友工作刚开展一年，基础还比较薄弱。MBA 校友数据库还在整理之中。现在，我们召集学生志愿者在办公室里每天给校友打电话核对信息，每人按班级分配任务，为期两周。针对已有联系方式的校友，招聘季节一到就会集中给他们发邮件，询问、了解招聘需求，记录并保留他们与我们老师的有效联系方式。校友们提供的一些工作、实习机会大都在外地，外地很多企业也愿意接受我们的学生，但实际情况是，我们的学生不愿意到外地去。有一次，职业发展中心的老师在长沙找到一家很好的企业，招聘总经理助理，我们的学生去玩了一圈儿就回来了。这种事只要有一次，以后就不好再跟企业谈了。所以，这需要双方共同努力，但不意味着职业发展中心就不为同学们开发、提供实习机会。

MBA 学生与院长共品下午茶

（2010 年 11 月 24 日）

MBA 改革的背景和脉络

钱颖一：我先来谈谈 MBA 改革的总体思考、宏观环境。无论是课程改革、招生改革，都与大背景相关。我相信，如果大家理解这个背景，会大有益处，也有助于解决一些具体的问题。

过去三年我们学院在 MBA 项目中投入了大量精力。有两件具体事情：一是课程改革，一是招生改革。招生改革始自今年 7 月份，是上一次“比萨之夜”和这次之间出现的新事物。应该说，社会上反响很大，其中最有力的证明是，一些学校随即跟进。记得英文中有一句俗语：“模仿是最真诚的恭维”。这说明我们的改革确实有道理。

我们为什么要实行课程改革、招生改革？明年是国内开展 MBA 教育 20 周年。中国的 MBA 教育始自 1991 年，最初只有 94 名学生，9 所院校获准试办，清华是其中之一。在这 20 年的发展历程中，1998 年形成了一次全国性的扩招高潮，以后每过几年便增加一批，如今已有 200 多所高校举办 MBA，今年招生总数大约 3 万人。根据目前信息，国家总体方针是减少普通硕士，增加专业硕士。而专业硕士中的第一大项目就是 MBA。美国 3 亿人口，一年招收 15 万 MBA 学生，而我们 13 亿人口，一年才招收 3 万。

现在，MBA 差不多变成 commodity 了，叫作“大宗商品”，这是一个基本的现实。这就带来一个问题，我们如何才能做到与众不同，怎么同别人区别开来？清华的 MBA 不能变成“大宗商品”。

可以看出，国内 MBA 正在加速分层。作为我们来讲，不可能进一步扩招，因为清华对学生规模一直都有限制。举一个最简单的例子，本科生全国高校都大规模扩招了，除了北大、清华。现在清华每年只招 3 300 人。我估计，清华 MBA 项目也不会扩招，维持在 420 人的规模。我们还有 EMBA，每年招 400 人，这两项加起来总数是 800 多。哈佛每年招 MBA 学生 900 人，哈佛没有 EMBA。我们不希望人数太多，太多了就无法保证质量。给定这个规模，我们的唯一出路就是提高质量，打差异战。我们推出课程改革和招生改革，都在于提高质量。

招生改革影响会非常大。我们研究了整体市场。以前，全时班、国际班、在职班的年龄结构有些问题。在国外，全时班和国际班这类全日制学生基本上是二十七八岁，是职业变换者（career switcher），毕业时不到三十岁。他们通过 MBA 转换到另外一份工作，找到更适合自己的新途径。而在职班，包括晚间班或周末班的学生，通常是三十多岁，他们是职业加速者（career accelerator），如同在现有职位上“安装一个加速器”，加速推动一把。可见，定位不太一样。

针对在职班，我们的想法是，让它逐渐变成类似 EMBA，更多利用周末时间上课。从目标市场看，希望岁数偏大一点，阅历更丰富一些，学生在 32 ~ 33 岁。EMBA 学生的平均岁数是 40 ~ 41 岁。

大家可能也已经注意到了，我们还开启了一个项目叫管理硕士（MiM）。它不是 MBA，直接招收 22 岁、无工作经验的本科毕业生。所以，在 22 ~ 24 岁年龄段是 MiM 管理硕士，在 27 ~ 29 岁年龄段是 MBA 的全时班和国际班，在 32 ~ 34 岁年龄段是 MBA 在职班，然后在 40 岁左右年龄段是 EMBA。这样我们就拥有一个比较完整的管理教育体系，而且每个项目都有十分准确的定位。我们在整个市场上也就不存在漏掉的方面。我们的整体考虑是，在职业的不同阶段，一个人都能进入清华来念适合自身的管理教育。

在招生上我们这次引入了提前面试等新举措。提前面试、提前条件录取等所有这些都是在现有政策框架下，即不能取消 MBA 联考制度的条件之下，尽量弱化其影响的办法。新举措更多地强调综合素质。

从这一点上讲特别重要的是，要同其他学校有区别。我们特别强调综合管理能力和领导力。其实这不是件容易的事儿，世界上著名的商学院中只有为数不多的几所会这么做，像哈佛、斯坦福就是这样。其他一些则往往以某一方面取胜，或以金融、或以营销、或以技术管理，偏重某一方面。毕竟专于某方面容易成功，某行业或领域很多是这所学院的毕业生。但代价是局限于在某些行业或领域的优势，而且永远被打上那样一个标签。我们思考良久，认为清华经管学院有条件打造出一所培养综合管理能力的商学院。综合管理的难度极大，其他商学院通常不走这条路，他们会办一些专业的MBA，在解决眼前就业方面可能比我们占有优势。

我们正在加强与世界顶级商学院的合作。这次在清华管理全球论坛上有一个管理教育主题分论坛，有哈佛、斯坦福、MIT加上清华的四大商学院院长参加。我们现在在很多方面都可以与他们进行对话，这对我们学院形象的提升和自身的感受都大有助益。在这之前我专门去哈佛见了新任院长，也去MIT见了他们的院长，去斯坦福介绍了我们的改革。这次在开顾问委员会会议期间，我跟MIT、斯坦福、哈佛这三个学院的院长都在讨论进行更多的合作。我们要跟国内其他商学院都不一样，这就是我们的一个指导思想。一定要独树一帜，有别于他人。可以说，这是我们学院在考虑问题时很重要的一个宏观背景，很多问题如果放在这种大框架下，就会容易理解了。

过去一年，我接触到很多国内商学院院长，在国内的MBA管理学院院长会上两次介绍过我们学院MBA改革的情况。我们有一个定期的四所商学院院长会议，清华经管、北大光华、上海交大安泰经济与管理学院以及复旦管理学院，每学期举行一次。上学期在清华经管学院举行。另外，在一个月前，我们院务会全体12位成员集体参观了中欧商学院，听他们介绍了情况，有了深入的了解。我们也去参观了哈佛商学院新建的上海中心，包括教室设备等。一周前是人大商学院建院60周年，我去参加了他们的一个论坛，也了解了一下那边的情况。应该说，我对国内商学院的动态比较熟悉。

我们另外一个优势就是积极参与国际上的商学院组织的活动。我是国际商学院联合会（AACSB）理事会理事。理事会最近成立了蓝带认证质量委员会（Blue Ribbon Committee on Accreditation Quality），这是关于教育质量的一个委员会，他们邀请我担任委员。同时，我也是欧洲管理发展基金会（EFMD）EQUIS（欧洲质量改进体系）认证的评审委员会委员，所以也很清楚国内哪些学校在申请，情况如何。这对于了解国内外领先商学院的发展动态很重要。在过去三个月内世界顶级的三所商学院哈佛商学院、芝加哥商学院、INSEAD 商学院都换了院长，非常巧的是三位新任院长都是印度裔，我跟他们三人都建立了新的联系。INSEAD 与我们是长期合作关系，芝加哥商学院是非常有影响的商学院，哈佛商学院更不必说了。

以上为大家介绍的国际商学院的最新动态，是想让大家了解我们设计 MBA 课程改革、招生改革的背景。学院是在明确掌握国内外顶尖商学院动态的情况下，同时也是在对未来三五年或十年发展有清晰判断的情况下，来推动改革的。我们还有一个优势就是执行力，在国内的各商学院中应该是非常强的。

《清华管理评论》、全院校友日活动

钱颖一：现在清华百年校庆的各项准备工作已经紧锣密鼓地开展起来，这对于我们意味颇多。比如有一位同学问到这样一个问题：我们是否应该拥有属于自己的一本管理方面的杂志？我们将在明年清华百年校庆的时候推出《清华管理评论》杂志。我们本来完全可以在这个月或下个月推出，后来还是考虑放在百年校庆期间出刊，促使它声势大一点。虽然我们这本杂志起步较晚，但拥有独立刊号。

现在市场上已有一本《中欧商业评论》，一本《北大商业评论》。这两本刊物都存在体制问题，基本上都不是我们通常认为的是所在学院办的，《北大商业评论》不是光华管理学院办的，《中欧商业评论》也不是中欧商学院办的。因此，这两本杂志与所在学院并非紧密相连。尽管我们起步较晚，但有信心办好，目前已经在展开，希望借百年校庆的东风把它推出来。

关于校友活动，今年6月份在山东成立了MBA校友会，今后还要成立更多的MBA地方校友会。在学院层面，10月30日在上海举办了首次全院的区域性校友日活动。明年1月15日将在北京举办，校友日活动意在把所有项目整合在一起。以前大家反映项目分割情况严重，MBA和EMBA之间，或二者各自同其他项目之间联系有限。我们要定期举办北京地区、长三角地区和珠三角地区这三个地区的校友日活动，其他地区则轮流开展，也要形成定期活动。这样，便于不同项目之间的校友产生更强的凝聚力。目前这些活动正在逐步开展。

对完善课程改革的期待

学生：我对这学期的几门课印象很深刻。例如，沈联涛老师的“金融市场监管”，他这门课程给我很深的一个体会就是道与术之间的关系。很多课程教给我们大量技巧和方法，这可能是术的层面。作为一个管理者，特别是高级管理者更应该掌握道的层面。沈老师讲金融市场的时候，是从基本概念讲起，这其实对我们的启发很大。

我在金融企业工作，但我本科不是学金融的，而是学数学的。对于本科非金融专业又在金融企业工作的同学，能不能在课程里加一些从基本原理、基本概念讲起的基础类课程？我觉得沈老师这门课程就是一个典范。另外一些，如“金融学原理”“货币金融原理”等是否也可以开设？或已有课程，比如像本科经济学双学位或FMBA（金融财务MBA）的课程是否也可以与我们共享？

钱颖一：我们有大量金融类的课程，本科有经济与金融专业、经济学双学位，硕士明年开始将有金融专业硕士项目，各层次的课程都有。我们允许MBA学生上其他的课。但在职班的困难是时间问题，因为这些课通常都在白天上，而你们白天要上班。

学生：我有五个问题要问。第一，我们进入第二年，每个人都会有不同的选修课方向，所以希望学院更好地安排选修课。首先是能够尽量安排在晚上和周末；其次，同一时间安排不同方向的选修课，换句话说如果我想选修金融或财务，最好不要一个晚上三门课集中在一起，便于选择。第二，关于论坛、讲座过于集中的问题，能不能尽量错开。第三，能不能尽量增加短期海外访问的次数，便于我们在职班同学也能参与。第四是全时班和国际班的情况，我们在职班同学希望能够有所了解，哪怕给我们通知或者提供简讯。第五，因为 AMP（校友导师计划）项目只开放一年，在职班同学实际上在校三年，能否给我们开放两年。

MBA 中心老师：我们现在开设的选修课正因为考虑到在职班学生比较多，所以 95% 以上都放在周末和平时的晚上。春季学期考虑到大家还有必修课，时间上存在冲突，所以一般在周末就不安排选修课了。

如刚才你所说，的确我们选修课特别集中，一个晚上同一时段可能有四五门，我们也尽量考虑把不同方向的选修课放在同一时段里。但有些老师因为还有其他项目的课程，而且那些课程已提早排好了，比如本科课程通常都排在 MBA 之前，所以窗口就变得很少，实在协调不开，就会有冲突。我觉得大部分课程已经考虑到了学生不同方向的需求，划分不同时段来安排。

钱颖一：我们这儿的讲座比国外商学院的都多，来自国内外的都有。这次麦肯锡的全球总裁来参加我们的顾问委员会会议，表示愿意组织“麦肯锡全球领导力”系列讲座，邀请外界人士。

学生：今天晚上我本来有课，因为进校一年多我从来没有这么近距离见过钱院长，所以就来了。我想了解一下出国交换的情况。毕业后我就在外企工作，而且相当顺利，但由于从未出国念过书，属于典型的“土八路”，因此一直希望有机会出国读书，这也是我来读清华 MBA 的主要原因之一。

后来我发现，根据前几届的情况，在出国交换上，在职班和全时班是放在一起排名的，这恐怕略有一点不公平。因为在职班同学如果要出国，肯定要付出比全时班同学更多的努力：一是参加考试，二是时间紧张，三是还要跟公司谈判。

能否从我们2009级开始试点？而且我们这级在职班的人特别多，也是实情。所以我希望能够从人员角度出发，按一定比例考虑一下，能不能给在职班一些照顾？

高旭东老师：不仅全时班和在职班在一起排名，连国际班全体也都放在一起。这里有一个条件就是，必须达到规定的英语水平，这其实是一个现实条件。我们的名额绰绰有余，只要你的英语水平达标就可以。

学生：新托福至少80分。

钱颖一：英语条件不是来自我们这边的制约，而是来自海外学校那边。在外企工作，考到100分肯定没问题。

学生：我来到清华三个月左右，总体感觉是软课程学得不过瘾。这学期我们上了一门“管理思维”课，大家一直夸赞，只感到课时较短。现在一个班里学生已经很多，70多人，上课时间又很短，大家畅所欲言，时间好像转瞬即逝，老师再加以点评，时间已所剩无几。能否把班级规模降一下？

MBA中心老师：有的课分成两个小班上。但你们的情况是因为老师不够。

钱颖一：“管理思维”是入门概论类课程，后面还有“管理战略”等课程，也不能期望通过这门课把所有软课程内容都全部掌握，还有很多课在后面。

学生：课程改革之后我们毕业论文的形式也改了。现在，我比较关心我们毕业论文的具体要求是什么？因为没有上一届或前几届可供借鉴，我们好多同学觉得心里没有底，老师能不能稍微给我们做一下讲解？

高旭东老师：虽然形式改了，但基本要求是一致的。你一定要用自己学到的知识和方法分析某一个问题，主要是来自企业的现实问题。只要问题提得好，能用你全部所学包括深奥的知识来解答这个问题，我想也就可以了。

MBA不是培训是教育

学生：入学大概将近四个月，我一直在思考一个问题。当时我们大家入学的时候抱着一些想法，要解决就业瓶颈或给自己充电，考虑如何学以致用，有利于工作，或者有利于创业，有利于未来生活。但是，在咱们上课的过程中，也发现了 MBA 和 EMBA 的差别。MBA 更倾向于基础理论的学习，EMBA 则更倾向于案例学习。但在这种基础性学习之后，如何将这种基础理论用以指导我们的实际工作？怎么样学以致用？

高旭东老师：其实，我们有一门“整合实践课程”，针对你们在职班，就是聘请一些有经验的人士，也包括我们自己的老师来讲。对于我们全时班和国际班，就叫“整合实践项目”，就是针对来自企业的实际问题，把同学分成不同小组，解决一个实际问题。

但是你可能要考虑这样一个问题：任何一个项目或者设计，都很难有立竿见影的效果。我发现不光是你，还有很多同学进入我们这个项目，就想得到“灵丹妙药”，希望有立竿见影的效果。我觉得需要耐心，通过课程学习，领悟指导思想，它必然需要一个过程，不可能一蹴而就。

学生：现在 MBA 教育扩展特别快，有好多人包括我的一些做人力资源的朋友认为 MBA 就是培训，不是什么系统的工商管理专业硕士教育。我的意思就是，我们能不能把我们的形象树立得更高大威猛一点？

钱颖一：需要明确 MBA 不是培训而是教育。培训和教育的区别在哪里？培训就是要立竿见影，学到技能立即发挥作用。教育不同于培训，需要一个发酵、消化的过程，强调系统性，需要掌握理论基础、认知方法，同时需要你付出包括时间在内的更多成本，很难立竿见影。我们要树立起一种形象，告诉大家什么是教育。我们应该加大宣传力度，重视品牌形象。

学生：其实在我报考之前，许多学校的 MBA 项目在我面前自吹自擂，拉生源，有强制性推销、赠予的感觉。我为什么选择清华？因为清华注重形象、强调教育，不刻意宣传来营造气氛。它展示出一种大方的自信，也给报名者留有足够的尊重和选择空间，而不会感觉积极得不正常。

钱颖一：宣传有两种概念，一种是拉人上学，还有一种是树立自身品牌。我们需要的是后者。

平衡课程学习、讲座与宣讲会

学生：开学以后的三个多月，我就发现各种各样的新鲜事物、新鲜观念迎面而来，包括精彩的课程、出色的老师以及小组讨论的特殊形式，还有丰富的讲座、论坛，包括宣讲会。我相信对于所有这些，每个人都会很感兴趣，包括我自己。但在这个过程中，我会感到矛盾，很多时候我遇到一些自己渴望的论坛或讲座，还有极感兴趣的企业宣讲，但由于上课或者为了完成作业，不得不参与小组讨论，舍弃那些意愿。我想请钱院长及各位老师给我和我的同学一些建议。

钱颖一：我也听到一些反映，觉得我们的课程时间偏多，不光是上课，还包括课后的讨论、作业。具体是什么情况？

学生：我感到还是前八周课业负担更明显一些，第八周之后一些课程结课，这两周我感觉情况稍好一些。

钱颖一：现在是第十一周，有的课到第八周结束，所以过去两周应该稍微好一点。

学生：但是仍然会有那种情况。因为职业发展中心（CDC）那边每周都会发一个宣讲会通知，我希望去听，但常常与很多课程的时间安排冲突。

钱颖一：我再问得仔细一些。整体上讲你觉得是软课程花费的时间多，还是硬课程时间多？

学生：软课程花费的时间多。

钱颖一：你原来是学什么的？

学生：理科，学生物的。软课的作业是根据小组讨论，完成起来难度不大，但需要花很多时间。硬课更多是需要个人完成的作业。

学生：我们在职班会更严重，我们白天上班，周一和周六的晚上上课，剩下两个晚上完成作业，进行小组讨论，因为要凑齐人需要挪时间，自己还要做作业。剩下两个晚上，有时候还想参加一下我们学院里的这些高水平论坛，如此一来，工作、生活变得相当凌乱。

学生：而且论坛十分密集，几乎每周都有。

钱颖一：论坛、讲座都是根据受邀请人的时间，没有办法。我们最近安排了郭树清、刘士余、马建堂三人各一场讲座，这三位我都是越过秘书直接联系他们本人的。这学期本来安排好郭树清的讲座，因为他要出差，结果又来不了了。我们完全无法控制这些人的时间，一般来讲他说哪天就哪天。我们尽量不安排在周五，只有周一至周四这么几天，窗口一下变得有限。我们越想请的讲座，就会发现时间越不可控。

学生：一个办法，就是不要听那么多讲座。

学生：我觉得完全可以自我调节，不能因为个人感觉学业压力大，就让大家都把课减了，我觉得这不合理。

钱颖一：我们这两位老师都是美国的 MBA。你们当时第一年的感受呢？是不是特别忙？

MBA 中心老师：国外的商学院没有我们清华经管学院这么多的讲座。通常一学期修 5 门课，时间窗口很多。5 门课一共 15 个学时，在周四基本上一周的课就结束了，周五没课，这样周六、周日都是自由时间。晚上从来没课，所有的课都安排在白天，这样晚上就可以参加讲座等活动。周五晚上是固定的咖啡时间，可以进行交流。

钱颖一：你呢？

CDC 老师：我在 2001 年去国外念书，那会儿感觉很累，但觉得时间分配比较均匀，用在功课上几乎占一大半时间。但在招聘季来临的那两个月，我记得有一段时间都忽视了功课。那会儿所有人都在修改简历，进行面试。我就觉得这是以某件事情为核心的阶段，会集中注意力在那上面。但功课还是要完成，只是不同时期节奏不同，重点不同。周一到周四上课，或者再延续到周末安排一个讲座，周五基本上是 network（网络联系）的一天。

绸缪职业规划

钱颖一：刚才你提到有一段时间集中起来招聘，应该是 11 月以后吧？

CDC **老师：**不，很早。我念的学校从 9 月份开学就开始修改简历、面试。我们学校的特点是一开学就开始找工作。

钱颖一：MIT 和哈佛不一样。我了解它们规定 11 月第一个星期之前禁止来校园招聘，他们几个学校联合声明在这一时间之前不允许招聘，这之后才放开。现在，我们学院的招聘活动是在各时间段都有吗？还是集中在某一固定时间段？

CDC **老师：**我们的招聘非常集中，从 9 月底就开始进入，10 月份每天有三场左右，到 11 月起才慢慢减少，一个星期差不多七八场。

钱颖一：这就有问题了，因为正好前八周是我们学习特别紧张的时候。可见哈佛等几个学校联手限制招聘者在 11 月初之前来校园招聘是有利于教学的举措，而我们还做不到。其实这件事我也想过，是否联合北京几所主要学校也发声明：11 月以前不能来招聘。这样，至少能保证前八周学业的正常安排。

学生：至少从我个人来说，现在我不一定非要听那么多的招聘会、宣讲会。因为我觉得，进来后第一个目的毕竟还是学习。如果时间上有冲突，我个人认为这其实正好需要你考虑取舍，而不是说真的非要把什么都抓住。像我这样，如果真要把什么都抓住的话，就只能牺牲睡觉时间了。我们刚一进来的时候就有人跟我们说三个“S”——social，study，sleep（社交、学习、睡觉），你最多把握住其中两个，所以我就把睡觉牺牲掉了。

学生：很多同学都面临职业规划问题，所以都希望了解到各行业中那些顶尖企业的动态情况，也包括考虑如果想将来加入其中，职业发展会怎样等。因此我觉得听这类宣讲对我们职业规划会有很大帮助。

钱颖一：我们原来有一门关于职业规划的选修课，今年没有开。

CDC **老师：**其实宣讲会有助于职业规划，可以了解大批企业的情况，知道有哪些岗位后，才能明确发展方向。可能我们很多同学一直都困惑迷茫，甚至到二年级即将毕业前两三个月还不知道自己该做什么。如果一年级没有留心宣讲会，不了解行业、企业情况，到二年级已经有一些人直接拿到 offer

（工作聘书）了，如果那时你还在尝试，就已经很晚了。

学生：我刚入学，已经工作了三年多，我想问一下，等到我们第三年在CDC关注那些招聘信息的时候，用人单位、雇主的所有信息中有多少百分比同时对全时班和在职班都开放？我们这三年的读书过程中应该如何筹划自己的职业发展？

CDC 老师：先回答第一个问题。企业可能分成两类情况：一类是有培训项目的，希望招本科、硕士毕业生，这类情况恐怕对在职班不太合适。另外一类是现招现用，这对在职班完全开放，你们随时可以查阅。所以，只要不是刚才我们说的培训项目类，我觉得都可以尝试。

第二个问题，关于职业规划这三年如何制定，整体来讲我想澄清一个问题。因为CDC面对经管学院所有项目，从本、硕、博、MBA，到中国学生和外国学生，中国学生又分成全时班和国际班，在职班在我们整体工作的学生群体里只占其中一部分。由于我们人员有限，工作重点和大部分精力主要放在了全日制学生群体上。以我们的现状能顾及并提供的服务就是把所有信息向在职班公开，大家可以竞争相同的职位。

创新创业平台

学生：我想问一下关于创新创业方面的问题。我本人参与创业，同学里也有不少创业者。对于职业规划方面，学院资源大量向未来在金融机构、公司企业发展、走职业经理人道路的同学倾斜，感觉在创业创新方面资源相对不足。举个例子，我有个同学在国外是助理教授，从事基础研究。但有一天，他们学校商学院两个MBA同学突然找到他，得知他所做的那些项目，愿意制订商业计划实现市场转化。我觉得，咱们清华作为龙头学校，积累深厚，学院可以整合一下校内的资源，而不仅局限于校外大企业。

钱颖一：这是一个很好的问题。我们学院有一个技术经济与管理系，英文名是创新与创业系，我们也有一个创业研究中心。这次在跟顾问委员会汇报的时候，我们把创业教育作为两个议题之一。

我与 MIT 的院长和斯坦福的院长交谈的时候，发现这两所学校在一个方面比哈佛做得好，他们的学生善于跟学校里搞工程技术的专家、老师、学生结合起来创业。哈佛的问题不仅在于这所学校工程方面比较缺乏，而且哈佛商学院与主校园之间被一条河隔开了，因此他们之间很少交流。我是哈佛商学院顾问委员会委员，在顾问委员会 4 月份开会的时候，这作为一个问题提出来了，即为什么 MIT 和斯坦福在 MBA 学生创业方面，能和大学里的理工科等其他学科融合得好，而哈佛在这方面相对较差？

我们在这方面具备条件。目前我们拥有包括清华科技园等众多平台。我们也有与伯克利合作的一个技术创业教育项目，多由工科学生参与。我听取过参加这个项目的清华其他院系的本科生、硕士生以及博士生的介绍，他们做项目的同时也学习有关创业的课程，比方说融资、写商业计划书等，但显然在这方面他们比较外行，而你们是这方面的行家，但在技术方面他们更加内行。现在欠缺联系桥梁，如果能顺利解决这个问题，对我们来说，将是一大亮点。

学生：我所在的创投俱乐部目前已经创办了创业投资与产业研究协会，我们正在纳入六大工科院系。我在伯克利项目班已经进行了宣讲，我就是来推进这件事的。

钱颖一：我们通过这些平台，把工科、理科全都融合进来，这能发挥出我们最大的优势。

MBA 学生与院长共品下午茶

（2011 年 5 月 26 日）

中国 MBA 的二十年

钱颖一：非常高兴又一次和大家相聚。这次和往次不一样的一点是只有我一个老师来。我想尝试一下这种方式，这样的沟通对话可能会更深入一点。今天大家可能会更加坦率地沟通一些事情。

首先我想说，今年是清华的百年校庆，受到社会上非常大的关注。对我们 MBA 项目来讲，今年也是清华举办 MBA 项目 20 周年。我们上周六举办了一场纪念活动，有一百多个学校参加。事实上，在中国举办 MBA 的大部分学校都有老师来参加。这场活动，大家反映非常好，特别是我们学院在中国 MBA 教育中的引领位势得到了进一步的巩固并获得大家的广泛认可。我们是第一批九家试点学院之一，是全国 MBA 教育指导委员会秘书处所在地。但是，我觉得，真正的引领地位不是靠上面的安排或指定，而是要靠我们自己的不断努力。

过去几年我们学院在 MBA 教育改革方面下了很大的功夫，包括课程改革、招生改革等方面。我觉得我们的理念得到了国内很多商学院的认可。在论坛上我们也听到北大、人大、北航、中欧等学院老师的发言，你可以看到他们做的很多事情，与我们在四年前开始思考、三年前开始试点、两年前开始实施的做法，在整体方向上非常一致，说明大家是以行动来认可我们的。

今天我们主要还是谈问题和需要改进的地方，以及我们正在做的一些事情和将来要做的事情。

设置 MBA 项目的学术协调人

学生：我们在来之前也专门收集了我们班级的意见。关于学术道德，我们会反思为什么会产生那么多迟到、早退、旷课、代签、作业搭车的情况。实际上我们汇总出的问题是课程和师资的质量非常有待于继续提高，尤其是软课程。具体问题有三个方面：第一个方面，感觉部分老师缺乏企业的实践；第二个方面，由于有的老师的研究程度有限，感觉只是放一些国际上的课程的 PPT，而他自己的思考、研究结合本土实际的东西不多；第三个方面，无论是向同学讲解案例，还是在互动的控制上，大家感觉收获有限。

我们也有一些相应的建议。第一，可不可以请一些外聘的、有较强企业实践经验的老师，或者 MBA 和 EMBA 的学长来讲课。第二，我们希望加强教学评估。现在我们班在做评估的时候大家很不积极。能不能公开评估的一些结果，哪怕评估太差的不公开，从而给特别好的老师有正向的激励。第三，能不能建立例行的沟通渠道，在更大范围内反馈课程和师资的设置机制。

钱颖一：我们现在没有一个正式的机制，让学生向授课教师和 MBA 中心老师定期就课程进行沟通吗？

学生：我们是不是可以在学院层面设立教授级的班主任？我们现在有班级主管，他们是 MBA 中心的老师，不是教授级的。真正在教学和教学质量上反馈的意见，很大程度上通过教学评估反馈上去，然后就没有下文了。如果我们直接跟教授级的班主任沟通教学情况，事务性的我们和 MBA 中心老师沟通，这样就能把同学们的心声和想法比较好地传达出去。

钱颖一：我们最近设置了由教师担任的学术协调人制度。具体到 MBA，我们有一位教师专门担任一年级课程的学术协调人，有一位教师担任二年级课程的学术协调人。同时，我们也对一年级的必修课程，特别是软课程组成联合备课小组，每一个小组里面也有一位教师作为组长或者协调人，因为我们有不同的班：全时班、在职班、国际班，需要协调。这是我们最近一两个月确定的事。这样的话，就会有教师更多地参与到 MBA 课程的管理中。

学生：我们的建议是能不能有教授级的老师担任每个教学班的班主任，因为现在的反馈渠道还是相对有点狭窄？

钱颖一：我们在本科里是有班主任的，每个班由一名教师担任班主任，大多是年轻教师。在 MBA 里，大家都很资深，有过很多工作经历。国内商学院没有教师担任 MBA 班主任的。我们的教师不是落实到每一个班，而是落实到每一个年级或者每一门课，他们的责任是学术性的，但不管其他的。刚才你建议每一个班配一个教师，这样我们一个年级有七个班，两个年级就需要有 14 个，不现实。你提的问题的实质我理解，需要有比较直接的经常性的反馈机制，设置学术协调人可以解决这个问题。

软课程教学效果反馈

学生：“管理沟通”课有的老师的课堂还可以，但有一个课堂大家反映就比较沉闷，效果不是很好，虽然老师很努力，大家的实质收获有限。

钱颖一：“管理思维”这门课呢？

学生：杨斌老师很能引导并启发大家的思维，课堂讨论很热烈，同时他的把控能力又很强，不会让大家跑题。

钱颖一：这是教学方法。同样是“管理思维”，几位老师讲的内容是否不一样？

学生：内容上差很多。比如，有的老师会通过一些企业的案例来讲，讲的理论性的东西比较多，而杨老师并不会提一些理论，他的案例也不是纯企业的，更多的是和文化有关的，也没有太多框架性的东西，同学发言占课堂的比例也高。

钱颖一：从学习的经验、经历和收获来讲，你觉得怎么比较？

学生：这个我不太好说。杨斌老师对我看问题的方式和方法有很大影响。

钱颖一：主要的软课我们一门一门看。我们先看一下“领导力开发与组织行为”，你们觉得这门课怎么样？

学生：我们觉得收获挺大的。我们分课堂 1 和课堂 2，两位老师讲的东西是完全不一样的。但我们认为内容不同其实没关系，每个班都有认为讲得好的，也有认为讲得不好的，但至少我们还是有收获的。

钱颖一：还有“商业伦理”，你们的评价是什么样的？

学生：我觉得我们的老师风格比较激烈，但是他每次备课非常认真。可能在第一次第二次，我们对他非常抵触。

学生：我们觉得他是非常好的老师。他不会把一些思想灌输给我们，但是他一定会把他自己坚信的方向说出来，让大家琢磨。到最后一节课结束之后，我们每个人还聊，其实有点伤感，因为感觉一个老师对我们这么负责任。他每次会写两整板的板书，很长的案例他完全能够记住，每个细节、每一点东西他都可以记住。所以我觉得他带给我们的整个过程不是说到最后哪个对，而是在思考的过程中想到的东西。

学生：其实他非常严谨，可能是他第一次教，他就愣是摁着同学们认同他的推理，实际上我们就是不认同。

钱颖一：他是用教法律的方式教伦理。

学生：我觉得他的案例准备得很充分，每个细节都知道。但是他基本上把自己用框架框住了，我们一旦讨论到别的地方或者深入一点，他就强制性地说，这个问题我们不谈，最后又走回他的轨道。

学生：我替他解释一下，他可能是法律的思维太严谨了，他必须要走这条路，如果断了这条路的话，他就乱了，他可能是有一定限制。杨斌老师的长处有可能就是他的把控能力，他能收回来，收放自如。很多老师，特别是软技能的老师，没有这个能力。

钱颖一：不敢放的原因是怕收不回来。所有老师都是这样的，如果他觉得他肯定能收得回来，他就敢放出去。把控能力非常重要。

学生：关于“商业伦理”这门课，我认为压根就没有必要。因为伦理就是一个风险对价的问题，违法成本低你就做了，违法成本高你就不做。我们长这么大已经知道伦理这个东西了，打小就在学这个。

钱颖一：你说的这些话更让我觉得我们伦理学得太少了。这门课在我看来很重要，它是要告诉你，世界上不止有一种“计算”方式，而是有多种“计算”方式。如果我们能了解到世界上还有不同的计算方式，这本身就是很重要的。

学生：但是我们上完这门课之后，最终也不知道伦理是一种什么样的计算方式。

钱颖一：这是一个问题。上周我请了哈佛的教授迈克尔·桑德尔（Michael Sandel），他是世界上有名的教伦理和道德的教授。他的“公正”这门课在哈佛本科生中是最受欢迎的，每学期 1 000 多人上课，在课上互相争论、互相辩论。我请他到我们这里来，在“批判性思维与道德推理”课上给本科生讲了一堂课。他就是通过很多例子来说明，不同的人在道德的成本收益比较上是非常不同的。我们没有强求要你认同别人的，但是知道我周围的人或者我的商业伙伴和竞争对手有不同的道德推理方式，这本身就非常有价值。所以我觉得这门课非常有必要，也许现在教的水平没有达到那样的效果。

学生：您刚才讲到桑德尔。我在网上看过他的“公正”课，他的方式就是启发、引导、碰撞，给你摆很多理由，但他不会拿着锤子强制你接受某一种观点。

钱颖一：他不断追问你为什么这么想，会让你觉得，原来这个东西还要再想一想。杨斌老师在这方面向他学了很多。

学生：您应该对在校的老师，尤其是教 MBA 的老师，结合这种真实案例，在教学方法上有统一的培训。

钱颖一：我已经做了几次，让杨老师给其他老师做示范，在课堂上怎么启发学生，怎么用案例，我们一直在做。

钱颖一：“商法”那门课怎么样？

学生：挺好的。老师说你们 MBA 不行，太浮躁了，也不好好上课，没有本科生踏实。

建言硬课程

钱颖一： 刚才大家说了很多软课程，硬课程大家觉得怎么样？就是 DMD、“会计学”“管理经济学”，还有“公司金融”，就是那种有计算的课程？这些硬课程中大家觉得哪几门课收获大？

学生：“管理经济学”。

钱颖一：“会计学”呢？

学生： 很好，讲得很好。

学生：“公司金融”虽然授课激情不够，但是讲的东西还是很实在的，案例讲得很清楚，思路非常清晰。

钱颖一： 你听的最好的一门课是什么？

学生： 魏杰老师的课。

钱颖一： 他从来不写板书，就是往这一坐，开讲。

学生： 但他一说完我们全能记住。这是选修课，不是我们班的必修课。

学生： 我们希望延期毕业就是因为我们到了二年级下学期才遇到魏杰老师，觉得应该多留下来。他讲课很清楚，讲完能记住，他的实例延伸和理论结合都很紧密，能把书本上的内容和其他延伸的内容区别开，有的自己看书就行了，书上没有的他会主动告诉你。

钱颖一： 别看他不用 PPT，不写黑板，我仔细听过他讲，大一、大二、大三，小一、小二、小三，很有条理。我有一次盯着他，看他下面的讲完了能否回到上面去，他总是能回去。

学生： 潘福祥老师的“证券投资学”是选修课。人都找不着座，坐窗台上。我觉得这是咱们清华应该有的氛围。

钱颖一： 潘福祥老师是外请的，外请的市场机制很明显，只有讲得最好的我们才会请。这里有两个原因，一是他们的实际工作经验丰富，二是市场选择机制，即只会请最好的，如果不行，就不会再请了。但学院里的老师就不行了，我们知道他讲得不是很好，只能告诉他改进，不能不让他教了。

学生：您说的这点我们是非常非常赞同的。大家反映，上课收获最多的往往是外请的老师，他们有实战经验，又有理论基础，感觉非常贴近我们的实际工作。我们很多人有多年的工作经验，听这样的课感觉比较好。

钱颖一：这里有一个制度设计问题。哈佛商学院专门设计了一个教师系列，叫 Professor of Management Practice，即管理实践教授。这不是我们通常要发表论文的教师系列，而是一些经验非常丰富的管理者。我们也在思考这个问题，需要开创一个这样的系列。对 MBA 学生来说，这非常重要。

学生：还有一种方式是前半部分学院老师讲，后半部分找一个做企业的人来讲。

钱颖一：这是另一种办法，即搭配法，你们觉得怎么样？

学生：这样非常好。

更好的课程安排

学生：我们学院 MBA 的使命就是培养未来的领导者。但是我上了一年课，看不到我们学院怎么在培养领导者。比如，领导者需要很多软技能，但是我们软技能的课排得很紧，就半个学期，这八周课很快就混过去了。硬课程我们学了，但一时半会儿在工作上也用不了，反而占了很长时间。我感觉我们第一学期特紧张，真的是来学东西了。但是越过越不紧张了，老师要求越来越低，课程排得越来越松，到最后好像就松懈了。我现在对这一点很困惑。

学生：在全时班这边，第二学期基本上都是硬课程了，前八周集中上课，后八周做整合实践项目。我们全时班的同学想通过全时上课来转型、换行，三四月份这时候大家对于将来转型要去找暑期实习的诉求非常高，然后我们的课程安排在前八周，节奏就非常紧张，一到第十周、十二周，考试接踵而至，很多同学疲于奔命，要不找实习，要不应付考试，课程上就非常沉重。

钱颖一：你觉得课程怎样安排更好？

学生：现在我们的“整合实践项目”是从第九周开始的，感觉学生的兴趣不是很高，老师的精力不够。目前来讲，我们班很多同学的“整合实践项目”有可能两三个星期过去后好像还没有实质性的进展，企业没有走访过，跟老师的互动也不多。

钱颖一：你是哪个方向的？

学生：我是管理咨询方向。问题是我们现在找过来的项目不能完全引起同学们的兴趣。我们做整合实践项目的时候，是需要用到我们上学期和这学期学的内容，但是我们在上半学期八周很紧张的情况下学了之后，大家都觉得没学到什么东西，这样的效果就有点不尽如人意。能不能把这两个并行起来做。比如说，前八周的课程能不能延到十二周或十六周。第八周结束正是4月底。如果错过这个时间，很多同学根本就难以找到实习，将来就业就是问题。现在学期快结束了，是不是从学院的层面考虑兼顾同学的职业发展和课程设计？

钱颖一：你觉得上课和做整合实践项目并行更好？

学生：我觉得可以。

钱颖一：顺便问一下，你们觉得整个课程负担是比较合适，还是过多？

学生：如果把课程平摊到整个学期，我们觉得是比较合适的。但是如果集中在前八周上完，那么这些课就比较重。

钱颖一：你们现在多少学分，一年级的同学报一下。上学期多少学分，这学期多少学分？

学生：上学期是22分，这学期21分，18分必修，3分选修。

钱颖一：那你们为什么要学选修课？

学生：选修课是决定我们将来职业发展方向的课，比如我对金融方向感兴趣，那就去学投资学、金融工程等。

钱颖一：你们其他同学觉得课程负担和学分数怎么样？

学生：反正我们班有很多同学决定延期毕业，因为需要时间听一些自己愿意听的课。在职班三年半毕业，可以多点时间去听其他老师的课。对于我们这些同学来说，本来没有必要提这样的问题，因为课基本已经上完了，大家是希望今后清华MBA能更好。我想知道今年提完这些问题能解决吗？

钱颖一：每年提出的问题都不能完全解决，但都在解决。几年前大家说我们的课程全是硬课，说我们学那么多硬课干什么，我们就花了很大力气增加了很多软课。今天又说这些软课很好，但是教的质量不好，那么我们就要想办法在质量上改进。明年后年又会出现另外的问题。

我当院长四年多了，听到的问题，有的是共同问题，像师资的质量，它的改变很慢，但有不少不是这样的问题。DMD 过去是 9 学分，现在变成了 3 学分，这就是变化。而且同学们的要求和标准越来越高。所以我想跟大家说，大家提的这些建议，跟我们在座的虽然不直接相关，但是间接还是相关的。大家进了清华，就是校友，所以这个项目好，大家就会好。

学生：我有一个建议。我们可不可以把必修课和选修课的比重做一些调整。这学期我感受最深的是我们班有一门课“运营管理”，但是很多同学过去和将来要从事的工作和运营管理根本就没有什么关系。像这样的课，我们现在是不是改为选修课？这样的话对教学质量、师资配备可能会更好。

钱颖一：我明白你的想法，但是 MBA 全国教育指导委员会规定“运营管理”是一门必修课，这是全国统一规定的。当然更重要的是 MBA 是教育，而不是培训。你现在可能对它没兴趣，有可能将来要跟这个方面打交道，要跟对它有关系的人打交道。作为教育，要懂会计，懂金融，也要懂运营管理，这是一种教育理念。所以我给你两个答案，一个从技术上讲，很难把它变成选修课是因为有规定，但是更深刻的原因还是基本的东西都要懂。现在“运营管理”几个学分？

学生：3 个学分。

钱颖一：我们已经从 4 个学分减到 3 个学分。

学生：我有一个问题，我觉得 MBA 选课是比较封闭的，只能选 MBA 自己的课程，是不是可以选其他项目的课程？

钱颖一：为什么只能选 MBA 自己的课程？比如说建筑学院有一门课，或者计算机系有一门课，你们不能选吗？

学生：可以选。但是不计学分。

钱颖一：学分是一个制约吗？

学生：他们选课时间比我们早，要有课余量我们才能选。

钱颖一：我们和中欧、长江的区别在哪？其中一个重大区别就是我们在清华，可以选其他学院的课。

学生：还有很重要的一点就是案例的本土化。像商业伦理，除了教学方法外，就是案例。中国本土有很多现实情况，比如食品安全问题、环保问题、银行问题，应该有中国的案例。

钱颖一：在案例上，应该说中国的案例很多很多，但能用的很少很少。所以我们案例中心也下了很大的功夫，请哈佛的麦克法兰教授来，每年一起做八个中国案例，要达到哈佛商学院的案例水平，进哈佛案例库。

教师配备机制

学生：我想谈一个机制上的问题。我以前上过清华 EMBA 媒体班，我是三期的，然后读 MBA 在职班。我有一个非常明显的感觉，就是师资有比较大的落差。

钱颖一：你觉得 EMBA 师资和 MBA 的师资相比要强很多？

学生：我有这个感觉，而且我会跟清华的一些老师交流，他们就非常明确地跟我说，EMBA 的费用比较高，有竞争或者淘汰机制，讲不好就不能给 EMBA 上课。当然他们的出场费更高。所以我觉得是不是 MBA 这方面的师资也要考虑。有的老师可能教不了 EMBA，但是这些老师还在清华经管学院里面，只能给 MBA 上课。

钱颖一：EMBA 教课的市场调节作用更强。所谓更强，就是说这些老师给 EMBA 上课是不计入教师的工作量，而是付额外报酬的。在这个意义上讲，它的市场选择机制更强烈。而老师给 MBA、本科、硕士、博士上课是记入教师工作量的，一个教师在学院一年至少教 8 学分的课程，所以他必须完成这个任务。从这一点上讲，MBA 的授课跟 EMBA 的在机制上不一样。

但是，这并不是说一个教师别的都不能教，只能教 MBA。事实上，在所有的 MBA、本科、硕士、博士的课程中，我们现在优先排 MBA 课程，你教不了 MBA，再去教其余的，因为教 MBA 更有挑战性。当然，我们的老师水平是不一样的。

学生：我听说好多比较好的老师不愿意给 MBA 上课，因为 MBA 学生有工作经验，教我们可能有一定难度，确实不同于给本科生上课。

钱颖一：我们现在给 MBA 优先排课。如果一位教师的某门课教得很好，以前他会说我已经上满了本科生和博士生的课程，现在这不能成为理由，因为要先排 MBA 一年级的课。我们不喜欢不同课给不同价。有的学校是这么做的，上 MBA 的课一小时多少钱，上本科生的课一小时多少钱，用价格调节。我们去年的一个很重要的改革是教师全员实行年薪制，因为这是大学，和企业不一样。所以我们就以这种方式，即排课优先顺序来解决这个问题。

建立 MBA 与 EMBA 的沟通机制

学生：我觉得不仅是师资的问题，这些项目之间也缺乏交流。各个项目还是单独在进行，如果这些项目之间有交流，是不是会更好一点？

钱颖一：我记得一年多前我们搞过一次 EMBA 和 MBA 的交流活动。

学生：现在 MBA 大家都处于职业生涯起步期，EMBA 同学可能经过奋斗有一定的层次了，看问题的方法能有所不同。

钱颖一：我们有 EMBA 的校友做我们的企业家班主任对吧？

学生：有，做职业导师。

钱颖一：EMBA 是我们很大的资源，从岁数上来讲他们平均 40 岁，我们在座的平均 29 岁，这之间有一个跨度，他们的企业也非常需要年轻的管理者。我知道一些 EMBA 校友的企业希望招聘我们的 MBA 学生。

学生：我们班在上学期 10 月底已经确定了企业家班主任的人选，跟对方都沟通好了。报到学院以后，要我们提供各种各样的资料，一直拖到了期末。这学期又因为对方时间的原因和其他原因，一直拖到了现在，可能 6 月份才能做成这个事情。当然老师的顾虑我们都能理解，但是这不应该成为做事情的障碍。其实我们错过了时机，如果上学期能够做成这件事情的话，可能对我们同学更好。

钱颖一：清华相对于其他学校更为严谨，我觉得这是好的，也是对得起大家，不能让水平不够或者资格不够的人来。我知道其他学校曾经出过这样那样的事，我们希望避免。

学生：现在我们马上就要走上工作岗位了，是毕业生了。接下来就是毕业生和在校生的交流，就是校友资源的共享。在国外的很多商学院，只要你有校友账号，登录进去，就能找到这个行业的校友或在校生，这在技术上是不存在问题的。

钱颖一：我们从一年多前开始了信息技术战略，正在等第二期结束，之后你说的应该是没有问题的。只要是我们的校友，都能查到相关信息。现在北大光华也用了和我们一模一样的团队和实施软件，他们是在几个月前才开始做，我们比他们提前了一年多。现在信息中心一直在搜寻以前的信息，现在的信息好办，但20年前、10年前的信息很难找到。现在我们MBA已经有7 000名校友，EMBA也有3 000名同学，包括已经毕业的和在校的，这两项加起来就一万人了。全部信息都要进到数据库。

EMBA的同学网络比较密切，现在有二十七八个省的同学会。我们MBA要成立一个MBA校友会，结果发现十年前就成立过，但后来没有活动。所以我说你们不要再重建了，我们就召开第二次理事会。

学生：我们说大学牛，就是靠一帮校友堆起来的。咱们有这么庞大的校友资源，放着不利用，是非常可惜的。

钱颖一：我觉得现在有了这套信息系统，加上我们管理上加强以后，就可以做好。

检验MBA项目水平的标准

学生：有一个现象非常有意思。我前段时间刚好学了人力资源课，在企业中有两种用人模式，一种叫交易型，一种叫承诺型。我们现在有交易型的感觉。从 MBA 中心的角度讲，我手里有资源，比如我有校友的资源，很多时候希望我们 MBA 同学帮助学院做一些事，这都无可厚非。但他们的出发点是你帮我做了，我的一些评分和回报就能给到你。我们觉得这样就把我们的关系拉远了，不亲密了。我有这样一种感受。

学生：我们希望学生、MBA 中心、教师是一个共同利益群体，最终目标就是打造清华 MBA 这个品牌。这个品牌越响，将来对咱们这个群体，不论是在读的、想来读的甚至出去之后的 MBA，都是共同的财富。如果让我们向别人推荐是否建议读清华 MBA，我们现在可能真的会有保留意见。

学生：类似的想法我也有过，我有一个经验就是和其他学校对比。中国 MBA 学校有一个北方联盟，就是在北京地区。上次我带了几个同学会主席过去，了解了一下情况。其实我说句实在话、公道话，虽然我们现在对 MBA 中心和一些老师有抱怨，但如果我们比较一下，包括北京地区的其他学校，如北大、人大的，他们的服务也很有问题。我以前在这里有很多抱怨，但和他们比较起来，我觉得在我们这里已经够幸运的了。但是，为什么大家还是有这种想法？其实无非就是大家的期望值很高，觉得有落差，这是最重要的原因。教学质量最关键的问题还是在机制上，如果是市场机制，那就好得多，如果你教不好，我下次就不请你。

钱颖一：看一个教学项目好不好，一个很简单的检验，就是看参加这个项目的人是否会向他最好的朋友推荐，就是这一条。为什么？他是你的好朋友，你为了他好。你如果觉得这个价值很高，就会向他推荐；如果你觉得它价值不高，就不会向他推荐。

我觉得我们的 EMBA 还算比较成功，就是这个项目招的新生中有将近一半是以前的学生推荐来的。就这一点事实很说明问题。这种市场性的信息是最准确的。如果一个在这个项目里的人不愿意向自己最亲近的朋友、信任的人推荐这个项目，我觉得这确实说明很多问题。

学生：我会推荐我的朋友来读清华 MBA。大家都在说师资，你课都不来上的话，却说不推荐，那是没有理由的。我们自己应该好好反省一下。这个项目其实我们是愿意推荐给朋友的。

MBA 学习是一种体验

钱颖一：我想知道，在职班的体验和全时班的体验是不是非常不一样？全时班的住校，而在职班的不住校，我想知道这中间的差别在什么地方。

学生：作为在职班同学，我想提一点，就是我们的整体感觉差一点。我们班有几个很爱学习的同学，学了很多课，相对来说感觉好一点。我们和整体环境缺少一种融入感。虽然有很多讲座，但是我从网上找不到这些资源，到学校来才能看见有这样的活动，要经常过来看，但在职班同学一般工作都很忙。

钱颖一：我想听听全时班同学的体验。

学生：我是全时班的，全时班提前批录取是 40 个名额。我自己有一个想法，就是在即将分班的时候，能不能把提前批的这 40 位同学尽量分到一个班，而不是跟后面的 100 名正常批录取的混到一起。我感觉，不管是从职业背景还是以后职业发展方向，我跟这 40 位同学更有共同语言，对很多事情的思路比较一致。再加上从申请材料到经历面试，再到备考，我们已经做了半年同学了。如果能让我们继续团结到一起，我感觉会比较有效率。

钱颖一：我理解你的想法。但是我相信，在座的很多同学，他们有非常不同的看法。你是想追求一致性，但是我想很多人到这里来，是希望能有更多的不同性。我讲我自己的一段经历。我高中毕业后插队。插队前，我们几个要好的同学去找中学校长，希望分到一个队。到了公社后就发现校长把我们全拆散了。但是回过头来看，我觉得插队四年使我学到很多，学会与不同的人打交道。我相信很多有过更多经历的人都会告诉你，要多和跟你不一样的人在一起。这对你将来一生，我敢保证，更有价值。

第二章

2011—2014 学年

MBA 学生与院长共品下午茶

（2011 年 12 月 1 日）

MBA 教育未来的三大趋势

钱颖一：对于未来 MBA 教育的方向，我的看法是有三个大趋势。一是领导力。你要超越别人，要体现在具有领导力上。二是企业家精神。过去二三十年来，商业世界最大的变化就是对创业越来越广泛的认同。过去 MBA 毕业生以去老牌大公司为荣，找不到工作才去创业。在大企业工作会积累经验，这也很好，很多创业的人刚开始都是在一些成熟企业工作。即使哈佛商学院的毕业生也没有多少人直接创业，但是毕业 15 年后就有 45% 的人至少创业过一次。我在美国二十多年，在东部和西部都待过，尤其是我在硅谷的时间比较长，感受很深。大家来清华学习，很大的优势是创业平台，比如清华科技园。清华这方面资源比较多。

第三个趋势是体验式教学。过去我们熟悉两类教学：一是以教师为中心的讲课；二是案例教学，让大家有参与感。但案例教学仍然是课堂式学习。在 MBA 全时班中，在第二年你们会有一个“整合实践项目”，这就是体验式学习，是真的项目，不是案例。这有点像医学院中的临床实习。在医学院，不经过临床实习是不可以毕业的。当然，医学院的技术门槛高。体验式学习是将来商学院教育的一个趋势。

这三条是我认为的未来 MBA 教育的发展趋势，也反映在我们的 MBA 教育改革中。这三条是我跟海外商学院的交流中感悟出来的，我发现它们正在成为海内外商学院的共识。

兼顾课程与讲座

学生：开学后很多软课程，比如“领导力”，我们确实学到很多。但是三个月过后，我个人感觉我们课业的负担比较重。我感觉清华有很多资源，比如有非常多的讲座、俱乐部交流和同学之间的交流。如果我们把主要精力放在课业上，其他资源我们利用的就比较少。所以我想问下怎么平衡？

钱颖一：我先问下你现在多少学分？

学生：17 或 18 学分。

钱颖一：从去年这个时候以来，我解决了一个问题，就是从 24 学分降到了 18 学分。所以负担应该减少了。今年顾问委员会会议期间有个全球论坛，大家有没有去？那个时间你们并没有课。这也是去年我解决的一个问题。过去几年全球论坛时都有 MBA 的课，所以大家不能去。我们有这么好的资源，都是顶级的，比如哈佛商学院院长就来了。

昨天我请了熊晓鸽来演讲，他是在中国做投资做了 20 年的人。演讲之后他到我办公室，我们从 9 点聊到 11 点。上星期我刚去百度，见了李彦宏。不过他们主要招聘对象是工科的，招搞计算机的。我们今年开始了一个企业家讲坛，请了邓峰、郭广昌等人来。过去清华与国企联系比较多，现在正在改变这种单一状况，国企、外企、民企都要联系。我们开设了顾问委员讲堂和管理全球论坛，这三个系列都建立好以后，是一个系统。顾问委员会这两年越来越活跃，企业家讲堂都是以民营企业家为主。每次企业家讲坛我都亲自主持，请来的确实都是顶级的。

与世界一流商学院的差距

学生：我有一个比较具体的问题。我认为身边的同学都是非常优秀的。但是我在 CDC 做职业分享时听到一个故事。去年一家全球化公司招管理培训生项目，对我们同学吸引力非常大。它在全球一共招 10 个人，这 10 个人分别来自海外和本土的商学院。清华有两位同学有幸进入最终一轮复试，当时用大巴把复试的人拉到酒店面试。但是清华这两位同学上了大巴后顿时没有信心了，因为他发现他旁边坐的都是哈佛、斯坦福和麻省理工的海外留学生。最后我们这两位学生确实落榜了。去年招的本土学生分别来自中欧、长江和复旦，我们学校的两位同学比较没有自信。

钱颖一：这个问题我得问你们，假如是你们，碰到对手是哈佛、斯坦福的 MBA 学生，会没有自信吗？

学生：坦白地说我们会比较没有底气。他们公司的 HR 说我们主要有三点问题：一是我们的英语不够流畅；二是我们的同学不够主动；三是我们对行业公司的认识不足。

钱颖一：这些原因都有道理。其实我们清华学生的第三点还是强的。但是如果英文不好的话，在语言不流畅的时候，尽管你知道很多，你也说不出来。我刚到美国的时候也有这个感觉，然后给人的感觉就是你反应很慢。其实主要是语言在脑子里要有一个翻译过程，导致看起来迟钝。我们的外国学生反应好像也迟钝，其实他一点也不迟钝，就是语言问题。

第二条主动性既与语言相关，也和我们的教育有关。我每次去哈佛商学院参加顾问委员会会议时，他们都会安排我们旁听 MBA 的课，我每次会听两个课堂。他们那里的文化就是学生在课堂上拼命地想积极发言，这就是主动性。他们还没等到老师点到，就拼命想表现自己。当然他们那样可能有点过，现实中这也未必最好，但是在面试的时候就会给人深刻的印象。这一点确实跟我们的课堂文化有关系。

我觉得语言真的很重要。在国际交往中，语言障碍远远超过你们的想象。2006 年我在一个企业家论坛上讲："语言是挡在中国企业家面前的一座山。"我在美国这么长时间，这一点我有亲身体会。如果大家想以后在国际上有所发展，一定要在语言上下功夫。

这方面我认为女性有些天然的优势。女性的语言天赋比男性要强。我现在写英文邮件，虽然可以保证基本没有错，但需要不断修改，而我发现跟我有类似经历的女性比我写得快，也比我写得漂亮多了。有时你可能觉得都能听懂，但你未必能全部理解，这与文化背景有关。比如看翻译过来的管理方面的书，很难懂，我觉得是翻译没有把原意搞清楚。你要想真正理解美国文化，语言方面特别重要。中欧这方面比我们更国际化。复旦学生平均而言是中国学生中英语水平最好的，复旦学生在哈佛、斯坦福等商学院中也很多，这同他们在上海有一定关系。上海对外来文化的接受程度远远高于北京，所以面试时复旦的学生超过我们的学生。

学生：我来这里几个月了，感觉清华确实和国际一流商学院有差距。我们在专业技能上行，比如面前的橙汁，清华学生知道怎么配橙汁，但如果是斯坦福学生，他会根据客户需要决定是用白开水还是茶水泡橙汁，他有主动选择的能力。我们虽然有专业技能，但在专业创新上没有弹性，我们很机械。所以希望学校能在这方面有所帮助。

钱颖一：我们和国际顶级商学院之间是有差距。刚才那个同学说的自信心就是一个差距。我们解决的总是技术问题。我们的教育一直都有一个误区，就是到大学学知识。昨天熊晓鸽来，他刚到美国时只揣了 38 美元，现在管理 38 亿美元的基金，为什么他能走到今天？他反复强调一个词：梦想。并不是所有有梦想的人都能成功，但我保证没有梦想的人一定不会成功。

所谓自信，就是能放开了去想。乔布斯的秘密在哪里？他的几大秘密中有一条就是他不卖产品，而是卖梦想。当然，梦想这个词很抽象，可以具体化。比如哈佛商学院不会教你要干哪个行业，他们的目的是 To educate leaders who can make a difference，就是要教育能改变世界的领导者。比如橙汁，我要改变的是你喝东西的习惯，不单是让你觉得好喝。这中间的视野和眼界是不一样的。

我当然知道我们和哈佛商学院的差距。但是担任清华经管学院院长以后，我在这些商学院院长面前很有自信。哈佛商学院院长来参加顾问委员会会议，晚上在钓鱼台国宾馆晚宴。他是印度裔。通常印度人是很高傲的，尤其在中国人面前。他坐我旁边说，现在我知道了，你的工作比我的难。那天晚上朱镕基、王岐山、刘延东、马凯等都在，还有周小川、刘明康、郭树清、楼继伟等。你看我的工作容易吗？有这么多人要安排，前前后后这么多事，要有自信心。他们可能在学术上认可我，但在商学院管理上是另外一回事。很好的经济学家有可能把商学院管理得不好。

这次见外宾之前，按惯例，我要先向朱镕基老院长汇报情况。他就问了我一个问题：什么叫世界一流？意思是你知道什么是世界一流吗？我一愣，灵机一动，我说："我们的顾问委员会委员中有四位商学院院长，分别是哈佛、MIT、斯坦福、沃顿，这就是世界一流，而今天来了其中的三个。"我觉得我这个回答挺靠谱，他也挺满意。我知道差距，但是我在心气和眼界上一点也不输。

此外，我们的课程设计已经是一流的，但是落实到教学时还不行。还有就是教室问题。我仔细看过国外商学院的教室，多在地下一层，即使哈佛商学院在地上一层，教室也没有窗户，走廊有窗户。我发现这其中是有道理的，就是让学生完全集中精神。将来我们建新楼，也要把一些教室放在地下一层。你看咱们现在用的六教，是中学式的教室。我们硬件上有很大差距。老师的水平有不输一流商学院的，但也有不行的，这个差距我能看到。清华有一个好处，就是我们潜在的心气和眼界很高，清华传统上就是这样的。

开设写作课

学生：我听说您给本科生开了一门写作课。我们 MBA 理工科生比较多，我希望能引进 MBA 教育中来。因为我发现最近我们写文章废话很多，水平不够。

钱颖一：我完全赞同。这听起来是非常简单的事，但做起来非常难。斯坦福 MBA 开了一门课叫作"批判性与分析性思维"（Critical and Analytical Thinking），类似于我们的"管理思维与沟通"课，其中有大量写作。这门课要求每个星期交一篇文章，专门雇人批改学生写的文章。我这里有他们的课件。第一个案例就是谷歌在中国，要求学生给 CEO 写一封信，写谷歌是否应该留在中国，不超过两页纸。然后教师修改、点评。写作极其重要，但是我们极其缺乏教师。

大家到管理岗位后会发现，大量的都是写作。上级如何赏识你，其中一项是看你写的东西。写作不是用词多漂亮，而是要把复杂的事情写得简单，讲清楚，有说服力。其实写作水平最终是思维水平。

我们经常举办讲座。讲座上最让我难受的是，学生提问，讲了半天你也不知道他在问什么。后来我发现有些不是我们的学生，是外面来的。所以你们提问题、写作时一定要讲清楚。

主动撬动资源

学生：关于就业方面，90% 的同学希望学院能够为 MBA 全时班召开专场招聘会。现在硕、博、本科都是混在一起的，很多时候同学们去了发现不招 MBA，浪费很多时间。第二个问题是很多同学希望尽早开始校友导师项目。第三个问题是，这次 MBA 招生改革后同学们的背景很大程度上增强了，但似乎还没有把信息反映到雇主方面去。

钱颖一：我需要了解一下。你们这届学生确实在各项指标，比如工作年限、原来薪酬、层级等方面都有明显上升。

学生：我们在职班的这届同学工作年限长，年龄偏大。我们都是带着很多问号来清华的，希望到这里来解惑，能找到未来的方向。但实际上我觉得过去这三个月，问号减掉了一些，但增加了更多。比如我是谁？我的不足是什么？未来是什么样子的？清华能给我带来什么？很多问号。我们现在已经沉浸到学习当中，希望学校能给我们机会把我们拉出来，能给我们提供这样的视角，重新审视 MBA 这样一个经历。

我有三点建议。一是和老师的互动。因为在职班的上课特点，几乎没有课下与老师交流，这些老师都是各领域专家，所以希望学校能给我们创造机会。第二点是同学之间的互动，这次的入学导向我们穿插打散国际班、全时班和在职班这三个项目，给我们的感觉非常好。希望学校以后给我们创造更多机会，让我们400多人成为一个更密切的群体。三是关于案例教学，我们每周末学完后，周一就拿回公司印证实践，这个感受特别好。所以希望未来能多增加案例教学，哪怕会计学，都可以用案例教学法。

钱颖一：我们的“财务报表分析”都是案例教学，你回去后马上可以再看看自己公司的财务报表。

从你前面那几句话中我感到我们的教育很靠谱，就是你减掉了一些问号，又增加了更多的问号。人生的三大问题，就是清华的看门人每天要问的：你是谁？你从哪里来？你到哪里去？这是人的三大终极问题，所以你已经考虑到这个层次上了。

你的这三个建议都是很好的。清华这个地方，各种资源，人的资源、关系的资源等很多，但是能否利用，很大程度上取决于你们自己的主动性。比如你们要主动约老师，或组织小组讨论。在昨天晚上的讲座上，有个人不是清华的，他提了一个问题，但没让他提第二个，他就在门口等我到11点，一定要给熊晓鸽一份商业计划书，很执着。所以我对你们的建议是，你们要主动一些。我们当然要创造条件，但你们自己也要主动。比如今年12月份的MBA新年晚会，你们可以主动联系其他班，建立联系。

学生：我们都认识到英语的重要性，MBA需要国际化视野。但现在英语课的设置更流于形式，很多是为了通过清华的英语水平二考试。如果我们引入新东方，以托福为导向教学可能更好。

钱颖一：根据我多年的经验，第一，学英语不能靠大学来教，我的英语根本不是在学校学的。第二，新东方能教你怎么考英语，它可以把你的托福成绩提高，但不能教你怎么用英语。所以你如果真想提高英语水平，不能通过新东方。你可以抓住一些外国交换生，你帮他中文，他帮你英语。有很多方式学习，但不能迷信新东方和课堂。

学院的品牌建设

学生：我想问下关于职业发展的问题。社会上对清华的认可度很高，但对 MBA 的认可度不是很高。清华经管 MBA 改革后，在国内已经处于领先地位，所以不知道学院有没有考虑过对国内的媒体、公众、企业界主动推广对 MBA 的认知，宣传清华 MBA 是一个很优秀的群体。我看央视上有对城市的宣传，不知道经管会不会也宣传一下？

钱颖一：清华对外的整体形象是比较内敛的。我们总是讲“行胜于言”。但我们的老院长朱镕基对此有看法。我记得在 2006 年 10 月的顾问委员会会议上，他就说过行胜于言不是不要言。我们学院在清华里面算是张扬的。但是我们还是做得不够，特别是 MBA 这个品牌，不过我们确实也在做。

我们有个中国 MBA 案例大赛，那个活动有影响力。这个活动的支持单位之一是《清华管理评论》，这是我们学院办的杂志，上面有学院各教学项目的广告，包括 MBA 项目。另外我们在一些航空杂志上也都投放了广告。

还有，我们也是最早开通微博的。去年 12 月，我邀请新浪的 CEO 曹国伟来学院，他说他还没有来过清华。我对新事物很敏感，我说你们的微博很厉害，你来我们学院讲讲吧。今年 1 月份他来讲了。之后 3 月份我把全院管信息的老师召集起来，我们那时候就把包括 MBA 校友的微博都开通了，我们开通了之后，北大和其他学校才开通。在宣传方面，我们在清华里面算是做了很多的，但总的来说还是不够。我们有 EMBA 媒体班，同学们也特别帮忙。我们组织的“清华管理全球论坛”上了中央台。所以这些方面我们已经搭建了很多平台。

学生：建议学院增加全时班、在职班、国际班之间的交流。

钱颖一：这里的问题是学院出面组织，还是你们自己搭建平台？两年前我去参加北大光华的新年论坛，搞得不错。一问，根本不是学院组织的，是北大光华 MBA 同学会自己组织的。这也是锻炼你们领导力的一个很重要的方面，你们三个项目的同学之间应该自己打通。同学到这里来念书，除了向老师学知识之外，很重要的是同学之间的联系，这个价值更大。

MBA 学生与院长共品下午茶

（2012 年 6 月 5 日）

钱颖一：从去年开始我对这个活动做了一点改革。以前有 MBA 办公室老师一起来参加这个活动，后来我发现有其他老师在的时候大家说得不太尽兴。所以从去年开始是我一个人来。我发现这也有问题，因为 MBA 中心的老师没有机会直接跟你们交流。所以我在上学期听了你们的建议，成立了一个学生教学咨询委员会。每一个学期有两次机会，你们可以跟 MBA 中心的老师交流。这两种形式都很必要，我们的交流渠道是多方位的。

商学院与大学融合

钱颖一：过去的一个学期，MBA 的项目在不断创新。我不知道大家有没有在网页上看到，上星期四学院推出了一个 MBA + X 的双学位。我们是清华大学里的一个学院。大家选择清华经管学院很大的原因可能是因为清华大学的名气。但是我们一直觉得我们还没有充分利用清华的资源。独立商学院诸如中欧、长江，它们的政策比较灵活，这是客观的现实。我们是教育部直属大学，教育部管得严。但是我们有很多优势，因为我们在大学之中，可以和其他的学科融合。我们学院下一步的 MBA 管理教育，就应该更多地利用大学的教育资源。

这学期我们组织了两场同清华其他学院联合举办的研讨会。一场是与美术学院合办的。过去大家不太重视设计。现在我们知道在苹果公司中最牛的单位就是设计，是最保密的。现在不少创业公司至少要有三个人：一个是 MBA 学管理的，一个是搞技术的，还得找一个搞设计的。我们和美术学院这么近，但过去从不来往。这次我把他们的一些人请过来。他们的东西还真的有意思。他们有好几个系是有关设计的。虽然叫美术学院，严格说应该叫美术与设计学院，其实它们的英文名称就是 Academy of Arts and Design。他们的设计部分应该在全中国是最好的。设计里面分了好几个系，有信息方面的设计，有视觉方面的设计，等等。他们来讲的内容，比如一个城市的楼房特别丑，但是又不能拆，所以就用灯光的效果来做设计，一下子就把城市的轮廓改变了。他们还在楼墙上设计广告牌，广告费用收的特别高，创造了商业价值。还有数码相机照相，现在的技术能在一张照片上显示全纽约，因为是用很多小的照片拼起来的，可以精确到咖啡馆桌上的一杯水，点它的时候还能伴随着咖啡馆里吵吵闹闹的声音；点到另外一个地方，比方一个歌剧院，歌剧院里的声音就出来了；点到一条高速公路，就会听到有车辆碰撞的声音。总之，通过设计，可以做出这种种效果。

两个星期前，我们与电子工程系举办了一场管理与信息技术融合的研讨会。有他们的老师和我们的老师参加，还有他们的两个毕业生，有一个是搜狗的总裁。这个月底还准备组织一场管理与医学的融合。医学院有医院管理问题，也有药品的知识产权问题，还有医疗设备医疗器械的问题。捐建了新清华学堂的校友徐航是迈瑞的创始人，他的医疗器械做得很成功，我们也准备和他们合作。医学方面将来有很多和管理融合的。

我举这些例子想说明什么？我们走过了 20 多年 MBA 的发展道路，到了现在，我觉得有一个很重要的方向，就是如何发挥综合性大学的优势，让我们的管理与其他领域能够融合。

搭建创业平台

学生：接着您刚才讲的这个综合协同。我们这学期有创业课堂，我们自己组了一个团队，但是真正要做的时候，才发现我们可以从思维上把方方面面都考虑到，但是资源非常缺。清华如果要做中国的斯坦福，我们希望学院能不能牵头提供资源平台，然后让有创业想法的我们能够在学校内部找到合作的机会？

钱颖一：上星期四的活动，不知道你们有没有参加？我们在清华科技园组建了一个创业平台，这是和你的需要很接近的一个平台。创业方面这学期举办的活动，一个是创业年会，一个是创业平台，还有与伯克利合作的第四期技术创新项目。今天我在准备下一期的《清华管理评论》，主题就是创业，我来之前刚刚写完主编寄语。创业肯定是一个趋势，也是我们学院很大的优势。我们旁边有清华科技园、启迪创新研究院等等。

我们同电子工程系联合举办活动的时候陈吉宁校长来了。他带了三个电子工程系的本科生，介绍了一个项目，是本科生研发的惯性定位。我们现在的定位都是通过卫星定位的，但是假如你在地库，就接收不到卫星信号，这三位学生的技术是根据人的惯性来定位。他们写了一份商业计划书，但不知道如何找钱。第二天我们就帮忙找了启迪作为投资者。

也许你可以问问清华创业平台孵化园，在资金方面它是一个资源。当然创业不仅是资金问题，还需要其他资源，比如要找对合适的伙伴。资金方面永远都有一对矛盾：一方面，做PE（私募股权）的觉得钱多没有好项目；另一方面，做项目的觉得资金短缺，每一个有想法的人都觉得找不到钱。

学生：我是2010级在职班P2班班长，我先讲一段我对您的认识。我经常看咱们经管学院的主页，其中您的文章我一般都看，而且下载下来。我对您的讲话记忆比较深的是有关创新教育的三个方面：好奇心、想象力、批判性思维。我现在用这个标准来教育我的孩子，教育孩子要有联想，然后让他提问题批判我。我认为这个道理非常有意义，有价值。我一直用这个标准教育我和我的孩子，受益匪浅。

钱颖一：这些都与创新有关。创新是我们中国人喊得最响的，从上到下都特别热衷，但总是比较失望。我最近看了一本书《创业的国度——以色列经济奇迹的启示》。这本书让我们知道一个700万人口的国家，还没有北京的一半人口多，没有任何资源，周边环境恶劣，在这种条件下，在美国纳斯达克上市的公司是美国以外最多的。

学生：比日本还多。

钱颖一：想不到吧？我们总是说中国人重视家庭，重视教育。犹太人也特别重视家庭，特别重视教育，但是方式不一样。我们的教育方式是送小孩去各种辅导班。他们不是，每天晚上都要回家吃饭，在饭桌上教育小孩。教育的方式是我给你提问题，你再挑战我。我们对教育存在根本的误区。我们认为从小到大，MBA 也一样，学生就是学知识，教师就是教知识。

创造力是另外一回事。我觉得好奇心、想象力，特别是批判性思维可能和创造力有关系。我去年在亚布力中国企业家论坛上讲过这个观点，在企业家中非常受关注。做企业的都想招到有创新能力的人。即使名校毕业生，知识学了不少，信息很多，但是创造力不够。犹太人有他们的优点，很值得学习。

学生：我是在职 MBA，之前在国企，后来到了欧洲的一家外企，再后来又到三星公司工作了几年，去年刚刚到清华科技园一家成立了才几年的做 4G 芯片的公司，是海归创立的。我之前一直是搞技术研究的，在读 MBA 之前，我自己一直没有想好到底朝哪个职业方向发展，所以我想问您一个关于职业发展的问题。我也想成为一个技术专家，但不知道自己是否有足够的毅力和耐性做技术研究。我就决定读 MBA，已经读了两年。我现在在做类似于市场营销的工作，但是偏技术一些，属于技术市场。我想问您，作为一个企业领导者，是创业思维更重要，还是好的管理思路更重要？

钱颖一：你的背景很丰富啊。这几年 MBA 群体在变化。过去都是全时 MBA 毕业后想改变工作，但现在念在职 MBA 的也希望换工作。

你的问题是有关创业思维和管理思维的。我们这期《清华管理评论》的主题就是从创业到创业管理，其中有一些文章把这两个东西结合起来，当然这不是一件容易的事。因为创业就是不要循规蹈矩，就得要有不同的路数。但是管理在某种程度上要纳入规范，所以这里面确实是有矛盾的。不过，现在有越来越多的创业公司能够结合两者。

现在中国是 PE 偏多，VC（风险资本）偏少。PE 是后期的，我们太急功近利，希望挣快钱，所以愿意做 PE，推企业上市，马上就能退出挣钱。VC

就得等很长时间。熊晓鸽是做 VC 的，他在我们的 MBA 项目中做班主任。你将来可以认识他。跟他在中国合作的美国投资人叫吉姆·布雷耶（Jim Breyer）。布雷耶早期投了 Facebook，结果就成了 VC 里面的第一，一下子成了亿万富翁。我觉得你有工科背景，有这么多不同公司的经历，去做 VC 投资可能会是一个很好的选择。你在三星工作几年的经历一定很神奇。

学生：我在三星待了几年，我感觉对三星的文化确实了解得比较透。韩国这个民族有一种危机感，比我们中国人的危机感强烈得多。

钱颖一：以色列也是有危机感的，因为它被敌人包围着。韩国人觉得永远在俄罗斯、日本、中国这三大国的包围之中。韩国就是在这样一种环境下，结果它就是特别不一般。

学生：我之前念过新加坡国立大学和德国慕尼黑工业大学，然后从事管理咨询公司。我在 IBM 的中国年会上听过您的讲话，讲到 IBM 百年老店，不同凡响，提到经管学院重视批判性思维教育，当时给我的印象特别深刻。钱院长讲话每次都概括为一二三点。我的第一个问题是有关您提到的创业。伯克利加州大学的项目我们很多学生很感兴趣，但 7 个学分不被 MBA 中心承认，因为下学期一些课的上课时间会冲突，所以我放弃了这个项目。可不可以把一半的学分，即 3.5 个学分算在我们的学分里面？现在是完全不算，原因是这个项目主要是面向普通硕士生。

钱颖一：我觉得很奇怪。这是一门很好的课程，和我们的 MBA 教育目的是完全一致的。它对工科硕士都完全开放，为什么 MBA 不可以算学分呢？

学生：《新闻联播》用前 6 分钟篇幅讲创业的事，把中央领导人的活动都放在 6 分钟以后。我特别关心的是您觉得国家这么高调讲创业，跟整个实体经济的低迷衰退有没有直接关系？

钱颖一：这不是跟经济衰退有关，而是同经济转型有关。我们现在进入了中等收入阶段，经济发展要由过去粗放式的增长转变到以创新为主的增长。短期的低迷是周期性的，比这个更重要的是发展方式的转变，那就要把创新、创业作为重点，这是长期的。如果只是应对短期经济低迷的话，通过需求刺激政策解决就可以了。所以概念是不一样的，一个是短期周期性的问题，一个长期趋势性的问题。我觉得提出创新创业是后者，而不是前者。

把握经济发展趋势

学生：在上学期的“管理思维”课程上，我有一个发现，就是企业的核心竞争力之一是企业精神，而企业精神受企业领导人自己的核心价值观影响，需要企业领导人以身作则去培育。我在央企，觉得每天有效工作时间应该不到四个小时。但如果是真正有企业精神的企业，可以把人的潜力发挥出来，这种作用可能是不可限量的。所以我的第一个问题是您对我自己总结琢磨出来的这一点同不同意?

第二个问题是，我们现在的“商业伦理”课老师上起来很费劲，原因可能是没有认识到它的重要性。清华是以培育未来领袖为目标的，我联想到上学期在校友导师会上，有一位校友谈清华应该承担社会责任，场下嘘声一片。我认为，如果要培养未来领袖，伦理就是核心价值，这会影响企业的核心竞争力。

钱颖一：你提出的问题可大了。我们在 MBA 课程改革中增加了一个模块，软技能和品德，就是你说的范围，包括管理思维、商业伦理、企业社会责任，所有这部分课程都是以前没有的，是新加的。这部分课程我们叫作软技能，不同于会计、财务、人力资源、营销这些定量的课程。你觉得你悟出了一些道理，悟出了中间的联系，这都很好。你的感触很大，可能跟你在国企工作，对现状不大满意有关。

我们重新设计 MBA 项目的时候，就把它定位成培养未来领导者，具有综合管理能力的领导者，这是我们学院 MBA 的定位。有的学校的定位就是金融，有的就是营销，比如沃顿金融特别强，凯洛格是市场营销特别强。但是你看哈佛和斯坦福就不是这样，它们就是综合管理。这导致两种可能：一种是你什么也干不成，还有一种是能干成大事业。综合管理也叫一般管理(general management)，是为了培养将来的 CEO。所以你要理解我们这个项目的设计定位。

学生：我之前做经济分析，借此机会想请教一下，您觉得未来10年内中国经济发展的主线是什么？会不会像1929年之后的10年萧条，或者在短暂的徘徊以后迅速腾飞？

钱颖一：我虽然没有给MBA上课，但一直在给EMBA上课，那门课就是试图回答你的这个问题。你说的这两种可能，我看都不会出现。中国未来10年，最可能的情况，既不是萧条，就是像日本那样失去10年或20年，也不是你说的那种迅速腾飞的情况。我的推理基本是这样的。经过了30多年的发展，我们从贫穷到了低收入，又从低收入开始迈入中等收入，现在人均GDP大概是5 000多美元，如果用购买力平价计算大概8 000多美元。从世界各国发展的一般规律看，我们可以有两个结论。

第一个结论是，我们现在与日本20世纪80年代不同，日本80年代的发展水平远远高于我们今天的发展水平，它已经是发达国家了。发达国家的潜在增长率也就是3%。所以跟这些发达国家比，我们还很年轻。很多人经常说，我们会不会出现日本在《广场协议》后的问题，增长变成了1%～2%。我觉得这不可能。从这个意义上讲，我们受益于我们还不那么富。

第二个结论是，我们不应该期待未来增长率保持在过去那种9%的情况，这是不现实的。我们现在的人均GDP是5 000美元，10年内会达到10 000美元，这是中等收入社会，此时如果增长率能达到6%～7%就已经很不错了。没有路的时候修第一条路，收益非常高。修完第一条路后再修另外一条路，边际收益会递减。类似的，第一套房子对你的价值无比大，但第二套房子的价值会小一点。

所以简单地回答你的问题，你说的这两个极端情况都不会出现。现在一说增长率7%，怎么那么差，连8%都保不住。这是过去的思维。当你很穷的时候，是得有这种增速。但是到了现在这种程度，7%已经很好了，如果能持续就是非常好的了。

学生：我本人在商业银行干过，也在投资银行干过，我毕业论文写的是关于 PE 的，也想去那个领域试一试。我的问题是金融体制对一个国家的影响和作用。您觉得中国进入现在这样的状态，商业银行赚钱赚到翻，投资银行非常孱弱没有竞争力，PE 过热，未来 10 ~ 20 年，中国金融业的变化会是什么样的？您个人觉得比较适应中国经济增长的理想金融模式是什么样的？

钱颖一：金融方面有好多没有想到的事。20 世纪 90 年代末，所有人都承认，国有银行从技术上讲已经“破产”，也就是说资不抵债。现在，世界上的前几大银行全是中国的。同时，证券公司却很惨，可谓冰火两重天。再后来又是全民做 PE。10 年前做预测的话，谁也预测不到 10 年后外资银行在中国这么小，谁也不能料到工行挣钱这么多。工行在 2005 年实行股份制，我就参与其中，担任独立董事。有些因素是不可预测的，比如 2008 年的金融危机，在那以后，工行很快就成为世界第一大银行了。我们也没有预测到股票市场 10 年后又回到原点。总之，好多事都是没有想到的。你问我什么是理想状态。我们当然希望金融应该更为平衡地发展。现在的债券市场太小，直接融资比例太低，银行的利润太高。银行现在什么都做，做基金、做保险，银行做的这么大是人们没有想到的。

我感觉在接下来的 10 年中不太可能总是这样，肯定会发生变化。比如前几年工行每年利润增长 30%、20%，现在是 15%。即使 15%，每五年就要翻一番，这是不太可能持续的。一般人会说这是利差高的原因，其实中国的利差不是全世界最高的，而是中等偏下，主要是规模，不高的利差乘以几十万亿，就是很大的数。

说到银行垄断问题，也很难说。比如成都这个地方，你知道有多少家商业银行吗？58 家。为什么会有这么多呢？有一个特别简单的解释，就是银行以前都在沿海地区设立分支机构。所以银监会后来规定，沿海设一个分支机构，中西部也必须设一个。在中西部大家都愿意将分支机构设在成都。监管有什么错？似乎没有错。但是，我们没有想到银行跑到成都设分支机构，而不愿意去西部别的地方设分支机构。怎么能说有 58 家银行的市场是一个垄断市场呢？银行也不光是央企，各个地方都有，北京银行、宁波银行等等。有的时候有些事情特别奇怪，也很有意思。上星期我正好在成都工行出差，所以知道一些情况。这也是意想不到的监管结果。

学生：我们是不是应该在教学过程中把我们对国家的责任，我们对政治的关心，稍微增加一点？比如我们做一些讲座，除了与经济密切相关的讲座以外，可以再邀请一些更政治或者更人文的引导一下大家，就可能会激发学生的理想，或者内心的某一些种子。然后，他可能自己就会朝那个方向思考。如果力度再大一点，在课程安排上，是不是也可以在三年中有一门课是讲我们国家的现状。

钱颖一：明白。

海外交换项目的多样化

学生：因为我们是在职，参加长期的海外交换项目是不现实的。目前学院的短期海外交换项目还比较少，能否在这方面下点功夫呢？

钱颖一：上个星期MBA中心已经给我一份报告，就是关于海外交换的。现在我们的MBA项目在变化，大家的需求也在变化。过去只有国际班对海外交换需求比较大，因为他们是用英语授课的。当时主要是一个学期的交换学习。这两年来，全时和在职的中文班同学，也都希望有海外交换。但是一个学期不现实，所以就有了短期交换的需求。这也恰恰是美国商学院学生到中国来的需求，他们也希望是短期的。所谓短期就是十天半个月到海外访问。我知道现在大家有一些自发组织的海外访问。

这里有几个问题需要解决：一是资金的筹措，二是要有组织上的联系，得有接待。好的体验取决于是不是安排得好。通常的做法是互访，我接待你一个团免费，你接待我一个团免费，这是一种以物易物的方式。不然就要单边付钱。这件事情已经提到了议事日程，接下来是操作问题。我把这份报告给了我们的合作发展办公室，请他们帮助筹资。现在我们已经开始做这件事了。

学生：希望我们学院能够增强文化的多元性。我们现在有去智利的交流，去法国的交流。我认识好多日本人、韩国人都来过中国，但几乎没有多少中国人去过日本。

钱颖一：我们和世界上一百多所商学院都有联系，但是结构上非常有问题。我们的学生都想去北美和欧洲交换，不愿意去韩国、泰国等周边国家交换，但是那边的学生愿意来。这一点都不奇怪。就像美国人不愿意到我们这里来，我们愿意去那里是一样的道理。我们知道美国很多，但美国人不知道我们。韩国人对中国了解很多，但我们对韩国有多少了解？这种不对称是很自然的现象。

英语是全球通用的商业语言，这是全球化的结果。我是 1981 年出国的，我的第一本护照上的第一行字是法文。后来的护照上只有中文和英文，没有法文了。原来法国的殖民地有不少。但原来的英国殖民地和原来的法国殖民地，现在的发展状况很不一样。英国给人类留下了什么遗产？是一套财产制度和合同制度。比较一下香港和澳门，香港曾是英国殖民地，澳门曾是葡萄牙殖民地。历史上讲，西班牙也曾经很厉害，是哥伦布发现了新大陆，而不是英国人发现了新大陆。但是最终在全球化的竞争下，哪种制度好，有利于生产力的发展，哪种就胜出。语言只是这种竞争的一个结果。

世界上将来有三种语言使用广泛：中文、英文和西班牙文。美国的很多地方讲西班牙语的人增加很快。法语不再是全球性的语言了，日语只是在日本。全球化下是一个市场，一个价格，全世界各个角落的人都可以享用 iPhone，但同时也会对多元化有很大的冲击。不过，也很难说，将来技术发展以后，也许有的技术有利于多元化，比如网上社区等，这不好预测。所以确实是我们应该加强对多元文化的认识。

我两个星期前去印度尼西亚，这个国家有 2.4 亿人，是世界第四人口大国，排在中国、印度、美国之后。印度尼西亚幅员辽阔，从这头飞到那头要六个多小时。印度尼西亚的经济在 20 世纪 90 年代还在中国的前面。印尼总统 3 月份到清华来，清华授予他名誉博士。我这次去的时候，总统会见我一个院长，还有四个正部长陪同会见，包括教育部长、外交部长，很重视。总统给我们签名送书，全部是英语对话，部长们也全部讲英语。他是第一个民选总统，而且连任了。印度尼西亚的宗教比我们复杂，有穆斯林、佛教徒、基督教徒，但绝大部分是穆斯林。他们的学校、工厂都有专门祷告的地方，穆斯林一天要祷告五次。

我们的 MBA 学生有几个去印度尼西亚商学院交换的？一般都不肯去，但是他们那边的学生愿意到我们这边来，所以这是不对称的。另一个奇怪的现象是日本。日本有 1.2 亿人，曾经的世界第二大经济体，现在仍然是世界第三大经济体。日本是一个很了不得的国家，也是第一个实现现代化的非西方国家，同时还保留了自己的文化，保留了不少从我们中国学过去的文化。但我们的同学很少去日本，尽管很近。

促进 MBA 和其他项目的交流

学生：我提一点个人意见，可以让 MBA 的同学和 EMBA 的同学多交流。

钱颖一：以前就提过这个建议。后来发现你们看不上我们这些 EMBA 同学的企业。

学生：但是也有一些 EMBA 的学生看不上我们 MBA 的同学。

钱颖一：EMBA 同学的企业以中小企业为多，他们是老板，你们可能看不上，我听到过这样的事。

学生：我听到这样一个说法，EMBA 和 MBA 的管理机构是两个。

钱颖一：没错。我们原来主管 EMBA 的副院长去五道口金融学院做常务副院长了，所以现在是由我分管 EMBA。上星期六我们出去开 EMBA 的工作会议，就把 EMBA 怎么跟其他的项目特别是 MBA 融合作为很重要的事情。EMBA 是加上周末连上四天，同你们完全不一样。他们都从外地飞到这里，一天上七小时课。合肥市副市长在我们这里读 EMBA，上上星期 EMBA 的移动校园就在安徽。还有阜阳市副市长也在我们这里念 EMBA，所以有很多潜在资源。

学生：我建议同学会的主席、副主席，可以通过钱院长的关系联系一下

EBMA。当下可以做这件事情，非常有意义。

职业发展路径

钱颖一：你是在职的，你想通过念 MBA 去其他企业还是去其他行业？你们现在念在职 MBA 的是怎么想的？

学生：我当时决定念 MBA 最主要的想法是我看到的职业路径比较有限，自己并不是非常满意。读 MBA 可以有一段时间和不同同学交流，也许可以提供你没有想到的一些资源和机遇，偶尔就会利用上。在在职班，我们收获挺大的。

学生：我们班入学时，平均年龄 29.2 岁，我们毕业时将近 33 岁了。从跳槽的角度讲，33 岁再跳槽也不容易。我是在读 MBA 期间跳的槽，因为我不能再等了。你会发现换工作会导致整个时间都要重调，要重新加班。可能有一部分人会倾向于读两年。

学生：现在学分够的话，想要提前毕业也可以，灵活性应该比较大。

学生：全时班基本一半以上是结婚有家庭的。所以大家面临的就是在 30 岁左右这样一个职业转换或者飞跃的坎。

钱颖一：招生改革以后学生的岁数上去了。

学生：我在实习过程中确实发现，第一步从主管级别到中层干部级别的飞跃，就是在 31 ~32 岁的时间段，毕业之后还要工作两年再飞跃的话，就有点麻烦，或者说来不及了。

钱颖一：一般飞跃是在 30 岁出头？

学生：30 出头要站在中层干部的预备战线上。

学生：我们来自央企，中层干部的年龄就是 32 ~33 岁左右。

学生：我们从美国招聘很多，美国大学四年，他们本科毕业后工作，再读 MBA，MBA 读两年，他们都是读全时的，很少读在职的。我们跟他们比完全没有竞争力，因为他比你年轻四五岁，加班通宵都可以。你还有家庭、孩子。

钱颖一：他们也是22岁大学毕业，工作四年后是26岁。念完MBA是28岁。

学生：我们到清华读MBA后33岁才毕业。

走出去开阔视野

学生：在上上星期我们班组织同学去了台湾，基本是我们自己联系的。感觉一周时间特别短，过得飞快。在台北除了“故宫”之外没去任何景点，七天时间紧锣密鼓，去了台大和政大两所学校交流，都是他们那边的国际项目，也请老师做讲座，参观六七家企业，包括基金会、艺术馆、文创园等各种形态的企业。生产型企业去了两家，整个走下来的感觉非常强烈。

今天的中国经济有很多问题，我们不管在工作中还是在学习中，相对来讲在信息的获取上有点封闭，这有时间、精力、能力的原因，也有信息源的原因。除了讲座课程，学院是不是可以鼓励并帮助同学们去国内的长三角、珠三角、西南、西北组织一些活动，深入企业一线，看看中国经济发生了什么样的变化，状况是什么，跟一线企业家聊聊，获取信息，验证我们学到的东西。这会非常有意义。

钱颖一：我们的EMBA有一个移动课堂环节，上星期到了安徽，是去同学的企业。他们在两年期间至少有两次移动课堂，地域分布很广。MBA在职班的同学全部是北京的，全时班中不是北京的同学也很少，中西部的同学几乎没有。所以就这一点看，我们学生的结构很欠缺，所以你们的视野也有局限。你的这个建议非常好。我们应该有一个比较广泛的视野。珠三角的有吗？长三角的多吗？

学生：有上海、江浙的。

钱颖一：但不是坐高铁来的。高铁有没有改变我们的学生结构？大家都说高铁改变了很多，对我来讲很具体的一个问题是，有没有改变我们在职班的学生结构。如果高铁真的这么厉害，就应该体现在我们在职班的学生结构上，原来不能来上课的，现在能来上课了。

学生：目前几乎没有，只有上海通高铁。

钱颖一：比如济南、南京，按照原来设计的速度，应该是可以的。现在速度放慢了，好像并没感觉到变化。

学生：在台北的七天，车速那么快，车水马龙，但没有听到一声汽车鸣笛声，让你感觉社会很平和。

学生：大家排队按序上车，有敬老座，叫博爱座；座位颜色也不一样，其他座位是蓝色的。

学生：北京也有，但大家挤得满满的。

学生：传统文化的发展、对宗教的保护、政治开明，这三种类型的电视节目中，最多的一个是骂马英九，二个是纯娱乐，三个是宗教，七个台是七个法师不同的佛教讲座。从人的精神角度看，三类节目有释放的、有娱乐的、有深层次修为的，还是非常棒的。

MBA 学生与院长共品下午茶

（2012 年 12 月 20 日）

主持人：今天非常荣幸和大家一起与钱院长进行面对面的交流。我们在入学导向活动的时候，MBA 中心的老师为我们介绍过“比萨之夜”这个活动，当时我的想法是和钱院长共进晚餐这个梦想太遥远了，没想到今天晚上梦想变成了现实。

最近央视著名主持人柴静出了一本书，叫《看见》，在开篇，她写道：要想看见，就要从蒙昧中睁开双眼，做到准确、平等、求实、平衡。我个人特别喜欢这句话，也借这句话稍做修改，作为自己对这次“比萨之夜”活动的期待，那就是：要想听见，就让我们从“比萨之夜”打开心扉，让我们拥有梦想，善于思考，做到会通。这三个词我相信大家都非常熟悉，这是在全校研究生开学典礼上钱院长对我们大家的期许。我相信也是在座各位，以及没到场的 MBA 同学对自己的一个要求。

钱颖一：今天是我第一次到这个 MBA 学生活动室来参加活动。还是在上个学期的时候，在我的一再坚持之下，把这个房间隔成了 MBA 活动室。我想你们一定觉得很好。因为今天人特别多，所以就牺牲了比萨，但是我们仍然有“之夜”。

我看了一下这份名单上大部分是 2012 级的新同学，还有一些是我们 2011 级和 2010 级的同学。这个活动就是一个轻松的场合，和大家一起聊聊。

大学商学院不同于独立商学院

钱颖一：我在今年的全校研究生开学典礼上代表教师讲话，后来《新清华》分两次转载。我讲的梦想、思考、会通这六个字还是很有意思的。其他学院的听听而已，我们学院还是要落实一些事情。比如说会通这件事，我们就一直在努力。我们两个星期前与机械工程学院联合搞了一个活动，我觉得挺好。在这之前我们还与环境学院，再前面和电子工程系，上个学期跟美术学院联合搞活动，都是为了“会通”。

像我们这样的商学院，不同于独立商学院，不同于中欧、长江。我们身处研究型大学，清华又是理科工科特别强的大学，包括设计、建筑都是非常强的。过去我们感觉受大学体制的制约比较大，独立商学院制度确实比较灵活，我们在教育部体制下，又是清华，各方面的管理都比较严格。但是我一直在想，很大的问题是我们没有发挥出我们的优势，其实我们周围遍地都是黄金，就是没低下来捡一捡。所以这一两年来，我们就花很大力气在做。

我们下一学期就要开出“清华探究”课。这门课程是中欧、长江没有的，它们看到了也很难学，因为是在清华的体验课。这门课程我们的 EMBA 在 11 月已经开出了两次。他们周末上课，四个半天参观了清华的八个实验室。另外还有半天就是研讨清华校史。大家会说，校史不就是参观校史馆吗？不是。为此，我专门请了最懂老清华校史的一位老先生——黄延复，今年 84 岁了。他三年前中过风，说话口齿都不是很清楚，但我这一请，他就来了，虽然那天天气挺冷。他以前写过《清华风物志》，他为了研究陈寅恪名字中的这个恪字的发音就考证了很久，到底念 què 还是 kè，他对这个有研究。

我们就请他带着学生在清华现场讲。走到王国维纪念碑前，讲它的历史。那块碑是 1929 年 6 月 3 日立的，是在王国维自沉两周年的时候。后来又走到日晷，谁都不知道，那个日晷是摆反了的，他说原来不是这样放的，现在正面写的是行胜于言，他说要转个角，把那个庚申级放到正面。他要是不说，我们哪知道啊。我们还去了同方部。我们都知道“自强不息，厚德载物”是清华校训。这是梁启超 1914 年来清华演讲时在同方部讲的，那时清华还没有大礼堂。

所以我们要设立这一门课。这能体现我们与独立商学院的不同，我们有院士、有实验室主任来讲，同学们能看到我们的不同学科，医学院、美术学院、信息学院、土木水利学院正在做什么科研项目。这对我们有好几个作用。一个是开拓我们的思路，另一个也有可能在未来有很多商机。所以我说，会通这两个字的后面有很多事可做。

最早我是从哪里读到会通的呢？清华有位历史系老教授今年 91 岁了，住在我隔壁，叫何兆武。他的一本书叫《上学记》，是他的口述史，很畅销。他在西南联大念本科，换过三个专业，历史、土木、哲学。我们现在读的很多康德的书都是他翻译的。他后来在社科院历史研究所工作，80 年代回到清华，他当年研究生是在清华读的。他就说清华的风格就是三个会通，古今会通、中西会通、文理会通。我现在又加了第四个会通，叫商工会通。我想这一点独立商学院是比较难做的。但我们过去这方面确实也没好好开发、好好利用。

一所综合性大学中的商学院不同于独立商学院。在综合性大学中清华大学的位置和各种资源也是独特的。我想在座的很多同学凭直觉报清华，也是这个原因，毕竟在中国，清华的位置以及它的人脉关系是独特的，长期来看很重要。

学生：刚刚听您讲会通，我也有一个想法，就是除了您说的这种跨系交流之外，能不能建立一个清华内部各院系的科技成果发布平台，我们可以通过这个平台的信息寻找能挖掘的商机，他们的科技成果能不能转换为实际的生产力。如果在网上有一个展示，我们就可以主动与对这一部分科技感兴趣的人进行直接沟通。

钱颖一：我要先去了解一下他们是不是已经有类似的发布平台了。

学生：我的意思是，有些东西可能是很重大的，但有的可能很小，很小的哪怕说一个软件设计，或者是一个很小的发明，但是我们有些 MBA 同学具有比较好的商业眼光，可能在别人不太注意的时候就能发现很小的商机，包括我们同学根据个人兴趣发明的一些小东西都可以。

筹备创新创业的教育平台

钱颖一：我们现在想做一个创新创业的平台。最近我们一直在研究，在看三所学校：哈佛、MIT、斯坦福。最近哈佛商学院做了一个 i-lab，其实只做了一年，从去年 11 月开始的。它是以商学院为主，向全校开放。他们的 i-lab 有一栋楼，就在商学院边上。我们现在也想搭建类似的平台，吸引其他学院的学生。这个平台明年应该能启动了，是有实际空间的平台。

主持人：我觉得钱院长了解我们 MBA 的学生，一个商工会通就把我们带进了状态。

钱颖一：去年我曾经同陈吉宁校长到美国的几所学校去看，到了斯坦福，看人家商学院和设计学院之间的关系。

学生：今年国庆节的时候，我们班组织了 17 个人到美国游学。钱院长和 MBA 中心推荐我们和 MIT 的交流，那个创新实验室（Media Lab）我们去过，很受触动。所以我的问题就是，我们清华大学能否有这样一个基金或投资平台，使我们这些学生有更多机会创业。斯坦福 17% 的学生选择毕业后创业，这个数据让我很震动，所以建议学院这边给我们提供一个投资的平台。

钱颖一：我再说说我们想做的这个创新创业平台。我们下星期专门请了我们学院的两位校友，他们是正在哈佛商学院读 MBA 的同学，来仔细介绍那边 i-lab 的情况。我们比他们晚启动一年，这没关系。我们要把哈佛、MIT 和斯坦福的优势结合起来。哈佛没有工科，但哈佛很有创意，它们的创业项目都是挺软的项目，硬的东西就比较少。MIT 硬的东西很多，但它的整合能力没有哈佛强。斯坦福有很特殊的情况，就是它的地理位置，它在硅谷，那个地方形成了创业气候。

我们的优势就是清华地处中关村，还依托清华的这么多学院。但关键是需要创新。到底什么样的平台适合我们的学生，我们要探索。刚才你说往里面放一些钱，到底怎么个放法，以怎样的形式放，也要探索。李开复做的创新工场是一种形式，但我们跟那个肯定不一样，我们的资源不一样，我们有学生、教师，背靠清华。我们有巨大的校友网络。但到底是怎样的“商业模式”尚不清楚。我说的商业模式是广义的，我们的目标不是赚钱，我们是培育学生。在这个意义上，我们是“社会企业”，有社会目标，就是培育学生，为他们将来的创新创业提供条件。这件事已经提到议事日程，而且已经有步骤，我们希望明年能做起来。

增强沟通的种种途径

学生： 我带来两首小诗和大家分享。第一首小诗描述我们 MBA 现在的生活："有张有弛的学习/有情有义的交往/有声有色的工作/有滋有味的生活"。我觉得我们进入 MBA 的学习以后，是我们人生道路的一个转折点。

第二首小诗我想表达一个问题，这首小诗有些煽情："澹澹水木清华堂/悠悠青葱岁月长/可惜时光多短暂/唯望相聚启宏章"。就是说进入清华以来，我们感受清华水木文化，看到那么多漂亮的清华美景，再次得到教育，感觉受益匪浅。我们觉得仿佛回到十几年前的青葱岁月，有一种很难言表的感觉。我们觉得，第一个学期过得太快，入学导向刚完，这个学期就期末考试了。我们还没有从陶醉中清醒，第一学期就过去了。

我们现在有一个小小的愿望，看看学校能不能创造一些机会，给我们 MBA 同学，特别是在职班的同学，创造出多一点相聚的时间。我们觉得大家只要能够聚在一起，有的时候真的能够创造出很多智慧。我们对您那个会通有个小的解释，只要能够会在一起，前面的路就通了，就是先会再通。所以我觉得学校有没有方法，给我们更多的相聚时光。

钱颖一： 这个星期天晚上 MBA 的新年晚会，叫"共聚同秀"。我觉得你说的两年或三年的概念，是在校学习的时间，这只是清华同学关系的开始。还是要有心，才能会，这点还是很重要的。你那两首小诗很美。

学生： 我们觉得收获最大的就是，除了受老师和清华文化的熏陶之外，就是同学之间的交流。实际上，我们 MBA 最大的资源就是在不同行业之间的碰撞，在这种交流过程中，潜移默化地使我们不同行业的人都会很受益。

学生： DMD 和"管理经济学"都有案例，我们组在做案例的时候，有一个尝试就是两个案例用的是同一个素材，从不同的维度分析它，让案例更加丰满。

钱颖一：我们新设计的课程里面有一门“整合实践项目”（IPP），就是为了这个目的，这是封顶之砖（capstone），就是我学了这么多东西，最后要把它们全都串起来，既要整合，还要实践。光讨论案例还不行，还得有实践的东西。我们是在四年前引入的。

学生：关于会通，我们很多同学希望 MBA 和 EMBA 有更多会通的机会。

钱颖一：这个问题听上去很简单，做起来还真的不容易。首先是上课的时间非常不会通，他们是星期四五六日。我觉得要想办法，要动脑筋，包括你们也要给出一些创意性的想法。我们现在有一个麦肯锡的领导力课，MBA 和 EMBA 都可以上。但是即使上课给了你会的机会，也很难通。我把这个题目出给了 MBA 中心和 EMBA 中心，你们也想想，能创造出什么机制？我知道有一个广东深圳的 EMBA 同学，他就招了他们同班的三个 EMBA 同学到他的公司工作，后来又招了十几个我们的 MBA 学生。

主持人：我们讨论过这个问题，就是意愿不匹配，MBA 的学生特别希望和 EMBA 会通，但是 EMBA 的意愿不是很强烈。

钱颖一：有一些 EMBA 的意愿还是很强的，我问过一些学生，他们给出了这样的回答，他们说很愿意招聘清华 MBA 的学生，但他们不屑一顾到我们这里来，他们是这么说的。因为我们 EMBA 的学生多数还是实业界的，他们说 MBA 同学都想去金融界。所以这两边都有问题。

主持人：当时我们班讨论出来一个很好的问题，就是能给对方带来什么。当我们都能给对方带来有价值的东西，我们可能就通了，或者说我们通的机会就多了，所以我觉得咱们都可以想一下这个事情。

钱颖一：这里是激发大家梦想的地方，不是实现大家梦想的地方。

训练大脑会思考

学生：我在班里当学习委员，我就提个学习的问题。咱们 MBA 改革面向未来。课程做了改革，我们有软课硬课之分，软课前八周上了“管理思维”，杨斌老师讲的很有启发，但启发是暂时的，没有形成习惯，没有形成惯例，担心不能持久。硬课后八周的 DMD，一周上两次课，大家非常累，尤其是文科同学更累一些。所以课程安排对我们来说挺累的，我们很担心我们的生活不长久，或者不能适应清华的生活。

钱颖一：软课对你有冲击，但是冲击以后就又回归常态了。

学生：所以说软课我们觉得很好，接触起来很不错，但是时间一久又会忘记，硬课又特别赶。虽然这学期很累，但是担心收获很少，我们非常担心自己努力了但是没有结果。然后这半学期是第一年，心气很高，眼界很高，都不想抄，都想自己做。总之，我们学习态度很好，但是担心学习努力过之后，是否能有所收获。

钱颖一：你问的问题和通常学生问的问题不一样，考虑得很长远。一般同学会说，考试怎么办啊，担心老师会出什么样的题。但是你问的是担心是不是能记忆长久。我个人体会，有些是你觉得你忘了，但是将来的某个时间它又会回来。我觉得很多思维性的东西有这个特性。相反，硬课你忘了，就真忘了。

“清华探究”这门课我怎么想出来的？我有一次到美国，问经管学院毕业了很多年的本科生校友，你们还能记得当年上过的哪门课？这是一个很好的问题。有位同学说，我上过一门课叫“清华实验室探究”，这门课记住了。我说经管这么多课你都没记住，就记得这一门课？他说是啊。

现在我们设计给 MBA 和 EMBA 的“清华探究”与本科的那门课不一样。我和学院老师去看了本科生参观的实验室，对本科生合适，对我们 MBA 和 EMBA 的学生肯定不适合。但我从中受到启发。我说管理类的学生，对科研本身不是内行，是希望从中受到启发，所以就改叫“清华探究”吧。

我觉得随着时间推移，软课程里的东西，更会被记住或者更会被想起。硬课程如果不用的话你不会记住，比如数学是最硬的课程，怎么解方程你是绝对记不住的。但是我仍然觉得我一辈子受益于数学训练的是逻辑思维。人家说我的文章和其他人的不一样，是因为我的逻辑严谨。当然别人可以说你很死板，所以我就写不出那么潇洒的文章，这不是我的风格。

回到你说的 DMD。这里面有数学，有回归分析，数据分析，看上去很枯燥，但是有了统计概念，你就会对别人提出的证据开始怀疑，但不是乱怀疑，而是有根据的怀疑。由个别的案例到有统计规律的数据，这是认识上的升华。这些统计工具现在用在社会科学的很多地方。所以我觉得倒不是具体的计算技巧，而是背后的思路更加值得学习。当然我不知道老师是怎么讲的，可能过于数学化。这门课的挑战比较大，原因就是太容易被数学迷惑。

其实最重要的是对数据的解读，由数据到事实。我们知道的信息很多，但信息本身不是知识，你要把信息变成数据，把数据变成知识，再把知识升华到智慧，这可是很长的链条。我觉得这种思维方式是很重要的。如何解读计算机给你的结果，那就看你的分析水平。所以我觉得 DMD 这门课应该这样去理解。

MBA 教学面临的难题是学生背景极其不一样。文科理科不一样，即使理工科也很不一样，文科也很不一样。你认为的硬课，在理工科同学看来，怎么这么软，硬课不硬。但是在文科背景的同学看来，你认为不硬的课他们会觉得太硬。这是一个一般性问题。一个解决办法就是分层次开课，这样会要求更多资源。举例来说，斯坦福资源是非常多的，会计课分出 ABC 三级，有没学过会计的人，也有已经获得过 CPA（注册会计师）的人，还有专门做过审计的人。

还有一个办法就是，在大家收到录取通知后的夏天做一些补习。特别是一些基础数学的补习。但是说句实在话，我觉得中国学生的方差远远小于美国学生的方差，因为一些美国学生在中学数学都没念好。咱们的教育虽然有很多问题，但有一个优点，就是我们的基础知识很扎实，平均水平比美国学生要高。但是我们的方差比他们要小，这就导致创新不行，山寨很行。

我刚才这些话同一些大学的校长说过，他们都觉得没听过，原因是他们没学过 DMD。这个均值与方差的道理能解释很多现象。你刚才说的教 DMD 的老师，我知道他是学数学出身，可能教的比较数学化。我的背景也是数学，但我比较能理解数学背后的意义。如果我教 DMD 的话，我不会那么偏重数学，更多会讲后面的思维方式和判断，我想那样可能更有用。而且通过一些很现实的例子来讲，比如刚才讲的均值与方差，大家就会觉得离现实很近。

主持人：我们接下来可能要考虑的是如何把这些知识升华为自己的智慧。其实全时班同学也一样，就是课堂上都觉得很好，但是课后就很茫然，说怎么办。所以，我觉得可能更多是需要我们自己去思考。

钱颖一：所以，我讲的第一个词就是“思考”。这是我读《爱因斯坦传》的感悟。他在 1921 年第一次到美国波士顿。那时候爱迪生设计的一套录取员工的考题风行全美国。一个记者从里面抽出了一道题问他，声速是多少。爱因斯坦回答说，我没有必要记住这个答案，因为在任何书里面都有。后面就接着说，大学教育的价值，不在于记住很多事实，而是训练大脑会思考。那现在你还要再加一句，大学的价值也不在于听了很多的课，也不在于看到很多现象，而在于训练大脑会思考。

思考在现在比那个时候更重要了，因为你更不需要记忆了，随时上网就可以查到。但是你要知道去找什么，这就没人告诉你了，这就需要思考。所以我一直觉得思考比记住知识更重要。

从管理者到领导者

学生：我有一个问题，主要是针对钱院长您个人经验的分享，就是您刚才提到您是学数学和统计的。无论是清华的工科背景，还是数学和统计背景，都是非常严谨的。当然硬币都有两面，可能有人，比如隔壁学校，就会觉得我们很死板。我们读 MBA 的很大一个愿望是想提高我们的管理能力，而这个管理能力除了业务这种硬的能力以外，还有一个非常重要的就是软技能。我想您作为院长，能够统领我们在全中国最高学府中最优质的商学院，作为一个数学背景的人，是怎么样实现这种转变的？我想实现向管理者的质的飞跃，应该如何去做？

钱颖一：你提了一个很好的问题。其实我觉得数学和工科还是有差别的，数学和物理、化学、生物还都不一样。在国外，数学其实不算作自然科学，数学就是数学。自然科学研究客观实体，就必须要用经验数据去检验。比如物理，爱因斯坦给出一个公式，还必须有实验的验证才能被接受。所有的科学都是要被检验的，这才叫科学。数学是人为搭造的结构，不需要检验。当然数学必须有逻辑的严谨性。我的这个严谨性来源于学习数学。但是确实有局限。比如，我写的文章干巴巴的。

我是 2006 年秋季开始做院长的，我做的第一件事就是改革 MBA 的课程。我从 2007 年夏天开始研究这件事。我是经济学出身，原来对 MBA 课程并不熟悉，所以就做了很多调研。到了 2008 年我们就推出了新版 MBA 课程。

我们经管学院最早叫经济管理工程系。在那个年代，你不加工程两个字，好像在清华就没有合法性了。那个时候 DMD 是 9 学分，在我接任院长的时候还有 6 学分，但我并没有取消它，只是把硬课程的学分减少了。我把很多软课程，特别是在全时班和国际班，都放在了前八周。因为我知道我们学生中工科背景的多，但是我又知道，作为管理者、领导者，软技能的重要性可能会超过硬技能，所以我有意识地要突出软技能课程。在这次课程改革的这个五个模块中，第一个模块就是软技能，包括“管理沟通”“管理思维”“领导力开发”。放在前八周就是为了给人比较大的冲击，之后才是分析基础、管理基础、中国与世界三个模块，最后是整合实践模块。形成这样一个框架，是基于我将近一年的调查研究，国外最好的商学院我都跑过。

学生：很多同学在软技能方面的素质也不一样，比如有些人在企业里经常做 PPT，演讲方面的技能特别好，有的同学在这方面技能特别差，像领导力这方面课程是否可以分成两部分：一部分是必修，一部分是选修，比如一共 2 学分，第一部分比较适合所有人的领导力，第二部分像这种演讲技巧、沟通技巧这种，有些人适合有些人不适合就可以选修。

钱颖一：我有不同看法。领导力每一个人都得学，从长远来讲，对大家是好的。通过调查已经有确凿的证据，说明中国的工程师和管理者，第一缺乏的就是沟通能力，特别清华同学的沟通能力是一大短板，所以现在就要逼一下，把更多的时间花在这方面，将来的收益会很大。我相信我的看法是对的。我为什么把软技能放在最前面，因为我知道很多同学的理工科背景比较强，而领导力、沟通力这方面的技能稍微欠缺一些，恰恰是因为这个，我要这么做。

课业负担

学生：课业负担方面，感觉作业太多了。

钱颖一：这学期我们已经从 24 学分降到 14 学分了。今天你反映的是每门课程的作业多，以前是反映总学分太多。

学生：就是因为每一个老师都觉得自己的课比较重要，所以基本不会削减自己的作业，加起来我们的负担就比较重。我觉得课业负担重有几个负面效果。第一个就是您刚才说的会通，我来清华读 MBA 之前给自己拉了一份书单，心想辞职以后终于有时间把自己的书债给还了。结果后来发现不但自己的书没时间看，连老师布置的参考书都没有时间看，完全是在写作业。

另外一个是就业问题。我们全时班同学都想转换职业，但是第一年的课程都是一些基础性的课程，真正专业性的课程要在第二年，但是我们第二年一上来可能就要参加就业的竞争，而第一年我们既没有时间准备，也没有任何课程做准备。

还有一个问题就是来 MBA 之前还有时间和在职班的同学交流，结果开学以后，和在职班同学的交流越来越少，在项目之外的交流也变少了。再有觉得是身体问题，因为没有时间锻炼，我们今年参加“共聚同秀”的晚会，一练节目大家的体力就跟不上，虽然年纪都不大，但是平时忙于写作业，没有时间锻炼，不能为祖国健康工作 50 年了。

钱颖一：这个问题在中国绝大多数商学院很少听到。通常我们听到的问题都是，在 MBA 上了一年，课程太水了，这么水我们还要交这么多钱？在斯坦福，我知道他们课程改革的动机主要是学生用在学习上的时间太少，要给他们加作业！首先，我们清华一点都不水。我们清华的老师太负责任了，每个人都觉得自己要负责，结果没想到加起来就把学生负担给加重了。我们可以适当地调整，适当地留出一些空间。

其实我们的本科、硕士的课程整体上都偏紧，这跟社会潮流是相反的，因为别的学校大多是偏水的。我们要从最优效果出发，应该多留出些空间，有空间才能思考。我们不是要多做题，而是要多思考。我们目前的教育很大程度上还是更多地通过作业来学习。但是我也知道哈佛商学院的学生比你们要累，这也是事实，他们读案例都要读到凌晨两三点钟，早上八点还要上课。

学生：我是目前教学咨询委员会的秘书长。之前我们在 2012 级所有的班级做了关于课业负担的调查，对课程和老师进行了调查。我们大致得出来的一个结论就是软课程的课后作业时间会比较多，比如说杨斌老师的课后作业每个星期会占据 16 个小时。

钱颖一：他是学斯坦福。我们曾把斯坦福那边一门课的所有作业都拿过来，知道要耗费好多时间。斯坦福的教授很得意，终于让学生在学习上花费时间了。所以我知道他这门课作业多的原因。

学生：大家进来之后，马上进入一种很被动的学习状态。能不能在进来之前让大家有一个课程框架的梳理。知识是一个海洋，我们只能取我们最需要的，不可能把我们的精力平摊。可以根据大家的职业需求，根据 MBA 课程的设计，指出一个方向，包括每门课程、课程和课程之间的关系、知识体系、相关性、你的职业导向是要侧重哪门课程、每门课程什么时候开，提早帮大家有一个认知。如果在哪一个方面比较薄弱的话就要提前补。

钱颖一：对，你说的这点很对。其实这些材料应该在入学导向的时候就发下去，对不同背景的同学有不同的提示，这些都会很有帮助。就是要给路线图。

学生：多元化在企业和商学院中越来越流行。我上次去哈佛的时候，那里的一个同学告诉我，他们在录取 MBA 的时候非常重视多元化，全球五大洲各种肤色的都能录取进来，就是要营造这种多元化的氛围。

钱颖一：他们有一个为什么要多元化的理论。理由是现实社会是多元的，有各种各样的人，所以我们要在教室里创造类似的环境，即使有的人水平稍差，也要录取进来，以达到多元化。在我们这里，在职班的绝大多数来自北京，结果多元化程度就不如国际班和全时班，因为他们是住校的，不受地理位置的限制。

MBA 学生与院长共品下午茶

（2013 年 6 月 8 日）

MBA 项目再整合

主持人：我想用最近火热的一部电影《中国合伙人》的一句台词，作为开场白。“是我们改变了这个世界，还是世界改变了我们?”“改变”这个词已经在我们每一天的生活、工作和学习当中。N 年前，钱院长赴美深造，是一种改变；如今，我们在座的各位来到清华，也是为了某种改变，不管是为了改变世界、改变企业，又或者是改变我们自己。

我们清华的 MBA 项目，近几年来也是不断地在改变，我们也非常欣慰地看到，我们的教育投资正在快速地保值增值，我们的学费也在猛涨。同时我们也亲身感受到，其实它也是有一些提升空间的。所以，我们作为清华 MBA 的一分子，我们有一份期待，也有一份责任。今天晚上希望通过这样一个畅所欲言的平台，为未来的改变找到正确的方向和动力。

钱颖一：我们的 MBA 有三个子项目，就是在职班、全时班和国际班，其中在职班和全时班是中文授课，国际班是英文授课。MBA 项目这些年在全球都在发生很大的变化，其中一个变化，以美国为例，就是在职学生的比例在上升，全时学生的比例在下降。欧洲有一年制 MBA，美国是坚守两年制 MBA。还有另外一个方面的发展，就是在线教育。清华在两个星期前加入了全球在线联盟 edX，这个联盟始于哈佛和 MIT。有人说这可能是几百年、上千年以来对教育的最大冲击，但现在还看不清。由于我是 AACSB 理事会和 EQUIS 认证评审委员会的成员，也是好几个商学院的顾问委员会委员，所以对这方面的信息就比较敏感，比较早就知道了相关信息。

我们在思考继 MBA 的课程改革和招生改革之后，还要如何继续走在前面。我们在重新梳理我们的 MBA 项目。从 2014—2015 学年开始，我们就不再是在职班、全时班、国际班这样的区别了。我们将把清华 MBA 项目分为两个子项目，一个是清华 MBA，就是在职的；同时我们把国际班和全时班合并升级，叫全球 MBA（GMBA），这是全时的，而且要继续并深化与 MIT 的合作。这样就把过去包含三个子项目的 MBA 变成两个子项目，每一个都给它更高的定位。这是我们继课程改革和招生改革之后，在 MBA 项目定位方面的重要举措，还没有正式宣布，我先跟大家通报一下。

清华 x-lab 启动

学生：学院对学生创业有什么建设性的帮助、支持？

钱颖一：我想大家都知道我们已经开启了“清华 x-lab”，这是我们今年的一个重大创新举措。我们是在 4 月份成立了 x-lab，租了清华科技园的 1 000 平方米，正在装修。大家会有机会参与 x-lab。我们联合了清华 12 所院系一起搞，将来我们与工科的学院，与医科，与美术学院，都要联合做事。我们说它是创意创新创业的教育平台，推动学科交叉。大家对这个概念非常兴奋，觉得这是在探索一种新型的教育模式。

清华 x-lab 跟 MBA 的关系是什么呢？我们 MBA 课程中的“整合实践项目”要与 x-lab 对接。x-lab 聘请两类兼职老师：一类叫驻校企业家，一类叫驻校天使投资人。这样我们就把教师、企业家和天使投资人同我们的学生连接了起来。

学生：这段时间我们在跟地方政府谈我们的项目，与江苏、浙江地方政府谈，地方政府就会说，你们到底有什么资本，有什么资格得到我们的支持？我们就在想，学校里有没有这种平台支持我们和地方政府谈判？

钱颖一：有很多非正式平台。以浙江为例，清华跟浙江省签过战略合作协议。学院 EMBA 在浙江办过两期浙江班，当时是浙江移动支持的项目。除了浙江移动的高管外，学生中还有很多当时浙江的中层干部，现在不少地区和市的干部曾是这个班的学生。

地方政府支持很多是靠人脉关系。我之所以强调校友会、同学会，这是价值连城的。我们学院不仅有 MBA，还有 EMBA，他们有很多的地方人脉关系。我们现在不定期举办区域性、全院性的校友活动，我们在长三角、在深圳，这次又在香港举办。好多同学说从来都不知道自己这个地方有这么多清华经管校友。所以，在学校的时候，你们也应该积极参加这些同学会的活动。

学习中的问题

学生：这学期我们开了一门课，叫“伦理与企业社会责任”。我觉得这门课对大家影响还是比较大的。伦理在我们日常生活里有一种束之高阁的感觉，很高尚。但是真正做的时候，就面临两难境地：一端是伦理和企业社会责任，另一端是企业生存。我想听听您对企业伦理的看法。

钱颖一：我们学院顾问委员会委员何晶是新加坡淡马锡的 CEO，她是新加坡总理李显龙的太太。她在三四年前的顾问委员会会议上说，你们要讲商业伦理和企业社会责任。我们另外一个顾问委员企业 Flextronics（伟创力）与富士康是同行，也做代工，一直希望支持我们学院的企业社会责任教育。昨天上午我还在同他们的 CEO 谈这件事。我说这件事在中国比在美国还有挑战性，因为中国学生的伦理判断都是结果论，对和错的判断是以结果为依据的。我们没有学过康德的义务论。

另一个特别困难的就是我们的法治不健全，现在又是快速发展、快速转型期，我们现在碰到的一些问题是西方国家一百多年前经历的。西方国家现在的法律体系很健全，在这些规则之外，还有伦理方面的问题。我们的情况不同，很多规则还在变化。我们的文化不同，教育背景不同，再加上经济发展阶段不同，我们的企业社会责任问题和商业伦理问题也不同。很多问题我们过去没有想过，特别是很多问题根本就没有统一的答案。争辩也不是我们习惯的方式，我们习惯的方式是上面给出正确答案。这次伟创力支持我们的企业社会责任教育对我们会有很大帮助。我们的老师教 DMD、教会计都很行，但是教伦理课就显得经验不够 。前年我们请来一位在 MIT 专门讲伦理的高级讲师，为我们的老师做培训。他们的经验比我们丰富。

学生：我感觉清华的课程，比如营销、会计等，收获反而没有软课程那么大，感觉距离现实有点远，学了用不上。商业社会是聪明人的斗智斗勇，瞬息万变，在这些方面有没有考虑给学生提供一些能够研究得更深入更贴近当前商业现实的课程？

钱颖一：以前我听到的反馈是相反的。以前对传统的硬课程大家反映比较好。原因很简单，就是老师教的时间比较长，经验比较多。在课程改革开始的几年，大家对软课程反映的问题比较大。你的感觉是反过来的，这个信息非常重要。这就说明过去比较强的课程也需要不断更新。

学生：关于毕业论文的问题。我们现在是按照清华大学统一的硕士学位论文要求，必须写，而且要参加答辩，最后经评审通过。我有三个问题：第一是实在没有时间做，大家找工作的压力很大；第二是导师的资源分配，一个导师带六七个学生；第三是大家面临的论文选题也非常少，可能我们 MBA 的学习不那么偏学术。我不知道您对 MBA 的毕业论文怎么看？

钱颖一：首先，咱们国家的《学位法》规定所有硕士学位必须写论文，这是一个没有办法绕过去的法律问题。这部法律是 20 世纪 80 年代制定的，那时候只有研究型硕士学位。但是修改法律得排队，现在还排不到修改这部法律。所以，论文必须写，但论文形式可以多样化，这是我们争取到的政策。比如你可以写案例，可以写报告，也可以写论文。

这里有一个技术问题，就是学校要“查重”。因为你们几个人做同一个项目的话，写出来的东西就不可避免有重复的内容。但是现在由计算机软件查重，就经常会无法通过。所以你必须要想办法不能有重复。我们是试点单位，我们可以这么做，别的很多学校还不能这么做，必须写论文，有格式要求，要有文献引用等，更复杂。

不仅 MBA，EMBA 也得写论文。有的外国学校也得写，比如法国。我跟法国的一个商学院院长聊天，他说他们的教育部比咱们的教育部更官僚，我们想办法还能变通，但法国人连变通都不行。

如何增多实践认知

学生：我们全时班都是离职全时读 MBA 的，所以机会成本比较高，但大家都是心怀梦想，希望走得更好一点。就目前看，经济形势好像不太乐观，从我们 2011 级师兄那里了解到现在就业形势不是特别理想，所以大家都很焦虑。以您的视角能不能帮我们分享一下中国以后的社会经济走势，为大家就业提供建议。

钱颖一：我觉得中国经济不会再像过去 10 年那样高速增长了，这是长期趋势。但我也不认为是低速，甚至都不是中速，可能是中高速，在 7% 左右吧。中国现在已经步入中等收入水平，尽管还是比较初步的中等收入，但趋势变化很明显，劳动力市场已经出现“刘易斯拐点”。

麦肯锡最近的一份报告说，未来有 12 项新技术很重要。前段时间大家对美国经济前景很不看好，经过这一段看到美国潜力还是很大的，特别是在创造力方面。比如，页岩气就是非常革命性的变化，整个能源格局会改变，美国将从能源进口国变成出口国。移动互联网会给各行各业带来重大的变化。基因检测也会带来重大变化。所以我的一个判断是，你们的很多同学都是工程技术背景，在这么多技术快速变化的时代，如果你们能善于抓住机会，前景就非常好。

学生：上回我去实习的时候，就有人说，用人单位希望我们上来就可以工作。但是，就我们现在上的课程来说，这方面偏少一点。这学期我选的两门选修课，一门是“审计实务”，一门是“证券投资”。这两个老师一个是高级合伙人，一个是基金运作多年的资深人士，他们讲的东西和实际很容易联系起来。但是从正课来看，老师更多的是讲理论，讲知识体系，联系实际就弱一点。我们很认可的一句话就是，真正做过这行的人才能真正讲出东西来。这个问题您看我们怎么能解决？

钱颖一：从 20 世纪 70 年代开始，美国的商学院聘任的长聘轨教师（tenure track）都是没有实践经验的，都要求是博士，要发表学术论文。有实践经验的人不可能再回到大学里当教授。哈佛、斯坦福商学院的教授也都是这样的。但是他们在这些教师之外还聘用实践型教授，讲选修课。所以商学院的主干基础课程都是学院派教授讲的，而选修课不少是实践型教授讲的。

我们也试图推动这件事。比如我请李荣融来讲。他从国资委主任退下来的第二天就跟我说要来经管学院给学生们讲课。他先听了一年，听了七门 EMBA 的课，然后他告诉我，他说行了，我知道该讲什么了，他很认真，之后就开始讲了。这就是一个例子。我们给他的头衔是兼职教授，兼职教授需要清华大学批准，很难获批。为了解决头衔的问题，我绞尽脑汁想出各种头衔，让这些人愿意来教，同时又不违反大学规则。你们也可以向我们推荐，特别是那些在国企和外企的高管，60 岁就退下来了，这些人很有价值。

学生：我们都是学工科的，对硬课程，比如“会计学”“管理经济学”就比较感兴趣，而且感觉学得挺享受，收获比较大。但那些软课程，比如“管理沟通”等，恰恰就是我们缺少的，怎么样学好这些课程？

钱颖一：我要是你，就缺什么补什么。你的工科见长，那你就得在软的方面下功夫。也不能说逼迫自己，但是要有很强的动力去学。一个办法就是你们同学之间互补，有些人是反过来的，一看见“管理经济学”就头疼。我不知道你们有没有学习小组。一定要给自己定纪律，这样的话等你毕业的时候，就不一样了，甚至可能过去的短处变成了长处。总之，要有一个逼迫的机制，和同学一块儿谈，就是要哪壶不开提哪壶。

子女何时出国读书最好？

学生：您对美国非常了解，在美国学习工作多年。我的问题是，您对本人或者子女以及后代到美国接受教育有什么看法？

钱颖一：我给 EMBA 上课，这几年问我的问题的，很多是关于子女教育问题。大家都在问孩子什么时候出国最好。我没有办法给出一个标准的答案，因为每个人的情况都不一样。

大家为什么越来越关注这个问题，我想有几个原因：一是国内教育制度有很多问题；二是大家现在的条件跟过去很不一样了，有钱能把小孩送出去。再有就是美国那边的情况，美国各州的财政出了很多问题，州立大学需要有新的财源。我知道加州大学系统原来只能招 5% 的外国学生，现在增加到了 20%，而且外国学生的学费从每年 5 000 美元增加到 3 万美元。私立大学也碰到了问题，因为股市下降，它们的基金缩水了。

那边有很强的激励招外国学生，我们这边又有很强的激励把孩子送出去，供给和需求两方面都有变化。我是 1981 年到美国的，那个时候的中国留学生几乎全是研究生，本科生非常少。2010 年出现一个转折性的变化，在美国的中国留学生中超过一半是本科生，而且中学留学生也大幅增加。

回到你的那个问题。到底什么时候出去，是小学、初中，还是高中、大学本科或研究生？这要看孩子的具体情况，最近我碰到几个例子是这样的：大学本科在美国读，研究生或者 MBA 又回中国读，这是最近开始的一个趋势。我们今年的 MBA 在职班中，就有我的好朋友的女儿，她在美国常春藤大学念的本科，在香港工作三年之后，现在就在我们的 MBA 在职班读。过去我们那一代人是在国内念本科，然后出去念研究生和博士。现在有一个趋势是在国内念完初中，高中在美国念，大学本科在美国念，MBA 或者研究生时再回来。

还有性别因素。我有这么一个观察：通常中国女孩比中国男孩在美国的生存能力更强。中国男孩在国外的优势不明显，因为在那里不是看你学习好，而是看你体育运动。中国男生到了美国就成为弱势群体，而中国女生到了美国以后反而有自信。我说的还不仅仅是从中国出去的，也包括在那边出生的华人。

MBA 学生与院长共品下午茶

（2014 年 5 月 30 日）

MBA 教育如何与技术结合？

学生：我是中科院苏州纳米所的。我今天过来想和院长谈一点，就是怎么把 MBA 和清华的技术结合起来？

钱颖一：我现在最关注的就是这件事。我们在去年 4 月 25 日成立了清华 x-lab，到上周日 5 月 25 日是一周年又一个月。上周日我们第一次举办了校长杯赛，陈吉宁校长也来了。坐在我旁边的是中关村管委会主任。我就问他，附近其他院校有没有类似的平台？他说北大没有，另外有两个，一个是北航，一个是北理工。但是他说那两个和我们的性质完全不同。我们是把全校的资源整合在一起。经过一年零一个月我们已经做到这一步了。

我听了参与比赛的最后 10 个团队的演讲，获得第一名的那个项目叫孕橙，团队比较完整，有技术，有市场。我的整体感觉是营销方面比较差。坐在我后面的是营销系的两位老师，包括系主任。当时我们就定了要开一门课，叫“创业营销”。今天早上陈校长给我打电话，说我们要开设一门关于创业的在线教育课。但是有一条，所有讲课的人必须自己至少创过一次业。这都是上星期天校长杯赛后引发出来的。

学生：我们 MBA 的作用还可以更大一些，那几个创业项目中每个都能配上一两个 MBA 的就好了。

钱颖一：在这 10 个项目中，2 个有 MBA，8 个没有 MBA。问题是怎么对接。

学生：我们这边有一个还算成功的例子。我的营销老师有一个师兄在创业，老师说你们攒一个小团队过去帮帮忙。人家有技术，我们有管理经验，然后一对接就觉得顺了，我们自己也成长了不少。

钱颖一：是啊，我现在觉得差在最后一公里。

学生：老师听了很着急，说一点商业感觉也没有。

钱颖一：不仅是营销问题，还有商业模式问题。上星期我参加了我们媒体班的一个广告节活动，我觉得挺好的。其中一个片子很震撼，很酷，创意也很好。一个拉美的土豪发布消息，说要在他的豪宅里挖一个大坑，把刚买的崭新的宾利车埋到坑里。所有人都骂他，但也引起很多人的好奇，吸引很多人看。他真挖了一个大坑，车子开进去了一半，他就把这些人让进屋，说，我要念一个声明。他说，你们都觉得把一辆很贵的车埋起来是很糟糕的事情，但是当你们去世以后，也会把很贵重的东西埋起来，那就是你们的器官。所以这是一个捐赠人体器官的公益广告，很有创意吧？

其实我们这种资源很多，问题是怎么分享？我们的 x-lab 还是技术性多一点，有创意的少。我为什么想去看他们这个活动？这个广告节的人比较奇怪，我就好奇，凑热闹去了。我碰到了营销系的教授，他说这和中国传统文化背离。中国的传统文化是“酒香不怕巷子深”，这在我们脑子里挺根深蒂固的，但其实是反市场规律的。所以，在这点上咱们还是比较欠缺的。

提升软课程的教学水平

学生：我们清华 MBA 有必要在软实力方面加强一下，现在这方面相对比较弱。

钱颖一：什么样的课程，咱们需要加强？

学生：我觉得今年最好的课程还是彭凯平老师的心理学，颠覆了很多想法。

钱颖一：颠覆了什么想法？

学生：有一些心理学的东西，有些甚至是国外研究了几十年的，对我们很多人来讲，不论是有工作经验还是没有工作经验的，都觉得耳目一新。比如无意识的盲视现象。有一个心理学测试，一帮人互相传递篮球，然后有一群猩猩路过，但是你盯着传球就忘了看猩猩。这个实验告诉我们不要相信自己的眼睛，作为管理者有时候往往盲目自大，盲目自信。还有一个关于画标签的问题。比如咱们一进班，每个人涂上班的颜色，结果跨班交流的人很少。这些从心理学上都可以解释。彭老师只上了四节课，但是满意度很高。我们觉得今年选修课中最值的就是这一门。所以跨界可能会对 MBA 有一些帮助。

钱颖一：在 2009 年我就请他来经管学院给本科生讲“心理学概论”。当时我就觉得心理学是非常重要的。清华的传统是硬课程，但我认为心理学很重要。

学生：彭凯平老师给 EMBA 开了“管理心理学”，和我们的“跨文化沟通”有一点像，其实就节选了一点给我们讲。我们建议他能给 MBA 上必修课，如果能长一点，可能效果更好。管理心理学对于做领导来讲非常关键。

钱颖一：但是我告诉你一个很简单的心理学道理：一旦作为必修课，你就不会那么喜欢了。

学生：这跟老师的能力确实也有关系。不同的老师给人感觉不一样。为什么学校把很多课都变成小班？我觉得有些课好，老师应该上大班。比如我们这学期的“领导力开发”，老师能聊实践经验，能接地气很重要。

钱颖一：让现在的老师有实战经验其实比较难，这里有制度原因。其实在美国也是这样。你要是走了学术这条路，就没有工作经验。我是插过队的，如果没有那段插队经历，我在美国待二十多年后回国，现在让我来管理一个国有事业单位，也是很难的。现在的教授都是小学、中学、大学再到博士，然后担任教职，变成终身教授，所以一般不会有实践经验。这是很大的矛盾。

学生：这和激励机制有关系。有很多老师愿意做学术。

钱颖一：现在我们的体系越来越规范化，要求在国际期刊上发论文，必须有理论，有数据，但不要求有实践。

学生：所以这对咱们管理学院是一个挑战。

钱颖一：其实全世界的管理学院都面临这个问题。

学生：咱们可以从激励形式上考虑。对于好的老师，不一定非要走这一条路。

钱颖一：所以我们现在就要开辟另一条轨，我们叫管理实践教授。再比如 x-lab，驻校企业家和驻校天使投资人也是兼职的教师。我们要把有实践经验的企业家和学者结合起来，这很重要。

MBA 的在线课程

学生：会不会给我们开放一些在线课程？

钱颖一：我们昨天上线了“管理经济学”。现在在线课程分两种：一种是慕课，大规模免费课程；另一种是小型封闭式课程。

我们在线上开了三门课，是分析基础中的三门，有“管理经济学”“DMD”“会计学”。我们的做法是线上 2 学分，线下 1 学分，一共 3 学分。下一届 MBA 学生都要从上这三门课开始。

哈佛商学院投资了 2 000 万美元，开发了三门课程，给本科生开的，收 2 000美元，三门课打包在一起。他们很会包装，把这三门课叫作“商业的语言”，专门针对那些本科非商科的学生。这三门课先对波士顿地区的本科生开放，而后对哈佛商学院校友的子女优先。我仔细看了他们制作的宣传片，像好莱坞大片似的。内容不难，但很生动，很引人入胜。2 000 美元换算成人民币约 16 000 元，没学位，没学分，就是给一个证书。它的广告词说：你现在也许是学法律的，但是你将来可能会和商业打交道；你现在可能学艺术，也许将来要开个画廊；你现在学工程，但是你可能会想创业。你想学会商业的语言吗？请来上这门课。只要 2 000 美元，你就可以准备好了。这完全是线上，没有线下，因为线下教授成本太高了。他们依靠学生之间通过社交媒体互相交流。考试怎么办？他们和 GMAC（管理类研究生入学委员会）签了一份协议。因为全球都有 GMAT（管理类研究生入学考试）考场，所以外包给他们办考试。他们说这个项目能盈利。课程都是哈佛商学院教授讲，绝对不外包。

学生：我来提一个建议。我们这些 MBA 课程里有好老师，我们有两门课，比如“领导力开发”和“市场营销”，有没有可能把这样一些课放到线上？上线之后，如果我们对现在授课老师不满意，允许我们听线上的。

钱颖一：但这马上会引起矛盾。有的老师说我们都会变成助教，特别是那些教得不好的老师。可能一个讲得很好的老师讲“领导力开发”，他在线上讲，其他老师都是在线下辅导。这对学生来讲是很好的，但对教师来讲打击太大，会有抵触。现在教育行业就面临这个问题。

学生：我们学院里的一些讲座，我们想听但没机会听到，能不能给我们创造一些条件，把他们都录下来。

钱颖一：我们每一次讲座都有录像。有一个情况是其本人是否愿意。

整合实践项目

学生：我们的创业管理课，老师让我们找一些案例，自己做一些案例的作业。我想，是不是做一些真实案例比较好一点？我们自己做的案例，自己找的案例，有些可能因为本身领域所限，这些案例做起来相对比较浅。能不能提供一些真实的商业情景，能够提供机会做真实的案例，真正深入地参与进去。

钱颖一：我们的“整合实践项目”（IPP）就是要做真实的项目。这是在二年级的课，你们还没有学到呢。本来放在一年级，大家说放在一年级实在忙不过来，结果就放到二年级了。

学生：现在我们有些课的框架和实践结合得特别好，也有些课脱离实际，而另一些课只讲案例，没有理论框架。如果没有理论框架的话，都是各说各的，很散，这门课的主线就没有了。

钱颖一：理论和实践两者结合是最好的。光有理论框架没有案例，人家说不接地气；光有案例，但是抽象不出来，又会说没有主线，没有一般性指导意义。

我特别喜欢举的一个例子就是克里斯坦森（Clayton Christensen）的颠覆性创新理论。他有很简单的理论框架，但是能适应很多行业，这就特别有指导意义。我们研究的深度还是欠缺，一般只能针对一个行业，跨到另一个行业就不行了。这就是缺乏一般性。

克里斯坦森的两本书

钱颖一：哈佛商学院教授克里斯坦森是哈佛本科毕业，工作一段时间后又到哈佛商学院念 MBA，之后又读了博士，论文是关于颠覆性创新。你们过去都知道哈佛商学院的波特影响很大，但近年来克里斯坦森对业界的影响更大。

学生：奇怪，我们马上就要毕业了，都没有听说过他。我们只听说过波特。

钱颖一：克里斯坦森在 20 世纪 90 年代的博士论文是关于颠覆性创新的，后来出了一本书《创新者的窘境》，对实业界很有影响。他说他有一次去见英特尔的 CEO 格鲁夫（Andrew Grove）。格鲁夫说你的书很有名，你来给我出主意，芯片应该怎么做？他说我不懂芯片，我来给你讲个钢铁业的故事，因为我研究过钢铁企业。但是芯片与钢铁有什么关系？他说你忍耐我一个小时，我先给你讲钢铁业的故事。

故事是这样的。有一种创新带来了炼钢新技术，但开始时质量很差，所以只能进入低端市场。但这是一种新技术，所以它的进步很快，从低端进入中端，等到技术演化到进入高端市场的时候，原来在高端的企业已经来不及追赶了。就好比数码相机，刚开始像素很低，质量很差，但是改进非常快，到最后整个胶片行业被它颠覆了。那种炼钢新技术就是这样的。

格鲁夫是个聪明人，他说我明白了，你的意思是，英特尔不仅要占领高端笔记本市场，我也得进入低端市场。之后他们就做了赛扬这种芯片。所以他是把从一个行业中领悟出来的道理，推广为一般性的理论，适用于很多行业。他也用这个推理来说明网络对教育会有颠覆性影响。

克里斯坦森最近又出了一本书《你要如何衡量你的人生》，讲他的人生哲理。这是根据他给 2010 届哈佛 MBA 毕业生做的一篇演讲写的。他说他当年在哈佛读 MBA 时，同班同学中就有后来因安然事件被捕的。他在这本书里讲了三条人生准则，其中一条是说，你要保证百分之百不腐败是很容易的，但是保证百分之九十九不腐败就很难，所以一定要坚守百分之百。这也是运用了经济学原理和管理学原理，特别是关于固定成本和边际成本的道理。

我推荐给你们读他的这两本书，一本对你理解创新很有帮助，一本对你理解人生很有帮助。我强烈推荐你们看英文原版。

我还推荐你们看英文原版的《史蒂夫·乔布斯传》，因为中文版要赶着与英文版同时出版，翻译非常粗糙。最近我正在看另外一本关于亚马逊创始人贝佐斯创业的书。管理方面的好书很多。

关于 DBA

学生：我想问，咱们什么时候能引进 DBA（Doctor of Business Administration，工商管理博士）？

钱颖一：全国 MBA 教育指导委员会现在改名叫工商管理专业研究生教育指导委员会，换届后我现在是副主任委员。我们这一届想做几件事，比如 MBA 考试，一年能不能多次考试；关于论文，是不是可以取消；还有就是探索中国的 DBA。中国的所有学位都是国务院学位办批准的，不是大学的学位。专业博士学位现在有教育博士、工程博士。但现在社会上对 EMBA 有很多负面看法，DBA 很难获得通过。国内有的学校跟海外合办 DBA，是发海外大学的 DBA 学位。但这些海外大学都不是一流学校，你们都看不上。我也去找过一些国外学校，但是比较好的大学还没有谈成。

学生：没有 DBA 的话，在经管读博士，要求真的太高了。

钱颖一：国外大学的博士要求很严，他们不愿意办 DBA 的理由就是怕把标准弄低了。哈佛不办 EMBA，刚一提议就被 MBA 校友马上否决了。他们有几万名 MBA 校友，所以根本不会办 EMBA。

学生：咱们金融财务 MBA 现在取消了吗?

钱颖一：我们的金融财务 MBA 还有，和香港中文大学合作的，办得很不错。从学生的角度来说，最大的好处是可以避免全国研究生联考。所以这是一个不同的学生群体。但是，这个金融财务 MBA 没有清华学位，只有香港中文大学的学位。

学生：我们的 MBA 是双证的。

钱颖一：双证是另一回事。什么双证、单证?外国只有一个证，就是学位证。双证是指学历证和学位证。中国的管理体制，一个人只能归属一个单位，这就是学籍，就是学历证的来历。学位是后来才有的。所以有的人有学历但没学位，而有的人有学位但没有学历，后者就是现在说的单证，比如 EMBA。

你不能有两个学籍，但可以有两个学位。研究生的学籍是由教育部研究生司管，本科生的学籍是由教育部学生司管，而学位是由国务院学位办管，是两个体系。

第三章
2014—2018 学年

MBA 学生与院长共品下午茶

（2014 年 12 月 10 日）

从身边的商业实例中学习

学生：我在德勤咨询做并购方面的工作，帮客户看潜在投资目标中的风险，帮他们发现问题，大家比较熟知的案例就是当年吉利收购沃尔沃。

钱颖一：吉利是挺神的，我见过几次李书福，他说他把瑞典的工会搞得服服帖帖的，浙江的农民本领真大。于是，我就在想，李书福也没念过 MBA，他怎么就能够搞定工会，不知道他有什么招数。

学生：更多还是基于他自己的个人魅力吧，我们会从财务上给他一些支持，最终会帮他降低交易价款。

钱颖一：他真的很疯狂，花了 100 亿美元设计一款新车。我今年 5 月份到杭州，听他介绍，他这个人就是不一样的思维。

学生：当时这笔交易很多人不看好。据说他当时面对工会的时候，对方问他为什么要收购我们的企业，他当时就说了一句："I love you"（我爱你们）。

钱颖一：听听吧，MBA 课里可没教你们这个。最后这是最管用的。所以我想说，很多时候聊天比上课还重要。所有的教科书都不会告诉你这句话。我是中国企业家俱乐部的顾问，他是中国企业家俱乐部成员。有一次在"道农会"晚会上表演小品，他为了宣传自己的轿车，就调侃自己的名字，说你坐这车舒服（书福）吧？所以他是很有个人魅力的。他就说这一句"I love you"，然后别人哑口无言。

学生：给对方留下很深的印象吧，表示他的诚意。

钱颖一：出奇招啊。

学生：我现在就职于安邦集团，主要做并购和融资。安邦干了一件事儿，用 19.5 亿美元买了美国的华尔道夫。

钱颖一：由希尔顿集团管理吧？

学生：华尔道夫是希尔顿下面的。

钱颖一：希尔顿被黑石买下了。苏世民是黑石的创始人和 CEO。我当年请他加入咱们学院的顾问委员会，结果他没给咱们学院做贡献，给清华大学做了贡献，建了一个苏世民书院，个人捐了 1 亿美元，又筹了 3.5 亿美元。他花了很多时间来筹资。

学生：我是在 IBM 上班。

钱颖一：我刚刚去过 IBM。IBM 的 CEO 是我们的新任顾问委员。我为了请你们的 CEO 加入我们的顾问委员会，今年 3 月份专门到“中国发展高层论坛”上去见她。她今年被《财富》杂志评为商界最强女性。排名第二的是通用汽车的 CEO，第三的是百事可乐的 CEO，她们也都是我们的顾问委员。我去参加 IBM 在北京举行的论坛。我一开始就说，清华大学是 1911 年成立的，IBM 也是 1911 年成立；清华经管学院是 1984 年成立的，IBM 中国也是 1984 年成立的。所以我们很有缘分。

我到现在用的个人电脑都是 IBM ThinkPad，我用过三台 T60。我在 IBM 论坛上讲我在清华经管学院搞教学改革，核心就要把教育重点从知识转变为思考，就这么简单。我说 IBM 的创始人之一沃森提出公司的座右铭就是 Think（思考）。后来乔布斯要与 IBM 竞争，就搞了一个 Think Different（不同的思考）。现在我在推动批判性思维教育，就是 think critically，或者是 critical thinking。我查了点资料，发现他们先注册的 think，然后才注册的 IBM。我最后说，感谢 IBM，不仅给世界带来了产品，而且给世界带来了思考。

学生：我们公司的网页上都有您的发言。

钱颖一：我那篇稿写的还是很用心的。我之所以对 think 这么关心，是因为它对中国教育特别关键。中国教育的传统就是学知识。我就总喜欢引用爱因斯坦的这句话，他说大学教育的目的不是记住很多事实，而是训练大脑会思考，归根到底就是 think。这就是 IBM 很伟大的地方，沃森在 20 世纪 20 年代就提出了。

我第一次知道 IBM 是在清华读本科上英语课的时候，那是 70 年代末。我们进校后英语按照成绩分班，我被分到高级班。当时老师问我们 IBM 是什么。之前没有听说过，后来才知道是 International Business Machines 的缩写。我想现在很多人可能也不知道。当时觉得 IBM 就是代表了顶级计算机技术。

新一轮创新创业浪潮

学生：我学的是工科。原来做的是科研，后来到了管理岗位。我觉得来清华以后，一是老师的传授，二是同学之间的交流，包括现在这种交流，我觉得很享受，然后就有不同的思路。现在很多人在交流完了以后都在想创业。

钱颖一：我们正处在新一轮创业的时期。所以我们在一年半前创立清华 x-lab，现在回过头看，还真有点先见之明。

前几天李克强总理提出“大众创业，万众创新”。我们原来有个特别大的误区，以为创新就是集中力量办大事，是政府的事。去年中信出版社出版了一本书，是经济学家埃德蒙·费尔普斯（Edmund Phelps）写的，他是 2006 年诺贝尔经济学奖获得者，宏观经济学家。他的这本书英文名叫 *Mass Flourishing*（《大繁荣》），是讲西方经济发展历史中草根创新的重要性。中信出版社让我写推荐语。我说，这本书应该对我们特别有启发，因为我们一想到创新，就是高科技，就是专家，就是集中力量办大事。这本书告诉我们，西方的历史不是这样的，创新主要来自草根的大众。这需要我们有思想上的转变。我是针对中国的情况，我觉得写得很到位。

现在女性创业也很多。我们与高盛合作办了女性创业班，已经有 600 多人结业了，是来自全国各地的女性。我们的 x-lab 大概有 30 多个项目是女性为主的创始人，其他项目中也有很多女性参与。女性创业项目跟男性创业项目不一样，她们更容易从消费者需求的角度着想。比如她们能想到每周七天每天喝一瓶果汁，颜色都不一样，可以祛毒，据说卖得很好。

马云“双十一”时第一句话是感谢中国女性。上网买东西的绝大多数都是女性。男人自己不太爱买，更不会帮别人买。女性不仅自己买，还帮着别人买。还有就是，女性买了东西后就放着，然后再接着买，因为她们觉得买东西本身就是享受。像我这样的最恨进商场，最好进去买完后马上出来。所以，在买东西方面，男女完全不一样啊！

这一轮创业与 2000 年时候的创业又不一样。那时候咱们起点比较低，中国还算是个穷国，现在是中等收入了。中等收入的时候，你卖七罐果汁就有人买，穷的时候肯定不行。

马云、库克、扎克伯格齐聚清华经管

钱颖一：今年学院的毕业典礼，我请马云来做毕业典礼演讲。马云考了三次大学，第三次才考上，考上杭州师范学院。而我们这儿的学生都是全国高考最高分的。他说他没有学过会计，至今看不懂财务报表。他也不懂技术，没有学过计算机。TABLE 这五个字母代表的公司，就是腾讯、阿里巴巴、百度、雷军（小米）、周鸿祎（360），五个创始人中四个都是学计算机的，只有他一个不是。但是我觉得他的英语对他帮助很大，让他的眼界不一样。他又天生特别敏感，所以在 1995 年到美国时就发现互联网很神奇，一直在坚持做。马云既没学过微积分，也没学过计算机和会计，为何能做好？我觉得重要的有几个方面：一个是思维，think 很重要；另一个就眼光，眼界很重要。

大家来上 MBA，最初的想法可能是学管理知识，然后你们会发现，其实这个地方更有价值的，还是你的同学和各种平台，还有帮助你们开阔视野。这也是一般规律，并不是一个完全正确的原因但做了一件正确的事儿。念清华 MBA，来了以后你会发现它带来的好处远远超过你原来的想法。

这一年来国内创业的势头很大。现在资金比较多，技术积累到一定程度，特别是互联网，渗透到很多领域，创造了非常好的机会。再有就是社会文化的变化还是挺明显的，对创业的态度发生了变化。这里有榜样的作用，像马云、雷军。原来都是外国人创业成功，现在成功的创业人就在身边。然后就是中国的规模优势。

但是我们也不能说中国就是奇迹。我们说浙江人创业能力强，但是拿浙江与韩国相比，就有启发。韩国是 10 万平方公里的面积，浙江是 10.5 万平方公里，韩国是 5 000 万人，浙江是 5 500 万人，几乎都差不多，而且韩国和浙江在 60 年代初的时候人均收入也差不多。论外部环境，韩国面临朝鲜，浙江背靠 13 亿人口的内陆。韩国现在已经是高收入国家，而浙江还只是中等偏上。相比之下，韩国经济发展更是奇迹。

这次顾问委员会会议，马云、扎克伯格、库克都来了。这三个人中，扎克伯格和马云是创业的，库克是职业经理人，他是乔布斯的接班人。马云跟我讲，他很佩服库克。我在同库克对话时的第一个问题，就是 The job after Jobs is a mission impossible（接任乔布斯的工作是不可能完成的任务）。他在三年之内让苹果的股票翻了番。我觉得很不容易。

扎克伯格来学院，我根本没有想到他会在 30 分钟的对话中全部讲中文，他事先也没告诉我。我以为他可能刚开始的一两分钟讲中文。我可以看到这个人的毅力非常强，每次问他问题，他的第一反应都是讲英文，但马上就克制下去，然后用中文回答。这个视频在网上疯传。他说为什么要学中文，有三个理由：第一个理由是要同他太太的母亲说话；第二个理由是要学习中国文化；第三个理由是中文很难，要挑战自己。他这次来学院，外面反映很正面。他这么有名的人物来清华讲中文，《参考消息》上都登了。

说到为什么要创业。当然大家都希望创业成功。但是创业本身就是有趣的事，本身就有意义。创业是在挑战自己，挑战自己本身就是一个很好的理由。刚才你说你们班有 14 个人在创业，也有从国企里出来创业的。MBA 周围的人互相影响，这太重要了。盖茨与鲍尔默（Steve Ballmer）就是在哈佛时的同学，后来他们俩在一块搞微软。好多情况都是这样，是同学间的搭档。这也是我们创办清华x-lab的一个初衷。

跨界的优势

钱颖一：清华 MBA 的很大优势就是背靠这么大的一个清华，但之前没有好好利用。所以在做 x-lab 的时候，我把美术学院请来，把医学院请来。清华的美术学院实际上是设计学院。现在我们都认识到设计太重要了。10 年前我来清华兼职讲课，住在紫光酒店。那时刚刚建好，床头摆了一个盒子，盒子上所有的电钮都有，唯一的问题是房间里黑的时候你不知道上面的开关是如何排列的，典型的清华工程师的设计。苹果手机只有一个按钮，我们叫马桶原理，马桶上就只有一个按钮。我最恨的是现在的所谓智能马桶，上面有好多按钮，一看头脑就发晕，不知道按哪个钮。iPhone 设计的好处就是它的界面上只有一个按钮。这就是体验。所以乔布斯是天才，他发现了这一点。

其实他也未必是天才。他被赶出苹果以后，自己搞了一个公司 NeXT，然后又搞了 Pixar，做动画片。我的解读是这让他读懂了儿童。宣布 iPad 是 2010 年 1 月份。大家看到了样品，但是还没使用。当时微软 CEO 鲍尔默就说没人要买这个东西，因为上面没有键盘。听上去很对，但这是成年人的推理。儿童不是这么想问题的。成年人最大的制约是思维被框住了，自己还不知道，自以为聪明。其实儿童是不需要键盘的。

新一代人叫互联网原住民，他们与我们的想法是不一样的。心理学家专门做过一个实验，就是一台电脑打开后没有反应，所有成年人都坐着等，只有小孩上去触摸，这样它就有反应了。这个 mental block（意识障碍）就是我们自己，但我们都没有意识到。所以我说到 MBA 学习，需要 think out of the box，就是跳出框框思考。这些东西在我们过去的教育中非常非常缺乏，我们太重视已有知识的传授。

关于我们的 x-lab。三年前我开始想这件事儿，两年前开始筹备，一年半前正式成立，我也没想到刚一年半的时间就备受关注。现在 x-lab 已经有 400 多个团队，融到了 1.5 亿元资金，每天都在增长，有 100 个公司已经注册。里面 TMT（电信、媒体、科技产业）居多，但是也有做材料的，清华在这方面很强。你们要多使用这个平台。

“清华新兴技术探究”课是我两年前设计的。2012 年 7 月 EMBA 同学毕业时，我听他们对项目的意见。一位同学就说我这两年除了经管学院这两栋楼以外，清华其他的楼没有进去过。我觉得这是一个很大的问题。接下来我正好去延安学习。那里的学习方式很有意思，就是带你到不同地点，现场教学。这对我有启发，我就琢磨出一门 EMBA 课，叫“清华探究”，让学生走进清华的实验室，再去现场看清华的文物。你去了美术学院，才会知道美术学院里有设计汽车外壳的、设计飞机机舱的、设计四合院装修的，设计各种各样的东西。其实美术学院离我们学院才几百米，但过去没有来往。“清华新兴技术探究”是“清华探究”的 MBA 版。

最重要的是人的创新思维

钱颖一：我们要反思清华教育。我有一个理论假说：人天生好奇心都很强，创造性也很强，但是随着受教育越来越多，好奇心和创造性都变得越来越少了。

经管学院的学生已经跟非经管学院的清华学生有了显著差别，他们的思路不太一样了。我问过我们的本科生，经管学院本科生和清华其他学院学生有什么差别？他们说，其他学院的人都认为自己的东西一定是对的，经管学院的学生不这么想。在这一点上北大比清华强。不过北大也有北大的问题，北大学生的思维太发散。我在两边都教过，有体会。北大和清华两边都有问题，但两边的问题不一样。

学生：从招聘方面来说，清华的学生更受欢迎。

钱颖一：所谓受欢迎，是清华的学生能很快用上，而且还用得很顺手。但是，你要说长远能够出人才或奇才，出特别杰出的人物，可能北大出的概率要比清华高。

学生：我们如何改进？

钱颖一：这个星期天要成立一个中国教育 30 人论坛，我要做一个发言。

创新靠什么？以前会说靠技术、资金。但是我觉得最重要的是人的创新思维。我觉得所谓“钱学森之问”本身有问题，因为问题总是纠缠在我们怎么培养不出杰出人才。也许创造性不是培养出来的，而是在一定的环境中冒出来的。我们要反过来检讨我们自己。我们作为教育者，花了很多精力，做了很多事，在某些方面我们很成功，比如知识和技术技能的传授，但是在这方面成功的同时，我们也无意中做了坏事，就是压抑了一些很有创造性的人。

对 MBA 工作的建议

学生：咱们学院有很多资源，但可能还是没有完全释放出来。比如同校友企业家之间的沟通非常重要，与他们互动可以学习交流，还可以搭建一些人脉关系。希望学院能够牵头做这件事情。

钱颖一：我这一年已经把学院校友会的整个组织都梳理了一遍。这次借建院 30 年的机会，我们成立了学院校友会，然后按照教学项目成立了本科校友会、硕士校友会、博士校友会、MBA 校友会、EMBA 同学会。目前这个架构已经有了。然后，我们上个月又在新加坡成立了东南亚校友会，明年准备在北美成立一个校友会。另外，还需要使校友会与在读同学之间融合。具体到 MBA，我们已经有校友导师计划。

学生：我们这个学期听了“麦肯锡全球领导力”课程，觉得这门课程非常好。好在几个方面：一方面他们精心的准备以及他们的幻灯片的专业程度，让人有很大的收获，同时内容也非常多。所以我觉得这种国际化课程是不是可以增加？尤其是对我们在职班的人来说，我们在周末和晚上来上课，能够选择到英文的课程是很少的。第二点就是还有校友课程，投资协会请的校友讲的，有心理学，还有中国房地产。校友课堂既帮助大家解决职业转型中需要了解的问题，又可以和职业发展结合起来。我们觉得非常好。

钱颖一：一个是国际化的课程，一个是校友课堂，你觉得好。

学生：我在入学之前，有机会跟 x-lab 一起做校长杯赛，接触了他们的整个流程。原来以为是孵化器，实际上它跟孵化器还不太一样，它更多的是注重学生的培养、锻炼，而且提供了一个很好的平台。这个话题引到我们在职班，就是希望跟 x-lab 能有一定的自发性对接。我们更希望 x-lab 能对在职班开放一些，比如在周末的特定时间，我们不用逃课。

钱颖一：你们自己要去推动，要去争取。

学生：有些东西是自上而下推的。

钱颖一：别自上而下。自下而上的东西才是自己的，得靠自己去争取。

MBA 学生与院长共品下午茶

（2015 年 6 月 9 日）

期待桑德伯格的毕业典礼演讲

钱颖一：今年的学院毕业典礼邀请了 Facebook 的 COO（首席运营官）桑德伯格（Sheryl Sandberg）。去年请的是马云。再请谁呢？我觉得应该请一位女性来。所以去年我就请了她。她那本《向前一步》（*Lean In*）很有影响。今年 2 月份我去美国的时候见到她，然后把这件事敲定了。她说好多地方找她去，她都没答应。她至今为止只在两次毕业典礼做过演讲，都是她毕业的学校。她是哈佛的本科，经济学学士，然后哈佛商学院 MBA 毕业。两年前在哈佛商学院，是她毕业 20 周年，她做了一个毕业演讲。去年，在哈佛本科毕业典礼上她也演讲了。我就跟她说，你看你给一个商学院毕业典礼演讲，又给了一个本科的，我们学院就是经济学加管理学，本科加 MBA，这合起来不是正合适吗？

她 2 月份就答应了。我 4 月 30 日给她写了封邮件，我说还有两个月，非常期待。结果 5 月 1 日就出大事了，她老公突然去世，是在酒店的跑步机上发病，简直不可思议。她的那本书里有一半是写她老公的，她老公也是创业者，企业叫 SurveyMonkey。他们俩都是犹太人，在他们的文化中，人去世后要有 30 天的哀悼时间。所以 30 天过了之后，她写了一篇文章（《失去丈夫的 30 天，我度日如年》）。你们都看了吗？流传很广。正好那个时候她跟我确认了，说到清华经管学院是她丈夫去世之后第一次公开露面。你们可能觉得很神，怎么她会来。其实是早就请她了。

她本科时候的导师是萨默斯（Lawrence Summers）。我在哈佛念博士的时候他教过我“公共财政”。他后来当过美国财政部部长，是民主党人。2001

年共和党上台，他就退出政府了，担任了哈佛大学校长。桑德伯格在1991年哈佛本科毕业，1993年哈佛商学院MBA毕业。到了1998年，萨默斯做财政部长的时候，就让她做了财政部办公厅主任。做的时间也不太长，之后她就去了谷歌，在谷歌做到副总裁。后来扎克伯格把她挖到Facebook做COO，是二把手。她有两个小孩，觉得真是太美满了。她那本书好多是写她丈夫的，其中说到“妇女能顶半边天”。她说她丈夫去世这30天就像30年一样漫长。但她也很乐观，她说这30年的悲哀也让自己长了30年的智慧。

我很期待她来。这些看着很远的人物，其实离我们也很近。本来你觉得桑德伯格是很远的一个人物，她很快就会出现在你面前。你们二位今年毕业，还是很有运气的。

学生：我们毕业班都已经传开了，大家都很激动。

钱颖一：我发给你们的毕业典礼邀请信收到了没有啊？《福布斯》每年排全球100个最强势的女性，桑德伯格排第八，第七是巴西总统，第一是默克尔，第二是克林顿夫人。桑德伯格是作为商界的人，而不是政界的，能排到第八，还是很厉害的。还有一个排在她前面的女性是我们顾问委员会委员，通用汽车的CEO玛丽·博拉（Mary Barra），排在第六。

《财富》杂志有另外一个商界女性排行榜。排第一的是IBM的CEO，第二是通用汽车的CEO，第三是百事可乐的CEO。这是在商界最有影响力的三位女性，她们三人都是我们学院顾问委员会委员。

缤纷创业路

钱颖一：我有一个一般性的问题。你们到清华念MBA，因为认识了你的同学，因为你上了老师的课，或者听到了讲座，使得你们开始思考原来没有思考过的可能性。你们开始问自己：我为什么在这个行业？我为什么在这个企业？我可以自己出去干吗？我可以跟别人一起干吗？如果说通过启发而重新思考，这个意义是比较大的。你们有没有这方面的经历？

学生：前段时间我在通州，同各个学校包括人大、北理工的MBA同学吃饭，大概十几个人，发现每个人都想要创业，基本上念了一年之后都开始心动了。

钱颖一：这一轮的创业热潮与李克强总理去年 9 月在大连达沃斯论坛上提出“大众创业，万众创新”有关。我们是在两年前就创立了 x-lab，所以我们不是跟风。我们搞 x-lab 从来都是为了培养学生，培养人，而不是培育项目。如果是以培育项目为中心，那外面的孵化器有很多。我们是要培养人的创造力，所以叫创意、创新、创业。我们是从创意开始，其中有一些人搞创新，再有很少一些人去创业。我们的这个路子是对的，在这点上我们还是把握得很准确。

学生：我们现在会觉得找钱特别容易。我们不用主动找钱，就有人主动来找我们，问你这个项目需不需要投钱。因此，感觉还是比较乐观的。目前在整个云环境中做 SaaS（软件即服务）非常热门，还有各种智能硬件，比如最近非常流行的飞行器。整个投资界对这些智能硬件都有非常好的预期。

学生：我们公司做的其实也是云存储，我们是给小微企业提供内容的采集存储、分享利用和协作这一系列内容管理的云上服务。大多数企业，尤其是现在这种知识密集型企业，越来越依赖这种互联网服务。所以我们通过一个统一的云存储平台帮它们把内容管理起来，然后可以有效地在不同应用场景下，用我们的一些不同模块在每个部门实现它的工作。比如一些留学机构跨国办公，他们在北京这边接单，签了单的数据进来之后，就可以根据学生提交的信息，加上电话沟通，整合出一套学生的入学材料。白天在北京整合出来之后，放到我们的云协作组上，然后他们下班。他的美国同事上班后，再做一些修改，然后交到美国的学校。这是完全跨国的 24 小时工作方式。运用这种方式，你的文件是统一存储在一个地方的，不会那么凌乱。

钱颖一：你是技术出身的？

学生：很多人都认为我是搞技术的，但其实我不是搞技术的。我偏前台，是做产品的销售。

学生：我是偏市场传媒这一块的。我以前在中央电视台做了八年，其中有五年在《同一首歌》栏目。我的主要经历就是《同一首歌》改制那一段，我们当时想争取管理层持股，后来不行。我从央视出来以后去优酷土豆。其实我先生在创业，我已经从优酷土豆辞职了，现在我们做的是一个互联网公益平台，就是说你可以用手机捐 10 块钱，以后会返给你一张优惠券。但是，所有用户带来的价值都大于 10 块钱。我们现在已经和美团、爱奇艺、滴滴打车、京东都达成合作了。商家很喜欢这种形式，因为实际上是在帮它们分发优惠券，而且它们还得到了优质客户，因为为慈善捐款的用户都是优质客户，这些客户拿到 20 元代金券后的实际消费通常是 200 元。

钱颖一：所以你是做社会企业。去年 5 月我去哈佛商学院，他们纪念他们的“社会企业中心”成立 20 周年，让我讲讲中国的社会企业。这个中心的捐款人就是高盛在 20 世纪 50 年代的主席约翰·怀特黑德（John Whitehead）先生。他还做过美国国务院副国务卿，高盛的高管有进政府工作的传统。我在 5 月份见了他以后过几个月他就去世了。

把世界顶级资源带到学院来

钱颖一：两个星期前我见了蒂尔（Peter Thiel），《从 0 到 1》的作者。他来我办公室，我跟他谈了一个小时。他这本书的中文版在中国卖了 100 万册，比英文版卖得多。我说你的时机好，书的标题又很好。这本书是他根据在斯坦福兼职讲课的内容整理的。他是斯坦福的本科生，本科专业是哲学，之后读法律。他在 2004 年 7 月认识了扎克伯格，给了他第一笔天使投资 50 万美元，获得 Facebook 10% 的股份。他一直在 Facebook 董事会上。他是德国到美国的移民。

他自己是 PayPal（贝宝）的创始人之一，做过它的 CEO。从 PayPal 出来的十几个人，后来都创业了，他们被称为 PayPal Mafia，“贝宝帮”。其中有 YouTube（油管）的陈士骏（Steve Chen），有 LinkedIn（领英）的里德·霍夫曼（Reid Hoffmann），有特斯拉和 SpaceX 的马斯克。

马斯克三个月前到我们学院来了，我也同他谈了一个小时。他现在被认为是乔布斯之后最有创新的人。他有一个很奇特的想法，在洛杉矶和旧金山之间建一个真空管，35 分钟把人从这边推到那边。我问他了，他说这是真的，但现在还没工夫做。他也是移民，是南非到美国的移民。

我最近读另一本乔布斯传《成为乔布斯》（*Becoming Steve Jobs*），与之前那本《史蒂夫·乔布斯传》不一样，很多篇幅讲他离开苹果的 12 年。这本书告诉你，乔布斯也不是天才，他是成长起来的，所以书名中用了 Becoming 这个词。从外面看，他是神。但是从他离开苹果之后的经历看，你就会觉得经过这 12 年的磨炼，他后来的管理能力确实改变了，他的性格也改变了很多。

另外，乔布斯在洛杉矶和硅谷之间走动也对后来的苹果很有影响。创业不仅是科技，硅谷加好莱坞很重要。马斯克就是在两边跑。SpaceX 的总部在洛杉矶，特斯拉的总部在硅谷。好莱坞不仅是娱乐，它还给你想象力，给你创造力。钢铁侠也好，科幻小说也好，都给你想象力。我最近去阿里巴巴，他们给我一套《三体》。马云推荐《三体》，这很有意思。

无论是蒂尔还是马斯克，我是想把这些资源带到我们学院，希望他们能跟大家交流。这对我们的同学会很有启发，有时候一两句话就能改变你的想法，改变你的人生轨迹。

学生：佩珀代因大学（Pepperdine University）在马里布（Malibu），有很多好莱坞的制片人。当时校友跟我说，每个班上都有好莱坞的制片人，也有好莱坞明星在那所学校。他们在硅谷还有一个分校区，所以我心里的梦想就是去佩珀代因。

钱颖一：你们可能不知道这个学校吧？我同这所学校的女校长都在 AACSB 的理事会上，所以我认识她，而且她还是这一届 AACSB 理事会的理事长。这所学校有不少华人在读，我们学院同他们学校也有交换项目。

学生：我在外企，外企曾经在国内比较风光。

钱颖一：现在的外企同 20 年前相比似乎是冰火两重天。去年外商对中国的直接投资是 1 200 亿美元，而中国对外的直接投资是 1 100 亿美元，基本相当，估计今年中国对外直接投资就会超过外商对中国的直接投资。

我请了麦肯锡中国的一位合伙人来给我们 MBA 上课。他是英国人，在中国工作了二十多年。我跟他讨论课上讲什么方面的内容，他说讲跨国管理。麦肯锡是咨询公司，他们这方面经验非常丰富，所以这是一门可以期待的课。中国企业走出去后如何跨文化管理是一个很大的问题，很有挑战性。

有一本书 *The Firm*（《公司》），就是讲麦肯锡公司历史的。其中有一章讲中国，就写过这个人，说他在 20 世纪 90 年代到中国，1998 年到清华大学经济管理学院为麦肯锡做招聘说明。他说那时候清华学生没有一个人知道麦肯锡是什么公司。然后他就从里面招了一位女生，她后来就成了中国人里第一个提升为合伙人的。

MBA学生与院长共品下午茶

（2015年12月22日）

邀请商界顶级人士来学院做讲座

钱颖一：我今年见了三次蒂尔，最后的成果是他答应明年3月来学院开一门课，你们已经看到通知了。我第一次见他是今年5月份他来学院，我和他聊得很开心。他那次在中国转了两个星期，推销他的书。我说你这本书讲从0到1，但我要写从1到N，因为中国N的力量很大，你的书在中国卖了100万册，这就是N的力量。第二次是今年夏天我去他在旧金山的办公室专门拜访他，请他过来给我们讲一门课。第三次是在阿根廷首都开会时又见到他，敲定了开课的事。我觉得这是一个很难得的机会。

他这本书《从0到1》开篇第一句是非常核心的一句话，不知道你们看完这本书之后有没有记得。他说他面试人通常问这样一个问题，What important truth do very few people agree with you on？但我发现中文版的翻译不准确。中文翻译是：你有哪些重要的观点与大多数人不一样？英文逐字翻译应该是：有哪些重要的真理，你与多数人的观点不同？很少人能回答上这个问题，为什么呢？你和大多数人观点不同的很多，但是要找出那些重要的真理，多数人不同意，你要证明你是对的，多数人是不对的，那就难了。

为什么这个问题难回答？因为需要逆向思维（contrarian thinking）。你必须要和别人想的不一样。他那本书里面有一条概率分布曲线，叫创始人分布曲线（founders distribution），它是与正态分布相反的U形。正态分布是倒U形，中间多，两边少。而创始人曲线是两边多，中间少。也就是说搞创业的人都是些不寻常的人。

我今年把马斯克请到我们的顾问委员会中来。他是当今创新创业里全球顶级的人物。他在两个公司做 CEO，SpaceX 的总部在洛杉矶，特斯拉的总部在硅谷。我去特斯拉总部见了他。他不像乔布斯那样爱说话，所以我同他对话，就要准备好多问题来问他。最后同他的对话延续了大约两个小时，他本来说是一个小时。

这场对话中有好多非常有意思的故事。他没有念过 MBA，也没有念过硕士，更没有念过博士，所以你们的学历都比他高。关键是他不仅是 CEO，还是首席设计师、首席技术师。我就问他你是怎么学的？他说是自学的，他还说自学比跟老师学要快。他涉及的领域有航空、电动汽车、光伏发电，他还说他对人工智能和生物制药也有兴趣。两个星期前他又宣布了一个人工智能项目，叫 OpenAI。这是一个 10 亿美元的基金。因为他担心人工智能会比核武器还要可怕，弄不好会摧毁人类，如果将来打仗的都是机器人，那是非常可怕的事情。所以他要做一个基金，限制人工智能的毁灭性后果。

在准备同他的对话时，我看了他之前在中国的两次采访，一次是中央电视台二套的对话节目，他很不满意。还有一次采访是杨澜做的，他觉得还不错。杨澜那次采访是阳光卫视的节目，后面是有一个写作班子的。我只有一个人，但我要做的不同，因为是在大学。所以我就专门找了几位清华教授，有物理系的、电机系的、汽车系的，一起参与。

我尽力挖掘那些对我们同学有帮助的话题。他本科读了五年，前两年在加拿大的皇后大学，后三年在美国宾州大学，在沃顿念商业管理，同时念了一个物理学第二学位。他认为物理学对他影响非常大，主要是物理学第一性原理，就是那种刨根问底追溯原始假定和推动力的学科特点，这种思维方式让他受益。比如他为什么要造火箭。他说，首先这个领域 40 年来没有任何进步，技术停滞就肯定有空间，有机会。其次，他先跑到俄罗斯去买火箭，非常贵。贵的原因是不能重复发射。所以他就想，如果我能重复发射，价格就能降低到 10% 甚至 1% 。他说这就是物理学第一性原理给他的启发。他还说，我们通常的思维是类比式的。这种思维方式是走捷径，但也是一种懒办法。

它不需要刨根问底，也不深刻。要有原始创新，原始突破，就必须追究最根本的东西。

他还说量子力学对他启发也很大。量子力学的规律与我们通常看到和体验到的相反。他说这种反直觉特别有意思。我们看到的都是宏观层面的，与量子层面的不同。这就启发我们，我们的一些直觉可能是错的。他与蒂尔有异曲同工的味道，他们都不是按照常人的思路想问题。量子力学虽然听上去反直觉，但是对的。他说世界上很多事情，包括创业创新，通常的直觉是不可能，但是超出通常直觉来看，没准就有可能。这是量子力学对他的启发。

扎克伯格那天的演讲你们听了吧？他是用中文讲的，他的中文水平其实并不高，但是他挑战自我。他讲得很有意思。他第一句话就说，我今天不讲如何创业，我讲为何创业。你从这第一句话就能发现文化的不同。我们中国文化的特点是要问 how，如何做，表现出我们注重操作性和执行力，但是我们不问 why，为什么。他讲了三条为什么要创业：使命，用心，向前看。其中还引用了中国谚语“铁杵磨成针”，还有引用了马云的话，“看过去，你觉得自己很伟大；看未来，其实你什么都不是”。他用中文讲，我都听懂了。

我们这个顾问委员会是很有意思的。这些年我花了很多精力在上面。原来是华尔街的金融机构比较多，传统的大公司比较多。这几年增加了一些新经济的，特别是硅谷的企业。他们在学生中的影响力就比以前大很多。

学生：看得见，摸得着。

钱颖一：是的。美国东部和西部的文化挺不一样的。东部比较老派，西部的创新精神比较高。中国有几个地方的创新精神比较强。第一是深圳，第二是北京，第三是杭州。深圳是一个移民城市，好像一个简版的美国或者加州，这是不可复制的，深圳现在不仅有华为、中兴、腾讯，还有华大基因、大疆等。北京的高校、资金、政府支持都超过深圳，但是创新创业北京并不如深圳。类似地，上海在创新创业方面也不如杭州，上海是跨国公司总部的文化。

读书和思考的真谛

学生： 我之前想了三个问题想向您请教。第一个问题就是读书和思考的真谛是什么，在读书时我们应该避免什么问题？

钱颖一： 现在很多人都不读书了，只看微信或者微博。即使读了书，也不思考。我觉得现在信息越来越多，但知识可能越来越少了。信息不等于知识，知识也不等于智慧，这是我喜欢说的一句话。

其实每个人的读书习惯都不一样。我的习惯就是从第一页读到最后一页，而且还有点强迫症，必须读完。我不觉得有唯一正确的读书方法。对我来说，读第二遍的时候更能理解透。我记得华罗庚曾经说过："读书是从薄到厚，再从厚到薄。"意思是先要延伸出去，这就变厚了，再回来提炼，这又变薄了。

有的人喜欢从中间开始读，或从后面往前读，或者挑着读。这不适合我。因为我是学数学的，讲究逻辑严谨，不能跳跃。数学训练也有它的坏处，就是非常死板，不能有跳跃性思维。这影响了我的看书习惯。如果我从中间读起，就不知道他是如何推到那里的。我不能说我的读书方法就一定是最好的。

关于思考，我想起丹尼尔·卡尼曼（Daniel Kahneman），一位心理学家，他获得了诺贝尔经济学奖。他有本书很火，叫《思考，快与慢》（*Thinking, Fast and Slow*）。讲的是人们思考问题时有两种模式，一种是快的，一种是慢的，前者更多的是直觉，后者更多的是理性推导。

清华 MBA 的期许和责任

学生： 我想问的第二个问题是，我在参加清华 MBA 面试的时候，老师问我的一道题是：你为什么读清华的 MBA？考虑这个问题的时候应该是什么角度呢？

钱颖一： 这是一个非常个性化的问题，就是想知道你个人的想法。如果我是考官的话，我就想听到你怎么跟别人不同。我不觉得这个问题有标准答案，甚至有最佳答案。我就是希望你跟别人有不一样的真实想法。

学生：第三个问题。在社会上，在清华，在经管，对 MBA 学生的看法是褒贬不一的。我想问一下，您对清华 MBA 的期许和它承担的责任是什么样的？

钱颖一：现在对任何事都褒贬不一，这是正常的，有的人比较赞同，有的人就不赞同，所以不要太在意这个事情。你说对 MBA 褒贬不一，那对 EMBA 更是褒贬不一。至于期许 MBA 到底应该承担什么样的社会责任，我觉得我们学院在清华里面跟其他学院比还是挺不同的，可能教育理念不太一样。我特别强调学生的个性发展，就是每个人都应该根据他自己的特点，发挥自己的最大潜能，这是我的教育理念。我们太容易以一个统一的标尺衡量人的成功与失败。

你们中有做社会企业的吗？社会企业是有社会目标的，但并不只是慈善，慈善只是其中的一部分。比如柴静拍的《穹顶之下》，是有社会目标的，它要揭示一个社会问题。再比如冰桶挑战，让大家都关注一种疾病，这就有一个社会目标。

学术性与实践性的平衡

学生：我看到您在院长致辞中说，清华经管既注重教学，也注重科研；既要追求学术新知，也要培养未来领袖；既要注重实践，也要注重理论。这里面有些东西是统一的，有些东西会出现一些矛盾。您认为哪些方面会出现矛盾？

钱颖一：比如说教学上的学术性和实践性两方面就会出现很大的矛盾。其实，这不是我们一个商学院的问题，世界上所有商学院都会出现这样的问题。商学院的教师，你不能指望他们有商业的实践经验，一般都不会有。教师的升迁完全是靠发表论文，越来越学术化、技术化。他们的职业路径是大学毕业后念博士，博士毕业后做助理教授、副教授、正教授。如果其间他有一段时间出去了，再回来就很困难。当然有特例，比如哈佛商学院的克里斯坦森，搞创新的，他的影响很大。这种人很少。

我们通常的办法是，一方面，对学院教师来说，让年轻教师专注学术研究，而资深教授可以更多参与企业相关的活动；另一方面，我们要越来越多地聘请有实践经验的人担任兼职教师。比如几年前我请了国资委原主任李荣融退休后来学院开课。去年我请了中金公司原 CEO 朱云来开了一门课，这学期我又请了《财经》杂志总编辑王波明，他是 20 世纪 80 年代参与设计中国资本市场的。这样可以解决我们的这个矛盾。邀请蒂尔来讲课也是这个思路。

你们也不要觉得学院教师没有实践经验就不可能讲好管理课程。有经验的企业家的好处是接地气，通常他们围绕自己的经验讲。学院教师经过系统的学术训练，有体系，有理论，覆盖面广。最好是能两者结合，学院教师讲课中间插穿嘉宾的讲课。斯坦福商学院有一个规则，不允许任何管理实践教师完整讲一门课，比如他们邀请英特尔的 CEO 来讲，也必须要与他们学院的教授一起讲。这样，学生可以从理论和实践两方面来学习。仅仅靠一些实践的故事是撑不起一门课的，它没有系统性，所以这两方面要结合。

感悟创业的多样性

学生：现在很多人都在想创业，但更多的一种状态是不知道如何迈出这一步，舍弃不了一些东西，您对这种创业犹豫不前的人有什么建议？

钱颖一：说实话，我没有办法给你建议，因为我自己没有创业过。不过，我在美国 25 年后回国担任经管学院院长，还是很要有创业精神的。我去找这些国际著名企业家参加我们的顾问委员会，也需要有创业的心态。

在我做院长之前，我在学院做了一段时间的特聘教授。实际上这件事本身就是我组织起来的。那是 2002 年，我联系了 15 位在海外的中国大陆出去的经济学教授到清华兼职讲课。这 15 个人中，现在有 10 个在国内的经济或管理学院当院长。做这件事也是需要创业精神的。

我当院长后，又把彭凯平动员到清华来。他是心理学教授，是我在伯克利加州大学的同事。现在他在清华做心理学系系主任。我在 2009 年先请他来给经管学院本科生开“心理学概论”课。

学生：我现在刚开始创业，但是在当前中国的环境中，有人说是最好的时代，也是最坏的时代。对我们来说，您觉得我们思考从 0 到 1 的问题更重要，还是思考从 1 到 100 的问题更重要？

钱颖一：从 1 到 N 其实并不简单。比如说微信很成功，它是从 0 到 1 吗？阿里巴巴是从 0 到 1 吗，滴滴呢？好像都不是。千万不要忽视从 1 到 N，因为中国的 N 是 13 亿多，而且互联网的价值是 N 的平方。

学生：我们中国的创业创新和美国硅谷有很大差异。这些差异是文化的原因造成的还是科技制度的原因造成的？

钱颖一：我认为都有。硅谷在美国加州，是移民者的地方。那里有很多中国人，很多印度人，还有犹太人，有各个种族的人。以色列的犹太人很有创业精神，但是以色列没有大公司，因为那里没有中国人和印度人。文化环境、制度环境，还有地理环境，都是因素。不仅是硅谷，现在西雅图的创业公司也很不错。硅谷那个地方风水确实不一样，但最近风水又往北移了，到旧金山了。旧金山现在有两个最火的公司，一个是 Uber（优步），一个是 Airbnb（爱彼迎）。旧金山有条街叫 Market Street，即市场大道。在这条街的南边，有很多创业公司。纽约有一个 Soho，旧金山有一个 SoMa（市场大道南），全是年轻人在创业。

学生：那么起主导作用的是什么？是文化？还是人？

钱颖一：推荐你看一本书，叫《区域优势》（*Regional Advantage*）。这是 20 世纪 90 年代中期的书，比较美国的硅谷与波士顿两个地区的创新创业。这是伯克利加州大学教授安娜李 · 萨克森尼安（AnnaLee Saxenian）写的，已经成为经典。波士顿周边有条高速公路叫 128 公路，它的两边有些著名的大公司。而硅谷不同，并非是这样一些大公司，小公司为多。这本书就是要回答你的这个问题。她更多的还是说文化的不同，她说的文化是比较宽泛的概念，也包括法律的不同。原来波士顿地区的科技实力比硅谷强多了，大公司多。但这些年硅谷更活跃了。那本书能回答你的问题。

学生：我观察到了一个现象，就是世界五百强中的中国公司不少，但是真正国际化的公司很少。很多人都看中国的市场，但中国人很少看世界的市场。中国传统产业的输出应该是没有问题的。

钱颖一：华为是做得最突出的。

学生：中国人真正想在高科技领域上与外国竞争，其实是有很大差距的。

钱颖一：不过，我认为华为是一个很好的例子，说明中国企业可以做得非常成功。

选择最感兴趣的

学生：您怎样看互联网教育？

钱颖一：我刚才提到哈佛商学院教授克里斯坦森。去年他就说了一句话，他说15年内美国有一半的大学会没了，在线教育会摧毁我们这个行业。但多快，我们不知道。我们学院的一位会计系教授在网上开课，已经几千人拿到证书了。她在学院教了20年，一年200名学生，20年才4 000名学生，她这一门课的网上学生已经超过了2万多人。这种变革是很大的，但是到底对教育行业有怎么样的影响，还很难说。

学生：张五常比较反对用数学方法研究经济，您怎么看待这个问题？

钱颖一：我上星期天刚到他家里去过，在深圳。他是个奇才，也很骄傲，但他的骄傲还是有点基础的。诺思是制度经济学领域重要的经济学家，获得1993年诺贝尔经济学奖，上个月刚去世。诺思（Douglass North）当着我的面夸张五常，说他有才华。下一期的《财新》杂志要登我的一篇文章叫《诺思的遗产》，我把这句话写上了。1969年诺思在西雅图的华盛顿大学经济系担任系主任，是他聘任了张五常。张五常很有经济学的思想和洞见，确实是人才。他确实反对在经济学中使用数学，在这点上与科斯的风格相近。但这并不是经济学中的主流。

他最开始的兴趣是摄影。结果有一次在纽约，他的胶卷放在汽车后备厢里被偷了，从此就不再摄影了。他还喜爱书法。我这次见他，他说这些都不是他的最强项，他最强的是收藏。

学生：我不知道别的同学有没有这种感受，我感觉来到清华以后，无论是脑洞大开，还是思维拓宽，就是突然觉得有太多东西需要学习了。但在做自己的学习计划的时候就会有一种迷茫感，不知道该从什么地方开始下手，怎么做选择。

钱颖一：就应该选择自己最感兴趣的。我觉得，每个人都要根据自己的特点，自己的兴趣做选择，千万不要学别人怎么做，要避免这种事。

MBA 学生与院长共品下午茶

（2016 年 6 月 6 日）

电动车的中国机会

钱颖一：我去年去了特斯拉在硅谷的总部，邀请马斯克来参加顾问委员会。现在他们的大楼里面完全没有任何隔断，一层就是一个大房间。马斯克说这一层楼中集中了单位面积上最多的工程师。你一眼望去，整个一层楼全是工程师。他的所谓办公室是开放的，就是在大房间里面摆了一张桌子，他就是 CEO。所有人都是每人一个工位。你不觉得这是一个汽车公司，看上去是一个互联网公司。Facebook 的办公楼也是这样的。

学生：江淮汽车原老总昨天来了。他说他去过特斯拉，1 500 个员工中 80% 都是 IT 出身的。而我们北汽很多职工都是机械出身的。

钱颖一：这是完全不一样的思路。电动车这个新产业好像是上帝专门给中国的一个机会。我们做不出汽车发动机，也做不出变速箱，这是两个最关键的部件。环保是个大问题。中国没有石油，现在是第一大石油进口国，这就牵扯到复杂的国际政治和地缘政治。但是，电动车就可以避免所有这些问题，时机也是正好。假如电动车是在 20 年前或 20 年后发明的技术，对中国的机会都很难说。而且我们还有建基础设施的优势，比如充电桩。再有就是中国消费者很喜欢看上去很炫的东西。而且中国现在的汽车保有量跟发达国家比还差得很远。所以，看上去电动车行业就是给中国定制的。但是如何发展也不是显而易见的。去年我们的电动车产量全球第一，但也有水分，有些是想骗国家补贴的。

学生：我们在帮奔驰设计电动车的管理系统。

钱颖一：你是这方面的专家，你来说说，这个行业里哪几家特别厉害，有没有传统的汽车公司？

学生：汽车电动化有六类企业，第一类是上汽、北汽这类传统国企，自己在做，发展得慢；第二类是宝马这样的外企；第三类是比亚迪这样的民企。这三类都是传统汽车公司，都有资质。后三类都没有资质：第四类是圈内人创业，圈外人投资，有些是从传统汽车企业出来创业的；第五类是圈外人创业，圈内人打工，像特斯拉、乐视这样的，是圈外 IT 界的进入，圈内的汽车人给他打工；第六类是 BAT（百度、阿里、腾讯）、谷歌这样的，他们更多是参与车联网，提供无人驾驶的解决方案，而不是造车。我认为后三类是这个产业的新晋者，汽车电动化才让后三类有机会，因为技术门槛、资本门槛都很低。

钱颖一：我问过丰田中国区老总，中国这些做电动车的比较敬佩谁，他说比亚迪。三年前我带了院务会成员去过他们深圳总部。王传福还让我们坐他们的电动车，当时觉得电池非常重，都在底部。

学生：中国传统的汽车部件肯定没有世界一流的，但是在电动汽车上电机电池都已经涌现出能跟世界一流前三企业比肩的。比亚迪可以达到世界一流水平。

钱颖一：关于无人驾驶车，我上次问过马斯克，他说这不是技术问题，是法律问题，需要很大的突破。其实无人驾驶很安全，人驾驶太危险了，人出错是很容易的，所以不能让人驾驶。

学生：无人驾驶有责任归属问题。

钱颖一：这就是法律问题，不是技术问题。

学生：汽车系已经有团队做出来，可以从重庆开到北京，就是出重庆市和进北京城时麻烦一些，其他路段全程都是无人驾驶。

德国工业 4.0 背后的国民性

钱颖一：我们现在说德国工业 4.0，德国工艺确实厉害。去年我去了慕尼黑工业大学（TUM）。这次德国总理来访，我们要同慕尼黑工业大学签一份合作协议，与我们的 x-lab 合作。我在机场就碰到了一个中关村去德国的考察团，去考察这个“隐形冠军”。他们去的时候带着一个问题，德国将来会不会变成代工厂，变成富士康？但是访问一圈回来也没有答案。当然，他们看到了德国的工艺确实很厉害。问题的关键是最后谁能把附加价值拿走。比较苹果和富士康，所有的利润都被苹果拿走了，这有点不可思议，因为富士康的本领也是很强的。假定这个关系可以放大，就可能变成美国和德国的关系。当然也可能是反过来的。德国对互联网上的一些产品有抵触，他们很重视隐私，对网上支付心里非常恐惧。

学生：他们尤其重视签字。

钱颖一：中国人在使用微信支付时没有那么多隐私顾虑，积极使用。这在一些国家看来是不可思议的。咱们在这方面接受新技术是非常快的。

学生：大家觉得方便。

钱颖一：德国是康德的故乡。中国人的哲学是结果主义。如果半夜路上没有车，就可以闯红灯，因为结果是好的。康德的哲学不是这样的。不能闯红灯是规则，必须遵守，与结果无关。如果你的朋友躲进你的房间，外面有人追杀他，你是否要如实告诉追杀他的人？中国人说当然不能如实说，撒谎是为了好的结果。康德说人撒谎是错的，这是原则，与结果无关。这种推理和道德哲学对我们的学生很震撼，因为我们从来不这样想。

我听过这样一个故事。德国政府的一个部长，使用公车去一个城市开会，但是要把自己的私车托在后面，因为开完会后的旅游部分就要换成自己的车。类似地，住酒店，因公出差可以报销，但是如果你家属去，就只能报销一半，即使没有增加任何费用。

德国人的认真劲儿对他们的工艺有影响。有人给了我一个德国做的指甲刀，说是全世界最好的指甲刀，德国人做了一百年指甲刀。

学生：但是，德国在整个 IT 界都没有特别好的成绩，除了 SAP。

钱颖一：SAP 是原来在 IBM 工作的几个德国人出来建的。现在的 CEO 来过我们学院演讲，他是美国人。所以 SAP 是非常不一样的德国公司。

学生：除了 SAP 德国就没有什么著名的软件公司了。

钱颖一：慕尼黑工业大学有一个类似我们 x-lab 的创业中心，也是宝马的大股东家族支持的。宝马 50% 的股份都是他们家族的姐弟俩持有的。他们的父亲把宝马拯救了，当时差点就卖给了奔驰。慕尼黑是德国创业最活跃的地区。德国整体而言创业氛围与美国还是很不一样。

MBA 学生与院长共品下午茶

（2016 年 11 月 29 日）

备考经管 MBA 经验谈

钱颖一：我先问大家一个问题。听说 MBA 挺难考的，十几个人才能考上一个，是吗？

学生：几十个人才能考上一个。

钱颖一：你们平常那么忙，怎么有时间复习考试呢？

学生：考试一共五关。笔试比较简单，英文比较简单，数学和逻辑写作比较费时间。很少有人因为考试没通过而不能上清华的。面试是最重要的，报清华的 MBA，面试是最难的。

钱颖一：你们觉得为什么你们被录取而别人没被录取？你们的优势是什么呢？

学生：比较幸运吧，发挥比较好。我当时面试的时候，表达能力可能差一点，但是觉得我的独立思考能力强。另外经验比较占优势，我是 2014 年就报考的，后来连续两年都没考上，当时我是在做客户经理，没有录取主要是材料都没过。后来给了我一个面试机会。

学生：我觉得个人的职业背景应该也是老师最看重的。经管学院学的是管理，肯定是要有商业方面的经验，很可能是看你现在在做什么，处于一个什么样的位置。经历很重要。

钱颖一：今年开始 EMBA 和 MBA 要一起考试了。所以我想知道，你们要花多少时间准备考试？

学生：两个月足够。

钱颖一：两个月时间也很多。英语你们需要准备吗？

学生：也需要准备小半年，从背单词开始。这个因人而异，差别很大。我一直在外企，就基本没准备英语。每个人都有弱项。

名人讲座

钱颖一：从 9 月份入学到现在已经有大半个学期了。你们有没有参加过一些讲座，比如马云的演讲？

学生：我参加过很多，我也见过马云。

钱颖一：这个课堂你们谁去了，你们觉得他讲得怎么样？

学生：他把 MBA 给贬了一下。

钱颖一：他先把教授也贬了一下，先说教授都没用，然后再说上 MBA 没用。

学生：关于这一点，钱院长您怎么看？

钱颖一：我从来都是用他的话来反驳他。马云讽刺经济学家，说不要听经济学家的预测。后来我就说，经济学家跟你马云的思路其实是一样的，马云说了梦想还是要有的，万一实现了呢？做预测的经济学家是同样的思路：预测还是要有的，万一说对了呢？

浙江商会有“四千”精神，“走遍千山万水，说尽千言万语，历经千辛万苦，用尽千方百计”，让我评论。我说，这“四千”不错，但是属于老的浙商精神。这“四千”讲的是实干苦干巧干，这不够，你们还得加一个“千思万想”，要多思考。千言万语是苦口婆心让人家买你的东西，在新的国际场合，还要会表达，不需要一千句，就能把别人搞定了。

上个学期蒂尔来讲了两个星期的课，他是《从 0 到 1》那本书的作者。他曾经开了两张支票，做了两笔投资，都是很奇特的。2004 年，扎克伯格才 20 岁，从哈佛辍学到了硅谷，开始组建 Facebook 公司，在那年八九月份时见到蒂尔，他开了第一张支票 50 万美元，他现在还在 Facebook 的董事会上，这是 12 年前的故事。两个月前，他又为特朗普竞选写了一张 100 万美元的支票，这是今年 9 月份的事，当时没有多少人认为特朗普能当选。8 月份我在斯坦福跟他有一场对话。

他最早创业 PayPal。PayPal 的另一个创业者是马斯克，去年我们也把他请来了。大家去听了吗？

学生：这个票很难抢的，概率太小了。如果早点去，还是能进去的。

钱颖一：大家要抓住这些机会，可以获得很大启发。现在搞投资的人很多。但是我们中国人最大的特点就是喜欢随大流，最后趋同，导致同质性。包括创业也趋同，大家都做一模一样的，同质性竞争太严重。所以我要把这些人请来，与大家交流。你们有很多工作经验，感悟力很强。

马化腾与马云完全不一样。马云不懂技术，他的整个讲话就是哲学。马化腾正好相反，他是学编程的，搞技术的，做事要做得非常完美，性格也很腼腆。我在同马化腾的对话中，问他上大学时学习怎么样，他说排在前 1/2 到 1/3 这个区间。据说在大学时在这个区间的人将来发展是最好的。而当年学习最好的未必是后来发展最好的。

马化腾说他特别幸运。在中国，通信和计算机是两个完全不同的专业，相互之间是不通的。他正好做了跨界。他是学习计算机出身，然后就做寻呼机，写了一个程序，就进了通信领域。后来他发展的整个路径都受益于此。所以，跨界是非常重要的创业途径。我看你们现在很多人也都热衷于跨界。

学院顾问委员会历程

钱颖一：我们这个顾问委员会成立于 2000 年，当时朱镕基还是学院院长。1998 年，在高盛帮助中国移动等国企上市后，朱镕基对当时的高盛 CEO 保尔森说，中国缺少经济管理方面的人才，学院希望设立一个顾问委员会，帮助学院培养人才。保尔森就帮助搞了起来，他是第一任主席。刚开始的时候，人也没那么多，范围也没有那么广，而且都是开内部会议。我从 2006 年开始做院长，到现在已经 10 年了。从 2007 年开始，我们借顾问委员会开会期间组织了清华管理全球论坛，对师生开放。从 2010 年开始，我们又增加了一个环节，就是顾问委员走进经管课堂，请顾问委员跟我们学生对话。今年又增加了一个活动，叫清华经管学生走进顾问委员会企业。今年有三场，分别是微软、壳牌、百威啤酒，都是全球顶尖大公司，今后还要扩展。

我们同学通过讲座，通过走进课堂，通过全球论坛，通过走进企业等多种方式与这些委员和他们的企业接触，这也可以帮助同学找实习，找工作。顾问委员会中的中国企业家很少，以前只有柳传志，后来增加了 BAT 的李彦宏、马云、马化腾。我们这个顾问委员会在全世界都没有类似的，包括美国。今年顾问委员会又增加了两位经济学家，都是诺贝尔经济学奖获得者。

学生：我们的集团是全球第一大环保企业，我想问一下，我们的总裁有可能加入顾问委员会吗?

钱颖一：可以先从交流开始。现在有不少人想加入进来。搞顾问委员会不是那么容易的。有一个问题就是，如果其中人的层次不同，就比较难持续。我们坚持是一个层次的，而且必须是董事长或总裁，亚洲区负责人不能替代来开会。一些企业想安排一个他们亚洲区总裁来开会，我们都拒绝了。只要你放一个亚洲区的人来替代，那其他的人就不来了。这很重要。

这几年清华的名声在国际上不断上升。很多顾问委员在国际上也给清华做宣传。苏世民是黑石的 CEO，他当了我们学院的顾问委员之后就与清华联系密切了，并捐款成立了苏世民书院。你们去过吗?

学生：不让我们进去。

钱颖一：只要你们想进，一定有办法进。这不应该是我们 MBA 学生问的问题。你本科是哪里的?

学生：我本科是华中科技大学。

钱颖一：“幸运偏向勇者”。相对来讲，清华学生不够勇敢。我要不够勇敢，怎么能找到这些牛人，把他们一个一个请来?我们大多数学工科的都比较内向，不够勇敢。但你要创业，要创新，就要勇敢。刚才说，我们这些讲座一个班只有两张票，甚至没有票。这位同学就现身说法，他也没有票，但只要执着，就一定能进去。

学生：我去了张首晟那一场。他讲斯坦福学生有创业的氛围，那里有一种鼓励学生把项目产业化的做法。清华经管学院会有吗？

钱颖一：我在斯坦福教过九年书。那里有一种特殊的“风水”，跟别的地方都不一样。清华离中关村近，清华附近的这几栋科技园楼盖了之后，人气就很旺。

创新创业有聚集效应。地理上的因素也影响很大。我们的人口密度大，很多在国外做不起来的事儿，比如快递，在我们这儿就能做起来。国外现在也在学国内的一些做法，比如亚马逊也在学阿里的“双十一”，Facebook 也想学微信。其实都是互相学。快递首先是美国发明的，但现在中国的快递做得最好，什么都能快递，而且真是快。我上午订一本书，下午就可以送到，而且周末、节假日都不休息，还便宜。这在美国怎么可能呢？

MBA 学生与院长共品下午茶

（2017 年 5 月 26 日）

Facebook 课程和创业比赛

钱颖一：我们这学期跟 Facebook 合作开了一门课，由 x-lab 来具体做。课的起因是我去年 8 月到 Facebook，跟他们谈合作，想到了开这么一门课。为了这门课他们派了七个 Facebook 的高管，每人来讲一讲，共七讲。其中有一人是 Facebook 人工智能研究院院长杨乐昆（Yann LeCun），他是人工智能机器学习算法的三大天王之一，法国人。

这门课最后一个环节是创业比赛。一共组成 38 个团队，最后胜出十强。团队里有 MBA，有国际学生，有其他院系的。咱们学院的本领就是把大家攒在一块，再推向市场，这是咱们的优势。

学生：获得第一名的是“AiHrt”项目，用人工智能技术做心脏疾病影像智能诊断平台，就是不通过穿刺的方法做心脏检测，再通过电波方式合成数据。

钱颖一：这个团队里有博士。

学生：当时我看到这个项目挺有意思，看了论文，觉得这个项目很前沿。我说可以做。但实在是太早期了，只是一个想法。团队里有一个伯克利来的交换学生，还有几个学院的学生在一起，把非常原始的想法做成了测试数据，使这样一个项目在两个月之内有很大的成长。虽然说项目不算成熟，但是它在这门课程里面成长比较好，所以就得了第一。当时我听完以后，就觉得应该他们得第一。他们当时也是第一个讲的。

钱颖一：第一个讲挺吃亏的，到后面人们就容易忘了，而且后面的人气比较旺。

学生：从课程的角度看，这个项目可以，但是从投资的价值看不一定。这个团队中的几个同学特别棒，但留不住。伯克利来的那位同学下个月马上要回去了，其他几位可能也会慢慢离开，因为这只是一门课程。从这门课程的实际结果和最后反馈也可以看到，这种跨学科的交流会碰出火花。

钱颖一：你们中有谁参加了 Facebook 课程最后的比赛？你是哪个项目？

学生："DeepMusic"项目，是一种人工智能谱曲工具，这次获得二等奖。这个项目的初始发起人是计算机系的一位老师，是我本科时的师兄。他带一些学生做科研，通过大数据学习，让机器人开始创作音乐，去年他跟我说起这个研究。他当时说，从市场角度看，不知道未来音乐市场是什么样的格局，特别是智能化创作的音乐。我说你可以先参加各种比赛，吸引人才过来，可能未来会更好。我们在 x-lab 校长杯上进十强了。

钱颖一：这就是为什么我在四年前创立清华 x-lab，那是在 2013 年 4 月。我当时坚持要用 x 这个字母，它的一个含义是探索未知，因为 x 代表未知数，另一个含义是交叉，就是学科交叉。我们不是最早的，哈佛和 MIT 都在我们之前，哈佛叫 i-lab，MIT 的叫 Media Lab，我都去看过。他们虽然起步早，但是不同学院之间的交叉并不是很强，因为每一个学院各自都太强了。哈佛还受地理限制，哈佛商学院在查尔斯河的一边，哈佛主校区在河的另一边。我们学院的位置就在学校的中央。我挺有信心的，虽然咱们在学科上可能不如人家成熟，但是不成熟也有不成熟的好处，这样容易沟通。太强了就很难沟通，都觉得自己牛。

清华 x-lab 怎么同我们的 MBA 课程相结合？通过我们的"整合实践项目"（IPP）是一种方式。Facebook 课程比赛中的十强，每一个都很有意思。有两个方面我印象很深。第一是组织团队的时候每个团队要有五个人：CEO、CDO（首席设计官）、CPO（首席产品官）、CFO、CTO（首席技术官），每一个人来自不同学院。咱们学院的 MBA 通常做 CEO，但是不会做 CTO，也可能做 CPO，但不会做 CDO。第二是除了那个做机器翻译的团队，其他团队中都是既有男生也有女生。创业团队中有不同背景的人，语言不同，思维方式也不同，这样就有碰撞。有的团队里有搞法律的人，和其他人的思维是拧着的。你说这个有市场，他说不能做，会触犯这个权或那个权。律师的思维方式与 MBA 非常不一样。从组建团队到最后拿出商业计划，时间很短，只有三个月，这是一个非常重要的学习过程。

AI 今年特别火。我听了一个讲座，其中放了两段音乐，问你哪段是巴赫作曲的，哪段是机器作曲的。请了音乐专家来判别，结果音乐专家也判别错了。先给机器输入很多巴赫的音乐，然后它能谱出新的音乐，具有巴赫音乐的韵律。还有机器作诗，IBM 的一个程序在网上传过，输入几个字，机器作一首藏头诗。他们也是测试，一首真的唐诗，另一首是机器作的。现在已经到了难辨别真假的程度。人看一幅图像也会看错，比如说准确率是 95%。去年机器可以做到 96% 了，第一次超过了人。去年好像是一个转折点。

你是哪个团队的？

学生：我进了 24 强。我们做一个平台，做完以后才知道有一个平台做出境游的，我是做入境游的。我们团队中我们学院的多，一个大一的，一个交换生，我们也有一个博士生，是电机系的。

钱颖一：你从这个过程中学到了什么？

学生：从 0 到 1，告诉你把创业开始的想法变成真正的东西，从投资人那里拿到钱，把你的想法变成实际的东西。我们是属于松散团队组织，也学到人与人之间的组织管理。

学生：我现在做的这个项目是帮助消费者识别假货。将来最好的识别办法是动作识别。比如钱院长，您现在说话我们可以用 AI 模仿。通过动作识别可以解决人的身份识别问题。金融系统的都知道，现在中国每天诈骗导致的损失是 500 万元以上。所以这个领域对银行的价值特别大。通过分析某个人，比如写字的动作，肌肉怎么运动，写作时是什么样子的，可以给你一个类似的身份。刚才提到的跨界问题，我以前学冶金和材料，我们真正解决防伪问题，还是要在材料上面下功夫。所以我觉得这种跨界很有意思。

学生： 我今天过来最大的一个收获是觉得他们很幸运。参加 Facebook 这样的比赛就强迫你跟不同学院的人、不同背景的人打交道。这非常好。我现在创业最大的问题就是所有的事情基本上我一个人搞定，所以听他们讲我很感慨。

从教师和企业家中学习各自的长处

钱颖一： 这是咱们第一次和 Facebook 合作。现在 MBA 的教学模式也在慢慢改变。我是湖畔大学的校董，我参加过他们的面试和开学典礼。他们今年是第三届，2015 年开始，每年 3 月 27 日开学。前两届大概每年招 36 人。今年多招了一点，40 多人。每年报名的有两三千。那是一个培训项目，没有学位。

现在不仅有湖畔大学，腾讯也办了青腾大学。我们学院现在跟青腾大学也有合作。上个月我到深圳和马化腾一起开启我们合作的“未来科技学堂”。马化腾现在是我们学院企业家学者项目第四期班长，我们叫他马班长。马云是湖畔大学校长，马云最高兴的是叫他马校长。马化腾一辈子没有做过班长，所以叫他马班长，他很高兴。我们作为商学院希望同他们都合作。这种平台很好，因为这让你接地气。

学生： 去年我有一个朋友推荐我上湖畔大学。后来我觉得还是 MBA 更好。因为我有一个同事是湖畔大学二期的。那个项目中更多的是上市公司的 CEO，更多是一种思想的东西。

钱颖一： 企业家教课有他的优点，也有他的缺点。教师的实践经验不够，但是教师可以给你讲一个学期的课，很少有企业家能给你讲超过三天的。我觉得企业家的课要听，教师的课也要听，你要自己去消化，这是一大本领。你能从不同的人那里吸收到你要的东西。所以你别抱怨老师教得怎么脱离实际，企业家教得这么不系统。反过来想，老师的案例比较多，理论比较系统。另一方面，要听企业家是在那种实战情况下，他是怎么顶过来的。你们要去发现他们各自的长处。

人工智能引发新商业机遇

钱颖一：这一两年的变化和 AI 很有关系。20 世纪 80 年代是个人计算机（PC），90 年代是互联网，进入 21 世纪后是移动互联网。接下来以 AI 为基础的东西会很多。这和前面的互联网、移动互联网有很大不同。在互联网和移动互联网时代，非常重要的是商业模式。虽然技术也重要，但是商业模式特别重要。到了 AI 以后，科技又特别重要了。清华在这方面有很多优势。清华有很多工科院系，它们那边有很多技术，但这些技术到底怎么转化？这需要你们去开发。所以建立 x-lab 这种平台很重要的一个方面，就是怎么能够充分利用这种关系，把清华各个院系的想法、资源开发出来。

这些活动我都参加，马云那里我去，马化腾那里我也去。马化腾是工科男，产品导向，产品体验，非常细致。马云不懂技术，他说财务报表也看不懂。他考大学考了三次，第三次才考上。找工作时，25 个人面试肯德基，他是唯一没有被录用的。但是马云的语言感觉特别好，他讲东西出口成章。马化腾在我们的企业家学者项目四期班，每一次上课，他从第一分钟坐到最后一分钟，一分钟都不离开的。他不离开，别人就不好离开。

Facebook 的扎克伯格进到顾问委员会两三年了。昨天他到哈佛去做了毕业典礼演讲，哈佛授予他荣誉博士学位。他和比尔·盖茨一样，都没有在哈佛念完本科。但是没有拿到学士就可以拿博士，这也是一个路径。

IBM 的 CEO 也是我们的顾问委员。IBM 在做用机器为人看病。

学生：在国外可以，因为癌症数据以外国人为主，每个国家还是不太一样，需要学习。

学生：现在在气象和医疗领域，他们做得比较好。其他的比如金融和航空领域，他们也在做。

钱颖一：经验再丰富的医生也不可能比机器读的案例多。

学生：但是国内数据获取是个问题。医院不愿意把数据拿出来给患者用，如果说对科室发表论文有帮助的话，他们会非常愿意。所以在国内做的时候，有审批权的问题。

钱颖一：医生这个行业真的不知道将来会怎么样。你去问医生，他们都很有信心，说机器不可能替代。

学生：基础诊疗还行，因为医生好多是从心理学的角度治病。

钱颖一：中医是。西医不是凭着那些化验数据诊断吗？

学生：我哥是神经外科的。我听他聊起来，他治疗时已经不完全依靠那些指标了，因为他认为，中西医结合还是有道理的，尤其是百病都是从心来，从习惯来，包括要不要动手术，动手术后怎么样的治疗方式，好多是心理上的。

钱颖一：AI 就是机器学习，就是我们通常说的图像识别。给机器输入大量图像，通过算法，它就学习了，认识了。这个算法有三人做出了突出贡献，他们使用了神经网络的方法，是在加拿大的大学里做的。美国人曾经判断神经网络这个方向不可能做出来，结果美国的大学就不朝这个方向做了。只剩下加拿大还在做，结果人家搞出来了。这三个人现在一个在 Facebook，一个在谷歌，还有一个仍在加拿大，与微软合作。

科学研究，每年都有一点进步，到了一定程度就有飞跃。比如识别一辆汽车，过去机器的准确率都在 30% 或 40%，而人的准确率是 95%，所以相差太远。到了几年前，有一个算法被改进，一下子准确率就到了 96%。这个变化就是革命性的，因为超过人了。翻译也是这样，中文翻译成英文，英文翻译成中文，现在在特定的环境下机器比人犯的错误要少了，这就不得了。

那个阿卡都（Akkadu）智能翻译项目是为演讲者和听众之间做机器翻译的，团队中有一个是咱们全球 MBA 的西班牙学生。做翻译的还有谷歌，国内有科大讯飞，都做得很好。但是他不跟他们竞争。翻译一个老师的课，这个老师的词汇、口音和习惯用法变得很重要。他们把别人的东西拿来作为基础，解决最后一公里的问题。我们的 MBA 课程中，用中文教得好的课程多，用英文教得好的课程少。但是外国学生听不懂中文。如果我们的老师用中文讲课，这边马上英文就准确地翻译出来了，那就不得了。同传很贵，一小时一万元，设备也很贵。所以这个市场很大。

在清华了解技术前沿

学生：我们这种职业经理人也想了解，学校有什么样的方式可以让我们多听一听前沿技术。

钱颖一：有两个渠道。你们有一门“清华新兴技术探究”课，要参观清华的八个实验室。本科有一门“清华实验室探究”课，从清华的 90 多个实验室中，自己从中挑出 8 个实验室参观。MBA 当然比本科的水平要高，安排的实验室是更复杂一点的，但选择可能没有那么多。这是一个渠道。第二个渠道是清华 x-lab，就在清华科技园 B 座的地下一层。这次与 Facebook 合作的课就是由 x-lab 组织的。这两门课是我比较熟悉，亲自推动的。你们要有一种主动的探索意识。你去过美术学院吗?

学生：去过。开放日时候去了。

钱颖一：美术学院有很多很有意思的东西。我们对面的建筑学院，南边的 FIT 大楼，有第五代互联网。我们的 x-lab，有专门给 MBA 设计的课程。

学生：我想去 x-lab，但是有很多技术我怕看不懂。

钱颖一：这是心理障碍。你本科学什么?

学生：市场营销。

钱颖一：做营销的哪有看不懂的东西?

学生：去年咨询俱乐部组织过类似的活动，参观实验室。我第一次参观旁边的李兆基楼，地下好几层，我头一次看到数控机床、机器人。外面看挺普通的楼，地下挺好的。活动安排在工作日的白天，我为了参加那个活动，旷了几天工。

学生：每年校庆日实验室都是开放的。

钱颖一：校庆日是面对大众的，不够深入。我特别强调你到 x-lab 去，有好多团队。你可以跟那边的老师说你的兴趣。

学生：怕被拒绝。

钱颖一：短短时间里你说了多少怕。怕不懂，怕被拒绝。最重要的是不能怕。

海外交换模式

学生：咱们和海外 MBA 的交流和学习是比较丰富的。这里有三种可能，取决于时间长短。第一是一两周的访学，第二是一个学期的交换，第三是一年的双学位。时间越长对学生的影响越大。一两周访学的话，咱们在企业经常出差都可以做。但是一年或一学期的话，名额就比较少，尤其是去海外一流大学。能不能借助咱们清华的品牌优势，拓展名额，把一学期或者一学年的交换扩展得更丰富一些。

钱颖一：我来给你解释。一学年的是双学位项目，对方学校要发学位，就要按照它们的标准录取。一个学期的机会成本比较高，特别是对于在职学生来说。即使对全时班学生来说，也不是每一个人都愿意花一个学期出去的。交换一学期这类项目的根本性困难，就是我们去多少人，他们来多少人，必须平衡。我们的学生都愿意去美国最好的学校，但是那边的学生不一定愿意到我们这里来。沃顿的 MBA 学生花了这么多钱进入沃顿，就两年时间，为什么要花其中的 1/4 时间跑到中国来？类似的道理，我们跟泰国的学校有交换协议，他们的学生非常愿意到我们这里来，但我们的学生不愿意到他们那里去。所以，这是非常难平衡的。

学生：国外学校录取交换生也有标准问题。我有一位同学是北航的本科和硕士，一直在外企工作，在新加坡使用英语为工作语言一年时间，回来后考托福，考了 70 多分，不够交换标准。他用英语和别人谈判都是没有问题的，可能考试的能力退化了。能不能与对方沟通？

钱颖一：这都是对方的要求，不是我们的要求。托福标准到底是 100 分、110 分，还是 90 分，也是对方决定的。我原来以为在外企工作应该英文都挺好的，但后来我发现现在外企在中国的工作语言都本地化了。

学生：他平时交流没有问题。

钱颖一：上课的话，只会交流是不够的。你在课上要参加讨论和争论，那是不够的。不知道 IBM 中国的工作语言是什么？

学生：开会和电子邮件全是英文。

钱颖一：我发现不少外企工作语言变成了中文。

学生：一般业务部门是要本地化，做销售的不要求英语那么高。和国外直接沟通的部门要求英语。

毕业后返岗、创业还是跳槽

学生：经过咱们学院三年的学习，我参加过六个短期海外课程。马上还要参加可口可乐的项目，要去亚特兰大。参加了三个国内的活动，有知行合一那个活动。我感觉这几年学习对我来说收获非常大，包括从内到外对我的改变都非常大。现在面临毕业，在这三年内，我的职业发展也到了瓶颈期。我刚入学时是副总经理，现在已经做了两年总经理，也是一个瓶颈期。我一方面在行业内已经做了 12 年。在这个行业内社会资源，包括业界资源也是有一些的，自己作为企业高管来说，也算是财务自由。

通过学习以后发现企业瓶颈，尤其是格局方面，虽然看到很多东西，但是无法改变，我是民企的。现在面临着毕业后的选择。第一条路是继续在这个企业里待下去。我现在接触到很多优秀同学，也有了很多想法，要么就是走第二条路，去创业。但是出来创业，肯定有很大风险，可能要放弃很多。第三个可能就是跳槽去别的公司，我觉得没有意义。去了最多就是总经理，所以我想听听您的建议。

钱颖一：虽然最多也是总经理，但可能是不同的行业，不同的工作，职位是总经理，但是做的事是不同的。

学生：其实通过这几年学习，我挺想选择第二条路，去创业，重新做一些事情，而且我身边的同学愿意跟我做一些事情。但是选择是特别纠结的，尤其这段时间挺纠结，挺矛盾的。这种感觉将来很多同学也会面临的。所以希望您给我点建议。

钱颖一：创业肯定是有风险的。虽然创业有风险，但是如果你把它看作是你的一个追求，你就不会后悔。既然是一个追求，你衡量的价值标准就不一样，把它当作一个过程，不是以结果成败为判别标准的。我觉得这个很重要。成本收益当然也要计算，但不应该只以它为标准，而是你觉得 follow your heart（追随你的心），有 a sense of purpose（有追求）。前者是乔布斯说的，后者是扎克伯格说的。如果是这样，不管从结果上看，你是成功了还是失败了，你都会感到很高兴，因为你做了。这很重要。

网上文章

学生：我来参加这个会之前，谷歌了一下钱院长的文章，您已经是网红了。

钱颖一：我可不是网红。

学生：我看了三篇文章，有一篇是《硅谷百年》的序。

钱颖一：那是我 1999 年写的，他们要我再写一篇新的，我就让他们用这篇。我发现我在 1999 年写的东西仍然不过时。那篇是 1999 年我到深圳做一个讲座，那时候我在斯坦福教书。人家说你讲得挺好，就把它整理成一篇文章“硅谷的故事”。其实一看就知道是 1999 年写的，因为开头第一句话就是“我 1990 年来硅谷，今年是第九年了”。这篇在网上传得挺广。

学生：还有一篇是您讲经济学原理的。

钱颖一：对，那是我去年在清华科技园里举行的一场公益讲座。

学生：还有一篇是在 MBA 教育指导委员会会议上关于 MBA 教育的。

钱颖一：那是更早一点的。最近传的比较多的是我关于批判性思维与创造性思维的讲话，一篇是我在人大附中讲的，一篇是在亚布力中国企业家论坛上讲的。

MBA 学生与院长共品下午茶

（2017 年 12 月 13 日）

生于 1984

钱颖一：2017 级 MBA 同学入校时的平均年龄是 33 岁，也就是 1984 年出生。1984 年咱们学院成立。1984 年是一个很重要的年份。中国的经济学院、管理学院，绝大部分都是在 1984 年或 1985 年成立的，要不就是很早以前成立的，到了 1984 年或 1985 年复建。1984 年是中国经济改革从农村推向城市。有本书叫《生于 1984》，是郝景芳写的。她是清华物理学本科，在咱们学院念的经济学博士，业余搞点科幻创作，结果一不留神拿了雨果奖。她这个跨界挺有意思，从物理到经济学，然后再到科幻。这也是一条发展道路。

我对人的成长路径很有兴趣。清华毕业生中创业的以电子系毕业的为多。20 世纪 80 年代进校的，邓锋是电子系的。90 年代进校的，美团的王兴是电子系的，英语流利说的创业者王翌也是电子系的。我还没有琢磨出来为什么电子系的创业多。除了创业的人，清华电子系还出了两个歌星，高晓松和李健。

我很羡慕你们这个年龄，生于 1984。最近看了几个周边的企业，今日头条的张一鸣是 1983 年出生的，滴滴的程维也是 1983 年的。他们都是你们这个岁数的人。

顾问委员走进课堂

钱颖一：今年的顾问委员走进课堂或者全球论坛你们都参加了吗？你们去听了哪场？

学生：我听了三场，小扎（扎克伯格）的、苏世民的、布雷耶的。

钱颖一：苏士民讲什么？

学生：讲个人成功的。

钱颖一：苏世民本科学心理学与社会研究，在耶鲁。布雷耶和熊晓鸽对话那场我也在。在投资界熊晓鸽很有名。熊晓鸽本科学的是新闻，所以你看他主持那场对话，事先没有准备，但是功底还是可以啊，一上去就可以掌握局面，掌握问的问题。他很早把 *PC*（《个人计算机》）杂志引入中国。

学生：我听了康卡斯特 CEO 讲述他的父亲指导他，对他工作的影响。

钱颖一：是，那是挺有意思的故事。在主题公园方面，现在康卡斯特排在第一，迪士尼排第二。迪士尼在上海建了一个主题公园，康卡斯特正在北京建。中国人自己建的也很多，王健林也建，长隆也建。

学生：咱们在技术方面比迪士尼和环球主题公园差一些，针对的人群也不一样。迪士尼属于合家欢，从几岁小孩，一直到老人都能覆盖到。环球针对青少年比较多一些，它的游戏比较刺激。

钱颖一：你们去过长隆的主题公园吗？在珠海。创始人叫苏志刚。他的经历真的很神奇，从卖猪肉开始到养猪，后来觉得野生动物比较有意思，就开了野生动物主题公园。每一个人的发展路径都很独特，并不是只有一条路，有很多条路。他只有初中文化。

我对这些企业家很有兴趣，每一个人成长的道路都不一样。过去这一年变化挺大的。我常去杭州、深圳，昨天刚从福州回来，感受到这一轮中国的创业氛围。

企业家的心智模式

钱颖一：你们正好赶上这一轮创业热。有点像在 1992—1994 年那几年学金融毕业的，现在都成了金融界的大佬。现在就是你们这个岁数的在创业，特别是跟技术有些关系的，跟 AI 有关系的。不过现在跟那个时候不一样了。在有些方面，不是说整体，我们走在了全球的前列。

上一周有多少个会？乌镇有一个互联网大会，广州有一个财富论坛，三亚还有一个财经论坛，12 月份全都是论坛。那天在跟我对话时，康卡斯特 CEO 罗伯茨（Brian Roberts）说，在美国怎么可能在星期天晚上八九点有三四百人听我们的对话，这不可能。这是一个小的观察，但说明咱们这个地方对创新创业的热烈程度，确实不一样。你也可以说美国是发达国家，咱们是发展中国家。20 年前我们也是发展中国家，但整体水平太低。现在仍然是发展中国家，到了人均 8 000 美元，今年可能到 9 000 美元。所以这个机会真的是非常之好。再过 20 年回头看今天，就和我们现在看金融界在 1994 年左右类似。

你们中有好多本科是学工程技术、会计的。我接触到很多做得很大的企业家，都有人文哲学方面的思考，这可能是我们比较欠缺的。现在你们第一学期的课程有伦理和商法。伦理的课很重要，这方面我们以往比较欠缺，特别是学理工科的，以前接触这方面少。我们从 2009 年开始在本科生中推行通识教育，最重要的一门课是“批判性思维与道德推理”。

我们的同学中学人文的少。你们正处在职业发展的这个阶段，技术的东西很重要。如果再往上做的时候，技术的东西就让再年轻的人做，你们就要有战略思考，要有思辨能力，要有批判性思维能力。这是我们的 MBA 课程改革的重要目的。我们说的批判性思维，不是说对什么东西都说 No，而是要有一套分析方法，有分析、有论证。我们同哈佛商学院有很多合作。哈佛商学院主要教怎么样使你说的话让人信服。这就要有批判性思维能力，要有思辨能力。

我为什么对此特别有体会呢？我们的顾问委员会中有几位是印度裔的，其中有哈佛商学院的院长，微软的 CEO，百事可乐的 CEO。谷歌的 CEO 也是印度裔的，这次他到乌镇来了。他们这些人与我的教育背景相似。他们都是在印度念的本科，然后到美国念硕士、博士，之后在那里工作，做到高管。其实中国人在美国、在 IT 界、在高科技界、在硅谷，和印度人总数是差不多的，但是在企业高层里面印度人就占了上风。

微软的 CEO 纳德拉（Satya Nadella）去年来清华的时候，我同他有一个对话，结束后他送给我一本书，是斯坦福的一位女性心理学家写的，标题是 *Mindset*。这个词中文很难翻，我翻译成“心智模式”。我们中国人的关注点是怎么把事做成，所以我们的大部分问题是关于“如何做”的，就是 how 的问题。这是我们的心智模式。但是我们不问 why（为什么），我们也不问 what（是什么），或者问得少。这有它的好处，注重可操作性，所以我们楼盖得快、盖得好，高速公路修得好，机场修得好。印度在这方面不如我们，执行力相对差。但是印度人喜欢问 why，这是他们的心智模式。印度的文化传统就是能言善辩。我们的执行力强，但是我们的缺点是不太会辩，这与我们的文化传统有关，也与我们的教育有关。

我们要破除以前到学校来就是学知识的观念框框。其实，除了知识，批判性思维能力更重要。企业做到一定程度以后你就会发现，技术以外的因素更影响你将来所做事情的大小程度。扎克伯格两年前在这里讲了一堂课，他的第一句话就是我不讲如何创业，而讲为什么创业。我觉得坐在下面的同学大部分都没有听懂。Facebook 成立之后，好几次有人要买他的公司，投资者都说要卖，但是他坚持不卖。我觉得这跟他的价值观是相关的。如果当时卖了，肯定就不会有今天的发展。

今年 6 月国务院参事室参事讲坛让我做了开讲演讲，正好是高考结束后的第一天。今年高考有一个有意思的现象，找了两台计算机 AI 脱网参加考试，结果一台用了 10 分钟，另一台用了 22 分钟完成了数学考卷，150 分的数学卷分别考了 134 分和 105 分。人工智能的原理就是在大量记忆的情况下识别图像。我们现在学生的学习方法就是通过大量做题来记忆。这样的话机器肯定会超过人。但是比较有创意的、跨界的，可能一时半会儿机器还不行。机器也没有同理心。阿尔法狗能做这么复杂的运算，但是在下完棋后它不会在赢了以后跟对方打个招呼。

学生：它并不是人。

钱颖一：你们中有多少人做的和 AI 相关？

学生：我现在做的主要是视频推荐，还有反金融欺诈、智慧城市、城市安防等等。

钱颖一：安防是巨大的市场。你们中还是学工科的多。现在算法火得不得了。整个 AI 领域就是算法。我今年年初去深圳见任正非。华为手机上的照相机用的是莱卡镜头，我问他这是不是华为手机照相效果好的原因。他说不是，而是算法好。数码照相机都是靠 PS，看谁 PS 的好，PS 就要靠算法，把收集来的信息复原成照片，都是靠算法。他用的数学家是全球的，有俄罗斯的、法国的、土耳其的等。

写作本领很重要

钱颖一：你的工作是不是要写很多东西？

学生：对。我们老板之前是工商联副主席，有些文章是我写的。我本科是学工科的。

钱颖一：从工科到写作，最大的转变是什么？

学生：最大的转变是一定要了解世界上不同群体的思维方式，尤其是不同场合什么话该说，什么话不该说。

钱颖一：有一个词叫同理心。微软 CEO 纳德拉的新书翻译成中文版，他让我写序。印度人很能写，夹叙夹议，既写微软又写家庭。他说我一辈子有两个家，一个是我自己的家庭，一个是微软家庭。这里最重要的一个词“empathy”，就是换位思考，就是同理心。他的第一个小孩先天残疾，好像是没有出生之前就有过窒息，大脑受损。但是他说这件事情促使他换位思考，即站在别人的角度想问题。由于他换位思考，所以他在做领导工作时就会不一样。他的书里讲了很多这方面的东西，是有道理的。这方面我们一般比较薄弱。

学生：另外还有阅历，尤其是了解不同人的想法，需要有一种阅历，找到不同群体对同一事情本身的认知偏差，这一点非常重要。比如平常企业内部管理上是一套语言体系，一旦涉及工商联，可能是另外一套语言体系，在不同场合自己是什么状态，要切合环境。人要适应环境，企业要适应环境，而不是把自己当作一个不变的个体，拿着不变的面孔面对所有的场景，这是非常重要的。

钱颖一：写作的本领太重要了。我在清华改革本科课程，增加写作课、沟通课。你原来是学数学的，写作本领是哪里学来的？

学生：我以前做地产时是负责战略的。战略和策略方面的方案写得特别多，主要是对公司的董事长，给他们做决策时用。决策里含的信息比较多，市场的、经济政策的、行业的，还有竞争对手的。因为做地产，就要涉及整个地块的规划，整个区域的规划，园林各个方面都会涉及。二级公司上报过来的项目，审完了一遍以后再形成请示给领导，对上写请示给领导，对下发批复。

钱颖一：领导欣赏一个人，特别是在政府里面，就是看下面的人写得怎么样，是吗？

学生：现在领导要看数据，光是文字他也不看。

学生：领导特别希望有数据支持的结论。

钱颖一：我的文章都是我自己写的，从来没有让秘书写，所以没有官腔。但你可以看到明显的数学背景，一是逻辑性，不能跳跃；二是简洁性，不能啰唆。乔布斯是极端，追求极简化，要最简单的。

学生：那是因为他学禅宗。

钱颖一：跟禅宗相关，他一定要最简洁。

知识多可能会降低冒险意愿

钱颖一：你们虽然进的是 MBA 项目，也要善于发现其他项目的好课程。比如我们有很好的金融硕士项目，还有与香港中文大学合办的金融财务 MBA（FMBA）项目，我们也有金融实验室，很量化，这方面我们是很强的。

学生：老师的课不好蹭啊。

钱颖一：最终取决于你有多大的欲望。麦肯锡的课为什么不能上呢？

学生：它不是针对全球 MBA 的吗？

钱颖一：那也没有说其他 MBA 同学就不能上麦肯锡的课啊。当然可以选。还有一个问题，即使不能注册，也可以旁听啊，你们还在乎学分吗?

学生：我们在社会上创业遇到困难时会想各种各样的办法。但是在学校，总觉得这是严肃的氛围，抑制了我们想各种办法。

钱颖一：这就是学校的问题了。我特别意识到这个问题，就是正规教育特别限制人的想象力和好奇心。爱因斯坦有一句话，说好奇心能够在正规教育中幸存下来是个奇迹。所谓正规就是条条框框，有它的好处，不让你走弯路。但也有它的坏处，就是限制了你的想象力。你说这里很严肃。我觉得这跟严肃是不矛盾的。

学生：我是创业的，我自己定义创业者就是赌未来的战略，比如刘强东就是赌物流。我们学过很多方法权衡，方法学的越多，对风险权衡越多，会不会造成赌的过程中比较难做决定?

钱颖一：是。正规教育的年头越多，你的知识越多，你的框框也越多，所以好奇心和想象力就会越少。所以有可能知识增加到了一定程度以后，创造力随着正规教育年限的增加而减少。

马云批评 MBA 教育，有一些道理。你学 MBA，学了一堆框框的东西，确实是有帮助的，但是在面临大的赌博时，你就害怕了，你要计算，但是一算就完了，肯定是不值得去赌的。一个初中毕业生，一个大学辍学生往往敢赌。当然，绝大多数都赌输了，赌赢的只是极少数。那么多初中没有毕业的人，只有一个苏志刚。同样的道理，那么多退学的大学生，能成为乔布斯和盖茨的极少。

所以你们要有这个意识。我来念 MBA，我的知识和技能肯定会有进步。但是同时你也要想到，你冒风险的程度可能被限制了。我觉得要有这个意识很重要。并不是说你一定要改变你自己，你可以在团队里增加跟你不一样的人，比如思维特别发散的，或者非常年轻的。我最近去看了张一鸣的今日头条，那里基本上都是二十几岁的人，不到 30 岁。所以回答你的问题，是，但也并不是说没有出路，团队里还是可以有不同的人，你要给不同可能性提供发展空间。

学生：我来自传统行业。我发现身边同学金融行业的非常多，做私募的也很多，我们班一半都是金融行业的。现在做传统行业的越来越少了。

钱颖一：这些年金融业回报高，所以吸引了很多人才。本科生在过去10年，报经济与金融专业的都是在清华中高考分数最高的。但是，今年计算机就超过我们了，市场的反应特别快。

学生：想问一个关于MBA项目的问题。读了快两年，有一个感受，咱们这边小范围、小规模的课偏少。现在每班上有七八十个人。30人左右的班效果最好，讨论可以比较充分。是不是还是师资的问题？

钱颖一：解决方案有二：一是把师资加倍，二是把学生减半。学生减半的话，这里有一半人就不能来了。关于增加师资的事，我一直在跟学校谈，学校压我们的教师编制。矛盾就在这里。我们的生师比超过了教育部的规定，教师偏少，学生偏多，我们的老师已经超工作量了。还有一个解决办法，就是聘请更多的兼职教师，特别是从业界聘请，因为兼职教师不受编制限制。但是兼职教师太多了也有问题，最好是业界老师和学院老师搭配。

MBA 学生与院长共品下午茶

（2018 年 5 月 21 日）

钱颖一：最近我做了两场对话，一场是同张一鸣，一场是同沈南鹏，你们都有时间来吗？这些人都是不得了的人。上一轮是 BAT（百度、阿里巴巴、腾讯），这一轮是 TMD，就是今日头条、美团、滴滴，都是“80 后”的创业。这三个公司我都去过，现在他们都是行业中很著名的公司。沈南鹏在红杉中国做投资，非常出色，你们做投资的都知道。我想把这些资源带到学院来，通过对话了解这些人的成长轨迹。虽然这不是课程，但是会对大家有一些启发。

以创业精神学习和对接资源

学生：对于我们在职班还是学习时间长一点好。为什么有的同学愿意再回来蹭一蹭课，有可能我们上课时有一些体会，我们运用了。我非常感谢经管学院很多老师说，课虽然结束了，但可以随时到办公室同我们交流。这些老师对我们支持很大，我们希望学习时间长点。学习完之后在工作中应用一段时间，碰到什么问题再回来回炉一下，和老师交流一下，可能又有提升。这是在职班的典型诉求。

钱颖一：在我们的文化中，同学与学院也好，与导师也好，关系会延续比较长。我和国外商学院院长沟通的时候，他们开始讲终身学习。其实在我们的文化中，我们早就开始这么做了。大家不觉得非要有一个毕业的时间。

过去 MBA 全时班的同学中很多人希望转行业或职业。现在你们在职班的同学有多少也想转换行业的？

学生：好多，我们班大约有 1/3 了。

钱颖一：想创业的呢？

学生：我最早在互联网行业做硬件，中间穿插做了投资，把实业和投资两个行业梳理了一遍，觉得翅膀硬了，现在和别人一起做智能驾驶车的创业项目，是和咱们清华大学的一些计算机系的老师和学生一起做。

钱颖一：这是清华很重要的资源。你是怎么找到计算机系去的？

学生：在学校里和别人交流时，聊到智能车。我以前做过无人机，现在他们做无人车，我非常感兴趣，背景比较合适。咱们学院的老师一直都说我们 MBA 应该和别的学院结合，所以我就做了这件事。

钱颖一：五年前，我们启动 x-lab 就是为了这个目的。这个周末我们庆祝 x-lab 五周年。现在清华已经有 15 个学院参与了。这是我们和独立商学院不一样的地方。这几年明显的趋势就是科技引导。清华的这个优势是别的学校没有的。现在清华的工程和计算机两个学科居然排到 MIT 前面，这是美国杂志排的。某些指标可能是因为我们的规模比较大，所以有优势。

我在硅谷住过多年，硅谷的创业精神很强。我们现在的干劲比硅谷还强。我去今日头条，晚上 7 点从那出来，人都没有下班呢。张一鸣说基本要到晚上 9 点。加班的话到 10 点、11 点。这种干劲在美国没有。在这个意义上讲，你们赶上了好时候。

我去看了好未来，就是学而思。现在市值也有 200 亿美元了。张邦鑫是做教育的，真的很赚钱，在互联网上的一门课，就收 1 000 元。我去看他的公司，他用大数据，用人工智能，能准确知道每个学生的注意力集中程度，在讲到哪个概念的时候走神了，就专门针对这个再讲，而不是每一道题都重新做一遍，是有针对性地给学生补习。

我们学院有两位老师，一个在喜马拉雅，一个在得到，都很火。他们做的是音频，音频在跑步、开车的时候都可以听，每次只有 13 分钟。网站的商业模式是把成本扣掉后对半分。

学生：我和我爱人都在咱们学院读 MBA，我们两个都是来自传统制造业，针对我们这个行业的东西相对比较少。传统行业也在焕发第二春，能不能侧重往我们这边倾斜一点？

钱颖一：其实我们已经开始了。从去年开始，我们和腾讯合作开设了未来科技学堂。这几年明显地在往科技转，更多的还是在制造业，而不是金融，当然金融里也有科技。主要科技领域包括无人驾驶、新能源汽车等，将来都是往制造业方向走。在这点上清华是有优势的。我们的 EMBA 也在准备开一个未来科技 EMBA 班。现在很多会议上讲到最容易被人工智能替代的行业，一个是审计，一个是财务分析。金融交易马上就要被取代了。这几年学生的走向也在发生变化，原来都去金融，现在去非金融行业的也多了。

把学院的讲座资源放到线上

学生：我有一个困惑，为什么不把课放在线上，在线可以教很多学生。

钱颖一：线上课程由好多种，最一般的是慕课。问题是这很难与老师有互动，所以引入了翻转课堂，就是线上线下结合，这比纯线上好。你们有三门课就是这样，暑假先在网上自己学，开学后老师再在课堂上讲授，光是线上部分不行，必须有线下部分。

我上个星期听了一个介绍，是基于旧金山的一所新型大学，叫密涅瓦大学（Minerva），这个词是智慧之神的意思。这所大学的全部课程都在线上，但是要求学生比在线下上课还要投入和积极参与。怎么做？每一个线上课堂只有 19 个学生，老师全程投入，利用 AI 技术，他知道每个学生发言多少，老师就会让那些不发言的人发言。这个学校每一年也就招 100 多人。我看了以后的感觉是，这就是商学院的案例教学方式放到了线上，而且用在了本科的所有学科。这所学校刚刚举办，还不知道将来会怎样，是否能推广，是否可持续。

学生：我们能不能把学院的一些讲座资源放到线上？

钱颖一：这取决于对方愿不愿意。有些是可以公开的。

学生：有些已经可以看到了，就在学院的网站上。钱院长的那些对话，你点现在学院网页右边的顾问委员会专栏，在那里面可以看到视频。

钱颖一：今年年初马斯克发射火箭成功以后，我发现网上传的全是 2015 年我和他在经管学院对话的视频。

学生：同步直播不行？

钱颖一：同步直播不行。我在对话中问的问题事先都给他们看过，他们再反馈回来，我做得比较专业。我希望问的问题比较深一些，不要只是问泛泛的问题。我特别关注他们是怎么思考问题，怎么做出选择的，这些对我们的学生启发会更大。回答你的问题，因为谈得比较深，他们就会比较敏感。媒体和网民的攻击可以很离谱，可黑的地方太多了。所以说做企业家不容易，大家要理解。

培养沟通能力和说服力

学生：我看到您在去年提到 MBA 这个项目要培养学生论述的说服力。怎么做到呢？

钱颖一：哈佛商学院一个校友曾经说，哈佛商学院 MBA 不是教你会计，也不是教你金融，甚至都不是教你领导力，而是教你怎么样让你的论点有说服力。大家有过管理的经验，都能体会这句话的意义。技术性的东西自己可以学。但是一般性的能力，无论是跟你的老板、投资者、客户也好，跟他们沟通，目的就是让人家相信你讲的故事，让人家听了以后相信你说的是对的。那你就要组织你的论据，说话要有道理。

在这方面我们中国的文化传统中有欠缺，而印度人这方面特厉害。我接触过不少印度人，微软的 CEO 是印度人，百事可乐的 CEO 是印度人，哈佛商学院院长是印度人，现在中欧的外方院长也是印度人。诺贝尔奖经济学家获得者阿玛蒂亚·森是印度人，他写过一本书《惯于争鸣的印度人》。他说印度几千年的历史就是喜欢争辩。中国的文化传统不是这个。在商场上，你要有本领说服别人，你要用证据，用道理说服人家。这是我们比较欠缺的地方。

学生：会不会我为了说服他，我就隐瞒一些，包括名人的一些发言，都有愚民的味道？

钱颖一：你不能撒谎，不能欺骗，不能编造，但是你可以有选择地说。你可以从很多事实中挑出几个来说，但是你不能编造事实，不能欺骗人家。比如任何产品都有它的问题，但你可以强调它的优点，凸显其长处，特别是你要强调被人们忽视的方面，这是可以被接受的。

学生：我听过一个讲座特别好，叫作职场讲故事，不光是找工作，还有如何在职场当中通过讲故事的方式打造你的个人品牌，如何识别你的领导的目标，以便配合他的目标。我知道我们正在重视写作。在本科生中新增了心理学、批判性思维等课程。这些课对 MBA 同学可能帮助更大。我们已经吃了这种苦头，所以我希望这些课程能不能对我们也开放？

钱颖一：上星期四，清华校长邱勇宣布清华大学从今年秋季开始要为所有本科生开设“写作与沟通”课，要成为必修课。他专门说到经管学院在 2009 年开始就开了这门课。学校非常雄心勃勃，要招 25 个全职老师专门来教这门课。15 个人一个班，一年得开两百多个班。清华的工科传统很强，但是职场中你们都知道，很重要的是写作能力、沟通能力。

但是做好此事不是这么简单。我上个月到斯坦福见了斯坦福商学院院长。他们在 10 年前搞 MBA 课程改革，增加了一门“批判性与分析性思维”。但是他们现在停了这门课。从学生来讲很受益，有很多写作内容，但是很难持续找到合适的老师来教，工作量太大。每个学生写完了以后，老师得一个一个批注。

写作与沟通都是管理中必备的技能。沟通对危机处理、公关处理多重要啊？不然一夜之间可以让你把公司名声都毁了，特别是现在的通信工具下，分分钟的事儿。我们 MBA 中一直有“管理沟通”课。

开拓海外交换的新渠道

学生：我有两个问题。一个是关于在职班海外模块，通过这个活动大家到国外旅行，旅行中沟通交流。我们有顾问委员会的资源，有没有考虑过我们走出去到顾问委员企业？我知道我们有一个海外模块就是去可口可乐。

钱颖一：我们可以去可口可乐在亚特兰大的总部。我们和百事可乐也可以组织，还有微软、苹果、戴尔等。我们走进他们的企业，先从中国区开始，下一步可以去他们的总部，要一步一步走。

学生：对方接待的档次不一样，得到的收获也不一样。之前走进企业，发现老总亲自出来跟我们谈和派 HR 的人来谈是不一样的。

钱颖一：我曾带 EMBA 的同学去苹果公司，出来接待的是市场部的，都是宣传性的，没有意思。这些大公司不太可能让一把手出来接待。

学生：我们二年级下学期的海外交换模块开始了，现在有客观的问题，就是报名的挺多，但名额太少了。有一些同学很优秀，最后面试没有过，我们想建议学院能不能增加一些名额？

钱颖一：这个要靠开拓新渠道。几年前我们开辟了去以色列。刚开始的时候，出来接待的人都是很不错的。但现在去的人太多了，那边也疲了。四年前我去的时候，还没有那么多中国人去，但现在太多了。所以什么地方都禁不住中国人去，去的人多了就变得很程序化了。

前几年去海外，同学们说国外的课很好。后来我们的学生听多了，就开始不满意了。讲区块链时，同学们抱怨国外教授还没有他们知道得多。现在我们的学生也越来越挑剔了，胃口越来越高。去了以后觉得人家的规模不如我们，到了美国也看不上了。现在我们也很难满足大家了。这也是事实。所以海外模块不好组织。

从 MBA 到 DBA

学生：我们前两天看清华工科出了 100 个在职博士名额，在秋季招。咱们经管学院有没有？我们有好多 MBA 同学毕业以后都想继续深造，读在职博士。

钱颖一：现在教育部和学位办基本上把工商管理当作一个必须限制的领域。MBA 不能增加，更不要想 DBA 了。这里有很多复杂的原因，也包括前阶段有的学校办的 EMBA 出了一些事故，所以社会上对 MBA 和 EMBA 很有看法。在他们看来，管理学位就是高收费，是企业老板花钱买学位，所以是反腐的对象，不是发展的方向。

在目前的舆论环境下，中国没有可能开放 DBA 博士学位。一些学校在与海外大学联合搞，授予海外学校的学位。我是 MBA 教指委的副主任委员，我们这届本来想做的几项改革，包括开设 DBA，但没有一项搞成的。当时把 MBA 教指委改名为工商管理专业学位教指委，就是想留着 DBA 博士这条路呢。名称是五年前改的，现在看一点可能性都没有。

学习懂政策

学生：我有个问题比较敏感，是关于人生经验的。咱们选择的案例，都是在商言商的案例。大部分同学要与钱权打交道。您肯定也不想看到我们的学生进来的时候朝气蓬勃，10～20 年之后有人“进去”吧？

钱颖一：我们设计的 EMBA 课程中有一门课是“中国政治与法治”，设计这门课程时还想安排去监狱参观。主意是很好，但很难做到。中国的政商关系非常深奥。处理好政商关系很重要。

我觉得大家对官方文件还是学习领会不够。十九大文件得好好学，看不懂的话就有问题了。一般当官的都能看懂，但你们在体制外的多，不注意学习。

学生：这得开一门课程，编译原理。

学生：要有政策解读。

钱颖一：政策解读非常重要。外国人搞不懂，但我们是中国人。

学生：关于课程设计，为什么没有“宏观经济学”这门课？

钱颖一：搞企业的会说宏观经济学跟我们没有关系。其实有关。金融和宏观经济就更有关系了。我们原来有“宏观经济学”，但有同学说宏观跟我们太远了，我们只关心微观。

学生：很多“宏观经济学”只是热点问题分析，缺少顶层框架。我们理解宏观经济需要有一个整体框架。

钱颖一： 这我同意。我们的国际 EMBA 项目的课程中就有一门“宏观经济学”。那个班是外国学生为主，他们觉得很有收获。我们都是生活在宏观经济里的，宏观经济对于金融非常重要，与其他产业的关系就不那么明显。但是高管是需要懂宏观经济的。

首先是自我发现，然后是寻找方向

学生： 关于职业转型方面的问题。个人兴趣、天赋、价值观，还有社会需要这几个方面应该有一个交集，但是大多数人可能没有这么幸运找到交集。在这种情况下，这几个方面更多倾向哪个方面比较好？是不是偏向于专注发现自己的兴趣和优势方面更好？

钱颖一： 首先是我们往往缺乏自我发现。自我发现是个过程。我们以前都是听家长说，所以不太想自我发现。我和沈南鹏的对话中发现，我们两个有一段经历非常相似，本科都是学数学，都到哥伦比亚念了一年数学，然后又都到耶鲁念了管理。我问他，你怎么不念数学了，他说自我发现，有自知之明，觉得做不了数学。我说咱们两人“英雄所见略同”。20 世纪 80 年代初，那时在国内学经济学的人大多没有数学基础，而经济学里要用很多数学，而我跟学经济学的相比，我的数学是好的。这不就是自我发现吗？交集是这么探索出来的，是从发现自己的长处和短处中看到的。所以，自我发现非常重要。

我们现在的问题是太从众了，别人怎么样，我也怎么样。大家都做 AI，我也要做 AI，别人做人脸识别，我也要做人脸识别。AI 的应用方面非常多，你要去发现。扎克伯格在学院演讲的时候，在回答问题时说，你最好能找到你感兴趣的，但是别人又不感兴趣的领域。后来我接过来加了一句，我说我们学生的习惯是，我之所以对这个领域感兴趣，是因为别人也对这个领域感兴趣。这就正好相反了。所以要避免这个倾向。自我发现既要发现自己的长处，也要发现自己的短处。自我发现是前提，之后再寻找方向。

第二编
MBA学生与院长共品下午茶
（英文场）

第四章
2010—2014 学年

MBA 学生与院长共品下午茶（英文场）

（2010 年 11 月 26 日）

清华国际 MBA 10 年后的愿景

学生：您认为清华国际 MBA 在 10 年之后会怎么样？您认为我们现在如何？

钱颖一：这是一个好问题，但并不容易回答。在中国，非常难预测很多事情在 10 年之后会怎么样。昨天我在搜狐的演讲刚好谈到了这个话题。作为开场白我说，想想吧，我们在 2000 年会怎样预测 2010 年？想象一下，在 2000 年中国人均 GDP 不到 1 000 美元，没人想到 10 年后也就是今年，人均 GDP 超过了 4 000 美元。没有人会想到北京现在的房价已经比 2000 年增长超过 10 倍。我想说的是，中国的变化太快了，快过世界上其他任何地方。所以预测 10 年之后会怎样是很困难的。

我想说学院现在发展得很好，特别是 MBA、国际 MBA 项目都在很好地进行。清华的国际 MBA 项目非常成功。MBA 中心有 30 位工作人员，他们的团队非常出色。这话不是我说的，是哈佛商学院、斯坦福商学院和麻省理工斯隆管理学院院长之言。他们是在上个月我借学院顾问委员会召开之际举办的一个关于管理教育讨论会上说的，他们说这话的时候是真心的。

你们可能了解，在中国，各大商学院院长参加的这类讨论会很多，我自己在过去的两个月里参加了不少于四场。但我必须说，我们的这个讨论会真的很特别，因为我们能够将哈佛商学院、斯坦福商学院和麻省理工斯隆管理学院院长同时请到。这是中国的其他大学甚至很多北美和欧洲的大学都做不到的，而我们能够做到，这使我们的地位与众不同。

我相信我们学院的 MBA 项目将继续在中国的商业教育中发挥引领作用。在过去一年，我在两个 MBA 论坛上做了演讲，一次是去年 12 月 9 日在武汉，另一次是今年 6 月 3 日在上海。我被特别邀请去谈我们的 MBA 课程改革。我的演讲受到广泛认可。我相信很多其他中国商学院跟随着并从多方面借鉴了我们的课程设置，例如软技能、体验式学习、伦理教育等。这是我们非常值得骄傲的方面。在中国，我们在商学教育方面是引导者，尤其是通过我们与麻省理工斯隆管理学院合作的这个国际 MBA 项目。

在不到两个月前，我曾有机会与斯隆管理学院院长进行了一次非常好的会面和谈话。明年将是清华经管学院与斯隆管理学院合作的 15 周年，我们已经实施了三个“五年计划”，正在设想第四个“五年计划”。斯隆管理学院也在香港组织了其中国委员会的见面会。在那次见面会上，他们也讨论了下一个五年的打算，他们要继续加强与我们的合作项目。我们也提出了新的建议，比如邀请麻省理工的教师在我们的项目中开一门完整的课。这只是其中一个想法，还有另外很多其他的想法。

在上个月的顾问委员会会议期间，我同斯隆管理学院院长更深入地讨论了一些合作的细节。明年是清华大学建校 100 周年，也是麻省理工建校 150 周年，所以我们会在两校间和两个学院间组织一些联合庆祝活动，时间大概在 5 月和 6 月，同时庆祝我们两个学院在国际 MBA 项目上合作 15 周年。我们也希望合作可以进一步拓展，特别是要加强教师团队的合作。

虽然对我来说预测 10 年后清华经管学院和国际 MBA 项目的状况非常困难，但我可以预料在 3 ~5 年内，我们将会获得更多的国际认可。我们的项目将会是中国、亚洲首屈一指的，我们和斯隆管理学院的合作将会进一步强化，我们的教师团队一定会更加强大。过去的 5 年我们引进了 55 名教师，其中 53 人有海外博士学位。我们的教师招聘非常迅速，也从这两年金融危机后全球市场放缓中有所受益。当然，我们希望在你们毕业的时候全球经济能够快速恢复。

我是 AACSB 理事会成员，也是 EFMD 的 EQUIS 认证委员会成员，还是

AAPBS（亚太商学院联合会）执行委员会委员，这是现在世界上最主要的三个商学院联合会，分别基于北美、欧洲和亚洲。最近我又出任 AACSB 管理教育“蓝带”委员会委员。我们学院也是多个国际商学院组织的成员，比如 CEMS（管理硕士国际联盟）、PIM（国际商学院合作组织）等。所以我对我们正在做的有充分的信心，因为我们正走在正确的道路上。所有的顾问委员会委员都认可这一点，认同我们正在正确的道路上发展。

学生：您认为过去几年您对 MBA 项目做出的最大贡献是什么？接下来的几年您又最希望做出什么贡献？

钱颖一：我们为 MBA 项目课程做出了非常显著的改革。我们增加了很多有关软技能的课程，我们增加了体验式教学，我们还增加了道德伦理教育。我们也一直在强调“中国根基”和“全球视野”。我们也改变了招生方式。以前中国学生不像国际学生，他们进入 MBA 项目只依据全国联考成绩。我们改为更国际接轨的方式，要先通过面试、看材料，给条件录取，之后当然学生们仍然要参加全国联考，但考试成绩并不是重点。课程改革和招生方式改革都使我们更关注同学们的领导潜力。国际 MBA 项目还有一项主要改革。斯隆管理学院在中国一共有三个合作伙伴：清华、复旦和中山大学岭南学院。我们正在努力和其他两所学校有所区分。斯隆管理学院要求我们投入更多的资源，我们同意。同时我们也希望他们的教师有更多的投入。你们都会从中获益。

学生：您能讲一讲是什么驱使您成为这样一位优秀的领导者吗？

钱颖一：我是一个经济学者，担任院长这个职务，让我感到了巨大的压力和责任。我们的首任院长是朱镕基，他拥有很高远的视野并有很高的水准要求。你们也知道清华在中国的地位非比寻常，在国际上也很知名。我并没有觉得我生来就是一个领导者，以前也没有想过会管理一个商学院。我始终还是一个学者，过去只会管理我自己和我的电脑。但是，我做事很有激情，努力去学习我不懂的东西。

我自己并不是 MBA 毕业生。我担任院长后，发现 MBA 在学院教学项目中所占的比重真的很大。我们学院一共有 4 000 名学生，其中 1 400 名是 MBA 学生。在 2007—2008 学年，我去 MBA 一年级的每一个课堂上听课。所以我对每一门课程、每一个老师都有亲身的感受。有时候同一门课程但不同老师教给我的感觉是很不一样的。

接着，我花了一些时间研究斯坦福、耶鲁等商学院在近期的 MBA 课程改革。又因为我在哈佛商学院顾问委员会中，所以我有便利条件学习他们的经验。哈佛商学院有关 MBA 教育的一些案例报告在没有公布之前都会先发给委员们，所以我就有第一手的最新资料，这些资料包括诸如体验式学习这样的新型学习方式。

我的另外一个便利是我和很多顶尖商学院院长的关系都非常好。所以我和他们会经常交流。比如在 2008 年 3 月，当时斯坦福的 MBA 课程改革委员会主席加斯·塞隆纳（Garth Saloner），现在他是院长了，带着斯坦福的 MBA 学生来清华参加与我们合作的“STEP”（Stanford-Tsinghua Exchange Program）项目。我们就利用了他在清华的机会让他做了一次关于斯坦福 MBA 课程改革的专题演讲。这使得我们有机会学习到国际上最前沿的 MBA 课程改革经验。

现在我认为，我们当时做出了一个正确的决定，那就是率先启动 MBA 课程改革。现在国内其他商学院也在跟进，这说明我们带了个好头。哈佛商学院的格言是要教育那些能创造改变的领导者。于我而言，做出改变意味着为这所学院带来改变。我想我的激情来源于一个信念，那就是教育至关重要而且是一切的基石。

学生：您正试图为 MBA 建立一个怎样的培养目标？比如是企业型、学术型还是“华尔街”型？

钱颖一：肯定不是学术型，也不是“华尔街”型。基于清华在中国和世界的地位，我们希望将学生培养成未来的领导者和管理者。所以我们不仅仅培养学生进入华尔街，我们希望培养学生成为各个行业的领导者，不仅仅是金融领域，虽然金融会占一定的比重。我们还希望学生们可以领导制造业、非营利组织等，我们对这些领域都很关注。所以我们这里培养的是领导者，并不专门针对华尔街。如果你想进入非营利组织比如环境保护，我们觉得也很好。医疗健康行业是未来很重要的产业。哈佛 MBA 毕业生传统上进入两大行业——金融和咨询，现在医疗健康排到了第三。虽然在中国目前还不是这样，但我相信从长远考虑也一定是的。领导力和综合管理能力是我们真正关心的。我对企业家和创业精神很感兴趣，我在这方面写过学术论文。熊彼特在创新创业方面有很大贡献，他是世界上第一个研究这个问题的经济学家。我很重视他的研究。

国际学生在清华读 MBA 的优势

学生：我们这个国际 MBA 项目有一半都是国际学生。我们这些国际生在清华外面就会被问及，这个项目都有什么内容，效果怎么样。这样我们就像是学生大使。所以你有没有什么建议，我们应该对其他的国际学生说什么？另一个问题是，我们参加这个国际 MBA 项目，您觉得我们如何最好地利用在清华的这段时间？

钱颖一：首先，我们处在中国的中心，所以如果你想了解中国，了解中国的商业，就要到这里来学习，这里是真实的中国。另外你能拿到清华大学的学位，清华是中国最好的大学。你在北京还可以学好普通话。最重要的一点是，你可以有机会认识中国最优秀的一群人。每一位老师也是在中国相关领域最优秀的。而且因为清华对中国社会、经济和政治的影响力，我们的学生可以有机会在各领域找到工作和建立联系。这就是处在中国各方面的中心部位的意义。

学生：清华有很多院系，我们不能自己就用英语直接问我们能不能见一个生物工程系的教授，这不现实。

钱颖一：这就需要你们自己找到合适的方式。其实前两天还有其他系的同学和我讲，他们觉得很难和你们交流。确实这是一个障碍需要逾越，你们需要搞清楚这个系统是怎么工作的。

学生：我有两个问题。首先是中国在经济总量方面已经超过日本成为世界第二大经济体。但是在微观层面，比如老百姓的生活水平、毕业学生的就业率等方面依旧不是很乐观。您是如何看待宏观与微观这个矛盾的？第二个问题是我有一些同学准备移民去加拿大或者澳大利亚，因为他们认为中国的经济前景、社会风气、政治氛围等不容乐观。对这一点您怎么看？

钱颖一：中国现在的状态就是充满矛盾。一方面中国的发展速度惊人。我认为这个增长是真实的，不是泡沫。特别是过去这几年，中国的增长与世界其他地区比如美国、欧洲和日本形成了强烈反差，因为它们受到经济危机的打击不小。但从另一个层面讲，我很同意你的观点，也就是你说的“微观层面”，也就是人均看，中国还是发展中经济体，还有很多问题。中国正处在一个经济快速增长的时期，也正处在一个经济和社会的转型期。车辆增多，城市变得更拥挤，都会导致人们的紧张感。心理学家告诉我们在经济快速增长时期人们的幸福感尤其低。就如丹尼尔·卡尼曼所说，在高速发展的国家人们感到很不开心是非常“正常”的现象。一些人包括中产阶级想移民国外是因为缺乏安全感，但是他们移民后又想回来做生意，因为这里的经济发展比世界上任何其他国家都快。我总是想起狄更斯在《双城记》中开篇的话，“这是最好的时代，这是最坏的时代”。

对于我们的学生而言，清华经管学院可以为你们提供更深入地了解中国的机会，这是我们相对于哈佛商学院或斯坦福商学院等美国商学院的优势。我们处在中国的中心，你们在中国可以获得行动中的感受。现在世界的关注点在中国。昨天我在搜狐论坛的讲话中提到了两份商界的重要报纸——美国《华尔街日报》和英国《金融时报》在这周中发表的两篇文章。

周一《华尔街日报》发表的是白宫国家经济委员会主席劳伦斯·萨默斯的文章。他说，50～100 年后，世界史被撰写的时候，没有人会提起 2008 年的经济危机或者 2010 年美国财政危机，人们会写的是世界舞台转移到了中国。

第二篇来自英国《金融时报》首席评论员马丁·沃尔夫（Martin Wolf），也是在这周一，还是在探讨中国。他预测了三种世界前景：第一种是积极的，世界变得很繁荣，每个国家都在不断收获；第二种是消极前景，各个国家在为资源互相争斗，世界变得混乱；第三种，他自己称之为居中平衡，不会马上有灾难出现。

国际 MBA 学生在清华的体验

学生：我们经常要在上课和参加论坛之间做出选择。但是，您知道有一些非常好的论坛每年只有一次机会。您怎么看这个问题？

钱颖一：我认为上课非常重要。为了使大家能参加论坛，明年我们会在顾问委员论坛期间对课程安排进行一些调整，避免冲突。我们的顾问委员会委员都十分出众。他们每年不仅仅是在顾问委员会会议期间才来北京。如果他们在其他时间来到北京，且时间允许，我们会努力邀请他们来清华做演讲。我们将尽量安排这些演讲的时间不与你们的课程时间冲突。

另外，你们都知道麦肯锡，我们这次邀请了麦肯锡全球总裁鲍达民（Dominic Barton）给我们做一个演讲。他对我们所做的这些赞叹不已，也希望为清华做一些事情。他向我提出了一个建议，准备开设一门“麦肯锡全球领导力”的课程，每堂课邀请一位全球商业领导人来清华讲课。这门课由麦肯锡支持，麦肯锡拥有非常多的世界级客户，他们邀请这些商界领袖来清华讲课非常方便。你们将会是这门课的主要受众。我们正在努力落实。

学生：我有一个关于 CDC 的问题。我来参加 MBA 项目的学习是因为我想找到一份比之前更好的工作。现在清华的国际 MBA 项目有一半是中国学生，另一半是国际学生。但我发现 CDC 网站上都是中文的，招聘信息也都是中国的公司。有没有可能以后加入一些在中国的跨国公司的招聘信息呢？

钱颖一：这个网站主要是针对中国学生的，我们尝试过做一些翻译，但更多招聘信息是为中国学生提供的，所以把每一页都翻译并没有太大的实质意义，我们就放弃了。接下来我们会尝试用其他方式为国际学生提供招聘信息，比如发邮件。当然更重要的是为你们提供更丰富的工作机会。我们接下来会着力做几件事。首先就是在 CDC 招聘了一位教师，专门负责国际学生这个群体的就业咨询，这位老师下周三开始上任。最重要的就是将我们的国际学生推介给可能的招聘单位。我们现在有两个工作人员负责推荐，他们都是毕业于你们这个国际 MBA 项目的。

我们现在已经拥有了过去三年我们所有国际毕业生的雇主数据库。困难的是我们需要获得这些毕业生的各种信息，比如联系方式等，因为他们来自不同国家。所以我们现在正在等待校友办提供给我们国际毕业生的详细信息。一旦我们把这些整理好，我们就可以使用这些信息。另一件事是 CDC 的工作，我们打算组织一些针对求职的见面会，时间就在 12 月，我们已经为中国学生组织过这类活动，我们会告诉学生需要做什么和一些求职的步骤，以及在这两年他们需要发展一些什么样的技能。我们也打算为国际生提供这样的指导。这些就是我们将来要做的事情。

建立各种交流空间

学生：我们来参加这个国际 MBA 项目很重要的一个目的就是建立人际关系网络。我了解到还有 EMBA 项目，他们经常在上课的时候展示一些和他们自己公司相关的有趣内容。我在想我们有没有机会参加他们的展示，或者我们自己也组织一些类似的活动呢？

钱颖一：如果你愿意的话，我也推荐你参与一些 EMBA 的活动，而不是局限在国际 MBA 项目，但问题是那里用中文。

学生：我觉得在清华我们非常学术，我们在课堂上花了很多时间，又花很多时间写作业。但我了解到在一些顶尖的商学院每月学院会指定一段时间让所有 MBA 学生聚在一起交流想法。我们这个 MBA 能不能也建立这样的机制？

钱颖一：我们应该规划出来一段时间交流想法，而不是完成课堂作业。我在硅谷住了多年，那里有一家餐馆，很多风险投资家去那家餐馆交流。10 年前我写了一篇文章，叫“硅谷的故事”，就对此有介绍。我认为很有必要拿出一段时间比如周五晚上，但不要叫论坛，那样太正式。你们需要的是“非正式”交流。我们需要很随意的氛围，比如两周一次，有这么一段时间可以交流想法。

学生：我觉得我们就是需要一些随机性。随机地认识一些人，产生一些奇妙的想法。

钱颖一：对。谷歌每周有一天员工们想做什么都行，不必拘泥于分配下来的任务。每周有一天，你可以异想天开。结果有一些想法非常好。所以，我们应该尝试建立这样的一种机制。

建立合适的教师评价体系

学生：之前您提到了我们会有一些关于提升软技能的课程。我想知道这些课程将如何评价？比如“管理沟通”课。

钱颖一：如果你认为这些课程的教学不够好，你就应该直接同任课老师沟通。相对于硬技能课程，软技能课程比如“管理沟通”“领导力开发”“道德伦理”的教学方式和学习过程会不同。任课老师开始时也缺乏经验，他们也希望从你们那里获得反馈，想知道你们的建议。所以我的建议是你们要多提意见和建议，并关注细节，因为老师们真的希望提高。

学生：我非常欣赏您关于学生应该在课堂上提出自己的意见这个建议，这会是提升教学水平的一个有用手段。有些老师就不太情愿教国际 MBA 学生。您怎么看？

钱颖一：我理解这个问题。但你想想，一位老师需要两种技能才能成为国际 MBA 的优秀老师。首先你要是一个会教书的好老师，其次你的英语要讲得好。我们确实有很好的教领导力等课程的老师，我们也有老师的英语讲得很好，但我们挺缺这两样都很好的老师。所以你可能见识到了在中文 MBA 项目教课教得很好的老师，但如果要让他们教国际 MBA 的课程，可能就没那么好，因为他们的英语讲得不好。我希望你们相信我们在为国际 MBA 提供我们能提供的最好的老师。中文 MBA 中有很多教学手段非常优秀、评价非常好的老师。但英文教学与中文教学不能比，比如他们很难组织非常激烈的课堂辩论。

学生：我的意思是有没有一种方式既能为老师们提出意见和建议，帮助他们提升教学水准，又能不让他们觉得这是针对他们个人的一些不满的看法？

钱颖一：上周我们还讨论过要改善教学评估表格，要对教学方式、内容等更有针对性，更加细化。现在的表格是大学统一制定的，非常简略，我们应该对它做一些改进。我们应该针对教学方式、内容和课程设计等，问一些更加开放、更有针对性的问题。

学生：中外学生给出评价的方式会很不一样。中国学生打分是从 100 分倒扣，国际学生是从 0 分开始一点点加。所以在国外，大家会认为 85 分就是很好了，远在平均之上。但是在中国，我们会觉得 85 分真的很差劲。我们也希望帮助建立合适的评价体系，保护老师们的感情，让他们觉得我们是在提出一些建设性的意见而不仅仅是在批评他们。我们不希望他们贸然得出结论，比如“他们不喜欢我是因为我的英语讲得不好”。

钱颖一：我还有一个建议，我们可以挑出一位你们都觉得课上得不错的老师，让其他老师去旁听他的课，参考一下他怎么上课，应该也会有助于教学。

学生：但这样老师们的教学方式就会很单调，他们都会模仿某一个老师，缺乏创意。

学生：我知道一些有教学实力的老师可能缺乏实践经验。那我们能不能找一些有企业经历的人或者是企业家给我们上一些课呢？

钱颖一：这是一个很普遍的问题。因为在招聘老师的时候，我们只关注学术经历。就算在哈佛也是这样。所以商学院现在普遍的做法是在全职教授之外增加一些客座教授传递实践经验。这样你们就能获得两方面的知识，既可以从学术经历丰富的老师那里学到理论知识，又可以从拥有企业经历的客座教师那里学到实际经验。我们确实会邀请一些有管理经验的“实践教授”来讲课。但这些课程都是二年级的选修课。你们第一年学的课大多是基础课程。MBA 不是培训，而是教育。全世界的商学院对于将实践教授放入第一年的课程都非常犹豫。我们需要两者之间的平衡。

设施资源要跟上

学生：我的问题是关于设施和资源的追赶。环境是一个很重要的方面，我希望听到的是，学院是否正在实施有关的项目来改善教学环境？

钱颖一：我们在物理空间上受到了比较严重的制约。学院正在考虑建一栋新的教学大楼。我去看过美国大学商学院的很多楼。例如，芝加哥大学布斯商学院的新楼，我也去了斯坦福正在建设的新院区，我还去看了麻省理工斯隆管理学院正在建设的新楼。事实上，商学院的建筑设计与其他院系都不一样。其他学院的大楼中有实验室和教室等。但是商学院大楼的设计理念是便于学生交流，在大楼中所有的地方都可以停下并且坐下，方便同学之间交流讨论。

我非常了解你们的需求。大概在两年前我们就开始考虑要建一栋新楼。不仅要筹措资金，还要找地。学校要平衡不同学院之间的利益，因为校园中的用地很紧张。我们现在正处于同捐助者和校方沟通的过程中。这当然是我们重中之重的大事。假定我们有了资金和建设用地，下一个目标就是确保大楼的设计要满足我们的需求。首先我要向学校解释，为什么学校现有的教室不适合 MBA 的教学需要。我必须向他们解释，我需要拿照片给他们看，告诉他们为什么这种设计不是一种浪费，为什么这样的设计有利于学生交流。

我们完全清楚对教学设施的需求，完全了解什么是对商学院教育最好的设计。顺便说，我们确实尝试了在现有条件下进行一些改善，例如两年前的 MBA 中心办公室不在这儿，而是在另一栋楼的二层。这是我的主意，要把它放在一层，便于 MBA 学生交流。虽然这些优化起到了作用，但长期的解决方法依然是要建一栋新的教学楼，拥有现代化的设计。

学生：清华有生物工程还有其他的创新技术，我们如何能和他们联系起来共同创业呢？

钱颖一：现在我们还没有这方面的进展。虽然我们有一个全球技术创业项目，学生来自各个院系，但我们还没有建立一个学校范围的平台。

我认为我们需要做这件事。今年 4 月我在参加哈佛商学院顾问委员会会议时，他们讨论的一个问题就是希望把商学院学生同学习工程和生命科学的学生连接起来。哈佛商学院提出这件事的原因是有一些校友抱怨哈佛在这方面做得不如斯坦福和麻省理工好。清华的工科尤其优秀，如果我们可以建立一个正式的平台和渠道将会很有优势。

学生：我们需要的不仅仅是课程，而是专门的平台，更实体性，而不是理论上的。

开发高质量的中国企业案例

学生：作为一个美籍华人，我的问题是，我们的课程设置是借鉴了麻省理工的，我对我们如何将西方的教学融入中国的环境很感兴趣，例如有些案例在中国的环境下会如何被解释。也许您可以对此做一些评论。

钱颖一：我们学院有案例中心，并邀请了哈佛商学院麦克法兰教授作为中心的联合负责人。他一年来四次，上周他就在这里。案例中心开发的都是中国企业的案例，包括各个行业，而且这些案例都是用英文写的，麦克法兰并不懂中文。他亲自组织和撰写了不少中国企业案例。这些案例会首先在这里使用，有些还会进入哈佛商学院案例库，所以其他学校都可以使用。现在有大量的需求，不仅是在中国，而且是在全球。我们在案例中心上投入了不少钱，它现在处于一个很好的发展阶段，所以我们将会很快看到许多新的案例出现。

现在全世界的商学院都需要中国企业的案例。我们开发的这些案例是有国际水平和质量的。中国有成千上万的案例，但问题是案例的质量不高，大多数的案例是公司宣传，无法用于教学。案例要用来教学，学生可以从中学习，就需要提出一系列好问题，通过一步步地提出问题了解真正的困难。我们并不想知道一个企业有多好，我们想知道这里的问题是什么，以及如何解决。因此，在案例中心的帮助下，在麦克法兰教授的帮助下，情况会改变。他在最近的几年工作非常努力，解决问题的最基本方法就是开发高质量的新案例。

学生：但是，在第一个学期我们并没有使用到这些案例。

钱颖一：这就需要 MBA 中心和案例中心联系。这里我们有供给，但我们还是要需求方来使用这些案例。如何说服老师使用这些案例，这是另一个问题。

我们可以让案例中心准备一份可用案例的清单，推荐案例在课堂上使用。例如，他可以说，这个案例推荐在某某课上使用，作为一种推荐，然后将这份清单送到教学办。

我们需要给一些压力。教师是比较保守的，只想使用他们先前用过的材料。这是一种惯性，除非你给他压力。

我们这次谈到了一些关于志向和需求的内容，我觉得我们有了很好的讨论，大家都非常投入。我们对所有的这些建议做了记录，我觉得其中的很多建议都很有意义，我们会继续改进。但我认为，关于一些项目质量的问题，并不只是由学院决定，也由学生自己决定，这是非常重要的一个部分。学院当然有责任持续地优化项目，你看我们的工作人员都在这里，他们都很努力，我们也会继续进步。

（译自英文）

MBA 学生与院长共品下午茶（英文场）

（2011 年 5 月 25 日）

钱颖一：首先欢迎来到这次活动。与同学们面对面交流解答困惑是我们每个学期的传统。这次“下午茶”有两个改变，让我们看看是否会变得更好。第一，我这次是独自一人前来，没有其他老师来，这样谈起来可能更方便些。第二，我想让这次谈话更有聚焦性，所以我提前收集了你们给我的提问。

在过去的四年中，我在 MBA 项目上花了许多时间，主要做两件事。一是课程改革，我们有了新的课程表，从 2009 年开始实行。你们反映课业太重，我们在做调整。但是，我相信我们的课程改革代表了世界领先商学院的趋势，我们更加注重领导力、软技能等方面的培养。我们加入了这些新课程，但又不能很快舍弃旧课程，这就是在这个转变时期学分过多和课业过重的原因。二是我们在去年 7 月启动了新的招生改革，能更有针对性地招生。我们将面试提到考试之前并给面试更多的权重。

课业太重的问题

学生：您给我们选好了课程，然而我们有些想上有些却不想上。我们做了调查，我们许多人没有好工作的原因是我们中文说得不够好。我们都知道中国是一个中文的环境，比如一个花时间学中文的人就会很受益。还有，如果我们不能自己选择哪门课程重要的话，可能就不会用太多的心思在上面，还可能导致作弊等行为。新课表需要时间改进。您改变了许多东西，让我们很不适应。例如，您将本应该在四个学期学完的课程压缩到了两个学期。

钱颖一：关于课业过多的问题，这里有两个可能。第一个是你想要学的好东西太多了，但时间有限需要精简。第二个是我们不需要一些课，是因为它们不够好。一个是数量问题，一个是质量问题。

学生： 我觉得是质量问题，有些教材上的内容是根本不需要的。

钱颖一： 我理解你们的问题是学习时间长的问题。请给我一个具体的数字。

学生： 根据我们的调查，我们的课程第一学期平均每周 21 小时，第二学期会达到 25 小时，我们认为 16～18 小时较为合适。

学生： 在美国一般是每学期平均每周 16～18 小时。我们还要用 3～4 个小时做一些必要的工作，所以第一学期就要 24 个小时。

钱颖一： 我现在想把具体的数字确定一下。查尔斯刚才说美国大学是每周 16～18 小时，而我们是每周 21～25 小时。

学生： 我们现在 MBA 学位的总学分是 54 分，如果今年把应该学的都学了，就要学 45 学分的课，而第二年只用学 9 学分。

学生： 现在因为课业繁重，许多同学想要学习的课程都因为没有时间而无法认真学习，作业太多，他们因为时间有限又不能认真去做。他们愿意学习，但实际上并没有付出努力。

钱颖一： 我明白了。

学生： 对某些学生来说，他们从早上 8 点到晚上 10 点都有课，中间只有午饭和晚饭两个小时的休息时间。没有人能在如此高强度的学习下学到什么东西。

学生： 有些老师还要求我们在课下准备两倍于他们在台上讲课的时间，我们根本没有那么多时间。

学生： 第二学期更糟糕的一个原因就是它的课程在前 12 周就全部结束了，许多考试都在一起，这会导致我们非常忙碌。

学生： 我想拿出两种课程制度来比较。我们有两个学期来分配课程。一个是四分之一学期制，将一学年分为四个八周，每一个小学期有五门课，这样只有五门课时你就能更好地专注于课程。

钱颖一： 我们两年前也是这么做的，但后来同学提了意见，我们改了。

学生：我觉得那样我们能更好地专注于学习，先专攻这门，再学习另一门。但这学期我们并不是这样，我们要一起学所有的东西。

钱颖一：我们之所以留出学期后面的四周是因为我们有整合实践项目（IPP）要做。

学生：实际上，我们都很想认真学习每一门课程，但是因为时间不够，又有其他课程要做，在每门课上花的时间都是有限的，有些甚至连课前材料都读不完。我们想要更多的时间为课程做准备。

学生：我们的课这学期都是固定的，我希望我们的课程能更灵活一些。比如我们可以从第一学期选课，可以自己选定课程，自己选择在哪个学期上某一门课程。

学生：我们觉得第二学期更忙的原因是我们除了必修课还有选修课，有些课我们选在了晚上，所以觉得很忙。我认为是课程质量更重要。举个例子，"管理经济学"这门课，尽管它的学时很长，但我们还想了解它的更多内容，所以即使时间再长一些也是可以接受的。

学生：我们在调查中的另一个关注点是现在的选修课太少，可选择的空间太小。我们为什么不按照课程的重要性决定人数同时开办选修课呢？如果把一门八周的课改为四周必修加四周选修，然后就可以把它放在第三个或第四个学期，同时也给了老师准备教学的时间。

学生：我觉得有许多其他课也可以这么做，比如一些软技能课程。我们中有一些人参与了"领导力开发"课，在一周内学了大概四周的内容，但那只对国际学生开放。但我们都是国际 MBA 的学生，为什么他们可以参加而我们不行呢？这是一门非常有趣的课，我因为一个特别的原因参加了。这门课有许多内容可以让你了解你是什么样的领导者。我认为我们的课也应该做这样的事。

学生：这不太可行，因为我们有 30 个学生，有 5 个教练。这是一种一对一的教学方法。我觉得这是一种讲授沟通和领导力课的好方法。

钱颖一：那么这就变成了全体学生都做小班辅导。

学生：如果都这样的话，我们的学费就会变成两倍。

学生：在我做的调查中，国际学生平均每周花一小时学习中文。他们都说他们希望有更多的时间学习中文，但时间不允许。这是一个挑战，但我们在课上并没有任何锻炼中文的机会。我们现在每天都在关注各种任务，但是当我们想在中国找一份工作时，如果不会说中文，又能找到什么工作呢?

学生：这位同学在应聘时的展示做得非常棒，公司经理亲口和他说，你的能力已经能完全胜任这个职务，但你最大的问题就是语言。

钱颖一：你知道去年 6 月毕业的一位韩国同学吗?他两年前来这里时不会任何中文，但在毕业时他却有了很好的中文语言能力，最后在香港的投资公司找了一份工作。

学生：我们确实有这样的韩国同学，他花了大量时间学习中文，但我们要他做课程任务的时候，他却说没有时间。

学生：这不只是韩国同学，其他同学也会不去上课而去学中文。如果一两个人这么做还好，但所有人都这样就会很麻烦。

学生：我有一位韩国同学，他在韩国有很多年的工作经验。他也想来中国同时学习 MBA 和中文，但他最后发现失败了，他必须做出选择。他最后选择了中文并获得了成功。当然，我们中并不是每个人都有像他一样的工作经验。这并不是一个值得我们每个人学习的例子。

钱颖一：好了，你们说的问题基本上都是缺少时间。我们能做一些什么呢?

学生：之前说的美国院校每周课程 15 ~ 18 小时，但我觉得对于清华学生应该更少，因为中国学生要学英文，外国学生要学中文，这都需要时间。

如何入手解决课业过重问题

钱颖一：假如我现在就准备解决课业过重的问题，这里有两种方式：一种是完全取消一门课，另一种是缩短课时。你们觉得哪种方法更好呢?

学生：我觉得取消某些课程更好一些。

钱颖一：那么，请大家分别说说你们认为应该完全取消的课程，我明白不同的人会有不同的意见。

学生：我想说第一学期的“管理沟通”课，对于其中的一些面试技巧，我们认为我们已具备这样的能力，从中并不能学到什么新的东西。

学生：我选择清华 MBA 的一个最重要理由是我想学到关于中国的一些知识。但我在课上学到的都是西方的商业模式，可能对中国学生来说这是了解西方商业运作的很好方式，但对我来说并不能学到可应用于中国的东西，而这正是我来清华的原因。

学生：我有一个和您相近但不相同的想法。我们有“战略管理”，还有其他类似的课程。我觉得它们有很大的重叠部分，可以把那两门课合起来。这对“管理经济学”也适用，它包括了中国商业、中国法律环境等课的内容，这里有很多重叠内容。我们应该试着合并它们。

钱颖一：你的意思是“管理沟通”课不是很有用，有很多重叠部分，我们可以尝试合并？

学生：我觉得“管理思维”和“战略管理”有些重复。有些“战略管理”课的内容在“管理思维”课里就有，前者的教授只不过是再讲一遍，这就有点重复了。

学生：我觉得这和课程没有关系。如果你上杨斌老师的课，你将会听到完全不同的内容，所以我觉得这和教授有关系。

学生：我觉得有些软技能课程可以在少于八周内讲授完毕，我觉得“管理思维”这门课很有用，许多人需要它，但八周确实有些长，它甚至可以在两天内教完。

钱颖一：下面让我来给你们部分的回答。首先我非常感谢你们非常坦诚地说出你们的想法。我这里有很多回答。

第一个是关于课业过重的问题。我基本上同意你们说的，我们的课有些多。但另一方面，我还想表达我关于其他学校的一些认知，因为我对斯坦福、MIT 等美国学校都有一定的了解。在过去的两三年中，这些学校面对的问题都很普遍，就是教师们普遍反映 MBA 学生用在学习上的时间太少了。他们一般每周课程是 16 ~ 18 小时。对比现在与二三十年前的 MBA 学生，现在的学生学习时间在减少。所以斯坦福商学院很重要的一个改革目标就是让同学们花更多的时间在学业上。我并没有否认我们的问题，但是我想说你们比较的标准现在正在发生变化。哈佛商学院略微削减了每一门课程的时长，但是又增加了两门课程，所以他们的课业负担是增加的。我们会在未来想办法降低课业量，另一方面我也要告诉你们其他学校是什么情况。

你们的第二个关注点是我们的许多课程之间有重复，特别是那些新引进的软技能课程。你们同意我们的硬技能课程老师都很好，但新引进的软技能课有一些问题。你们说不同教授的风格甚至授课内容也都是不同的，不同课之间没有协调、有重复。一个处理方法是把课程分为不同的部分，分别由不同的教学团队负责，靠前的教学团队有责任协调课程大纲看是否重复。第二，那些教学团队的负责人会在一起商讨，然后剪掉重复部分，这是我们已经实行的方法，我们会注意效果如何。第三，我们需要与老师沟通，因为是他们教你们课。原来的课是 3 学分，现在要变成 2 学分，这是非常困难的。

增加优秀师资力量

钱颖一：有没有一门课程学生非常活跃呢？

学生：我觉得史蒂夫老师的课，学生们很活跃，因为他善于控制课堂，每个人都知道他会有被提问的可能性。但在其他老师的课上你只要一直低着头就可以了。

钱颖一：那有没有这方面能力很好的老师呢？

学生：有一位教授他有一个问答时间，学生可以自由地与他交流。这可以为课堂增添许多东西。学生需要准备，这一定程度上保证了每个学生都会为这门课贡献一些东西。

钱颖一：那么有谁能告诉我，是中国学生还是国际学生更活跃一些？还是没有差别？

学生：我认为两者在这方面都很欠缺。

钱颖一：还有什么课程你们觉得非常好的？

学生：“会计学”“管理经济学”。

钱颖一：这些都是我们的传统强项，我一点都不惊讶。

学生：这并不是因为中国人擅长硬课程，而是因为我们之前都不了解它，比如“会计学”，我之前就没有接触过。

学生：我还有一个建议，就是学校可以在一些选修课上请一些有管理经验的嘉宾过来给我们讲课，这样我们可以学到更多的东西。在一节市场营销课上，授课老师就为我们请了一位企业高管，我们真的学到了很多，因为他非常有经验。

学生：我觉得清华最吸引人的地方就是清华的师资力量和平台。这里有很多清华的老师，比如法学院、公管学院的老师，他们都会用英语教课。这是其他商学院不可比拟的。

学生：清华是否允许在其他学院选修一个双学位，比如法学院？

钱颖一：我们正在努力做这件事。

学生：我们平时有一些研讨会，要写一些研讨报告。我觉得这可以和领导力课程结合起来。有些人就是他们公司的一把手和二把手，和他们交流比写报告更能提高自己的能力。

钱颖一：事实上我们每年都会请一些跨国公司的高管到学院来交流，但是有时会和你们的课程时间冲突。我们争取重新安排课程时间表，让你们能参与进来。

建立激励团队作业的机制

学生：在有些小组作业上，有些人根本不好好做，只是抄别人的东西，而教授给他们的分还是一样的。还有一些课的材料基本上相同，所以同学们做的展示也大致一样。同学只是在一遍遍听相同的展示。

学生：团队书面作业对 MBA 仍是一个问题。我想知道在学院方面有什么可以做的吗？对我们学生来说，我们很难让那些不想好好做作业的人认真完成团队作业。对于好学生，他们往往花了太多的时间在团队作业上。

钱颖一：这里有一个建议，是设置团队作业的分数上限，比如20%。其余分数都要靠你自己。

学生：第二学期期末的很多考试都是要求团队作业的，几乎没有个人的方面。我们都明白这是一个讲究合作的时代，这很重要。但我希望个人和团队之间能够更平衡一些。

学生：我认为一个解决这种搭便车问题的好方法是小组评分与个人评分相结合。在小组展示时教授会问不同的成员不同的问题，并据此给不同的成员不同的分数。用这种被打低分的可能来督促同学们认真完成小组作业。

钱颖一：我认为这里可能也有所谓的文化差异。你们知道360度评价吗？它对外国人可能会有效，但对中国人真的无效。

学生：或许您说的这些方法确实有效，但在我的小组内不适用。我们小组有五个人，有一位女同学一直在忙着准备她的CFA（特许金融分析师）和实习，她连一次讨论都没有参加过。我是这个组的负责人，但我为了达到A的水平，一个人可能需要做90%以上的工作，就因为有这些根本不关心作业的人。

学生：我认为学习小组讨论很重要。我和查尔斯是一个学习小组的，我们很享受讨论中思维的碰撞，我觉得这就是MBA中学习小组存在的原因。所以我觉得把小组的分数比重放低并不是一种好方法。如果小组分数最多只占20%的话，就几乎没有人做这件事了。

师生共同努力

学生：我想告诉您一个事实。在最开始我们收到MBA中心的邮件时，并没有多少人想参加这个“比萨之夜”的活动。这就是为什么查尔斯在同学中做了一个调查，关于他们为什么不想来。第一个原因是他们感觉如果他们来了，讨论的话题可能并不是他们感兴趣的。第二个原因是尽管提出许多意见，但MBA中心的人说他们也做不了任何改变，无论是课程还是教授。所以今天我们非常开心，因为您真的很和善。

钱颖一： 所以你认为我单独与同学们一起交流更好，是吗？

学生： 是的。不过这也和之后的行动有关，不应该仅仅停留在嘴上说的。我知道这很困难，但如果每年我们都能有一些反馈并能得到实施的话，年复一年这个项目就会逐渐往上走。

钱颖一： 我只是觉得我有责任改变这个项目并想办法让它变得更好。与此同时，你们提的许多问题都与我们新开设的课程有关。但可以确定的是我们都想让 MBA 办得更好，我们都在行动，有些已经做了，但仍有很多需要去做。所以我认为这次沟通很重要。

我现在想回到学术诚信问题。现在我更明白了这是与环境的压力和时间紧有关的问题。但我确实相信这和个人的信念有关。我们的教授也曾给我写长信说过这个问题。现在我来说一说我们采取了什么措施。上周我们成立了两个委员会，学生学术诚信委员会和教师学术诚信委员会。我任命了大卫担任教师学术诚信委员会主席，因为我知道中国教师很容易妥协，所以我让外国教师来当，以此表达我对此事的重视，他也写信来感谢我的任命。在学生学术诚信委员会中，我们打算做一些事情。从这个学期开始，我们在考试时将使用随机座位，如果我们在考试时抓到作弊的人，也会严肃处理。在课程的书面作业中，即使小组作业，你也要独立完成，不能抄小组中其他同学的。以前其他项目中有人模仿老师的签名，我们对此严厉处罚，这对我来说是不可接受的。像这种国际项目我们都默认你自身有很高的道德水准。

学生： 我觉得这里也有文化差异。在英国我们从小就被灌输欺骗者不会赢的理念。但在中国有时欺骗会被视作一种天才聪明的表现。所以我们看同一个问题的角度就完全不一样。

钱颖一： 我同意。这也与经济和社会大环境有关系。如果所有人都诚实，我就会诚实。但是如果其他人都在欺骗，那么我也会欺骗。顺便说，上周三我邀请了哈佛的桑德尔教授来这里做了一个讲座，他的课上就讲到了诚信的问题。我一年前在哈佛见到了他，他在讲“公正”的课。所以你们看到我对此很重视。当然有文化的原因，但我仍然希望在国际 MBA 这个项目中能杜绝这种行为。

学生：我想说我真的很喜欢这个项目，我喜欢这个项目把中国式商业管理教给国际学生。

钱颖一：我们可以做到，也想把它做得更好。我也很感谢你们把信任交给我们，这也是你们选择我们的原因。尽管你们有许多抱怨，但都是想让这个项目变得更好。非常感谢你们。

（译自英文）

MBA学生与院长共品下午茶（英文场）

（2011年12月1日）

钱颖一：大家都很简短地介绍了自己，从中可以看到大家的背景非常多元化。中国学生中有两位在美国读本科，又回来读硕士。另外我们还有来自美国、英国、南非的学生，有在非洲、智利工作过的同学。所以这确实是非常多元化的一个组合。

六周前，我们召开了今年的学院顾问委员会会议。期间有一个全球论坛，我们邀请了麻省理工斯隆管理学院院长和沃顿商学院院长参加。我们和麻省理工的合作从1996年就开始了，核心就是这个国际MBA项目。这些顶级商学院院长对我们的MBA课程改革给予了高度评价。当然我也知道我们要真正成为世界顶级商学院的路还很长。但是，我们相信我们能达到目标。

今年是清华的百年校庆。我们是清华大学内的一所学院，我们为此而自豪。我们与那些独立商学院是不一样的，我们是清华的一部分，这也构成了我们吸引力的一个来源。

我们学院确实非常有活力。过去几年，我们一直在不断改进自己。大家到清华三个月了，现在我们已经是一个大家庭。大家来自世界各地，有不同的背景。今后大家会走上不同的职业道路，大家的职业目标也都不一样。我们希望大家在不同的行业，都能取得成功。

商学院教育的三大趋势

钱颖一：在之前我搜集了一些大家要问的问题，其中有一个，就是我对这个项目设定的五年目标是什么，愿景是什么。这个问题表明了大家不仅对自己的学习非常认真，而且也非常关心我们这个项目。一旦你进了这个项目，我有时候爱说这样一句话，就好像你买了一只不能卖出的股票一样。不仅是这两年，而且你们终生都会一直与清华联系在一起。我希望在未来大家都会觉得你在选择清华这件事上做了一个非常正确的决定。

我想尽量具体地回答这个问题，从三个层次讲一讲我对这个项目在五年之后的愿景。

第一个层次。今年是中国开展 MBA 教育 20 周年，也是清华开展 MBA 教育 20 周年。5 月份在我们学院召开了一个论坛，有 100 多位中国商学院院长来参会。清华想要在中国的 MBA 教育中发挥引领作用，如果中国要在亚洲、在世界领先，就必须要有一个清晰的愿景，并且要让大家都能够认同。在 20 年取得了巨大进步之后，中国的 MBA 教育现在进入了一个新阶段。未来 MBA 教育的主题是什么？MBA 教育的趋势有哪些？我在论坛上提出了三点，就是领导力、企业家精神以及体验式学习。

第一是领导力。在入学导向中，我们已经讲到了这个问题。大家知道沃顿商学院是美国第一所招收本科生的商学院。第一所招收商科硕士研究生的是达特茅斯学院，那是在 1900 年。哈佛商学院在 1908 年创立 MBA 硕士学位。这些学院都称自己为“商学院”。二战之后，一些新成立的学院叫“管理学院”，比如麻省理工斯隆管理学院是在 40 年代末建立的。很有可能今后又会从管理学院变成“领导力学院”。从商业到管理，再从管理到领导力，教育重点在变化。我觉得领导力是现在商学院的重点教学领域。如果大家想要当领导者，那么人际关系的处理技巧就非常重要，这就是软技能。所以，我们在新课程的第一模块里加入了软技能。

第二是企业家精神或称创业精神，这也是未来的趋势。企业家和管理者是有区别的。你可以先在大公司做管理者，之后出来做企业家。你也可以毕业后就创业，或者辍学去创业。这个创业精神或企业家精神，在过去 30 年间不断增强。我在斯坦福、伯克利都教过书，我在硅谷待过很多年，那里是美国的创业中心。我还在马萨诸塞州的坎布里奇也待过，那里也有很多创业企业。从学术的角度讲，熊彼特这位经济学家的学说现在越来越流行。他在

1950 年就去世了，但是现在有人认为，尽管熊彼特是 20 世纪的人，但很可能是 21 世纪最伟大的经济学家，因为创新创业将是 21 世纪的主题。

社会对企业家精神的态度，在过去几十年出现了变化。我毕业的时候，去大公司工作受到尊重，自己创业不受推崇。现在不同了，即使东海岸的纽约，现在对创业的态度也改变了，像布鲁克林就有很多初创企业。斯坦福想在纽约建新校区，他们在纽约规划了两个项目：一个是企业家创业精神，还有一个是电子和计算机。所以人们对创业精神、对企业家精神的态度出现了变化。现在企业家精神无处不在。

第三个同教学法有关系，就是体验式学习将是一个新趋势。有时候也叫“干中学”。现在我们从书本学，从案例中学。但是案例还是别人写下来的，有非常清晰的结构，它记录的是确实发生过的事情。我们还是需要从实践中直接学习。学医的学生必须要做临床实习，我们也需要体验式学习。

领导力、企业家精神和体验式学习，这是我看到的三大趋势。我们引入一个“整合实践项目”课程，称之为 IPP（Integrated Practical Project）。这是我创造出来的词，现在一些中国商学院也纷纷设立了“整合实践项目”课程。看到别人效仿我们很高兴。哈佛商学院的一位教授同我说，在美国有一句话叫作“模仿是最真诚的恭维”。

这是第一个层次的回答，这三大趋势是 MBA 项目的发展方向。我认为，所有商学院都在朝这些方向发展，而我们学院在中国商学院中有着引导的作用。

商学院与大学融合

钱颖一：第二个层次的回答。我们认识到我们学院是大学的一部分，不是独立于大学之外的商学院。但是目前我们还没有充分利用大学的优势，所以有的人觉得我们和中欧商学院比较没有优势。中欧商学院更加国际化，他们有更多的外籍教授，特别是来自欧洲的教授。而且在体制上他们更灵活，比如他们录取 MBA 的中国学生不用参加全国联考，可以使用 GMAT 成绩。而我们就不能。

这就需要我们更深入地思考自己的比较优势，那就是我们怎样和大学更好地融合，只有这样，我们的国际MBA项目才能更成功。如果做好了，中欧商学院即使想效仿我们，可能也无法效仿。我们计划与清华其他学院联合推出双学位项目，比如在MBA加上一个工科或者设计的学位，或与医学院、法学院推出联合学位项目。清华美术学院中很多教师是搞设计的，他们有全国最顶尖的设计专业。我希望与三个学科推出联合课程或学位，一个是设计，一个是计算机，还有一个是生命科学。我们学院会和这三所学院进行更多的互动。

哈佛早就意识到了这种整合的重要性。哈佛商学院和肯尼迪政府学院就有联合硕士学位项目。哈佛商学院现在加强和理工科更好的结合。就在过去几个月，他们在附近一栋楼里设立了创新实验室（i-lab）。我觉得斯坦福商学院做得更好一些。斯坦福商学院把他们的商科教育、工科教育和设计学院进行了非常好的整合。我上个月去了斯坦福商学院的新院区，他们有专门的设计室，设计室里面有很多玩具，好像幼儿园一样，就是希望在这样的实验室里发明iPad这样的新产品。事实上，乔布斯就是在他制作卡通玩具时产生了很多新的想法。麻省理工在理工科方面非常强，他们努力在把管理与理工科融合。

我去了这么多商学院，没有任何一个学院说现在已经有成熟的方式，能够把商学教育与设计、医学、工科结合得非常好，他们都在进行各种尝试。在清华我们有非常好的一个优势，就是大学在设计、工科、理科方面都非常强。所以我想在五年以内我们可以实现更好地融合。我们计划明年要组织系列性“融合论坛”，由经管学院分别与清华计算机系、电子系、医学院、美术学院等院系举行联合研讨会。我们现在正在和这些院系沟通。往届学生说他们不知道清华其他院系有哪些好的课程他们可以去上。现在我们可以让大家了解到更多的信息。

这是我回答的第二个层次。清华经管学院要想走在商学院发展的前列，那就必须与大学融合。

国际项目要进一步植根中国

钱颖一： 第三个层次，可能听起来有点自相矛盾，就是我们希望这个国际 MBA 项目能够进一步植根中国。在几年之前，也是在“下午茶”的时候，有一些学生，尤其是国际学生，就抱怨说我们这边讲中国的内容不是特别多。他们说到这里来是为了了解中国的环境、中国的公司、中国的体制特点，比如中国的关系网是什么意思，等等。而我们用的很多案例都是哈佛案例，都是外国案例，不是中国案例。

我在 2009 年邀请了一位哈佛资深教授帮助我们一起开发中国案例。上个月他就在这里。在他的帮助下，我们现在已经联合开发了八个有关中国企业的案例，并且已经通过哈佛商学院发行了。还有另外五个案例，到本月底也会开始在教学中使用。所以，我们正在开发越来越多高质量的中国企业的案例。

MBA 第一年必修课有四个模块，即品格和软技能、分析基础、管理基础、中国与世界。中国与世界这个模块会让大家更多地了解中国，会更多地讲中国企业、中国经济、中国监管框架等内容。大家都知道银监会这个机构，它的权力非常大，甚至会派人去参加国有银行的董事会会议，大家在其他国家是不会看到这种情况的。我是工行董事会董事，所以我在董事会会议上看到有来自银监会的官员。这就是中国特色之一。

在中国，政府和企业的关系是非常重要的。我们这里有同学是来自上海电气的，你们的 CEO 有一次开会坐在我旁边，他希望我们能够给他们公司高管做培训。我说我们愿意做。上海电气就是中国的 GE（通用电气），它是国企，但并不是隶属国务院国资委的，而是隶属上海市国资委的。他们的 CEO 非常有抱负，所以他希望我们给上海电气提供高管培训，能够帮助他们今后在海外拓展。他之前是上海黄浦区区长。黄浦区就是上海的外滩那一带，是上海最热闹的地方。你们想要了解更多中国的情况，就必须更充分地利用这里的资源。

这是我回答的第三个层次，就是要打造真正出类拔萃的商学院，我们必须要植根中国。你们要比麻省理工、沃顿、斯坦福商学院的学生更加了解中国。我们要做到这一点，但现在做得还不够。

我对你这个问题的回答就是这样的。我希望大家了解我在想些什么，我也充满信心。大家如果五年之后再回来，希望你们看到在这三个领域的变化。

国际 MBA 课程的相应调整

学生：钱院长，我对您讲的愿景感到非常振奋，也感谢您组织了这场活动，能够让学生和老师有更多的沟通。您讲到了未来一些新趋势，比如学院要和大学更多地融合，并且深耕中国，我非常赞同。我是国际学生，我们希望能够看到有更多课程是专门讲中国的。我本想问五个问题，但是因为时间有限，我就尽量只问一个。这个问题就与植根中国有关。我的感觉是这个国际 MBA 项目一开始开办的时候，主要是为中国同学提供一些国际接轨的商科教育，这样中国学生不用花钱出国留学。随着时间推移，这个国际 MBA 项目越来越有名，有越来越多的国际生来学习，今年达到一半中国学生和一半国际学生。我的问题就是这个国际 MBA 的课程是不是也要做相应的调整？

钱颖一：国际 MBA 项目的目标，一开始确实像你所说的，是为中国学生设计的。斯隆管理学院当时定的目标就是这样，他们在清华、复旦、中山大学开展这个 MBA 项目来培养中国学生，使他们能够了解国际上的管理经验，从而缩小与国际间的差距。应该说在这点上已经非常成功。但是，随着时间的推移，情况发生了变化。我只谈清华经管学院，这些年我们学院录取了更多的国际学生，背景非常多元化，现在国际生和中国学生各占 50%，生源质量非常高。这些学生非常有抱负，想要去世界各地做生意，不仅在美国、英国，也包括在中国、非洲、拉美、阿拉伯世界。所以，我们需要对课程进行改变。

可能有的人会用这样的词“glocal”，就是既是全球，又是本地化的。即使中国学生，可能他们比你们更了解中国，但也要去了解更多。当然，外国学生需要更多地了解中国。我们还需要了解世界上各种不同的文化。回答你的问题，在过去这几年里，我们的国际 MBA 项目正在转型。至少在我心里，我是有一个清晰的图景的，我会推动清华经管学院朝着这个方向前进。不过我们的一些教职员可能还不适应这样的新目标，这也是事实。

学生：我的问题是关于课程的，关于和麻省理工的合作。我们希望能够更多地去麻省理工学一学，比如学最领先的信息技术等。

钱颖一：两周前，斯隆管理学院教授斯特恩（Scott Stern）来学院做了一个讲座。他正在写一本“创业战略”的教科书，他是研究创业企业战略的专家。所以，他的讲座内容对你们会非常有帮助。

我们的高建教授头上有三顶帽子，一个是分管 MBA 的副院长，一个是创新创业与战略系系主任，还有一个是创业研究中心主任。我们正在利用我们的资源，比如我们同清华科技园的合作。我请他来制订一份计划，不断改进 MBA 教育。我刚刚拿到了他起草的方案，他这些天都在考虑这个问题。

学习懂政治

学生：钱院长，您讲的令我印象非常深刻。您说要成为一个真正的职业经理人，就要懂得中国的政治。我的问题就是作为一个年轻的经理人，我们怎么加强学习呢？我知道很多国企都在清华经管接受高管培训。您觉得我们有没有机会同更多的国企领导者见面，获得更多有关国家政治趋势的知识？

钱颖一：首先我知道很多中国国企负责人既是企业高管又当过官员。一个具体例子就是上海电气的 CEO，他是你的老板。他以前是政府官员，之后成了企业高管。我自己不是官员，我只是教授、院长，但是我也需要懂政治。在今年的 MBA 开学典礼上，我们的一位教授代表发言，提到了三点，其中一点，他是用中文讲的，就是要讲政治。翻译成英语就是你需要强调政治。我有不同的看法。我觉得作为企业管理者，你不一定需要讲政治，但是你必须要懂政治。其实不仅在中国是这样，在其他国家也是如此。

所有顶尖商学院都有一类课，叫作非市场机制。斯坦福商学院还有一个专门研究政治经济学的教师组。政治在这里是泛指的，包括国家政治、地缘政治。我的观点是，即使你不想从政，你也要懂政治，才能经营好企业，尤其是在中国。可能你不喜欢政治，对政治不感兴趣，但是你必须要懂得政治是怎样运作的。这是一个普遍真理，无论是在哪个国家，在中国更是如此。

在两周之前的周二，我组织了一场叫作“政治学走进商学院”的研讨会。我邀请了清华政治学系的五位教授，请他们讲一讲各自的研究。清华的经济学系和政治学系都是在 1926 年，也就是 85 年前建立的，那时候两个系都隶属法学院。清华法学院在很长时间里只有这两个系，从 1926 年到 1952 年期间都是这样。有些奇怪，对吧？为什么经济学系要放在法学院里面？这可能是英国传统。在伦敦经济学院，政治学、经济学和法学都是放在一起的。

清华的政治学系和经济学系在 1952 年院系调整时都被取消了。所以在论坛上我讲到，现在是在 50 年之后我们两个系又走到一起进行合作。清华的政治学系一直到 2000 年才恢复。我邀请这些教授来这里讲他们做的政治学研究，是希望能够更多地相互学习。

回答你的问题，我觉得要做一个好的企业高管，确实需要懂得政治是怎样运作的，尤其是在中国。你不一定要当政治家，但是你要懂政治。

增加海外交换机会

学生：我的问题是关于交换的。是不是可以把交换的范围进一步扩大，现在这个机会是比较紧张的。

钱颖一：我们正在谈一些新的合作项目。一个是国际 MBA 学生到斯隆管理学院学习一年，再拿一个 MIT 的硕士学位。还有一个项目是去法国的 HEC（巴黎高等商学院），也可以再拿一个硕士学位。我们正在同这两所商学院沟通。我们是非常灵活的，问题在于我们的合作学校。现在的问题是，学校越好，他们的品牌保护意识就越强。美国的商学院总体要比欧洲的商学院有更强的品牌保护意识，他们基本上不愿意发联合学位，他们强调你必须单独交学费，满足他们的所有要求。我们这边可以承认你在 MIT 拿到的学分，抵消这边所需的学分，但是 MIT 要求你必须要交足一年的全额学费，满足那边的所有学分。这个要求就非常高。斯坦福和哈佛以及其他学校根本就不开这个口子。他们非常在乎自己的品牌，不希望稀释自己的品牌。

所以交换这个问题主要不是清华经管学院的问题，而是这些对口的合作学校的问题。我们希望和沃顿、芝加哥、伯克利等学校合作。只要涉及学位，美国的学校都会特别谨慎，他们特别注重保护自己的品牌。

提升课程质量

钱颖一：我知道我们的“管理思维”课程和“领导力开发”课程还是有一些问题。

学生：“管理思维”可以，“领导力开发”是有问题的。

学生：实际上我们在课程评估里面都写过。

学生：我觉得您讲到的领导力和创业精神这些新的方向，都非常好，令人印象非常深刻。我觉得您确实是充满了理想，想让这个国际 MBA 项目能够走向世界前沿，关键在于落实。比如“领导力开发”课程，这门课虽然开设了，但是老师讲的效果不好，很多同学都对授课老师有意见。确实像您说的，我们应该更多地关注软技能。既然如此，为什么我们还是要花那么多时间在硬技能上呢？

钱颖一：比如说什么硬技能呢？

学生：DMD 这门课应该变为选修。这样的话，我们就能够拿出更多的时间放到软技能的学习上，因为现在我觉得软技能的学习并没有像硬技能那样得到充分的重视和强调。

钱颖一：所有组织中的变化都是循序渐进的。比如说课程的变化，也是一样的。DMD 这门课是从 MIT 学来的，包括这个名称。MBA 项目中的一些必修课，是全国 MBA 教育指导委员会规定的，包括这门 DMD。过去这是 9 学分的课，现在慢慢减到了 3 学分。

软技能的课程大家都很喜欢。但是我们需要有人教这些课，这就涉及师资问题。我可以跟大家说，我们的课程设置已经接近世界前沿水平，但是课程的提供质量则还有挑战。我们需要新的老师，这也是为什么我花了那么多时间聘请新教师。这需要时间。这就是我们和哈佛、斯坦福等一流商学院的差距。虽然现在我们的课程设置非常相似，但是教学质量还是有差距的。解决这个问题的唯一方法就是请合适的教师来讲这些课程。

聘请那些有实践经验的教师来讲课也不容易。因为如果只是兼职教书，那就很难控制教学质量。虽然他们有很丰富的实践经验，他们能讲精彩的讲座，但不一定能讲好一门课。不过，我们会努力邀请一些有管理实践经验的人来讲。

（译自英文）

MBA 学生与院长共品下午茶（英文场）

（2012 年 6 月 4 日）

学院与大学融合的新举措

钱颖一：我先说两件相关的事。第一，去年 5 月份“下午茶”的时候坐在这个位子的同学查尔斯，他积极地参与了谈论，因为他的贡献，我们的课程做了很多改变。他很快就要毕业了，非常遗憾的是一周前他突然发病去世了。我们都记得他，记得他对我们这个 MBA 项目的贡献。上周五我见到了他的父母。我希望你们能照顾好自己，注意自己的健康。

第二，在上个学期“下午茶”你们提出了一些建议，希望改善与学院的沟通机制。我已经在两次会议上讨论过此事，一次是3 月5 日，第二次是5 月6 日，并成立了学生教学咨询委员会。所以你们无须等待“下午茶”来反映你们的建议，可以通过学生教学咨询委员会随时反映。

学院在持续改进 MBA 项目。上周你们注意到，我们发起了“MBA + X”双学位计划。这个双学位项目不同于已经存在的清华 MBA 项目和斯隆管理学院的双学位项目，那都是商业和管理中的两个学位。而现在的双学位是一个 MBA 硕士学位，另一个是完全不同的领域，比如工程、设计等硕士项目。所以这是一个新创举，是为了充分利用清华作为一所综合性大学的优势。独立商学院的体制可能比我们更灵活，但它们比较难办这种跨学科的双学位项目。

学生：听说双学位项目是从 2013 年开始，想知道我们有机会参加这个项目吗？

钱颖一：可能不行。我们花了几个月与研究生院谈，听起来简单但其实一点也不简单。因为有很多规定，我们得绕开很多障碍。因此他们同意我们

2013 年春季招生。你们已经来不及了，明年春季入学的学生可以。

学生：我相信这些项目将会使清华学生受益。

钱颖一：是的。这个学期，我们举行了两次跨院系的活动。两个月前我们与美术学院联合组织了一次活动。我们的美术学院实际上是设计学院，是全国最好的设计学院。另一次活动是我们跟电子工程系联合举办的，我们称之为管理与 IT 科技的融合。这个月的 26 号我们还将与医学院联合举办一次活动。这是我们正在做的第三次活动，都是为了探索我们经管学院与清华其他学院的合作和融合。这跟我们的 MBA + X 项目是同一个方向的。我们应该充分利用清华作为一所综合性大学的优势。

课程的规范化

学生：现在我感受到一些问题，不知道是不是学生们的共识，但我相信很多人也遇到过。比如，同一门课由不同的老师上课，但是课程内容完全不同。比如，两位老师讲的“战略管理”课，就是完全不同的讲法。

钱颖一：去年我已经知道了这个问题，就是不同的教师讲授同一门课程有不同的内容。之后我组织了会议，推动同一门课的老师一起备课。当然我们允许有个性，因为他们不可能是完全相同的讲授方式，但是核心内容应该是一样的。教师们有自己的教学方法，而且学科背景也不一样，他们的风格不同，很正常。就算有 50% 不同也可以，但不能完全不同。

学生：同一门课的不同老师给分的权重也不同，这对我的学习还是有一定影响的。我的建议是采取一些一体化的措施。

钱颖一：教师都认为他们是独立的。他们会说存在差别是很好的，他们为什么要跟别人讲的一样呢？在商学院的 MBA 项目，我们还是需要有一些标准化的规范。我们意识到了这个问题。我们要求至少 50% 的课程内容相同。

学生：我们还感觉课程缺乏选择。

钱颖一：MBA 在第二年有更多的自由选课，但第一年主要是共同的必修课程，所以你们会有这种感觉。

增多海外交换项目的形式

学生：我有一个建议和一个问题。建议是希望学院更多关注海外交换项目，我们有一些与外国学校交换的项目名额在减少。比如，哥伦比亚大学减少了一个，杜克大学减少了一个，洛杉矶加州大学（UCLA）减少了一个。

钱颖一：我们现在有一个不平衡的问题。我们的学生想要去的那些国家，通常没有足够多的学生想来清华。比如中国和美国，不平衡体现在更多的中国学校的学生想去美国，而较少的美国学校的学生想来中国。中国和亚洲学校的情况相反，亚洲学校的学生想来中国，但我们的学生不想去他们那里。解决的办法是让美国的学生来中国短期交换，比如一个星期，而不是一个学期，换取我们的学生去美国交换一个学期，当然人数要有一个合适的比例。我们目前正在这么做，接受更多的短期交换者。

学生：我有一个问题，是交换生和中国学生的交流问题，我们交换生来中国很难交到中国朋友。

钱颖一：那你们平时遇见的是什么同学？

学生：都是其他国家来的交换学生。

钱颖一：我听到过类似的反映。我们的本科生去欧洲学校交换，也只是遇到了来自其他国家的交换生，很少遇到本地学生。比如，去法国的商学院，他们遇到的是来自韩国的、英国的交换生，而法国学生都出去交换了。你们认为如果允许你们交换生学习 MBA 一年级的课程，有没有帮助呢？

学生：我认为有些课程可以开放。

学生：我认为也许有一个解决方法。我听说北大有一些学生是在第二年的春季学期出去交换的，这有两个好处。首先有更多的本地学生留在学校；其次，第二学年的秋季学期对找工作也非常重要，这给我们机会找份好工作。所以，我觉得可以给学生更多机会在第二年的春季学期出去交换。

钱颖一：所以你的建议是增加第二年春季学期的交换名额。

学生：我认为如果增开带学分的讨论课让中外学生自由报名，是一个增加相处机会的好方式。

学生：我认为首先需要教授参与，然后，当地学生和交换学生可以参与课程。尽管这个主意不错，我觉得还需要考虑一下细节，由谁来上课，课程内容是什么，我觉得最好能有当地学生、交换生一起参与，大家都能受益。

《清华管理评论》的未来发展

学生：您可以分享一下您对《清华管理评论》的现状和未来发展的看法吗？我也看了《北大商业评论》，已经有了八年的经营经验，而我们只有一年。我想知道我们关于《清华管理评论》的未来发展计划和策略，如何让它成长壮大，对商学院产生影响力。

钱颖一：这是我们在一年前创立的杂志。我们的杂志跟学院结合很紧密，《北大商业评论》与光华管理学院是独立的，由河南省经营，河南占股51%。而我们的《清华管理评论》完全是我们自己的杂志，上面的所有文章都是我们自己组稿的。所以，我们的杂志与北大的杂志有很大区别。《哈佛商业评论》是一份很成功的杂志，它现在有中文版。我们还需要很长一段时间，打造自己的声誉和影响力。

学生：我知道经管的教授学术成就很高，但是并非所有教授都有实践经验，而《清华管理评论》面向的是中国企业高管，那么书上的内容与读者之间是否存在差距呢？

钱颖一：所有的商学院都面临这个问题。我们的教授需要了解现实，但更要高于现实。每个话题我们也会邀请来自公司的人撰稿，每个话题我们都有学术人才和实践人才观点的结合。

学生：为什么要发行中文版呢，既然所有的教授都精通英文？

钱颖一：我们希望对中国企业的高管产生影响，我们对中国公司的状况更加了解。如果10年后中国公司更加国际化，我们也许会改变。但是现在还是要用中文，才会对中国企业产生影响。

（译自英文）

MBA 学生与院长共品下午茶（英文场）

（2012 年 12 月 20 日）

MBA 教育改革在路上

钱颖一：中国商学院在过去这些年中快速变化。20 年前，海外学习与交换还很罕见，现在却成了标配。今年是我担任清华经管学院院长的第七年，我经历了许多激动人心的时刻。2007 年我们成为国内第一个获得 AACSB 认证的商学院，2008 年又获得 EQUIS 认证。现在我们这个国际 MBA 项目有一半的学生来自海外。学院的教师构成也发生了大变化，多数拥有海外博士学位，以北美博士居多。我们的课程设置也有了变化，我们引入了新的 MBA 课程体系，昨天我们又宣布了全新的 EMBA 课程体系。你们中有来自美国、加拿大的学生，都熟悉北美大学中的长聘制（tenure system）。我们也把这套教师人事管理系统引入我们学院，我们是中国第一所这么做的商学院。所有这些改革对学院的教学质量都带来了改变。

学生：我想知道学院能为一些致力于创业的学生提供哪些资源。据我所知，学院会邀请一些企业家做讲座、座谈，但是对于想要创业的学生来说，这些还是远远不够的，我们需要的是更加系统的资源。

钱颖一：两年前，我们就认为企业家精神（或称创业精神）和领导力的培养是我们 MBA 项目非常重要的两项内容，不仅体现在课程上，也体现在实践中。事实上，我们在多个方面为这个目标做出了努力。我们已经合并了两个系并建立了一个新的创新创业与战略系，这在全国是首例。学院在创业教育方面很有优势，我们旁边就是清华科技园。过去我们在这方面做了很多努力，但是还缺少一个平台。你们希望从学院获得创业指导、资金支持，我都知道。我们已经把这些内容放入了学院的三年规划。下个星期，两位清华校友，现在哈佛读 MBA 的学生回国，我们邀请他们来介绍哈佛商学院的 i-lab（创新实验室）。这是他们在一年前开始做的，面向哈佛商学院 MBA 学生并向哈佛其他学生开放。我们计划建立一个类似的平台，大概明年就能启动。

学生：您对我们这些 MBA 项目的学生毕业后的期望是怎样的呢?

钱颖一：我们学院的使命是“创造知识，培育领袖，贡献中国，影响世界”。这是两年前修改过的使命。在此之前的使命陈述有些狭隘，那时国际学生也少，当时提“复兴中国经济”，现在我们提出要为中国和世界培育领袖。汉语的“领袖”有些窄，英文的 leaders 比较广泛。我们希望培养出来的领袖不仅仅是站在行业的前端，而且能够改变这个行业。这是我们的目标。

我希望你们找到最适合自己的方式去改变世界，找到自己合适的入口。你们进入了中国顶尖学校的顶尖商学院的国际 MBA 项目，在中国走向世界、世界拥抱中国的这个时代，我希望你们作为清华 MBA 项目的一员，相信自己有能力做出改变。我对你们有很高的期望。

创造真正的双语环境

学生：我们从邮箱中收到的通知都是中文的。

钱颖一：这段时间我们认真讨论了关于创造双语环境的问题，我们现在还没有完全解决这个问题。外国学生收到的信息是中国学生得到的信息的一部分，而非全部。国际 MBA 项目是从半双语环境开始的，但项目进行到今天，我们希望创造的是完全的双语环境，这并不容易。我们的教师以及 MBA 中心的老师不以英文为工作语言。还有我们的官网，中文版还不能完全用英文展现，做起来非常困难。我认为这是我们正在努力的方向，但仍需要时间。

学生：学期初我收到了一些邮件，有中文版和英文版，但是两版邮件不是同时收到，英文版总是延迟一段时间。

学生：我们希望讨论一下信息门户网站英文翻译的问题，我们可以提供一些建议。

钱颖一：我们正在考虑这个问题。首先我们需要双语职员。我们有外籍工作者，但他们不太懂中文。我们需要的是中英双语都精通的人，这才能改善我们的网站。

学生：我还有一个问题，能不能有更多的 CDC（职业发展中心）工作人员帮助我们？

钱颖一：清华经管 CDC 在过去两年间从 4 个人发展到 10 个人。我们与中欧的区别在于中欧只有 MBA 学生，而我们还有本科生、硕士生、博士生等。我们需要改进。

学生：我来自法国商学院，我们学校有 3 000 多名学生，以金融系闻名，我们学校很小，不像清华。我觉得清华经管不只包括金融系，还有战略等其他领域，所以可以得到很多信息。

钱颖一：彭博愿意给我们捐一些终端器材，我们还在商谈中。但终端不是最重要的，最重要的是允许我们使用它们的国外数据库。

学生：我有一个相关的问题。我们可以跟校内一些已经有了彭博终端的学院合作，让我们的 MBA 学生也可以有彭博的使用权吗？比如新闻学院。因为我们在校仅两年，而学校取得彭博的时间未知。我觉得这是一个比较好的办法。

与清华其他院系合作

学生：我在思考我们与其他学院，比如新闻学院合作。如果短期内让我们上其他学院的课有困难，那么能不能邀请外院的老师开一些选修课？

钱颖一：“管理沟通”课就是由清华新闻学院的老师上的。

学生：事实上我已经在上那门课了。一个学生想要接触到另一个学院的资源还是非常困难的。我觉得如果学院之间有合作的话，对学生来讲就会方便得多，我相信其他同学也很可能对这些课感兴趣。我一个人也许能够申请到使用资源，但如果想要更大规模地、让更多学生接触到资源，可能还是需要学院层面的合作。

学生： 对 MBA 学生来说，人际网络是很重要的部分，跟其他学院合作可以提升我们的人际关系网，学院会跟其他学院合作吗？

钱颖一： 在过去这两年里，我们组织了八场与清华其他学院联合举办的研讨会。就在两星期前我们还组织了一场与机械工程系的研讨会，之前我们还与环境学院、美术学院举行过研讨会。

我们是大学中的商学院，这是我们的一个优势。但一般来讲，大学中的学科融合是非常困难的。原因是教师是根据学科来组织的，他们的升职只与本学科相关，与其他院系无关。因此，他们只在自己的领域有工作激励，这就是问题所在。几年前，我们开始与其他学院合作，你可以登录我们的官网，不论中文还是英文版官网，在左上角有焦点专题，其中一个专题就是“与大学融合”。

学生： 我们可以体验其他院系的课吗？这也有助于学科整合。如果我们有其他学院的课程信息就好了。

钱颖一： 这样的问题我被问过很多次了。我总是告诉大家学校网上都有课程信息。但是问题在于其他学院提供的英文授课的课程非常少。如果你们听得懂中文，那你们可以选择其他院系的课程。但是对不懂汉语的学生，这就有所限制了。

期待宿舍调整和教室开放

学生： 我想就我们的现实问题提一点建议。我们可以调整宿舍吗？因为我们中国学生跟国际生不住在一块，很难跟同学们有深度交流。

钱颖一： 这是到目前为止第一个我没法回答的问题，因为我改变不了现状，这受到学校的制约。如何管理学生、分配宿舍是一个很复杂的问题，取决于学校的政策。由于历史原因，在中国的大部分学校，中外学生都是分开住的。我不喜欢这样的安排，但我无法改变。比如，经管学院的本科生都住在同一栋楼里，我觉得这样不好与其他学院的学生交流，但我也没法改变。我希望经管学院的学生可以跟中文系、工科院系的学生混居，互相交流问题，我曾多次向学校提出这个建议，也没有被采纳。

学生： 大家都想申请到高质量的项目，但是住宿条件仍然会影响项目的选择。

钱颖一： 我想再告诉你们一个原因。中国的大学，就像清华，一定要保证为所有全时班学生提供宿舍，国外的学校不会，可能会保证第一年的住宿，但不会保证所有学生在校期间的住宿。在中国，虽然住宿条件质量不高，但是要保证所有学生的住宿。

学生： 还有教室的开放，我们希望它能够持续开放。教室有时候不开放，有时候被其他活动占用了。昨天我们想在教室里学习，但是因为有其他活动，所以我们只能离开了。我希望可以有一些不同功能的教室，一些可以用来举行活动，一些留给我们学习。还有，有时候有一些空教室，我们却因为没有申请而不能使用，能不能简化一些申请使用教室的政策？

学生： 其实就算别的学生跟我们共用一间教室也是可以的。

学生： 我还发现有时候第四、第五层楼的空教室很多，但是不让我们使用。

钱颖一： 我知道你们认为教室的申请很复杂，我们会讨论这个问题。有时候其他的学生看到 MBA 学生在空教室里学习，会觉得你们有特权。

（译自英文）

MBA 学生与院长共品下午茶（英文场）

（2013 年 6 月 7 日）

MBA 学生的多元化背景

学生：我来自秘鲁，大学是学工程的，然后去了美国。现在想努力在这里获得国际 MBA 学位，并学习中文。我喜欢说中文。

学生：我在美国圣路易斯待了六年，斯坦福两年。我去年回国加入这个国际 MBA 项目。我的专业是计算机科学。我 2007 年为了工作放弃攻读应用数学博士学位。因为我在美国待了好久，我想更加熟悉中国的市场。

学生：我从北航毕业，专业是物理。我在美国的阿贡（Argonne）国家实验室做研究。现在我回到北京，与我的同学成立了一家小公司。我认为我需要一些金融和市场营销的知识，这是我来这里学习的原因。

学生：我来自泰国，在曼谷生活了 18 年后到了美国。毕业后我回到曼谷，在中央银行工作。

学生：我来自新加坡。我想更多地了解中国的市场。我在新加坡大学商科毕业。

学生：我来自衡阳，在南华大学学习电子工程。在广州开启我的电信职业，之后，我去菲律宾待了三年，为华为做推广。

学生：我十年前从中南大学毕业，我的专业是数学。过去的七年我在欧洲，在意大利北部的一个小镇工作。当然我也周游过其他国家。我去年回国参加这个国际 MBA 项目。

钱颖一：你们都有丰富多彩的国外学习工作背景，这是我很欣赏的。

学生：我在武汉出生，19 岁到北京学习马来语。2005 年我到尼日利亚工作，持续了六年。我在尼日利亚游览了许多城市，那里不太安全，有好多绑架事件。

钱颖一：几年前在我们的 TIEMBA（Tsinghua-INSEAD Executive MBA）项目中有一位来自尼日利亚的创业者，我教过他。

学生：我来自延吉。2001 年我到爱尔兰都柏林旅游，后来留在那里学习财务会计。2010 年我由于个人原因回国了。

学生：我是这个项目二年级的学生。我的工作背景在健康产业领域，包括医疗器械工业。

学生：我是北京人，在清华汽车系读的本科。现在我做直升机的销售，客户有农民、政府、军队。工作五年后，我来继续深造。

钱颖一：你的背景很有逻辑性。

学生：是的。其实汽车和飞机在结构上有很大的相似之处。

学生：我来自湖北，从人大金融系毕业。过去五年我在国际市场做资产管理。我认为我放弃读博而选择读 MBA 是明智的选择。

学生：我来自广西，从北航毕业。我在非洲工作过，回来在中国电信工作。

学生：我从新疆来。我是油田工程师，经常去一些有油气的地方出差。我想改变方向，所以来到了这里。

学生：我来自新加坡。我在新加坡教育部工作了十年。2006 年到 2009 年，我去老挝给政府官员做培训。我的兴趣在社会企业。

学生：我的专业是生物工程。我之前在新加坡的一家水处理公司。中国的水处理行业是一个巨大的市场。

学生：我出生在北京，四岁去了加拿大，在那里长大。

学生：我毕业于四川大学。我学过会计，现在是高露洁的销售。你们知道高露洁吧？

钱颖一：当然，没有高露洁，我的一天无法开始。

学生：谢谢。我在高露洁的一个同事告诉我钱院长非常专业，因此我来到这里。

学生：我在加拿大出生，我的家乡是福建。我从纽约大学管理学毕业，在纽约工作三年后决定回国。我在纽约开了一家公司。

学生：我生于北京，从香港大学数学系毕业。我在香港和韩国工作过。我去肯尼亚做过三个月的志愿教师。

钱颖一：大家都介绍了自己。了解大家不同的背景令我印象深刻。参加这个项目，不仅是学习知识，也会帮助大家选择新的职业方向。

中国学生和国际学生面临不同的问题

学生：在录取上，中国国籍好像受到歧视。我不得不回国做面试，而外国人就不用。

钱颖一：你说的是反向歧视的现象。每个国家都可能会歧视外国人，他们在不同规章制度中有不同的歧视方式。但在 MBA 录取上，持中国护照的就不能用 GMAT 的成绩。但我确实不知道为什么面试一定要回国。你在哪里遇到这个问题？

学生：在纽约。因为我持有中国护照，所以就需要面对面的面试。

学生：我们国际学生就可以用 Skype 面试。

学生：我发现 MBA 学生不能享受清华普通学生的医疗保险待遇。我们的医疗保险待遇非常差。

学生：据我所知，我们的医保待遇是最低的。我希望学校能够给 MBA 学生更多的资源支持。

钱颖一：国际学生医保情况不同吗？

学生：是的，我买的是商业保险。

钱颖一：我想应该有补充医疗保险。我们可以向学生提供相关信息。我要把你们提到的面试问题和医疗保险问题记下来。

提升国际化管理水平

学生：我有个同学想要一份学校的成绩单，然而要经过好多程序。我想问是否行政过于复杂了？

钱颖一：我们正在做出改革，包括把网站双语化等。目前学院的行政管理还不太国际化。

学生：我带过一个队去参加校外竞赛。我们需要学校的推荐信，然而院长办公室告知只能提供中文推荐信，并且不能自己翻译，因为需要盖章。

钱颖一：我想可能院长办公室不负责翻译。

学生：最后我就是自己写的。而我以为我们这个项目很国际化。这很不合理。

学生：投诉往往是进步的起源。

钱颖一：我们学院在清华，相对于其他学院，还是比较国际化的。我们会改变，然而想要改变全校的行政体系，这需要时间。

学生：当我来注册时，学校要求我们约定一个时间一起来，结果我们路上花了好多时间。可是到这里后五分钟就完事了。

钱颖一：那是一个校级机构。可见我们现在还是比较官僚主义的。如果在经管学院内部，我可以让他们明天就改。但如果是学校的话，我只能尽力发声。

学生：可能学校是想确认这个学生确定来自这个项目。

学生：虽然如此，我觉得这还是很麻烦。其实在线上更好。

学生：邮件系统其实是非常方便的。如果发邮件的话，直接发到一个地址，全班同学就都能收到了。

学生：我想可以给特定的人设定一个邮箱特权，这样通知会更加方便。再有就是大部分邮件是中文的。

国际 MBA 即将升级为全球 MBA

学生：我在清华取得汽车博士学位。我不得不说，MBA 项目已经取得了许多进步，但还有很长的路要走。

钱颖一：大学里的商学院如何与其他专业融合。这不仅是清华的问题，也是世界范围内大学的问题，即便是在美国也一样。在欧洲，商学院多是独立的。最近，我们正在尝试把我们学院融入大学。这个学期做了几件事：第一，我们推出了一个 MBA + X 双学位项目。第二，我们建立了清华 x-lab，它是由 12 个院系共同建设的。第三，MBA 新开了一门课“清华新兴技术探究”，会让你们去参观清华各个学院的实验室。

学生：我选过这门课，探究新兴技术实验室。

钱颖一：这些都是我们为使商学院融入大学所做的努力。

学生：听说国际 MBA 项目的名额要加倍，而中文全时班 MBA 项目要取消了，是吗？

钱颖一：并不是扩招与取消，是重新组合，并进行升级。我们要把中文全时班和英文全时班即国际 MBA 项目合并，升级为全球 MBA（GMBA）项目。这是我们接下来要做的，计划从 2014 级开始。

（译自英文）

第五章

2014—2018 学年

MBA 学生与院长共品下午茶（英文场）

（2014 年 12 月 10 日）

钱颖一：虽然我非常忙，但我从来没取消过一次“下午茶”。我非常享受和你们交谈的时间。除了通过“下午茶”同你们交流沟通，我觉得还需要另一个机制，所以我们设立了一个制度，叫作学生教学咨询委员会，专门针对教学和课程的。

全球 MBA 的战略目标

学生：我想问一下，清华全球 MBA（GMBA）项目的战略目标是什么？

钱颖一：我们的全球 MBA 项目从今年秋季开始正式起航了，它是我们国际 MBA 项目的升级版。学院的国际 MBA 与 MIT 合作始于 1996 年。MIT 在中国除了我们之外还与复旦和中山合作。我们想要有别于这两所大学的国际 MBA，我们把国际 MBA 改为全球 MBA。更重要的是，随着这个升级，我们要求 MIT 能够给我们的项目投入更多资源。

有了这个信心，我们想做点特别的事情。去年 6 月我在香港与斯隆管理学院院长讨论了进一步合作的方式。例如，我们将使用 MIT 的创业资源，我们也会组织全球 MBA 学生去 MIT 短期访问听课。

学生：经管学院将怎么和苏世民书院竞争呢？

钱颖一：苏世民书院不是商学院。它就像罗德奖学金。罗德学者中有很多知名人物，比如美国前总统克林顿，我们的顾问委员中有麦肯锡总裁鲍达民等。他们录取的学生与我们录取的很不同，他们可以直接录取本科毕业生，没有任何工作经验的。他们的项目更接近于公共管理，他们希望学生毕业后去政府或公共机构。他们的学生会选一些我们学院的课程。未来你们可能会认识那边的一些学生。

学生：我们两个学院可以相互学习一些课程吗？

钱颖一：我举个例子吧。我要请弗格森（Niall Ferguson）到我们学院来开课，苏世民书院也想请，所以我们就达成了共识。在最开始的两年，他会在春季学期来清华，给我们学院和苏世民书院同时开课。像他这样的教授，更喜欢在我们学院教课，因为苏世民书院里面的学生太像美国大学中的学生了，这与他之前的教学环境没有多少差异。

如何更好地利用清华资源

学生：我在这儿已经待了快两年，除了课程，这里确实有很多资源。我觉得 MBA 项目中最薄弱的环节是 CDC。我们有很多可用的资源和机会，但我们并没有很好地利用。这不是我们的抱怨，只是一个意见反馈。CDC 给我们发的邮件，看起来没有太多的规划，甚至有时候中英文中的信息都不太一致，感觉像是把给本科生的规划直接塞给了我们。

钱颖一：我们可以利用顾问委员的机会来帮助就业。我给大家举一个例子。大概在三五年前，日产汽车的 CEO 戈恩（Carlos Ghosn）来到这里，他是我们的顾问委员，他上个月还来过。当时，有个来自罗马尼亚的国际 MBA 学生与他交谈。他问这个学生来自哪里，学生回答说罗马尼亚。现在这位同学就在罗马尼亚的日产工作了。这是一个很有趣的逸事。其实我们的很多顾问委员企业表示愿意聘用清华毕业的学生。

学生：我感觉我们这一代是互联网的一代，很多年轻人都大受鼓舞想创业，做自己的老板。

钱颖一：我觉得在这方面我们有很多优势。清华经管有很多理工科背景的学生。大家知道清华 x-lab 吧？这是一个创意创新创业的平台，希望可以给你们带来帮助。

学生：我知道 x-lab 是个很好的平台，但我不知道大家的参与度有多少。我和另一个同学之前有一个项目，我们用了 x-lab 后发现，它对我们的帮助和支持还是没有达到我们想象中的要求。

钱颖一：你是想得到哪种支持呢？

学生：我们想要的很简单：我们想联系一位做汽车工程的教授。实际上我们问过的所有人都告诉我们，“我们不太清楚，你得自己找”。然后我们就去找教授，要么得知那个教授暂时不在校，要么让我们再去辗转其他人。

钱颖一：清华有汽车工程系。

学生：我们也去过那里了。我们敲门之后要么没人应答，要么让我们再问问其他人。

钱颖一：我给你支个招。你直接去找他们的系主任，他的名字很好记，和中国现任总理同名。然后你说，是我让你去找他的。你可以试试看有没有效。

学好中文

钱颖一：这次的顾问委员会会议期间，你们中有谁去了扎克伯格的那场对话？这个视频散播得很广。很多人都觉得很诧异，因为他全用中文讲。我知道他学过中文，但没有预期到他竟然通堂都用中文。我真是感到惊讶。

扎克伯格解释了他为什么要学习中文，对我们很有启发。他给出了三个理由。第一个理由是他想用中文跟他的岳母交流。第二个理由是最重要的，就是通过学习中文了解中国文化。一个不会说中文的外国人也可以和中国人做生意，但是不懂中文很难懂中国文化。就像如果你想要了解美国，你要学习英语一样。第三个理由是要接受挑战。中文是世界上最难的语言之一。美国国务院把英语以外的语言分为五个难度等级。法语、西班牙语是第一类，属于最简单的一类。第五类是中文、韩语和阿拉伯语，是最具挑战性的。当他要挑战自我的时候，他选择了学习中文。

这个演讲之后，我让 MBA 中心研究国际学生如何提高中文语言水平。你们要知道，有时候一个演讲能启发你，是课堂不能做到的。我认为这是我们教育的一部分。教育不仅仅是通过课程才能获得。你们真的需要探索一些课程外的东西。这个中文演讲对你们学中文应该是一个激励，你们也可以把中文学得很好。

我们这里有很多资源，我们可以邀请到很多厉害的人来。我们这里也是库克和马云第一次见面的地方，就在今年的学院顾问委员会会议上。如果你去听扎克伯格的对话，哪怕你一句都没有听懂，因为他讲中文，也可能对你是最印象深刻的一堂课，它给了你一个学习中文的榜样。所以除了课程，学院还有很多资源供你们使用。

（译自英文）

MBA 学生与院长共品下午茶（英文场）

（2015 年 6 月 8 日）

首届全球 MBA 同学的体验

钱颖一：你们是全球 MBA 的第一届学生，我想听听你们的学习体验。你们现在是在考试周吧？

学生：是这周。有些同学在参加“公司金融”的考试，有些同学已经开始暑假。

学生：这门课程实操性很强，对商学院学生来说非常有用。学生们喜欢的课程类型是，教授不仅讲授理论，而且他会说，“忘掉那些废话，这才是实际发生的情况”。

钱颖一：你们在学习中文吗？

学生：是的，当然。

钱颖一：进展如何？

学生：他的中文相当不错。

钱颖一：你呢？

学生：还可以（用中文说）。

钱颖一：三周后将举行学院毕业典礼。今年我们邀请了 Facebook 的 COO 桑德伯格来做毕业典礼演讲。我知道你们不是这一届毕业生，但是你们可以作为毕业生的朋友参加毕业典礼。

我今年 2 月去了 Facebook 总部，拜访了桑德伯格女士。4 月 30 日，我给她发了一封邮件，表示 2 个月后就是我们学院的毕业典礼，如果她在准备演讲稿时遇到任何问题，可以与我沟通。到了 5 月 1 日，她的丈夫突然去世了。

真是巨大的悲剧！过去一个月，我非常紧张，我不知道她是否还会来学院参加毕业典礼做演讲。前几天，在她丈夫去世 30 天后，她在 Facebook 上发了一篇纪念她丈夫的文章，这篇文章在网上传播很广。她后来回复了我的邮件，确认她肯定会来经管学院做毕业典礼演讲，这将是她丈夫去世后她的第一次公开演讲。

学生：我们能参加这次的毕业典礼吗?

钱颖一：刚才我说过，如果你是某位毕业生的朋友，你可以作为这个身份参加。

学生：我们是不是需要票?

钱颖一：对，需要票入场。地点是清华大学综合体育馆。

学生：我记得上次“下午茶”时，我们和您谈到了学院独有的一些高水平的资源，还谈到怎样把我们的全球 MBA 项目和这些资源对接起来。我们有些同学正在与特斯拉等公司合作。我们如何能更好地利用学院的高水平资源?

钱颖一：我觉得重要的是，你们要有主动性。你们要是有好的想法、计划，可以联系我或者学院其他人，我们帮助你们建立联系，比如特斯拉。学院和特斯拉之前没有任何联系，直到 2 个月前，马斯克来学院访问，当时特斯拉来了不少人。在此之前，我们不认识这家公司的任何人。你们在学院网站上看到相关的新闻，你们知道学院有了这方面的关系。特斯拉中国也要向自己的老板表明他们在中国的资源。这是双向的。所以，很重要的是，你们要主动，可以提出想法，例如夏季实习机会或者合作一些项目等。甚至一个参访机会。如果你们能去参访，就能了解更深更多。他们也需要帮助。商学院学生参访可能会带来一些有意思的结果。

学生：这些是我们能够获得的一些机会，也是我们寻求的。不像我们参加职业招聘会，一般不会有像西门子、苹果这样的公司来招聘。

钱颖一：我在和马斯克的会见中，也提到了同样的问题，我也给了他我们这边的联系人，也许这将是改变的开始。我给了 CDC 所有顾问委员企业中国区的联系方式，他们将邀请这些公司来参加我们的招聘会。本周三，高盛CEO将来学院，会和我有一场对话。高盛中国区负责人也会一起来。高盛CEO一般不管这些事情，一般是中国区的人负责，所以我们的CDC一般对接中国区的人沟通此事。

学习各国经验

钱颖一：你是德国人吧。我记得你在弗格森教授的课堂上提过问，对吧？

学生：是我。

钱颖一：今年3月，我参加了中国发展高层论坛，会上遇到了西门子的CEO。德国正在进行工业4.0，对吧？

学生：对。西门子也是这项战略的推动方之一。

钱颖一：我最近看到一篇文章，文章说中国在工业生产能力上比德国落后100年。

学生：我不认为差距这么大。中国发展速度很快，可以在5～10年就追赶上德国，如果德国现在停止不前的话。

钱颖一：不太可能吧？德国生产的指甲刀是全球最棒的，质量绝对是无法超越的。

学生：德国厨具也是世界一流的。但是，德国一个指甲刀50欧元，在中国几块钱就可以买整套的指甲保护套装。

钱颖一：但这是不同的。德国产品的质量是世界最棒的。

学生：产品的材料、设计的微小差别就可以导致最后产品质量的巨大不同。

钱颖一：德国有一家锤子制造公司。这家公司的锤子是用苏联退役的重型坦克的钢材制造的，由于材料有限，所以生产数量也十分有限。这家公司的锤子市价几千美元一把。

学生：中国发展高层论坛如何？

钱颖一：这类高层次全球企业家会议每年在北京有两个，一个是3月份的中国发展高层论坛，另一个就是每年 10 月份在咱们学院举行的顾问委员会会议。中国发展高层论坛规模很大，是学院顾问委员会规模的几倍。而我们的活动是内部活动。两个活动都吸引很多世界知名企业高管。去年，我们的顾问委员会会议扎克伯格和库克都来参加了，所以中国发展高层论坛请我介绍，邀请他们也参加中国发展高层论坛。今年的顾问委员会会议我们正在邀请马斯克，他可能会来。

另外，还有一位出生在德国的美国投资人彼得·蒂尔，我前几周刚在学院和他交流了一个小时。他的书《从 0 到 1》在中国销售了 100 万册，比美国的销售量要高。我推荐你们读他的这本书。但是，我发现中文版的第一句话没有翻译到位，这句话是全书最重要的一句话，也是他全书的精华所在。他说当他面试人的时候，总会问这样一个问题："What important truth do very few people agree with you on?" 但中文版的翻译却是"有哪些重要问题你与多数人意见不同?"你有很多观点都可以与众不同，但是你要回答出一个"重要的真理"，你的看法是对的，而绝大部分人与你的观点不一致。这个问题很有挑战性，不容易回答。

学生：你告诉他中文版第一句话翻译错了吗?

钱颖一：还没有。这是我第一次与他会面，我下次会告诉他。他送我一本中文版，我拿出我读的英文版。我一直都读英文原版，例如《史蒂夫·乔布斯传》《成为乔布斯》，都是读英文原版。因为很多内容在翻译过程中损失掉了。如果能阅读英文原版，就尽量不要读翻译版本。

学生：我犯了一个错误，我还买了几本中文版。我想读一下中文版，这样方便和中国人交流。

钱颖一：你可以读英文原版和中文版，两个都读。但是中文翻译会损失一部分内容。你是从荷兰来的吧?

学生：对。

钱颖一：今年秋季，壳牌的 CEO 范伯登（Ben van Beurden）将会加入我们的顾问委员会，壳牌目前是全世界第一大石油公司，财富 500 强排名第一。

学生：他不全是荷兰人。

钱颖一：他既是英国人也是荷兰人，对吧。

学生：对。

钱颖一：英国和荷兰有很强的历史纽带。上周，我在上海参加一个活动并发表了演讲。活动是哈佛大学和荷兰阿姆斯特丹大学共同举办的，两个学校的校长都在。我展示了我对荷兰历史的一些了解。世界上第一个发行股票的公司东印度公司，是在荷兰建立的，而不是在英国建立的。约翰·洛克（John Locke）在被流放荷兰时写成了著名的《政府论》（*Two Treatises of Government*），非常有影响的一本政治学著作。还有英国的“光荣革命”，英国议会将生活在荷兰的詹姆士二世的女儿和女婿立为国王，于是威廉三世与玛丽二世共同加冕为英国国王威廉三世，这是西方现代政治的起源。

保持好奇心

学生：您对我们中国学生在全球化时代如何提升自身竞争力、职业发展机会等有什么建议？

钱颖一：我理解你们有这样的需求和疑问。我想说的是，每个人都有自己不同的道路。我觉得你们是充满了机会的一代，个人的主动性、创新力、好奇心，敢于尝试一切的勇气都非常重要，比学习知识重要得多，这是我认识到的。如果你问我一个少有人认同的重要真理，那就是很多人都认为到学校就是学习知识，但真理是，在学校最有价值的不是学习知识本身，而是你从你的同学、某个讲座甚至是从“院长下午茶”获得的灵感。你一定要保持好奇心，有自我驱动性，之后你就能自己探索很多。

我认识的高盛CEO布兰克费恩（Lloyd Blankfein），他在哈佛学习的专业是历史，之后去了法学院，再之后去了华尔街。我猜想他毕业时在经济、金融、数学方面的专业知识并不多。另一个例子是苏世民。最近他向他的母校耶鲁捐赠了1.5亿美元。我想知道他大学本科的专业是什么，我猜想是心理学，但不确定，就给他发了邮件。他很快回复说接近，是一个跨学科的专业，叫文化和行为（culture and behavior）。他在耶鲁读了四年这个专业，之后去哈佛商学院。蒂尔是斯坦福的本科，专业是 20 世纪哲学，之后他读了斯坦福法学院。这三个人都是你们认为非常成功的金融界人士。

知识不是最重要的，最重要的是你要保持好奇心，对学习的渴望，对新事物的追求并会思考。你要善于从你的同学、同事那里，从不同渠道获得灵感和激励，这些比你在课上学习到的知识重要得多。

麦肯锡上海办事处曾经有一位负责人戈登·奥尔（Gordon Orr），他退休了。我邀请他到学院做系列讲座，讲全球化下的商业。他 1993 年来到中国，在上海待了二十多年，非常博学。

学生：我们这学期有很多选修的讲座，是外面的人来讲的，不同主题的，包括法律、商业环境等，非常有用，实务性很强，同时还能帮助我们理解背后的理论。

钱颖一：我们有很多这样的资源，这对你们的理论性课程将是一个补充。这些人也很愿意到学院来讲。

学生：学院未来的发展计划是怎样的？MBA 项目下一步的发展呢？我们很愿意参与并贡献自己的力量。

钱颖一：我还想邀请更多的实务性课程的讲师。我们的教授要发表论文，很少参与真正的商业战场。就像我邀请戈登·奥尔一样，我在这方面做了很多努力。我还邀请了王波明下学期来讲课，他是《财经》杂志的总编辑，更重要的是，他在 20 世纪 80 年代末参与设计了中国的第一个证券市场。我还邀请了中金公司的前 CEO 朱云来。

学生：我们不少学生也认识一些非常成功的商业人士，我们是否可以邀请他们来学院做讲座等？

钱颖一：当然。我们学院的声誉在那里，他们看得到。我认识的美国商界人士比较多，如果你们认识欧洲商界人士，可以提出建议，我们来邀请。我强烈认为我们应该增加实务方面的讲座和课程。

学生：我觉得系列讲座比较好，这些人很忙，不可能每学期都过来，两三周，1 个学分，非常便利。

钱颖一：三年前，我和麦肯锡总裁鲍达民商量开设一门“麦肯锡全球领导力”课程。这门课程实务性很强。我知道，让学院的教授教有关商业实战的内容会非常难，他们没有这方面的经验。我们可以把理论和实务结合起来。

亚投行的机会

钱颖一：今天亚投行的金立群行长访问学院，他讲了很多有关亚投行的事情。他是建立亚投行的最有力的推动者之一。

学生：我之前好像看到您和一些外国学者在一起，也是有关亚投行的事情吗?

钱颖一：那是另外一场学术活动。那些外国学者都是欧美大学的著名经济学家，他们都很关注中国的发展和制度问题。每年他们来我们学院两次，每次为期一周，参加学术研讨会。我们通过这个研讨会把他们与中国经济政策制定者对接起来，这也是清华经管学院的一个优势。

学生：清华会与亚投行合作吗?

钱颖一：我认识金立群很多年了，他曾是中投公司的监事长，我是中投公司国际咨询委员会委员，我现在还是。金行长说，他希望亚投行成为一个“lean，clean，green”（精简、廉洁、绿色）的机构。

学生：作为欧洲学生，对此我们很感兴趣，特别是亚洲地区的发展，我们很期待能参与其中。

钱颖一：我问过金行长，目前亚投行的工作人员有多少。他说目前只有 50 人。这是一个很小的数量。他说亚投行会在这月底正式启动。目前他们正在起草章程。金行长说，亚投行一定会比亚洲开发银行更加透明。他举例说，亚洲开发银行只能从会员国家雇用员工，但是亚投行没有这方面的限制，全世界的人都可以申请。你对亚投行的工作感兴趣?

学生：非常感兴趣。我们这段时间和同班的中国学生一起还在交流有关毕业论文的事情，我们认为中亚地区的开放和发展将是人类历史上很重要的事件，是里程碑式的进程。我们非常感兴趣亚投行的成立对这个地区的发展将会有什么影响，而非关注这家银行是如何建立的，以及它与美国的关系，我们更关注的是这家银行对这个地区发展带来的影响。

学生：有关亚投行的工作机会，您觉得对我们这些中国学生来说，应该做哪些准备？

钱颖一：目前亚投行还在筹建阶段，还要看之后的章程的具体内容，如何运作等。不过这家银行会非常国际化。金行长告诉我，他们聘用了一个法务方面的专家，是美国人。这说明，这家银行是非常开放的。

学生：那我们在职业上应该做什么方面的准备，在中国建立亚投行这个大背景下，或者说在这样的大环境、大背景下，您对我们职业发展方面有什么建议？

钱颖一：萨默斯对亚投行的成立，曾经有过一段非常著名的评论，应该是 3 月底说的，网上各处都在转载他这段话。亚投行的建立，从某种意义上说，就是没有美国和日本参与，也是可以建立国际性组织。这不是说中国将独自制定游戏规则。相反，金行长说，他希望亚投行是一个真正的国际性组织。他是一个非常有经验的人，英语非常好，熟悉世界银行和亚洲开发银行的工作，在中国财政部工作很长时间。回答你的问题，要了解中国、亚洲、世界，这是当今非常重要的技能。如果你有在国际组织工作的经验，这将会加分。

学生：我觉得，中东和欧洲可能会有很多基础建设工程，涉及相关证券、房地产业等，会出现创新金融产品等，我想让自己提前为这一前景做一些准备，您有什么建议？

钱颖一：有一种很重要但是目前很少人掌握的知识就是这些国家的文化历史。在有关基础设施建设的讨论中，除了财务、土地等基本问题外，在本地实施方面，你怎么能做得比亚洲开发银行或世界银行更好，这是一个关键问题。这要求对这些国家有很深刻的了解，包括文化、政治等各方面。这也可能是亚洲开发银行和世界银行做得不足的地方。

学生：在上次的“下午茶”活动中，我们聊过，我们应该一起努力，在中国以外推广清华，特别是在欧洲，比在美国的知名度低，这将是一个极佳的机会。如果有公司看到清华参与亚投行项目，就会说，我们应该和这个大学合作。

钱颖一：亚投行获得了全世界的关注。但亚投行不是一个中国的机构，而是一个位于中国的国际性组织。他们的办公楼将搬到鸟巢附近，距离清华不远，他们现在在金融街那边。我非常希望利用好我们的顾问委员会这个资源。金行长虽然不是我们的顾问委员，但是他和我们的顾问委员也是有密切联系的，例如楼继伟，中投公司原董事长，现在的财政部长。楼部长 4 月底在学院有一个演讲，很轰动，外国媒体都有报道。所以很有趣的一点就是，我们学院在某些方面很特别，这在欧美大学以及清华其他院系也不多见。

提升女性领导力的努力

学生：学院高层在提升女性领导力方面做了哪方面工作？未来有什么计划？

钱颖一：我知道一个组织，桑德伯格的 Lean In（全球职业女性网），清华有一个分支，也是中国的第一个分支，是学院的学生发起成立的。这次桑德伯格来学院，也许会参加她们的活动。这是其一。其二是高盛女性领导力项目。后天，高盛 CEO 布兰克费恩将来学院，在这里将有两个活动，先是与高盛“巾帼圆梦”万名女性创业项目的学员见面开会，然后是和我的一场对话。“巾帼圆梦”是一个高管教育项目，也是高盛全球项目的一部分，我们参与其中。这也是我们学院提升女性领导力方面的又一个举措。另外，还有我邀请桑德伯格来学院进行毕业典礼演讲，演讲主题就是有关女性领导力、职场女性领导力。

学生：刚才您提到的是学生组织相关机构和活动，或者学院和其他公司合作的情况。我想问问，清华是否有计划独立开设一个女性相关的项目？

钱颖一：目前从学院和大学角度，还没有独立的女性领导力项目。也许我们可以利用桑德伯格来学院的机会，考虑一下是否有可能，因为她在全球倡导女性领导力。我们学院的女教授也有研究风险投资等领域的，这有合作的可能。你提了一个很好的建议。你是不是来自新加坡？

学生：对，我来自新加坡。我以前和一些由新加坡女性领导的社会企业一起工作，政府和企业的都有，推动女性领导力的。学院顾问委员会也有不少女性委员。

钱颖一：对。世界排名前三位的商界女性，都是我们的顾问委员。何晶也是我们的顾问委员。你有什么设想吗？

学生：我们可以利用明年的国际妇女节做一个论坛。

钱颖一：我个人非常支持这类活动。去年 12 月，我受邀参加一个女性创业者的活动，并发表演讲。那是一个筹款晚会，全是女性。我谈了我们的清华 x-lab，谈了去年学院毕业典礼上发言的一位女生，特别具有创业精神。现场我和几位女性创业者进行了交谈，很有意思。她们在创业时的想法和男性不同。现场展示了很多她们的产品，我仔细观察了这些产品。例如，一些水杯，不同颜色，每天你要用不同的水杯，让你保持健康和苗条等。只有女性才能想出这样的产品，男性想不出来。互联网也给了女性创业者更宽广的平台，她们可以销售非常有意思的产品。

健全经管学院的校友组织

学生：我有一个问题，是关于校友的。这周六学院在深圳有校友活动。我们非常感兴趣这类校友活动，希望能有机会参加。明年我们有更多时间，我想问问我们如何更好地和校友保持联系？如果我们有好的项目或者想法，如何与他们联系？

钱颖一：我在顾问委员会和校友工作方面花了很多时间。目前我们校友会的架构比以前有很大进展。学院校友会分三个大类：第一类是按照项目划分，有五个校友会：本科校友会、硕士校友会、博士校友会、MBA 校友会、

EMBA 同学会。你们将是 MBA 校友会的成员，有 1 万名校友。第二类按照地域，有上海校友会、深圳校友会、四川校友会、沈阳校友会。前几年我们的校友会网络开始扩展到海外，目前已经成立了香港校友会，去年 11 月成立了东南亚校友会，今年 4 月我们成立了北美校友会，共有四个分支（美东、美西、加东、加西），我们目前计划成立欧洲校友会，正在筹划中，估计是下学期，英国（伦敦）、法国（巴黎）和德国三个分支。德国分支的地点我们还在考虑，有几个选择，慕尼黑、法兰克福、杜塞尔多夫。为什么选择巴黎，因为我们和 INSEAD 商学院合作。英国选择伦敦也比较明显。就是在德国选择哪个城市上，我们目前还没有定论。我们夏季或者秋季将会和慕尼黑工业大学有合作，他们有一个非常大的创新中心。

学生：MBA 学生正在计划去德国参学访问。

钱颖一：EMBA 也有去德国参学的安排。法拉克福附近有一些商学院，比如法伦达尔管理学院（WHU），我们与他们有学生交换协议。法兰克福也有很多知名大学。我们有 EMBA 学生的公司在杜塞尔多夫设立了分支机构，中国政府的“一带一路”倡议，终点就是杜塞尔多夫附近的杜伊斯堡（Duisburg）。杜伊斯堡是欧洲最大的河港，重要的交通枢纽。所以，德国校友会具体在哪里成立我们还没有决定。北美校友会、欧洲校友会、东南亚校友会的成立，将基本上涵盖目前我们的校友网络，这三个将是最重要的海外校友网络。

学院校友会的第三个类别，是按照兴趣领域，有互联网协会、创业联盟、读书协会、摄影协会、户外协会、足球联盟。其中的创业联盟，会帮助校友创业，让你的公司和其他已经建立的校友公司建立联系，扩展资源。

（译自英文）

MBA 学生与院长共品下午茶（英文场）

（2015 年 12 月 22 日）

学院更加国际化

钱颖一：我们正在搭建经管学院校友会海外组织架构。你们来自伦敦、加州、多伦多、新加坡、马来西亚、泰国等地。目前，我们基本搭建完成学院校友会的网络架构。两年前，我们建立了香港校友会，这是第一个海外校友会。一年前，我们在新加坡成立了东南亚校友会。今年 4 月，我们成立了北美校友会，有四个分会，分别在旧金山、纽约、多伦多和温哥华。

上个月，我们建立了欧洲校友会，原来是计划在伦敦、巴黎和慕尼黑三个城市举行成立仪式，后来因为巴黎的恐怖袭击我们无法举办巴黎那场，所以推迟，两天前我们在深圳举行了法国校友会成立仪式。欧洲校友会有三个分会，分别设在伦敦、巴黎和慕尼黑。所以，欧洲三个分会、北美四个分会、东南亚校友会和香港校友会，基本覆盖了学院校友比较集中的地区。

在欧洲选择伦敦是显然的，选择巴黎也容易，但是选择一个德国的城市不是太容易。去年我问了一位全球 MBA 的德国学生，如果学院在德国建立校友分会，应该建在哪个城市。我对法兰克福比较熟悉，那里是交通枢纽。但是他说，法兰克福不是一个创新和制造业发达的城市，他就来自法兰克福。他特别推荐了慕尼黑。所以，我们去了慕尼黑，去了慕尼黑工业大学，他们有一个创业中心，据说在欧洲大学中是最大的。我们和他们建立了联系。后来，我们决定在慕尼黑建立德国校友会。慕尼黑是宝马、西门子等知名企业的总部所在地。

这就是学院校友会的最新进展，这也将是你们拥有的资源。因为你们不仅可以在现在的课程中结交朋友，还可以在毕业后通过学院校友会这个网络，结交更多的朋友。

与马斯克的对话

钱颖一：我们今年在创新创业教育方面做了很多事情。今年中国政府号召“大众创业、万众创新”。我们在此之前的 2013 年 4 月成立了清华 x-lab，最近我们获得了一笔校友捐赠，他之前在华尔街工作，之后回到中国，现在是一位投资家，拥有自己的投资公司，运营得很好。他非常支持清华 x-lab 的建设和发展。

我本人是非常推崇创新创业的。我自己并不是创业者，但是我非常喜欢创业者。你们中间有谁参加了我和马斯克的对话？

学生（多人）：我参加了。

钱颖一：今天早上，他又创造了一个奇迹，成功地收回了火箭，非常令人振奋。他试验了很多次，失败了很多次，这次成功了。今年我和他见了三次面。为了请他加入我们的顾问委员会，请他在清华管理全球论坛上与我对话，我花了不少工夫。但是，这很值得。人们很推崇他。

今年夏天，我去特斯拉总部拜访了马斯克，努力说服他来学院做一场活动。他和乔布斯性格不一样。马斯克说，我不能做演讲，我们可以来一场对话。他的手下告诉我，需要想办法让他多说，要多问问题。所以我准备了很多问题，查了很多资料。起初，他只想对话一个小时，最后活动持续了两个小时。活动很成功，谈了很多话题，对你们会很有启发。

在对话的最后，我问他，他认为自己是个工程师还是个企业家？他说他只想做个有用的人。他拒绝定义自己，只表示希望自己是个有用的人。这对你们是另一个启示。他之前也是经历了很多挑战和危机。2008 年，他的两家公司几乎倒闭破产，但是他很执着，也很幸运。

在对话中，他提到他对五大领域很有兴趣。我知道你们很想知道未来热点领域。他说的这五大领域是航天、电动汽车、太阳能、人工智能、生物制药。他已经进入了其中的前三个领域，两周前他又进入了人工智能，成立了一个基金 OpenAI，10 亿美元，他任董事长。这个基金的其他创始人很多曾经是他在 PayPal 的同事。他们被称为 PayPal Mafia（贝宝帮），包括 LinkedIn 的 CEO 里德·霍夫曼，《从 0 到 1》的作者彼得·蒂尔等。

今年夏天我去蒂尔在旧金山的办公室同他一起午餐，我邀请他到学院来讲课。我告诉他，过几天我会拜访马斯克。他说他和马斯克是好朋友，之前在 PayPal 一起创业。PayPal 是在线支付的鼻祖，成立于 1999 年，是由两家公司合并成立的。先是马斯克担任 CEO，之后蒂尔成为 CEO。这家公司后来卖给了 eBay（易贝）。马斯克用第一桶金创立了 SpaceX 和特斯拉。蒂尔说他只投资 SpaceX 而不投资特斯拉。他认为电动汽车领域竞争太激烈，而 SpaceX 的竞争对手很少。

我刚才说了很多，介绍了学院的很多资源，你们是可以从中受益的。不过，归根到底，你们的命运掌握在自己手中，你们要在这里找到志同道合的伙伴，未来一起合作、一起开公司、一起投资。虽然这些论坛、讲座不会带给你们具体的商业技巧，但是会打开你们的脑洞，给你们启发，特别是那些你们认为不可能的事情。

学院的两个创业教育平台：x-lab 和创业者加速器

学生：我来自诺基亚公司。我去听了吉姆·布雷耶的那场。

钱颖一：蒂尔是 Facebook 的第一个天使投资人，布雷耶则是 Facebook 的第一个机构投资人。上周我看到布雷耶上电视了，在乌镇的全球互联网大会上。他在斯坦福大学读本科，在哈佛读 MBA。我是在哈佛商学院顾问委员会上认识他的，也是在那里认识的苏世民。哈佛商学院顾问委员会委员基本上都是哈佛商学院的校友，虽然我不是哈佛商学院的校友，但是我在哈佛大学经济系取得了博士学位。

学生：我去了可口可乐那堂课，还有鲁宾斯坦（David Rubenstein）的课。

钱颖一：鲁宾斯坦是顾问委员会现任主席。你们去过 x-lab 吗？你们同那里的同学有交流吗?

学生：那里的团队很有潜力。

钱颖一：我的目的是通过 x-lab 把经管学院和清华其他学院连接起来。现在已经有 14 个清华的院系参与到 x-lab 中，这是最有价值的地方。不只是我们经管的学生，还有清华其他院系的学生，都是非常聪明的学生，最棒的团队，放在一起就有创意的火花。在这点上，哈佛目前是有困难的，因为你们知道，哈佛商学院跟哈佛的其他学院中间隔了查尔斯河，前者在波士顿，后者在坎布里奇。

学生：听说一些工科学生想要创业，并不觉得一定想要商学院的人参加。

钱颖一：这对他们来说是很正常的想法。你们中的很多人都是工科背景，你们要说服他们，没有我们 MBA 的帮助，公司怎么运作呢?他们觉得自己懂技术，但你们要告诉他们，光有技术是不够的。

学生：有很多同学也告诉我，他们的很多机会是清华教授介绍的，团队也有工科技术背景，但是没有人来运作。实际上，他们需要这方面的人才，需要商科的，需要市场营销的。

钱颖一：市场营销是他们最弱的地方。他们多是技术型的，不懂市场。

学生：所以我们会在这个地方找缺口，让我们的同学介入。

钱颖一：除了清华 x-lab，我们还成立了一个机构，叫清华经管创业者加速器，就在中关村的创业街上，我们租了一层楼。你们也可以去看看。我们把这两个项目分开，前者是跟学校联系紧密的教育平台，后者更多的是为了孵化项目，对校友开放。马斯克很喜欢这个创业者加速器。

（译自英文）

MBA 学生与院长共品下午茶（英文场）

（2016 年 6 月 7 日）

蒂尔的课程

钱颖一：你们的这个学期快结束了，咱们在这里聊聊天，分享一下你们学习生活中的故事。两天前，美国财政部长雅各布·卢（Jacob Lew）到访学院。之前微软 CEO 纳德拉来清华，我与他在清华大礼堂进行了一场对话。这个学期尼尔·弗格森和彼得·蒂尔分别来学院开了一门课，这是非常有趣的两门课。

为了说服蒂尔来讲课，我拜访了他三次。学院 8 月份会组织后 EMBA 学生去硅谷访学参观，我还会请他与学生交流。你们从他的课中学到了什么吗？他的课给你们带来印象最深的是什么？

学生：在最后一节课的对话环节，有人提问在中国创办新的网络公司，如何跟 BAT（百度、阿里巴巴、腾讯）竞争？蒂尔的回答是，BAT 并不可能是永远的霸主，总有一天，你的公司会打败他们。他的想法让我觉得跟 BAT 竞争应该是有希望的，尤其是在中国目前的竞争环境下。

钱颖一：看一下硅谷。我 1990 年搬到硅谷。你们知道那时候最厉害的公司是哪几家吗？当时是惠普、英特尔。而现在是苹果、谷歌、Facebook。20 年之后估计不会是这三家了。现在中国的 BAT 是最强的，但之后一定会不一样的，所以你们还是有希望的。其他还有让你们受益的吗？

学生：我想蒂尔跟其他人的视角非常不一样。我认为中国的环境跟美国是很不一样的，在中国比较注重关系和投资的短期回报。他有非常不同寻常的投资方式，也得到了非常丰厚的回报。我不确定这种方式是不是适合现在的中国，但我觉得随着全球化，对创业者来说，他的建议是很不错的。

钱颖一：他在这里授课的时候，也去看了 x-lab。去年 8 月，我为了请他到学院授课去他在旧金山的办公室拜访他。他说马斯克的特斯拉和 SpaceX 这两个公司他只投资了 SpaceX，不投资特斯拉。原因就是他在课上讲的，SpaceX 在它的领域垄断性非常强，而特斯拉的领域竞争性太强。

学生：实际上，他做了非常对的选择。新能源车的准入门槛比较低。

计划从全球 MBA 首期班开始参加排名

学生：我们在找工作的时候，MBA 的排名是非常重要的。如果你说是清华 MBA，那用人单位会搜索，我们现在不是很清楚这方面的事情。

钱颖一：关于参加 MBA 排名问题我们讨论过很久。你们是第一届全球 MBA，我们希望从你们这届开始参加 *FT*（《金融时报》）排名。清华在中国的声誉很高，在全球也处于上升阶段。学院希望从全球 MBA 开始参加排名，所以你们任重道远。当然要等你们毕业三年后才能开始参加。

我们的国际 EMBA 项目，也就是 TIEMBA 项目在 FT 排名很好。2012 年第一次排名排到全球第四，第二次排名排第三，第三次排名排第二，2015 年第四次排名排第一。我们对你们参加排名有很高的期许。

我所做的很多工作都是为了能从各个方面为清华经管学院争取资源。比如我请扎克伯克来清华，他就把他在清华经管学院的演讲照片做成了他的头像，放在他的 Facebook 上，他在 Facebook 上的粉丝非常多。我邀请了扎克伯格、马斯克和蒂尔，所有这些人到中国来，就来清华经管学院，这对我们的同学创业很有激励。

学生：我在美国商学院的同学会问我，你们怎么能请到那么多有名的大咖到你们学院?

钱颖一：这是我的工作。为了跟他们保持联系，我一直在努力。

学生：这些名人真是做了很棒的决定，他们来清华经管学院，而不是去别的学院。

钱颖一：是的，他们愿意来我们学院。他们以后也愿意再来。你们应该利用好这些资源和机会。

更多海外合作

学生：我们这个全球 MBA 项目是跟 MIT 合作的项目，那清华经管学院有计划再推出其他新项目吗？我选择这个项目之前也做了大量调研，我们这个项目的班级是相对小的。

钱颖一：我们跟哥伦比亚大学也有一个合作项目。现在跟我 10 年前刚当院长的时候不可同日而语了。我们现在有很多选择，很多海外院校都想跟我们合作。

过去 20 年来，MIT 为中国做了很多事情，包括我们所在的这栋大楼，就是 MIT 校友伍舜德捐赠并以他命名的。MIT 的确为我们做了很多，我非常感谢他们的努力。现在，MIT 感到中国的高校已经成长了很多。但我们仍需要向他们取经。

学生：EMBA 和 MBA 的区别是什么？

钱颖一：EMBA 和 MBA 这两个项目的整体设计是不同的。在排名上，MBA 比 EMBA 的竞争度大很多。在哈佛和斯坦福，MBA 是他们的主要项目，他们都没有 EMBA 项目。在北美，有 MBA 项目的学校比 EMBA 多得多，即使有 EMBA 项目，与 MBA 项目相比，规模也小得多。

学生：我们的 MBA 项目是不是也在和苏世民书院竞争？

钱颖一：我们没有跟他们竞争。他们录取的学生中大部分是刚从大学本科毕业的，工作经验不是必要的。他们跟罗德学者竞争，不是跟我们竞争。他们比较看重与政府机构、公共机构的关系，侧重点完全不一样。

清华周边的创新企业

钱颖一：清华的位置很关键，我们在北京，在中关村，在创新的中心。我们能够吸引到很厉害的人来这里，像马斯克等。过去深圳有很厉害的创业公司，比如华为、腾讯。现在北京也开始有厉害的创业公司了，小米就在北京。

学生：小米在创新方面不是很好，但营销不错。

钱颖一：华为的创新很好，有很多新技术。

学生：华为对新技术研发投入是很多的，比 BAT 等公司投入的都要多。华为自己开发了很多专利，从去年开始，华为比苹果申请的专利还要多。苹果都要从华为购买专利了。

钱颖一：上周三微软的 CEO 纳德拉来访清华的时候，他就去了小米。小米从微软购买了大量的专利。我上周去了小米。

学生：小米目前的状态不是太好，我觉得。

钱颖一：那是你的印象。小米的 4K 曲屏电视才卖 2 000 多元，看上去都能跟三星比拼了，价格只有三星的 1/3，卖得这么便宜，我真是不能相信。居然很多人不知道小米的这个产品。很少人知道小米生产电视。

学生：他们不挣钱啊。

钱颖一：这是他们的策略，他们不挣钱，但也不亏钱。除了价格让我惊讶之外，他们的产品感觉也很不错。雷军很迷乔布斯，同时很崇尚 Costco（开市客，美国的一家会员超市）。他非常想同时实现高品质和低价格。虽然很多人不相信，但他想要实现这个目标，也为此努力。小米的试用店离这里很近，在五彩城。我的感觉是，你现在可以用低廉的价格换来很多高科技产品。这在五年前是难以想象的。

学生：我经常去深圳，接触了很多电子硬件生产公司。很多厂商会直接问你，想要什么样的摄像头？什么样的硬件？他们会直接提供比小米还要低的价格。跟很多知名企业的产品相比，小米在创新和产品异质性上还是有欠缺。

钱颖一：我记得你们班上还有一位德国学生，今天没有来吗？

学生：没有，他有工作，来不了。

钱颖一：我们下周跟慕尼黑工业大学签一份协议。在一年前的“下午茶”上，我问过他，我很想在德国找一个合作伙伴，因为我们有很多美国的公司和合作院校，但是还没有德国的。他给我推荐了一些，其中就有慕尼黑工业大学。下周默克尔访华的时候，我们就要跟慕尼黑工业大学签协议了。去年 9 月，我去过德国，去了慕尼黑工业大学的创业中心，他们说这是欧洲最大的。

学生：可能吧。那协议是什么时候签？我可以告诉他。

钱颖一：大约是下周一。

学生：蒂尔在清华讲课的时候，有一个美国人也来了，写了一篇很有名的文章，大意是说因为清华大学，北京现在很像美国的硅谷。您看过这篇文章吗？

钱颖一：我知道他。他在蒂尔讲课的时候来清华这事我不知道。但是，就我个人观点来看，我觉得在中国最像硅谷的地方还是深圳。

学生：我同意。

（译自英文）

MBA学生与院长共品下午茶（英文场）

（2016年11月29日）

顾问委员会更加多元化

钱颖一：从2006年9月我开始担任清华大学经管学院院长，至今已经10年了。这期间我花了很大的精力来维护和发展我们学院的顾问委员会。众所周知，这是一个极为出色的顾问委员会，连哈佛商学院和斯坦福商学院的院长都认为这个顾问委员会不可思议。

这个顾问委员会在2000年成立，当时的学院院长是朱镕基，他是国务院总理。顾问委员会首届主席是保尔森，他当时是高盛的CEO，后来担任过美国财政部长。保尔森现在致力于保尔森研究院，集中在两方面的研究，一个是中国，一个是环保，这两者有重叠。比如他组织了一个由中美企业家参加的环保理事会，其中有一些是学院顾问委员会委员，像沃尔玛CEO董明伦（Doug McMillon）、阿里巴巴主席马云、通用汽车公司CEO玛丽·博拉，这些人都很关注环保问题。

我们这个顾问委员会中有很多非常出色的人，其中有很多著名大公司的CEO，例如苹果、微软、IBM、Facebook、特斯拉等。下个月学院会发出一份通知，我们同Facebook合作在下学期开出一门课程。这是Facebook帮助开设的有关创新创业的课程。你们到清华来读MBA，付出了很高的机会成本。你们放弃了自己的工作，想要改变自己，改变职业发展方向。所以，我们想为你们提供一个不同的教育机会。

中国的BAT（百度、阿里巴巴、腾讯）的创始人都在我们的顾问委员会上。我首先邀请了李彦宏加入我们的顾问委员会，他是北大毕业的。之后我又邀请了马云加入顾问委员会，两年前我还请他来学院做毕业典礼演讲，那是在阿里巴巴上市之前。后来我又邀请马化腾加入了顾问委员会，这样 BAT 就全了。马化腾是工科生，是一个性格内敛的人。在今年我和他的对话中，他谈了很多他的经历，谈了他是怎样从一个工科生变成一个企业领导者的。

学生：我想就这个顾问委员会的多样性说一下。在这个顾问委员会里，大多是企业的 CEO，我在想我们是不是能邀请一些非营利组织，比如世界银行的官员加入。这能帮助我们更好地理解经济。

钱颖一：现任官员加入不是很方便。保尔森担任财政部长后就暂时不来参会了。我们今年邀请了两位经济学家加入我们的顾问委员会。我会想办法让顾问委员会更加多元化。

走进顾问委员企业

钱颖一：我们这个顾问委员会的一些活动与你们有直接的关系。在刚开始的几年里，我们邀请他们来论坛做演讲。在后面的几年中，因为有很多硅谷来的人，他们不习惯于做演讲，所以就以对话的形式开展，而我就无意之中成了业余对话主持人。这其中有库克、马斯克、马化腾等。

今年我们又有一个创新，组织学生去了三家顾问委员企业在中国的分公司参观，分别是微软、壳牌和百威英博。我希望他们能够接纳我们的学生去做实习生，甚至参加到他们的全球管理培训计划中。实际上我们和法国安盛已经开展了类似的项目，安盛是总部在巴黎的全球最大的保险公司，也是我们的顾问委员企业。实际上，他们已经聘用了我们学院的实习生。我想对你们说的是，你们要充分利用这些机会，当这些人来的时候，你们可以去争取。

学生：您是怎么让这些人加入顾问委员会的呢?

钱颖一：我告诉他们我们的学生有多么聪明、多么优秀；我们的学校和学院有多么重要；我是在帮助他们了解中国，了解中国下一代的领袖。这有点像你向富人争取捐赠的时候，你做的不是向他们要钱，而是在帮他们一个忙，帮他们找到人生的意义。

学生：您做了什么事情，让这个顾问委员会不同于其他学院组织的？

钱颖一：要靠努力。我前不久刚刚请到一家德国公司加入顾问委员会。德国的制造业很发达，但我们的顾问委员会一直没有德国制造业企业。德国公司的治理规则不同于英美，有监事会、管理委员会等。在美国公司，CEO通常很出名，但是德国公司不太一样。明年你们将有机会接触到来自德国的顾问委员会委员。

学生：您对我们以后该怎么利用这些资源有什么建议？

钱颖一：除了教学层面之外，你们关注的是实习和工作。我们这儿已经有在微软、中信、日产工作过的同学，这些都是我们的顾问委员企业。从机构层面来说，我们想和这些企业合作，让学生有更多的实习和工作机会，比如今年我们走进了三家公司，或许明年我们就有六家或者更多的公司与我们合作。有很多方法让我们和这些公司及其高管接触，一个比较直接的方式就是你去参观这家公司，然后和这家公司的工作人员取得联系。

改进信息发布机制

学生：我们了解到学院顾问委员会是一个很好的机构。我带来了同学们的一个问题。有关顾问委员走进课堂的信息对我们 MBA 同学来说不是很透明。我们在座的很多人不是很清楚每次活动有多少座位，是怎么分配的。我听说这些信息先是传达到学院内的一些社团，然后他们在最后时刻才发微信推送让学生知道，而且很不正式。我们在座的很多人都是在最后时刻才知道有这个活动的。

钱颖一：我之前一直忙于同这些委员沟通，没有关注每一场走进课堂活动的座位安排。我记得有一个组中有全球 MBA 项目的大卫同学参与。你也在这个组里吗？

学生：不是，我是在 Facebook 投资人吉姆·布雷耶那个组。

钱颖一：那你们是怎么知道清华经管创业者加速器邀请了他的？

学生：我们差不多是在最后时刻才知道有这回事。

钱颖一：事实上，顾问委员会委员的日程是多变的，有的时候他们在最后时刻才决定过来，或者他们因为日程计划改变在最后时刻取消了。下一年，我们会有更好、更周密的安排。

顾问委员走进学院课堂只是一部分。我们还有清华管理全球论坛，这是对所有学生开放的，但是座位也有限。我们还有同顾问委员的午餐会，但只能邀请少数校友参加，并没有对学生开放。我们还有参观顾问委员企业的机会。不过顾问委员走进课堂是最容易安排的，布雷耶上次在课堂上待了几个小时。他是我们顾问委员会现任主席。

学生：我还是在想这一类的信息如果使用邮件通知学生的话，会更加正式。

钱颖一：我其实也是一个习惯用邮件的人。

学生：这会变得很透明。还有一方面就是，很多交换生之所以选择清华而不是北大，有一部分原因就是这个顾问委员会，因为他们觉得这个顾问委员会拥有庞大的资源。但是如果没有一个正式的、官方的联系方式或者说信息发布邮箱，这会显得很不正式。

学生：我还有一个问题，就是当我们面对两个平行活动的时候，就不得不做出选择，选了这个，就得不到另外一个。而且不同的活动面向不同的人，比如 MIT 院长那场就面向全球 MBA，而马云那场就面向 EMBA。

钱颖一：这里面涉及组织落实问题。每场走进课堂活动我们都要有对接的部门，这样才好落实到位。比如这场是对接 EMBA 的，那场是对接全球 MBA 的，还有对接 x-lab 的，等等。这都是为了组织活动的需要，并不是只对这个项目的学生开放，而是也对其他项目的学生开放。当然有可能信息传递中出现了问题。你们应该大部分人都去了马云那场吧？你们是从哪儿得知马云演讲的信息的？那场是交给 EMBA 中心落实的。

学生：我本来是不知道的，去听网络金融课的时候，在一个微信群上知道的。我只是知道有一场演讲，但并不知道是谁主讲。

钱颖一：我们会更加注意这类活动的消息发布机制，让它变得更加透明、正式。

学生：我有一个问题，为什么讲座不在其他会场开呢，有的会场可以容纳两倍于现在这个会场的人。

钱颖一：很多情况是演讲嘉宾的选择。上次苹果公司的库克来演讲，他们的一组人来清华看场地，看过清华的好几个报告厅，最后选择了我们学院的报告厅。微软则选择了清华大礼堂。在通常情况下，我会让他们选择。我们学院的报告厅设计合理，演讲人与听众较近，演讲的效果好。

学生：我认为他们是过来给我们演讲，受益者是我们，所以我觉得会场还是大一点好，这样能过来听的人更多，受益的人也更多。

钱颖一：我们在伟伦楼大厅放了一个大屏幕，可以看直播。

有效利用资源，充分发掘潜能

学生：我们在这儿读 MBA，两年之后我们就要开始自己新的职业生涯，有的人则会创建自己的公司，您在此对我们有什么建议或者有什么希望？

钱颖一：我对你们今后的职业生涯没有具体建议，我也没有希望你们成为什么样的人，这一点你们一定要清楚。我只希望你们每个人既要成功，也要开心。人不尽相同，每个人都有自己的选择。对成功的理解各有不同，取得成功又有很多不同的路径。你们需要有效利用你们能得到的资源，充分发掘自己的潜能，做好你们自己，做你们想做的。

学生：我觉得我们虽然是在读 MBA，但是交流能力同样也是十分重要的。比如我们就会有一些需要演讲的场合，比如以后去公司做报告之类的。我就和我的朋友，面对面演讲，录音录像，互相指出彼此的不足。但是这种方法很局限，我希望的是我们有相关的课程训练我们怎么做报告、演讲。

钱颖一：我们在 2009 年对 MBA 课程做了改革，第一学期就有一门课程是“管理沟通”，涉及演讲。你们有整整两天时间训练如何做报告、演讲。顺便说一下，我虽然有四个学位，但是没有 MBA 学位，我也没有上过沟通类课程。我是从实践中学习，学会说服，学会演讲，所以干中学也是重要的。

学生：清华有这么丰富的资源，为什么不像哈佛那样提供商业案例？

钱颖一：我们的案例中心每年会提供 50～60 个案例，会给哈佛商学院平台提供 8 个英文案例，他们对中国案例的需求是很高的。值得一提的就是，我们刚完成了一个写清华控股的案例。清华控股在近几年很进取，它的旗下有同方、紫光、启迪等公司，应该是现今中国最大的大学所有的控股公司。

学生：您怎么看待清华 MBA 的未来，因为这儿拥有庞大的资源，很多学生都想来这里修读，您对清华 MBA 招生规模有什么想法？

钱颖一：我们对这方面有明确的战略。我们的 MBA 项目就是小而精，不扩大规模，重点放在如何提高它的质量，提升它在国际上的知名度。虽然我们办得不错，但是我们还不满足。我们刻意在向全球化转型，招生标准也变得越来越高。

（译自英文）

MBA 学生与院长共品下午茶（英文场）

（2017 年 5 月 26 日）

在 Facebook 课程中组队“创业”

钱颖一： 我想听一听大家上 Facebook 课程的感受。去年 8 月，我去了 Facebook，讨论了 Facebook 在教育上怎样帮助清华经管学院。后来我们决定设立一门与 Facebook 联合举办的课程。我见了扎克伯格，他非常支持这个想法。这个学期我们就启动了这门课程，两天之前结课了。我们一共有 38 个团队参加了最后环节的比赛，有 10 个团队胜出，做了最后的展示。除了一个团队外，每一个团队都是既有男生，又有女生。我们学院的 MBA 学生分散在各个团队里。在非常短的时间里，大家合作得非常好。我想听一听大家的体验，学到了什么，今后可以做什么改进。我会把大家的反馈意见和 Facebook 进行沟通。

学生： 确实学习效果很好，不同学院的同学之间有很好的协作。我们也非常喜欢所有的展示。

钱颖一： 那个做人工智能翻译的全球 MBA 同学是巴塞罗那来的。他的演讲有自信，而且他和你有目光的交流，能抓住你的注意力，这是他的优势。做人工智能翻译很有市场。我们有好的中国教师，但语言确实是个障碍。有人在三年前就跟我说，还有两年，机器翻译就成熟了。但是我们至今还没有看到这个技术可以应用在教学上。这些大企业，包括科大讯飞和谷歌，都是做通用的机器翻译，但是有一些特定市场，比如 MBA 课程，就需要有公司专门开发。这就是你们的团队在做的。你们的团队里面还有其他院系的学生吗？

学生：有学建筑的，也有学电子的，还有来自 MBA 在职班的。我们在课程第一天就组成了团队，因为我们要关注技术问题。

钱颖一：你们去听杨乐昆（Yann LeCun）的讲座了吗？他是这个领域非常令人尊敬的专家，是神经网络算法的三大创始人之一。他是法国人，后来去了加拿大，现在是 Facebook 人工智能研究院院长。你们觉得他的讲座有意思吗？

学生：他讲的东西很深，很前沿。他说以后机器可以进行想象，产生意向，而不完全接受人的指令。你给机器输入一些不同的图像、不同的颜色，机器可以开始自己的想象。他讲的是 CNN，就是卷积神经网络，他是卷积神经网络之父，做了很多非结构性学习的研究。他在讲座中说翻译其实以后可以由人工智能取代。那天在他的讲座上，他也在使用人工智能测试翻译技术。

钱颖一：2016 年确实是一个里程碑式的年份。人工智能做人脸识别，成功率超过了人。人也会犯错，准确率也就是 95% 左右，但是去年机器的准确率达到了 96%，第一次超过了人类。人类翻译的准确率是 86%，机器翻译从理论上来说可以优于人。如果这方面取得成功的话，会产生非常大的影响，对我们的 MBA 项目也会产生很大的影响。现在大家只能上英文课程，这就有比较大的限制，因为英文课程的数量是有限的。但是，如果机器翻译以后可用的话，就会出现极大的变化。我不知道这个技术会不会很快成熟。

学生：他们的团队现在根据微软提供的翻译服务在开发自己的应用，他们并没有做底层的基础研究。

钱颖一：所以他们主要是做补充性的服务。这个行业需要纵向的链条，有做基础研究的，也要有做应用的。机器翻译会出错，所以需要不断地自我修正，改进算法，这样才能够做得更好。那位建筑系的女生做了什么贡献呢？

学生：她带来了多元性，还做了设计和视频，而且还做了标识的设计，所以她主要做设计的工作。

钱颖一：大家觉得这门课主要的收获是什么？学到了什么？最有价值的收获是什么？

学生：我觉得最重要的就是我们和经管学院之外的同学进行了合作。我们掌握的技能都很相似，我们很少有理工科背景的技能，比如计算机。所以我觉得来自不同院系、不同背景的人组成一个多元团队非常关键。大家的思路都不一样，这其实非常重要。这也是为什么我觉得我们这样取得的结果，要比只是我们院内同学组成团队好很多。

钱颖一：你是哪个团队？

学生：我们没有进入决赛，我们只是讲了自己的想法，参与了竞争。我觉得多元化非常重要，我们和不同院系的人合作，可以解决很多资源缺乏的问题。我们的题目主要是应用，不像其他团队的题目可能有一点疯狂，和现实距离非常远，所以我们最后的项目难度并不高。我们还有来自医学院的。他还讲到了人脸识别和人工智能，清华在这个领域的技术已经非常先进了。如果能够经常听一些这样的讲座会很有帮助。

学生：我觉得 Facebook 课程就是教给你如何利用大学现有的一些基础技术，然后利用不同的资源应用这些技术。有一些技术可能是领先的，我们做的这个项目，其实一开始我们不知道怎么做，比如搜集信号，可能是血液、大脑、肌肉的信号。我们需要自己做很多研究，做筛选。

钱颖一：你们是怎么选的癌症发现这个项目的？

学生：我们有来自航空航天学院的，他们起到了一定的帮助作用，否则利用各种信号发现癌症还是很难的。航空航天学院已经开发出了一种技术，可以对身体进行扫描，所以我们希望能够组建一个团队，真正把身体扫描技术商用化，用于探索癌症的早期发现。

钱颖一：你们怎么组成的团队？谁在聘请谁？

学生：我们一开始就是自己讲，讲可以做什么，然后面试一些人，谁懂技术谁面试。我们有一位是学知识产权法的，还有一位是做产品设计的。还有来自沃顿的一位交换生。我觉得另外一个非常有意思的现象，就是这边有不少的海外交换生，对交换生来说这也是一种体验。等这些交换生回去之后，参与 Facebook 的课，确实可以帮助清华经管学院建立非常好的海外声誉。

钱颖一：是的。大家一共上了七次 Facebook 的课。大家觉得哪次讲座非常有意思？

学生：我喜欢最后一次讲座，就是讲怎么在跨国大企业中，最后选择退出，然后自己创业。还有一些讲座是比较宽泛的，有些内容比如人力资源管理我们已经比较熟悉了。不过它对法学、工程这些院系的学生来说是很有帮助的。我觉得总的来说，这些讲座都非常好。

钱颖一：你提到了和其他院系学生的互动。你觉得他们的思维方式和我们的思路非常不一样，是吗？

学生：我们用的语言，或者说我们想要描述的方式都不一样。来自法学院的学生说，我不想这么说，我不想这么措辞。还有一个来自设计学院的学生，想法也不一样。

钱颖一：有律师，是吧？

学生：是的，来自法学院的同学，他做了很多知识产权法的研究。我们最后做了 40 张幻灯片，他做了很多的准备工作和调研。尽管我们最后在竞赛中没有胜出，但是已经有风投来联系我们了。我们可能确实能够把自己的想法变为现实。

钱颖一：后续你有什么计划呢？

学生：我们想要融一轮资，用于生产产品原型。

评价比赛中胜出的项目

钱颖一：我很好奇最后是 AiHrt 这个项目胜出了。大家觉得 AiHrt 项目有哪些有价值的东西？

学生：我觉得这个项目本身是非常好的。但我觉得它的技术不太可能真正落实，技术实际上还不成熟。

学生：我们团队得到的评语是没有太多考虑资金的问题，这是肯定的，因为我们这个项目是在大学里进行的。我们是和医生一起设计，我们没有资金进行真正的产品开发，但是这并不能成为一个评判的标准，因为风投是提供钱的，不是我们自己筹钱。可能校长杯更公正一点，因为它的举办已经时间很长了。我们这个项目就是三个月的时间。

钱颖一：我们的评委的考核标准不是看这个项目明天就能赚钱。关键要看你做这个项目在课程中取得了多少进展。当我们设计这门课程的时候，我当时也考虑过这个问题，你真正落实的时候就会看到各种各样的问题。风投是专家，但是他们确实是以快速回报作为评价标准的。但我们的平台是一个教育平台，大家都是从零开始做项目，而且时间都非常短。这门课程本身也是一个初创项目，是一个初创课程。所以，这也是为什么我特别想听大家的意见。如果你是评委，除了你自己的项目之外，你最佩服的是哪一个项目？

学生：“Mastery”，那个 VR 交互手套项目，赢得了三等奖。

钱颖一：我也觉得这个项目非常棒。我还很喜欢做机器翻译的团队，那个阿卡都智能翻译项目，他们获得了二等奖。

还有其他你们觉得很厉害的团队吗？易咖（Yee Coffee）也获得了三等奖。谁是来自易咖团队的？你们已经把咖啡机部署到清华，已经有 50 多台了。这是没有进入障碍的，别人可以抄袭你的做法，是吗？

学生：我们是自己开发的咖啡机，自己设计的机器芯片，还有云上面的软件，所以我们是唯一一个可以既生产软件又生产硬件芯片的公司。

钱颖一：如果他们想效仿你们的话，没有你们这些技术，就没有办法提供高质量的服务吗？

学生：只能六个月之后。我们知道有一些品牌，他们也在清华安装了咖啡机，但是他们都是从广州的一个生产商那里买的机器，所以没有专利。我们现在已经开始申请专利了，包括硬件和软件的专利。

钱颖一：你们的机器只做咖啡不做茶，对吗？

学生：茶和咖啡是非常不一样的东西，我们现在还不做茶。我们团队不仅有商业开发团队，还有研发，包括硬软件的研发。

钱颖一：是谁一开始有这样的想法的？

学生：在职班的一个同学。

钱颖一：是他聘请了你们吗？我想知道这个想法是怎么出来的？

学生：一开始就是他已经有了一台咖啡机，在 6 号楼，去年就安装了。他觉得这是一门很好的生意，可以赚很多钱，所以想要找人和他一起合作。之后找了 11 个共同创始人。因为需要一些硬件软件的工程师，还有一些做市场营销的、做设计的，所以最后团队规模很大。

我们有来自 x-lab 的导师。导师很有帮助，非常好。他们花了很多时间参与我们的项目。他们有一些是企业家，有一些是投资人，所以有非常多的专业知识，给我们的项目提供了非常多的建议。

钱颖一：你们下一步要做什么，要融资吗？

学生：我们想生产更多咖啡机。然后做市场推广，包括在北京还有其他城市。我们在为融资做准备。在 Facebook 课程和比赛结束之后，就有一位风投来跟我们接触了，他不是评委里面的风投，是听众，然后直接过来找我们讨论融资的问题。他对我们这个项目非常感兴趣。

如何改进 Facebook 课程？

钱颖一：大家对今后的发展有什么建议，我们怎样改进这门课程？

学生：我觉得以后应当让每一个团队自己决定怎样更好地介绍自己的产品。另外还需要有评估，有评分，就像你给学生打分一样，要有更全面的评分表。希望能够看到每一个项目处于不同的开发状态。用一个统一的评分系统评价所有不同阶段的项目是不合适的。所以，我觉得需要让团队自己决定用最令人信服的方式介绍自己的项目产品。

钱颖一：是谁从 38 个项目里选出的前 10 名，是评委选的吗？

学生：有一半是评委决定的，有一半是听众决定的。我怀疑他们没有考虑听众的投票，因为听众的数据实在是太多了。还有一个问题，如果听众里你的朋友越多，你的支持票数肯定也会越多。

钱颖一：我知道易咖有很多朋友参加，每一次都给你们助威，因为你们给了好多的免费咖啡券，是吧？

学生：因为好多同学都说想在网上买咖啡。但是伟伦楼咖啡店早晨六点还没有开门，而晚上六点就关门了。我们是 24 小时可以买到咖啡的。伟伦楼咖啡一杯是 16 元，我们是 9 ~ 10 元。

钱颖一：星巴克 CEO 霍华德·舒尔茨（Howard Schultz）过来演讲的时候，你去听他的讲座了吗？

学生：我没有，但是我们团队有的成员去了。

钱颖一：他确实是非常具有启迪性。他家是纽约布鲁克林的一个贫困家庭，之后他上了北密歇根大学。密歇根州分成两部分，在密歇根湖北岸有一所大学叫北密歇根大学。因为你是来自印第安纳州的，你可以想象。

学生：他确实是背景贫困，但是他的成功非常令人瞩目。

钱颖一：还有其他什么建议？

学生：还是如何对学生进行评价打分。我觉得评委关注项目的改进，我们需要了解在课程一开始的时候，这个项目是什么样的状况，看一看每个团队给这个项目产生了多少附加值，所以评委关注的应该是增加值。

钱颖一：这个建议很好。项目都是处在不同阶段的，你可以说我们在团队创建的时候，这个项目是什么样的，现在发展到什么样了，所以评委应该是从这个角度打分。这是很重要的一个经验。我们也是在不断学习。应该奖励的是创造更大价值的团队，就是在这三个月里创造更多价值的团队。

学生：以后可以分成两到三类：一类从零开始，一类从中间开始，一类比较成熟的项目。这样的话，才可能进行比较判断。

钱颖一：好，这是一个很好的建议，我们会考虑。还有哪些公司我们可以和他们合作，做类似的这种项目吗？宝马怎么样？你是来自德国的。

学生：我对汽车行业不感兴趣。我对社会企业比较感兴趣。我看这 10 个得奖的项目里面，没有一个是社会事业型的项目。我觉得治疗癌症不属于社会事业，因为社会事业是非营利的，癌症这个项目还是营利性的。

钱颖一：你在这里待了八个月，你觉得这里是不是有很多的创业活动？

学生：那肯定是。现在大家都在谈创业，我们处于泡沫当中，大家别忘了这一点。但是大家都充满了抱负，我以前去过的大学从来没有这种气氛，我觉得这种氛围很酷，而且我也没有上过像 Facebook 课程这样联系实际的课程。

学生：我们很多同学拿出自己的全部精力做这个项目。所有人都是从早到晚一直在做这个项目，都做得非常努力。一方面因为这是竞赛，所以大家都一直在努力想要最终获胜。

MBA 课程再改进

钱颖一：除了这门课程，还有其他课程大家觉得有意思，或者想要提一些建议的吗？

学生：现在已经是第 14 周了，下一周第 15 周后我们第一年基本快要结束了。我觉得课程表上没有和谈判相关的课程，但是我觉得谈判是很重要的一个技能。其实你和风险资本谈话时，不仅是推荐，也是和他们谈判。

钱颖一：我们有“管理沟通”课。

学生：我们想学谈判心理学，不仅是谈判。谈判一方面是博弈，另一方面就是心理学。我们可以办一个关于谈判的类似于 Facebook 的这种课程，大家可以竞赛。当然沟通也是涉及谈判这一块，但还不够。

钱颖一：我们的沟通课中只有四讲是关于谈判的。所以，你们都觉得谈判很重要，是非常重要的技能？

学生：应该补充拓展与谈判相关的内容。现在沟通课里只有四讲是关于谈判的，这肯定是不够的，应该进一步拓展。

钱颖一：除了谈判课，大家还有其他建议吗？

学生：还有营销课。集中在四天里，可能时间太短了。

钱颖一：教营销课的是来自 MIT 的一位华人教授，她是清华经管本科毕业的，之后去伯克利念的博士，现在在 MIT 拿到了终身教职。可能是因为时间的限制，这门课被缩到了一周，的确太短了。还有其他教营销课的老师吗？

没准她可以和其他老师合教这门课？

学生：还有选修课，比如“营销研究”“消费者心理”“数字营销”等。但是因为时间上都有冲突，我没法选。

使用学生团队的技术做机器翻译

钱颖一：有了机器翻译的新技术，你们是不是可以尝试一下上中文课？我们下个学期试一试？比如说教市场营销的教授教得非常好，但他只能用中文讲。我们请好多企业家来讲，他们也只讲中文。如果我们不试的话，永远也不会有这个开始。如果没有了语言限制，那我们的全球 MBA 学生就可以选更多的课。现在你们只能上用英语讲授的课，课程种类就非常少。

学生：我觉得可以。我本来是想用中文发言，但是我中文很差，所以如果有机器翻译技术的话，肯定可以做很好的补充。

钱颖一：你用英语发言，大家实时会看到中文的译文。

学生：我在 6 月份做过一次 β 测试。

钱颖一：我们可以试一下。你们的技术是不是下个学期可以应用，我们确实想要实践起来，在一些课上用你们的技术。

学生：这也是我们短期的目标，就是我们希望能够让这个技术在清华尽快实现应用。我们昨天也在竞赛结束后讨论了项目的下一步发展，正在研究我们是不是可以进一步和科大讯飞合作，不断改善自己的产品。清华肯定有很多音视频，我们希望能够建立自己的线上图书馆，把这些音视频的资料都放到图书馆里，这样就可以直接用这些音视频资源，而不是从零开始。

钱颖一：我们可以先从营销课开始，你把老师的讲课录音放到你的图书馆里。

学生：我们非常希望能够为清华做这样一门课，而且也是对全球 MBA 的一个很大贡献。其实我们自己一直在做测试，有一些课，比如伦理课，我们就在做测试，有时候效果挺好，有时候不太好。但是，这样我们可以拿到一些很好的反馈意见，所以我们也非常希望能够在清华更多地测试自己的产品。

我们希望选一门课以老师讲为主，因为如果有很多互动的话，可能课堂效果很好，但是我们做翻译就很难。

钱颖一：我明白，就是先选老师讲课为主的课。

学生：科大讯飞和你们的技术之间有什么区别，你们是在合作还是竞争？

学生：我们和他们不是竞争关系。我们是起到补充作用。实际上我们用的是科大讯飞的技术做翻译。因为我们相信他们已经花了大量精力来做翻译软件，是不可能和他们竞争的，所以我们是和他们合作。我们开发出来这样的图书馆是一个专门市场，对科大讯飞这样的大公司来说，他们开发专业图书馆是很难的，所以我们就专门提供这样的服务。对 MBA 课程来说，我们希望能够有更好的准确率。他们的准确率只有 80%，我们建立这样的专门图书馆，可以把准确率从 80% 提升到 95%，老师们会经常讲到专业术语，这和其他类型的材料是不一样的。关键就是要提升最后一公里的质量，即从 80% 提升到 95% 的准确率，因为只有 80% 的准确率，就没有人愿意用。这实际上就是你们想要的，是很大的一块市场。

钱颖一：科大讯飞已经宣布他们能够实现 99% 的正确率。但是他们说的都是在一些具体语境下的。比如，我能用英语讨论 99% 有关经济商业的问题，但是如果你让我讨论医学问题，我用英文只能讲 50%。对科大讯飞来说，日常沟通可能准确率在 99%，但是如果要做专业领域，就很难了，因为涉及很多术语，很多专门的句型。

（译自英文）

MBA 学生与院长共品下午茶（英文场）

（2017 年 12 月 4 日）

保尔森的书《与中国打交道》

钱颖一：今天来参加“下午茶”的大部分同学是在今年秋季入学的。在过去几个月，大家看到中国发生了很多事情。我们学院召开了顾问委员会会议，引起国内外关注。我不知道你们中有多少人参加了相关活动？我作为院长确实要花很多时间组织顾问委员会的活动，要“管理”这些委员可是不容易，他们每一个人都是非常成功的企业家。

关于这个顾问委员会的历史，推荐大家去读保尔森的那本书《与中国打交道》（*Dealing with China*）。他的这本书是去年出版的。

这本书分为三部分。第一部分是讲与中国做生意。在 20 世纪 90 年代末和 21 世纪初的时候，保尔森是高盛的 CEO。他讲了很多很有意思的故事，比如你要在中国认识人，你要善于寻找机会。高盛帮助中国国有企业改革，在美国上市，当然高盛也从中赚了很多钱。中国的国有银行在 21 世纪初的时候都处于财务上破产的状态，后来进行了资产重组，其中重要的步骤就是引入战略投资者。高盛是工商银行的战略投资者，在 IPO（首次公开募股）之前就做了投资。

第二部分讲到他做了美国财政部长以后启动了中美经济战略对话。这是在 2008 年金融危机之后，当时他的谈判对手就是王岐山。王岐山当时是中国主管金融的副总理。20 年前保尔森就认识王岐山，当时保尔森是高盛 CEO，王岐山是中国建设银行行长，他们在一起谈生意。在金融危机之后，他们成为各自政府的代表，谈两国之间的合作，也有很多有意思的故事。政府之间谈判和企业之间谈判是不一样的。

书的第三部分就是他从政府退休之后，成立了一个以他名字命名的智库，主要关注环境问题和中国问题。书中的这三部分，分别讲的是做商人、做政治家和做非营利智库。

这本书第七章的标题是“走向成功的学院”，专门讲我们学院的顾问委员会是怎么创立的。那是在 1998 年到 2000 年期间。书中有非常有意思的介绍，主要是讲他和朱镕基总理之间的讨论。如果你们感兴趣的话，可以读一读这一章。

顾问委员会探究

钱颖一：顾问委员会在不断发展。在 2000 年成立的时候，他们提出的第一条建议就是要做非学位的高管教育。所以我们是中国商学院中最早建立高管教育中心的。开始时，顾问委员会只是开内部会议，后来我们又增加了对学生开放的活动。比如今年我们就有 17 场顾问委员走进清华经管课堂的活动，还有一场在清华管理全球论坛上我与罗伯茨的对话。有一些活动对社会开放，有一些只对清华学生开放，我们是希望能够给学生提供这些机会。另外一方面，我们的顾问委员也对了解清华学生的想法很感兴趣，希望了解清华的学生怎么看世界，等等。

我们很幸运，能够有这样一个顾问委员会。格林伯格（Maurice Greenberg）已经 92 岁了，他曾经是 AIG（美国国际集团）的 CEO，那时 AIG 是全球最大的保险公司。他现在是 CV Starr（史带）保险公司的 CEO。CV Starr 捐助了美国大学中的若干东亚图书馆，包括伯克利加州大学的东亚图书馆、哥伦比亚大学的东亚图书馆，都是以 CV Starr 命名的。CV Starr 保险公司是 1919 年在上海创立的，创始人就是 CV Starr。之后发展得非常成功，成为世界上最大的保险公司之一，AIG 曾经是它的一个子公司。格林伯格从 60 年代末就是 AIG 的 CEO，一直到 10 年前。

CV Starr 与清华有什么关系呢？清华在 1911 年建立时是留美预备学校。

当时清华学校在《纽约时报》上刊登了广告，聘请美国人来清华教书。其中有一个应聘的人就是老弗里曼（Mansfield Freeman）。他在清华任教一段时间后就去了上海的 CV Starr 保险公司工作。他在清华工作时生了一个儿子，是小弗里曼（Houghton Freeman）。他后来成为我们学院的顾问委员，并以他父亲的名义捐赠了两个讲席教授席位。我们学院的白重恩和李稻葵教授就是弗里曼讲席教授。

在过去几年，我们邀请了更多知名企业家加入顾问委员会。大家现在都知道苏世民书院。10 年前我邀请苏世民加入顾问委员会，他那时候都念不好清华的名字，他说这个发音很难念。他每年都来参加顾问委员会会议，已经 11 年了。他为苏世民书院捐了 1 亿美元，同时自己又另外筹了 4.5 亿美元，一共 5.5 亿美元。我不知道大家有没有去过苏世民书院？有没有参加过那里的一些讲座？

还有桑顿（John Thornton），他以前是高盛的联席总裁，现在是巴瑞克公司的董事会主席，这是一家资源公司。桑顿的儿子在他 14 岁的时候就来中国待了一年。后来在哈佛读本科，是非常有名的网球运动员。他回到美国之后写了一本书，叫作《美丽的国家》，是写中国的。他后来成为苏世民书院的第一届学生。

我们顾问委员会有很多与大家相关的活动。三周以前我们在学院办了一场招聘会，就是邀请我们的顾问委员企业来。来了不少家，有阿里巴巴、百度、腾讯、IBM、微软、保尔森研究院、CV Starr、日产汽车等，这非常有助于给我们的学生提供招聘机会。这是顾问委员企业发挥的又一作用。

今年的顾问委员会会议很特别。在十九大之后习近平主席第一次会见的外宾就是我们经管学院顾问委员会委员，成为重大新闻。不仅国内的《新闻联播》和所有主流媒体都报道了，海外媒体包括《华尔街日报》《纽约时报》、彭博新闻社等也都报道了。扎克伯格是最年轻的委员，只有 33 岁。格林伯格年龄最大，今年 92 岁。他是一个非常有活力的老人，今年已经是第四次来到中国，92 岁还每天都在工作。他白天在这里参加顾问委员会会议，晚宴结束后就飞回纽约。

学生：我来自制药行业，我希望您能聘请一些制药行业的企业家。

钱颖一：我们之前有过顾问委员来自制药公司。我们确实希望能够让顾问委员会更加多元化。在过去几年，我们请了一些新的顾问委员，他们来自硅谷、来自西雅图，都是高科技企业。康卡斯特今年加入，是媒体娱乐行业的。它开始时做有线电视，之后把 NBC 和环球影视收购了。他们现在在通州建一个很大的环球主题公园。

现在市值第一的上市公司是苹果，第二是谷歌，第三是微软，第四有的时候是亚马逊，有的时候是 Facebook，之后就是阿里巴巴和腾讯了。所以在全球市值排在前七的上市公司里有五个在我们的顾问委员会中，只有谷歌和亚马逊不在。诺基亚和摩托罗拉也都在我们的顾问委员会中，顾问委员会刚成立的时候它们是世界上最大的手机公司。

培养批判性思维能力

学生：我觉得我们的顾问委员会非常了不起，请来了非常了不起的人。而且他们对中国好奇，一旦来到中国，就会发现实际看到的中国和书里的中国是不一样的。我也想给大家提供一些我的反馈。我觉得中国教育有一个比较普遍的问题：在海外大学或者中学里，我们经历过的是你要自己思考很多，特别注重批判性思维，但是在中国的大学，这种训练比较少。

钱颖一：我完全同意你对批判性思维的看法。有两家美国的商学院，耶鲁和斯坦福，在十年前就开始这样做了。比如，斯坦福引入了一门新课程，Critical and Analytical Thinking（CAT），就是批判性与分析性思维。这门课上他们会用很多案例，第一个案例就是 2008 年谷歌退出中国。谷歌是不是应该在那个时候从中国退出，这里没有唯一正确的回答，需要你独立思考，论证你的回答。

我们学院从 2011 年开始为本科生开设了一门课叫作“批判性思维与道德推理”，也是最成功的本科课程之一。这也是中国大学中第一次开设这样的课程。我还专门邀请了哈佛大学桑德尔教授来我们学院的这门课上一堂课。我们知道中国教育有很多优点，主要体现在知识传授，但是学生的批判性思维很薄弱。MBA 的课程中我们有管理沟通课，包括沟通和谈判。我相信批判性思维是非常重要的技能，尤其是对中国学生。虽然美国教育中也有很多问题，但是批判性思维能力的培养是他们的优势。中国正相反，中国的教育在传授知识方面非常成功，但是在批判性思维方面很弱。

学生：您提到这点很好。作为 MBA 课程来说，像斯坦福的学生也很喜欢这样的课，但是成本很高。要有效的话，就必须要有小班，比如 12 个学生一个班上课，要写大量的东西，还要有大量的教授反馈。所以时间花得要比普通的课程多好几倍。

钱颖一：是的。本科生在毕业之前，我总会问他们觉得清华的哪门课最有帮助？很多人都说是这门“批判性思维与道德推理”课。

学生：我觉得不一定专门设这样一门批判性思维的课，每门课里都要融入一些批判性思维。

钱颖一：是的。大家可能听说过尼尔·弗格森，他是历史学家，是哈佛教授，去年他去了斯坦福的胡佛研究所。他研究商业史、金融史，写过罗斯柴尔德家族史，他还写过基辛格传。他明天就会来清华，在这边待三天，在经管学院做两个讲座。去年春季学期，我请他来讲过课，他来教了一门两个学分的课程，讲过去 500 年间中国和西方接触的历史。今年我本来希望他能再来上一门课，但是他只能来做两场讲座。他就是用批判性思维重新审视历史。

跨院系融合是方向

学生：我已经来这里四个月了，我发现清华校园里面有一些有意思的东西，是我以前不知道的。比如 3D 打印实验室，在 i-Center 那边的楼里。我觉得我是从来没有听说过的。这确实非常酷。你可以进行原型创作，然后把它打印出来。

钱颖一：我不知道你们有没有去过 x-lab？在某种程度上，i-Center 是和我们清华经管学院牵头办的 x-lab 在竞争。我们的 x-lab 是联合清华 14 家院系办的。我们现在做的不比哈佛商学院的 i-lab 差了。

清华 x-lab 联系的这些院系，比如计算机科学、电子工程等，以前都是没有办法协调的。但是在我们建立 x-lab 之后就可以协调了。我们学院除了 x-lab 之外，还有一个创业者加速器，位于中关村创业一条街，是由我们学院管理的。你如果要做一些项目，需要加速器的支持，可以去那里得到帮助。所以我们建立了创业教育的完整链条。

学生：这个 x-lab 更关注商业，而 i-Center 更关注产品。对于我们这样的学生来说，您觉得我们需要什么才能进一步整合？

钱颖一：我们是希望 x-lab 能够通过同另外 14 家院系的合作，实现管理与工程、设计等学科的融合。我们希望能够增强团队建设。今年春季学期我们和 Facebook 联合开设了一门课程，有 200 多名学生参加了这门课程。每六个人组成一个团队，一共有 38 个团队，每一个团队都必须要有来自不同院系的同学。最后有评选，最终的获胜者将出席 Facebook 的年度 F8 全球大会。这门课程就是我们的 x-lab 组织的。

学生：我就讲一点，需要您的建议。我们正在做一个图形代码的研究，清华有一位教授是化学工程专家。我们希望能够解决一个重要的工程问题。我们不知道是否有这样的猎头公司，能够给我们介绍这些专家。比如提供一些场所，或者喝咖啡的机会，让我们和这些科学家有见面的机会。现在我把所有资源都用上了，因为清华的化学工程很强，但关键是我不认识他们。在中国，你必须要有人给你介绍，和在美国是完全不一样的。

钱颖一：你就说我是清华经管的 MBA 学生，我有一个特别好的想法。

学生：我就是这么做的，就是通过自我推销卖我的咖啡机。所以现在我都知道各个院系的办公室主任，都认识他们了。

学生：我也得到了教授的推荐和指引做一些研究项目。我们去找人的话，如果有商业计划书，就会更容易一些。比如说我们知道这个技术可以做什么，但是有时候有很大的不确定性。我们是 MBA 学生，要有批判性思维，如果我们能知道各个院系在做什么新研究，就会更好。

学生：我参与了咖啡机项目易咖，是为校园等公共场所设计的自助式现磨咖啡售卖机及运营平台。这是我们的第三代产品，我们是中国最大的生产商之一，可以说是中国最好的机器生产商。我也希望在今后几周我们会提供一些非常好的实习机会，这也是感谢经管学院老师的帮助。我们希望能够在清华投放 40 台这样的机器。在清华之前我们已经销售了 10 万杯咖啡。

钱颖一：你们有没有拓展清华之外的大学？

学生：现在已经拓展到 40 所大学，有几千台咖啡机，我们一方面要有硬件，您可能不相信，这种咖啡机是很难有供应链的，以前是没有的。

钱颖一：我还以为中国什么供应链都有。

学生：大家可以看一看，旧的咖啡机都是韩国、意大利、瑞士、德国生产的，没有任何咖啡机是中国产的，因为以前这个市场非常小，没有人会生产咖啡机。一台咖啡机总共有 60 个部件，所以要获得所有部件的供应链非常难。还有咖啡豆，我们也和云南保山还有其他城市在讨论咖啡豆的供应问题。这是很有挑战性的事业。到今年 10 月，我们已经实现了成本收益平衡，已经收回成本了。

学好中文才能深入了解中国

学生：我觉得如果你想要融入中国商业文化，很重要的一点就是你要会讲一点中文，这是一个必要的要求。

钱颖一：苏世民书院就不要求学生会中文，因为你要求的中文水平越高，能被选上的优秀学生就越少。如果将来人工智能成熟了，我们就有机器做同声传译了。或者如果很多外国学生的中文水平有明显提高了，那就好了。

学生：我们说到了语言问题。我觉得学中文非常重要，我也在探索学校的各种资源，所以我非常希望把不同水平的汉语课程都纳入我们的课程表。作为外国人，我们要学中文的话，可能一周只学几个小时。我们希望能够有一些商务汉语，而不是那些与 MBA 完全没有关系的汉语课程。

钱颖一：你能用商务汉语课程替代规定的汉语课程吗？

学生：不行，因为我在汉语中心注册交了学费，那里的老师是清华的老师。

学生：我们已经在学校待了三个月。我们看到有很多讲座，都是鼓励我们接触金融以外的其他行业。但是 CDC 只提供金融机构的机会。我们怎么做才能找到其他行业的机会？

钱颖一：我给大家讲一下为什么会是这样的。传统上，金融机构在招聘上做得非常好，特别是投资银行。比如像高盛这样的投资银行，他们非常主动和积极地到校园来招聘，告诉毕业生可以赚很多钱，但是他们不告诉你每天要工作多少小时。现在这种情况正在改变。我们在不断推动像日产汽车、IBM 等企业来校园招聘，并且要他们讲自己的故事。现在同过去也不一样了。如果你比较这一级的 MBA 学生和以前的 MBA 学生，可能这一级有更多工科背景的学生。以往我们学院的本科生都是全校高考最高分录取进来的，但是今年开始不是这样了，今年不少高考最高分的学生去了计算机系，就是为了学人工智能。当然，我们的招生情况还是非常好，只是没有计算机那么热。金融行业知道怎么推销自己，一直能讲很好听的故事。非金融业招聘需要用更多的时间和学生沟通，讲好自己的故事。

学生：所以像我这样背景的学生，就要跟上这种趋势，因为我们以前是做金融会计的工作，没有工科背景。

钱颖一：我觉得你要建立团队，找到有这方面背景的人。只有工科背景也不行，没有办法设计产品，没有办法写商业计划。所以，你要建立团队，要和不同背景的人合作。这是 MBA 教育的目的，不是只学一些课程。

我有个建议给大家，就是在我们的 MBA 项目里，课程表之外的一些课外活动非常重要。还有一个是大家没有提到但是我觉得很重要的，就是现在你们应该进一步了解中共十九大，这对于你们理解中国会很有帮助，它不仅是政治的，也和商业有关系。

学生：您觉得现在学院面临的最大挑战是什么呢？

钱颖一：最大的挑战就是清华经管学院要成为世界一流的商学院。北大和清华要成为世界一流大学，这是国家在 1998 年提出的，期望在 2020 年实现。到了 2030 年，北大和清华要成为世界一流大学的前列，到 2050 年左右要成为世界顶尖大学。

学生：这具体指的是什么？

钱颖一：我的一个理解是，顶尖就是前 10 名，前列就是前 30 名，一流就是前 50 名。我们学院是清华大学里的一所学院，我们学院的目标要和大学的目标保持一致。所以，这对我们来说是一大挑战。

（译自英文）

MBA 学生与院长共品下午茶（英文场）

（2018 年 5 月 21 日）

第一年学习，第二年实习？

钱颖一：我这里有大家的名单，我注意到只有一年级的学生。二年级的学生还没有毕业，我们的“下午茶”是向两个年级都开放的，为什么会出现这种情况呢？一个原因可能是沟通上有问题，第二个原因可能是二年级的学生都去实习了，不在学校，所以没有来。

学生：确实很奇怪。我的一个假设就是二年级的人都去实习了，所以才没有来。

钱颖一：对一年级的学生来说，有的人可能也开始做实习了吧？我知道从一年级就开始做实习的人越来越多。我们这个项目是全时的。为什么在一年级要做实习？

学生：我们有很多人都是国际学生，需要更长时间更多准备才能够找到一份好工作。所以，在一年级我们就开始做实习，要比从第二年做会更好一些。

学生：我们的课程主要集中在周一和周二这两天。我们在周三周四周五留出时间就可以做实习。也不是所有人都可以这样。第二学期实习的人可能更多一些。

钱颖一：一年级有多少人在做实习？

学生：一年级有 40% 的同学在第二学期开始实习。因为这样的话，可以为以后找工作做好准备。因为有了实习工作，他们也会在暑假接着实习。

钱颖一：如果你做实习，你学习的时间就减少了。中国学生也是这样吗？

学生：中国学生也在做实习，只要我们能够找到机会。

钱颖一：你没有做实习？你们是想在二年级做实习，从暑假开始，是吗？你有没有找到什么机会，有没有什么暑假实习的计划？

学生：有两种。第一种是大企业有一些专门针对学生的暑期实习计划。第二种时间会更长，需要你拿出更多的时间，有一些是从 9 月份就开始了，一直要做到现在。在暑期的时候，可能实习的时间还要进一步增加。

学生：我们希望能够把课程的时间调整一下，使得一年级的同学有集中的时间可以做实习。我们希望课程的设计也可以鼓励大家去实习。

钱颖一：我想要听大家的意见。有的人觉得因为要在第一年专心学习，所以应该对实习有所限制。第二种意见相反，就是不要任何限制，甚至鼓励大家去实习。所以，我们现在面临两种选择。

学生：我个人的观点，就是因为现在出现了很多快速变化，传统的 MBA 课程是两年，我们希望能够把内容进行浓缩，第一年课程密集一些，第二年留出时间做实习。

学生：我自己认为，因为这是一个全球 MBA 项目，有很多国际学生，他们需要一定的时间，不仅了解中国，也需要时间进行实践。所以，我们需要有更多时间了解不同行业在中国怎么运作，要关注这些行业的实际情况。这样才能真正培养出两年之后了解各个行业、真正能够用得上的人才。

我觉得有两种设计方法。一种方法就是第一年完全学习，第二年可以选择是上课还是实习，可以选。另外一种方法，就是把课程分散到两年，但只是上午有课。

钱颖一：所以你提出这两种选择。

学生：比如到金融机构实习，确实可以提供很多附加值，让我们了解这类工作或者公司的实际运转状况是什么样的。有些学生可能觉得没有得到很好的支持，学校并不支持他们去实习。我们希望第一年集中学习，第二年可以留出更多的时间去实习。在哈佛商学院，他们也会集中在第一年让学生投入大量时间和精力在学习上，在第二年可能时间安排就比较松散。

课程强度大还是松散?

钱颖一：我们强调质量，强调学习强度。是不是现在强度并不是那么大，因此有的同学就觉得还需要再去做点别的，就去做实习了？大家觉得整个课程设计的强度够不够？还是说有些松散？你觉得哪门课程是需要投入精力最多的？

学生：“公司金融”是需要花最多精力的。这门课内容非常多，讲得有点太难了。我们好多课程比如“领导力开发”的课程，内容简单，留的课后作业也少，对国际生来说没有什么挑战性。对中国学生来说，有一些课程是比较难的，但是有一些课程确实有点太简单了。有些课程作业留得特别多，大家觉得根本就完不成，而有些课程我们觉得作业又特别少。

钱颖一：作业是另外一个问题。有的人总会比较中文版的课程和英文版的课程，因为有的人两种都上了。大家是不是觉得英文课程不如中文课程好，我不知道大家是不是有这种观点？

学生：我觉得是这样。特别是“组织行为”课。我们更喜欢在职班的 MBA 课程，因为是中文的。那不是唯一的原因，而且不仅是语言的问题，在职班的中文课程的内容结构更好。

钱颖一：我们有一些好教授不能用英文教课，但是他们讲的内容非常好。我们有两种教授，一种是可以讲英文的，还有一种是英文不那么好的。我一直让 MBA 中心试着用人工智能提供翻译，但是现在还是做不到。我们应该培训机器，让机器熟悉教授的口音，才能慢慢了解教授的讲话习惯。否则，我们解决不了这个问题。

助教的作用

学生：有的时候我会问助教一些问题，但是得不到有效的答案。我认为这也会影响学习的质量。

钱颖一：你觉得助教的作用应该是什么？

学生：他们应该促进我们完成知识学习过程。而且他们也要懂所有的课程内容，这样的话他们帮教授判作业也会更容易。他们应该深入参与学习过程。如果助教全程参与上课的过程，他们就知道老师讲了什么。

我以前在多伦多大学做过助教，在那里学习了六年，助教的作用就是要做很多教授做不了的事情。助教要参与一些小组讨论，帮助学生更好地理解。而且对每个学生来说，他们的要求也不一样。所以，助教不只是判判作业而已。学生的期待也不一样，有一些课程是必修课，像"公司金融"，期待就更高。

钱颖一：关于助教的问题，大家从所选的课程里面，给我举一个你觉得助教做得非常出色的例子。

学生：无论我问什么，DMD 的助教都能够回答我的问题。

钱颖一："会计学"的助教呢?

学生：他会给我们做复习，而且他不仅回答我们的问题，还会给我们复习整个概念。

提升课程效率

学生：我觉得因为我们的背景都不一样，有的人已经拿到了财务或者经济学的硕士，对这样的学生来说，他们应该选择那种更具挑战性的课程。但是有些人只对宏观知识感兴趣，不想了解这么细。所以学生应该有更多的选择。

钱颖一：这是 MBA 学生的特点。有的是学过经济学的，有的是获得过会计硕士的，有的是有理工科基础的，大家的背景学科都很不一样。这对所有商学院来说都是一个挑战。DMD、"管理经济学"和"会计学"这三门课都需要有事先的数学、经济学和会计学训练。有的人学过，有的人没有学过。所以我们在夏天提供线上课程。这样就可以让学生补一些数学、经济学和会计学方面的知识。但那只是中文的，对英文班来说，就没有这样的机会。确实不能一概而论，说这些课程太简单，或者太难，因为你们背景太不一样了。

学生：一堂课上三个小时太长了，效率非常低。

钱颖一：分成两次上课更好？

学生：可能有的教授不愿意拆开，一周只过来一次，他们的时间有限。对一般学生来说，坚持三个小时听一堂课，很难保持聚精会神。

钱颖一：我记得有一些教授说，如果一次讲三个小时，我讲的内容比两次一个半小时加起来要多。因为一次三个小时的话，就不需要两次开始的铺垫和最后的总结，所以有一些教授愿意这样。

学生：我觉得如果你真上一个半小时强度非常大的课，大家还都是可以保持精力集中的，但是三个小时真的很难做到。

钱颖一：教室的纪律要求你不能在教室里接电话，这是规则，对吧？

学生：这完全取决于教授。有一些教授特别严格，有些教授可能管得没有那么严。"商业伦理"课是完全不让你玩手机的，课堂纪律非常严。

钱颖一：大家是喜欢大班还是小班？你喜欢大班，其他人呢？小班？

学生：有的人想上大班，可能他们希望有更多的资源。现在的规模还是非常好的。

学生：我觉得不是人数的问题。我看过一些 200 多人的大班，他们上课互动性非常强，关键在于教师如何启发学生。即使 40 个人这样的小班，既不一定就能够保证讨论得非常成功，也不能够确保百分之百的人都参与讨论。可能跟人数并没有直接的关系。要让学生能够积极参与进来，需要调动学生的积极性，否则，可能即使学生来上课，大家坐在后边根本不参与讨论，而且他们也会觉得这门课自己照样能过。

教学评估

学生：我们那边的老师基本上都不做研究，所以他们非常重视教学评估。但是我觉得在这里有一些教授可能更重视研究成果，而不是教学评估。

钱颖一：对研究型大学来说，尤其是对那些年轻教师来说，在他们还没有拿到长聘之前，关注的首先是研究。对获得了长聘的教师来说，研究也可以给他们提供更高的学术地位。

在研究型大学里，清华是非常重视教学的，比如说教学评估，如果你落到全校的后5%，就会有非常严重的后果，没有办法获得晋升。其他大学并没有真正执行这样的规则，但清华是在全校执行的。清华非常重视教学。当然，我并不是说我们对教学质量都满意了。教授们自然而然地会更重视研究，因为我们是研究型大学。大家的教学评估非常重要，我们会把大家的意见反馈给教授。

老师给全球MBA上课不容易，用英文给全球MBA上这种有挑战性的课程，难度很高，因为大家的要求高，背景差别又非常大。教师如果有选择，他们不会主动给全球MBA上课。在职班只在周末和晚上上课，尽管学费更高，但是他们的机会成本低。对于全时班的你们来说，机会成本更高，所以要求也更高。

我们已经把英文授课分出来单独做教学评估，尽管我们做了这样的安排，教师们仍然会觉得用中文上课更轻松一些。所以，我们要奖励和鼓励教师用英文上课，让他们能够获得认可。

学习中文的必要性

钱颖一：除了课程，尤其是对国际生来说，你们还希望获得什么样更多的资源？

学生：我有两点要说。第一就是我基本不会说中文，我非常感谢学校录取我这样的学生，能够让我来这里学习。但是，如果以后像我这样不懂中文的学生越来越多，我觉得有帮助的一个做法就是在夏天入学之前开设比较密集的中文语言课。这样的话，我们可以做好准备。我是提前一个月来学语言的，这对我后面九个月的学习有非常大的帮助。我是每周学五天，学了两个半月。清华的资源95%是中文的，当然我的中文还不够好，但是至少我想到了这个问题。

钱颖一：语言课贵吗？

学生：就是在五道口学的，按照旧金山的标准，不贵。

钱颖一：我觉得 MBA 课程可以考虑加上学习中文的准备过程。

学生：参观清华的实验室，因为都是中文讲解的，所以我们没法受益。

学生：我觉得学院应该更注意学中文这个问题。我学了六年中文，但是我两年没用，现在又忘了很多。我们上课的时候，老师就都鼓励大家学中文。

钱颖一：这是一个新问题。我看到大家越来越觉得学中文是必要的。

学生：我觉得需要学一些基本中文。我们一方面要达到汉语六级的要求，还要学一些商务中文。虽然我学了六年中文，但我发现老师很多时候都是用汉语六级以上的语言来教的，我只能听懂 40%。我们都希望能够提前学习中文。

学生：我学了 13 年中文，非常有帮助。如果你想要充分利用清华的各种资源，还有北京的各种资源，你要上课或者对话等，很多时候都是用中文进行的。但是对我来说很有挑战，我可能有时候只能听懂 80%。如果你不会中文，除非你有特别丰富的经验，否则要在中国找工作，就会非常难。如果一些国际生想要留在中国，想要找到好的工作，都得会说点中文，所以必须要重视中文学习。

我想第一年如果把中文作为必修课，会对我们的课程非常有帮助。如果你不讲中文，以后到中国的公司你也没有办法充分利用那里的资源。现在我了解到的这些中国公司，他们都是中文环境，所以你要是在那样的环境里不懂中文，是没有办法生存下去的。中文可能现在还不是必要技能，5 ~10 年以后，就会成为必要的技能。而且有很多文化方面的东西，你也是需要了解的。所以，学中文才能在中国成功生存下去。

钱颖一：我比其他人都更希望以后人工智能的语言翻译技术会发挥作用。我们愿意为这种服务付费，这个市场的需求是非常大的。我们有一些教授知识非常渊博，但是英语还不够好。

学生：我和您分享一下我的经验。我之前去了日本，我在日本的时候，就开始学日语，我觉得在日本日语学习是必修的，因为如果你不规定必修，很多人最后根本过不了语言关。我在三年级的时候，能够懂 50% ~60% 的日语。我是当时在日本的国际生，我后来完全可以听懂日语的讲课了。

钱颖一：所以你建议中文也应该成为必修课。我担心这样的话可能会丢失一些好的生源。

（译自英文）

第三编
硕士生与院长共品下午茶

第六章
2010—2018 学年

硕士生与院长共品下午茶

（2010 年 11 月 26 日）

主持人：今年入学的 2010 级硕士生是学院启动改革前的最后一届硕士生。从 2011 级开始硕士生就会按照学术型、综合应用型和专业应用型三种类型培养。请钱院长再给我们介绍一下硕士项目的改革。

硕士项目转型的整体布局

钱颖一：我给大家介绍一下学院进行的研究生改革，它的来龙去脉以及它的意义。

我国从 1979 年开始恢复研究生教育。开始时只有硕士，所以研究生就是专指硕士研究生。刚开始的时候硕士教育是三年，而且全部都是学术导向的。所谓研究生，就是为了研究。其实英文 graduate student 这个词是指本科后学生的意思，并没有研究的意思。

这段历史很重要。因为它解释了硕士培养最初都是学术型或者说研究型的。在当时博士生还没有或很少的情况下，硕士就是小博士。当年最早的一批硕士研究生成为后来高校教师里面非常重要的骨干。

随着中国经济发展，教育也快速发展，博士培养也越来越成规模。再有就是硕士也开始有了专业硕士（Professional Master's）。最早是 1991 年试点办的 MBA，这是我国第一个专业硕士学位。后来增加了好多种，比如今年又批准了十几种专业硕士。

所以，硕士生培养要与时俱进。现在教育部有一个很明确的导向，就是硕士培养要以专业硕士、应用型硕士为主。而学术型人才的培养，现在的情况和 30 年前很不一样了，就是要通过博士项目来培养。

其实在过去 10 年中，我们的普通硕士毕业生绝大部分已经不做学术研究，而是去了业界工作。我们经管学院一直走在清华教学改革的前列。比如，我们的 MBA 改革在三年前就启动了，我们的本科生改革也在去年启动了。作为清华的改革试点学院，我们在去年跟学校研究生院沟通，学校也希望我们学院在硕士改革上能起引领作用，加快向专业硕士和应用型硕士转型。

去年 12 月以来，我同白重恩老师和朱玉杰老师一直都在与学校沟通，终于在今年暑假之前拿出了一个方案。我在今年的开学典礼上也有简略介绍。9 月的时候学校有一个教书育人研讨会。今年的主题就是硕士生培养如何向应用型转型。我在会上介绍了经管学院的方案。

根据教育部的管理，我们学院的硕士分为两类：专业硕士和普通硕士。我们的 MBA 就是专业硕士。下一年开始的金融硕士也是专业硕士，我们的 MPAcc 会计硕士也是专业硕士。学院其他的硕士都是普通硕士。改革以后，我们把学院的硕士项目（MBA 和 EMBA 除外）分为三类五个项目：

第一类就是学术型项目，包括经济学硕士和管理科学与工程硕士两个项目。这与过去没有什么太大的差别。但是，这两个项目的规模都减少了。我们保留这两个学术型项目的原因是这两个学科从学术的角度讲都是比较基础性的。在培养方针上，我们希望这些学生可以继续做研究或者攻读博士，即使不读博士也是希望这些学生能去研究机构，从事研究性质的工作。

第二类是专业应用型，它包括已经被批准的两个专业硕士项目，即金融硕士和会计硕士。会计和金融有清晰的领域定义和就业的行业定义。会计就更清晰，因为它有行业资格考试。金融没有行业考试，不过它有系统的课程。

第三类是我们这次设计了一个全新的综合应用型硕士，我们叫管理硕士，英文是 Master in Management，简称 MiM。这个项目合并了以往的四个管理类硕士项目，在学科分类上它们都是工商管理类的。这是经过了多年的思考，并且参考了近年来国际上许多商学院的做法。我们是国内第一家学院开设这个 MiM 管理硕士项目的。

MiM 有几个特点。首先这是综合性的，不像会计和金融这样专门一个领域。从学科的覆盖性来讲，类似 MBA 甚至要更宽一些，因为它可能还包括一些应用经济学的范围。再有就是它是从本科生中直接招，不需要工作经验。根据我们的调查，市场上对这类学位有很大的需求。特别是因为我们是从本科生中直接招，包括我们自己学院的顶尖本科生，所以生源非常优秀。因为他们还没有工作过，所以他们的知识是连续的，在知识的深度和系统性方面会超过 MBA 课程。当然它也有不足，就是这些同学没有工作经验，他们理解现实问题比较困难。

我们第一次开办 MiM，首届招生 40 名，其中 33 名是免试推荐的，还有 7 名是公开考试的，现在报了 200 多人。金融硕士是国家刚刚批准的专业硕士，不只是我们一所学校，很多学校都办。我们学院的一个特点是除了在本校招 40 名金融硕士以外，我们还在深圳与深圳研究生院合作额外招 90 人，所以总计 130 人。

这就是今年硕士项目改革的大体脉络。大家也可以看到我们改革的脉络很清晰，就是为了适应经济的发展，适应国家和社会的需求。我们把硕士的绝大部分，都转到应用型或者是综合应用型，或者是专业应用型。此后，学院把培养学术研究型学生的全部精力放在博士生上。

建立学术型项目的支持机制

主持人：非常感谢钱院长给我们阐述了硕士项目改革的整体思路。我们目前仍然保留了管理科学与工程和经济学这两个学术型硕士项目，那么不知道学院有没有为这些硕士生继续提供学术资源？

白重恩老师：第一，我们现在很多硕士生都在选博士生的课。如果以后打算做研究的话，就应该选博士生的课。第二，我们的一些老师，不管是经济系还是管理科学与工程系的，都会组织一些研讨班。通过参加这些研讨班，硕士生跟高年级的同学一起读论文，讨论问题。第三，我们每周都有学术报告会（seminar），请外面的人来讲他们的研究。在自己还没有找到研究方向的时候，先了解人家在做什么东西，听学术报告会是最好的机会。第四，就是我们每年都会组织一些学术研讨会，一般来说比较集中在春季。比如金融系每年会有一个国际金融学年会，经济系每年会有一个宏观经济学国际研讨会，一个计量经济学国际研讨会，一个发展经济学国际研讨会，一个国际经济学国际研讨会，我们正在筹备一个公共经济学国际研讨会。这些研讨会都不是很大的会，人数在 50 人以下，会花很多时间讨论每一篇论文。如果你对这五个方向之一感兴趣，你可以听两天，这是很重要的。最后一个就是除了参加老师组织的研讨班以外，还可以找老师做助研，这也是上手的一个好机会，能够尽早跟老师做一些学术研究，至少会让自己知道这份工作是否适合自己。所以，有很多方面可以帮助我们的学生为未来的学术研究做准备。

钱颖一：将来想要做学术研究的同学，你们的主动性很重要，这些资源都在我们这里，我相信搜寻它的成本也没那么高。刚才白老师说的这么多研讨会都是机会，大家应该有主动性去发现，而不是觉得你要是不规定去我就不去。

白重恩老师：主动性真的很重要。比如刚才说的学术报告会。报告会主讲人来之前，同学们可以跟我们组织学术报告会的老师联系。因为我们请这些人来的时候，跟他们都有一个没有明文的约定，就是他们有义务坐下来，跟我们的老师和学生谈研究。现在经济系是这样的，每次学术报告会之前都会有日程表，就是愿意跟主讲人谈的人我们都给他排好，每人排半个小时，现在主要是老师在利用这样的机会。同学们也完全可以利用这样的机会。没有任何规定说我们的同学不可以找主讲人跟他谈半个小时。如果有这个意愿，你可以跟系秘书联系，系秘书可以和学术报告会的组织者联系，告诉他有学生愿意跟他聊天。

学生：我想问一个问题，学术报告会我们会去听，但是他的论文不会发给我们，这样我们没办法提前知道这个演讲人讲些什么。

白重恩老师：这方面我们会改善，把论文提前发到网上。还有就是你看到他的论文题目，可以上谷歌搜索一下，有 50% 以上的机会这篇论文是可以找到的，因为一般国外的学者都会把论文放在某一个地方。找一找，估计都能找得到。

学生：关于学术会议，您说有五个方向的，我们如果想去听的话，我只能听一个，还是能听好几个？我们没读过这些文章去听是否也可以？

白重恩老师：因为我们的会议都是放在不同的时间，所以如果想都去听的话是可以的。如果对自己未来的研究方向比较明确，那就去参加跟你的研究方向比较接近的那个。我们都会在会前把文章放到网络上。以后在经济系的网页上会有这些会议的信息和论文。

学生：我是普硕一年级的学生，之前也听过一些报告，就是一些教授跟大家交流如何做学术，如何写论文，但是这些报告多半是针对博士研究生和青年教师的。我的问题是对我们硕士研究生来说，如何在较短的时间内完成自己的学术研究，写一篇质量较好的文章？在选题方面是不是应该有所不同？

白重恩老师：我觉得这些研究报告很难说哪些是针对老师的，哪些是针对博士生的，哪些是针对硕士生的。不管硕士生的研究还是博士生的研究还是老师的研究，它都有共同的地方，当然也有不同的地方。共同的地方就是要找一个好的题目，其实去听这些学术报告，最主要的是了解人家为什么要做这个题目，就是我们说的你要学会有品位（taste），知道一个好的题目是什么，一个不好的题目是什么，这是需要积累的。所以，从这点上没有区别。当然，还是要听导师的，导师可能会更有把握，他知道什么题目更适合你。

为毕业生提供就业支持

学生：我是管科2010级的硕士生。据我了解，大多数硕士生都是毕业之后直接就业了。管科（管理科学与工程）的就业方向不是很明确，不像金融、会计，他们有很明确的就业方向，因此大家都有一些迷茫。

钱颖一：与你们这个系比较相关的就是工业工程系。工业工程的就业方向比你们更明确吗？

学生：他们是工科，相对来说比较明确。工业工程系也有管理科学的硕士生，但是他们可能集中于运营管理这方面。咱们的管科除了运营管理还有信息管理。

钱颖一：信息管理不也是一个很明确的方向吗？

学生：我对运营管理和信息管理这两个方向都比较感兴趣。

改进海外交换项目

学生：有人问到关于出国交换方面的问题，就是与此相关的条件、时间、流程，以及对毕业的影响。

朱玉杰老师：其实硕士生出国交换我们给的政策是比较宽松的，每年给的名额也挺多的。但是，申请的学生不太够。我们的硕士大体上第一年课基本上修完了，如果是第二年的上学期去交换，走之前把论文题目准备好，回来后基本可以赶上正常毕业。所以，我们的硕士出去交换的，两年正常毕业的很多。当然也有个别硕士，因为他有一些找工作的原因会拖到两年半或三年。制度上不会有任何障碍，主要还是取决于同学们自身的判断和想法。你自己得早做打算，不能说已经出去了，然后发现还没有开题，又希望能按时毕业，那就会有问题。所以，提醒大家一定要把事情想在前面，这样的话，肯定不会影响大家的毕业。

其实最大的问题不是学业，而是就业。正好那个学期是你们找工作的时期，秋季去交换的话会影响找工作。

钱颖一：那如果交换放在春季学期呢？

朱玉杰老师：写论文倒是可以在国外写，这不是最大的问题。但是，他们那个时候心思不在交换上。很多学生其实 12 月份过了以后就陆陆续续跟着招聘单位在做很多事情了。有时候是被动的，是企业有这样的要求。

钱颖一：这是短期利益和长期利益问题。从短期看，赶快去工作可以把工作搞定，似乎有价值。如果大家觉得硕士的最后半年没有什么价值，那就改成一年半算了，那不是挺好的嘛，为什么要拖到两年？

朱玉杰老师：我们是不允许他们提前半年毕业的，但我知道的硕士生全都在实习。

学生：想问一下交换的问题，有没有互相承认课时学分的这种交换，以后有没有考虑过一些联合培养的项目?

钱颖一：我们一直在积极探索。我们三年前就想把会计项目跟国外的一个学校做成双学位项目。国外的学校都很保守，不愿意把学位拿出来，会计项目就谈了很多年。管理硕士项目我们也正在做，请白老师谈一谈。

白重恩老师：有一个组织叫 CEMS（管理硕士国际联盟），是一个商学院联盟，我们正在成为它的正式成员，钱老师下周要去参加它们的一个会议。成为正式成员后不仅可以到其他成员学校访问，而且还可以拿 CEMS 的一个硕士学位。未来希望我们的硕士项目有更多这样的双学位机会。这也要看同学们的需求有多强。

硕士生与院长共品下午茶

（2011 年 12 月 2 日）

硕士项目改革后的挑战

钱颖一：我们以前一直有“本科生下午茶”，两三年前开始也做了“研究生下午茶”。过去我们没有研究生招生手册，现在也有了。我们学院本科生有新年晚会叫“冬情”，但研究生以前没有。我们推动研究生两年前也搞了一个，今年我们开始做大了，有清华的四个学院联合起来搞。这个新年晚会是清华里面唯一一个专为研究生办的院级新年晚会。这次的合办院系全是理工科的，以后可以探索更好的模式。

研究生的“院长下午茶”、研究生招生手册、研究生新年晚会，这三项活动都是近几年我们在推动的。

我们的几个硕士项目还处于创业阶段。你们是管理硕士（MiM）项目和金融专业硕士项目的第一级学生。第一级学生总有非常纠结的地方。咱们经管学院本科第一级是 1980 级。你去问问他们，一方面他们很得意，是第一届。但是你再仔细问，因为那时候上课的老师都是从清华各个院系调来的，并不是经管专业的，所以上课质量很有问题。这是开创阶段的共同特点。回顾历史的时候，既有很自豪的时候，同时又要承受创业时期的苦恼。

我做院长后推教学项目改革，最先是 MBA，从四年前开始。昨天我有两场和 MBA 同学的“下午茶”，分别是国际班和中文班。大家都接受了现在的课程结构，觉得很好，当然教育质量还有待提高。第二个推动的教学项目改

---

* 该篇为“研究生与院长下午茶”中的硕士生部分。

革是两年前开始的本科通识教育，是很大的改革，现在这些课程也都到位了。第三个改革，就是从去年开始的研究生项目改革，硕士项目重新定位，博士项目学术导向，这些都是系统性改革。

MBA 项目改革放在最先是有道理的，这是我们学院学生人数最多的单一教学项目，也是商学院的标志性项目。中国的专业硕士项目也是从 MBA 开始的。本科项目改革比较复杂，牵涉不少外院系给我们上课。而且本科项目具有一般性，对其他学院和大学都有示范效应。但最复杂的是研究生项目，其中的博士项目与世界一流的差距最大，而硕士项目品种多，有学术型的、专业型的，还有应用型的。国外的经验可以参考，但情况不太一样。比如，美国大学就没有那么多硕士项目。研究生项目改革放在后面不是说对它不重视，而是因为它的挑战更大。

管理硕士（MiM）这个项目，今年我们是第一年推出。很多课程是延续过去的，你们上完一个学期下来，可以提建议来调整。我们的 MBA 课程改革就做了调整，原来把整合实践项目放在第一年的最后两个月，后来发现时间特别紧，同学们提了意见后现在放到了第二年。MiM 这个项目也一样。这样的话，你们就变成了改革参与者，而不仅是受众。

金融改为专业硕士之后，我们就没有学术型金融硕士了。美国的金融专业硕士也是在过去这几年才搞起来的，原来也没有。金融专业硕士怎么提高，也希望听你们的建议，很值得探讨。

会计硕士 MPAcc 是“强加”给我们的。我们原来有会计硕士，金融危机后，一定要增加专业硕士。MPAcc 是给本科非会计专业的学生开设的，会计要从头教起。如果我是学化学工程的，我来到 MPAcc 项目两年，我照样能毕业。但是如果本科就是会计专业，到了 MPAcc 还能学新内容吗？这是一个挑战。

增加主动性

学生：我们现在有很多话想说，但是没有什么正式的反馈交流渠道。

钱颖一：我们现在每一个教学项目都有一个项目协调人。我们的三位项目协调人都是海外博士，都在国外教过书。管理硕士和金融硕士是新项目，会计硕士已经有两三年了，比较成熟。他们也都很愿意听你们的意见，你们要主动同他们沟通。

学生：我们发现跟老师和业界人士沟通不够。这个问题的根源就是很多同学都在忙学术，写作业。我本科的时候一直在搞科研，现在简历上除了科研什么都没有，因为我们跟业界的沟通少。再有，学院请业界人士来讲课，更多的是针对学管理的同学，或者是 MBA。对我们金融硕士来说，跟业界人士的沟通少。我们想请问一下院长，这方面您有什么建议？

钱颖一：金融这块我们的潜在资源最多。我们的顾问委员会里面有周小川、刘明康、郭树清等。沈联涛也是我们的兼职教授，你们要去听他讲课啊。华尔街上大的投资银行、商业银行的 CEO 也都是我们的顾问委员会委员。这些都是最高层的，都是潜在资源。你们作为学生要有点主动性，想办法开发。我们的就业机会和实习机会很多，但是大家应该更加主动。

学生：问题是我是一个学生，见到的人也少。

钱颖一：我们几乎天天都有讲座，有的时候一天有好多场，你去过多少场？沈联涛那次来讲，你去了吗？前天周小川来，你去了吗？那天熊晓鸽来讲，他在中国做 VC 投资有 20 年的经验。但是我发现，从提问题的人来看，一大半都不是我们的学生，而是外面来的。我们学院还请了那么多海外教授来开课，但是我们的学生不去听。有的时候学生找我写申请出国的推荐信，我问他上过哪个海外教授的课？回答说一门都没有上过，我就特别不懂了。

学生：不仅是讲座，其实 CDC 那边的活动也很多，但就是中间接不上。这个问题我也在思考。

学生：我们这个金融专业硕士是以职业为导向的，我们现在跟业界的沟通还比较少。咱们学院有那么多顾问委员，还有业界很厉害的人，能不能把资源向我们这边倾斜倾斜？

钱颖一：所有的资源都在，要你们自己去想办法。

学生：还得靠学生自己吗？

钱颖一：做了研究生以后，你就不能都指望老师了。你们自己去做，都可以打着清华经管的牌子，去找校友。

学生：其实我们很想为这个项目多做点事，但就是找不到好的机制发出我们的声音。

钱颖一：白老师有个观察。他发现本科在外校念的学生比本科在清华念的同学更珍惜机会。本科在外校念的同学来到清华之后，发现机会这么多，就特别想抓住机会。而本科在清华念的学生对机会熟视无睹，就是等着。

我们这一代人在国外求学时，前面没有人指点，都是靠自己去找。回过头来看，有些后怕，当时怎么这么胆大。咱们这里来访问的人这么多，有这么多机会，但是学生不主动。其实稍微往前走一步就可以了。这是我们教育比较失败的地方，没能让大家有这种主动性。

提高硕士课程质量

学生：能不能有更多的像给 MBA 教课的那种教得很不错的老师给硕士生开课？

钱颖一：这里面有一个矛盾。我们希望硕士项目更多一些英文授课，但是普遍来说英文课的授课质量不如中文授课。

学生：对同学来说，英文课的收获未必大。

钱颖一：这里有两道过滤，一道是教课的老师要从中文变成英文，这中间打了折扣。第二道是听课的学生听了英文再翻译成中文去理解，这中间又打了折扣。所以，中文上课和英文上课确实是有差别的。

学生：很多读 MiM 的同学发现现在跟本科差不多，就是比本科更高一点，然后不知道自己以后要干什么。研究生的就业导向课上请来的那些学长很多是刚工作的，实际上也不是很了解情况。可不可以请一些资深一点的回来做讲座。我希望能够坐下来跟那些学长近距离聊天，这样收获会更大。

钱颖一：你们为什么要念硕士？大多数人，不是所有人，是本科毕业时还没想清楚将来要做什么，所以再念两年硕士。想清楚了，该出国的出国，该找工作的找工作。我觉得在清华念了本科就不应该继续在清华念硕士，如果真想念硕士可以去北大、去人大、去国外念，都挺好。其实硕士的课程与本科的课程相差不大。念博士是另外一回事，因为你要做研究。

现在的硕士项目，从设计上讲，不是学术导向的，经济学和管科两个硕士项目除外。硕士项目还得照顾到从不同学校来的、有不同学科背景的同学，你想想这怎么可能比在本科时更深呢？你们两位学会计硕士的说说，觉得在这儿念硕士有收获吗？

学生：有些课程上的东西还是与本科一样的，但是我们可以去听一些其他系的课。我们现在的培养方案有些问题，就是只允许我们选管理方面的课程。包括经济和金融的课程，我们选的时候是不承认的，就是你可以修，但是学分不承认。所以我们当时也很苦恼，很多课选了但不被承认。我们就只能去选一些我们不是特别感兴趣的课。

钱颖一：你说为什么不被承认学分，这里面有什么道理？

学生：有一个原因就是金融硕士收费是相当高的，所以要设一个门槛，可能有这个原因在里面。

需要奖学金，还是金融工具？

学生：我们同学非常关心的就是奖学金问题。在大四的时候，只有口头上的承诺，之后就再也没有人提过这个问题了。

钱颖一：你是金融硕士第一届吧？你们现在学费是多少？

学生：7.8 万元。

钱颖一：你说我们的学费合理不合理？我说是很不合理，就是太便宜了。在 MIT，金融硕士是 7.8 万美元一年。我们确实一直在讨论设奖学金的问题，但那是针对博士生的，或者是给将来去非营利组织的。很少听到给金融硕士或者其他专业硕士提供奖学金的，因为学生毕业后的收入都很高。

学生：但是我们感觉中国模式和美国模式还是不一样的，不能照搬美国硕士的。

钱颖一：你说什么地方不一样？

学生：我们现在是花父母的钱。

学生：如果钱是我挣的话，别说是 7.8 万元，就算是 17.8 万元，我也无所谓。但是我是拿我爸妈的钱，我爸妈挣钱也不容易。

钱颖一：没错，当然不能花父母的钱，所以你要发明一个金融工具，你们是学金融的。

学生：我们当然能够发明金融工具，但是得有人买。

钱颖一：所以我们应该为学生创造更好的信贷市场，这个我完全赞同。过去我们曾经提供过，但是后来停了，因为学生不还钱。这是个问题。如果说学生能还钱的话，银行是愿意贷的。这种问题，我们当然愿意帮助，没问题。但你说给金融硕士奖学金这事儿，就不那么容易了。

认真行使手中的教学评估权

学生：我觉得除了个别老师的课以外，其他的课基本上都没有收获。

钱颖一：我开这样的会就会听到很多抱怨。可是当我拿到教学评估的时候，你们打的分数与你们刚才说的并不吻合。我根本就没办法跟这些老师说。这些老师说，我的教学评估分很高啊。如果你们觉得真有问题，就应该老老实实写下来，老老实实打分，这样我就好做工作。

学生：很多老师是在期中的时候做教学评估的。

钱颖一：那你们就应该在评语和打分上显示出来，为什么还打分那么高呢？

学生：我觉得评估做得不是很科学，因为同学都在着急做别的事情，而且一下就评估很多课，有的同学觉得好麻烦啊，就点点点。

学生：一般都会忘记做评估，但你不做评估就不能选课，所以大家是着急选课的时候才花个十来分钟做评估。

钱颖一：你们通常什么时候做这个评估？

学生：通常是期末，应该是学期过了 2/3 就要做评估，那时候正在准备考试。

钱颖一：你们是说在考试的时间做评估不合适？

学生：我觉得不应该让所有的课一起评，错开点好。

学生：这很能说明问题。比如，专门抽几节课或者突然找一节课做评估，结果肯定比期末那个评估差很多。

钱颖一：那我们下面就做这方面的工作，看看考试期间做的评估与期末的评估有什么差别。

硕士生与院长共品下午茶

（2012 年 5 月 10 日）

改进硕士课程设置

学生：今年是第一次办金融专业硕士。有些课程的设置有问题。比如计量这门课，我们上学期学了一学期计量，这学期又学了一学期计量，我发现讲的内容有重复，只是课程名字换了，一个叫“高级计量”，一个叫“金融数据”。但前半学期“金融数据”就是把上学期的“高级计量”讲了一遍，稍微难一点，后半学期教你如何用 SAS（统计分析系统），就这么点事儿。

钱颖一：是不同老师教的？

学生：对。我觉得可以压缩成一个学期，也足够了。SAS 的话不教我们也可以自学。我们班毕业后做量化的人是极少数。如果想做量化，去读一个数学方面或者金融工程方面的硕士会更好。现在的主要精力还是放在公司金融这方面，或者 PE（私募股权），或者二级市场的公司这方面。所以，如果以就业为导向，没人搞量化的话，我觉得计量一个学期就够了。我觉得现在硬的东西太多，软的东西太少。这个学期杨斌老师的“管理学概论”，收获就特别大，他讲得就特别好。他讲的全是案例，把管理学的那些知识都讲一遍，既有战略也有公司治理这方面的，而且课后作业很多，让我们读了很多书，我觉得这样的软课可以多一些。

钱颖一：我去听过“管理学概论”。这门课不同老师讲，差别特别大。你说它是营销吗？战略吗？金融吗？都不是。教不好的话就跟其他课都重复。

---

* 该篇为“研究生与院长下午茶”中的硕士生部分。

但是如果教好了，那就不得了。这是软课程的特点，非常取决于授课老师。

学生： 我这学期当 MBA 助教，经常和他们交流。比如“公司金融”这门课，都叫公司金融，我们上的更难，可是他们 MBA 的教学方式我更欣赏。

钱颖一： 肯定是要往那个方向转。因为我们是从纯学术型的金融学硕士转过来的，包括 MiM，咱们是在转轨时期。将来专业硕士会越来越实用。我们加入 CEMS 后再学一学国际上怎么做。

对金融专业硕士项目的建议

钱颖一： 关于金融专业硕士有什么建议？

学生： 既然是金融专业硕士，那它是以就业为导向了，希望学院给予各方面支持。我们现在有职业导师，但是数量比较少，基本上班里只有一小部分同学能配上。我觉得经管校友这么多，像 EMBA、MBA 校友，如果能有感兴趣的校友来做这件事情就好了。

钱颖一： 你们同深圳金融硕士那边联系很少吧？我听说他们那边学习比咱们这边努力。

学生： 是，因为他们也没别的事情做。

钱颖一： 是，这和西南联大的情况是一样的。

学生： 我觉得咱们的课程可以再设置得灵活一点，不同的人对不同的领域感兴趣。现在就是课很多，老师留的作业也特别多，每个学期都很累。

钱颖一： 国外学校的作业更多，但是国外的课程门数少。

学生： 像我这学期有五门大课，在这之前我还退了三门，小课全部都退了。现在每门课的作业基本上也要花三四个小时，这样的话根本没有时间实习。

管理硕士（MiM）项目起步

学生： 我是 MiM 的。我本科是浙江大学的，保送到这边来。其实我保送的时候，还不知道自己要进 MiM，进来之后才知道是 MiM，所以就随遇而安了。我有个建议。学院方面派来好几个老师负责我们 MiM 项目的工作，我觉得学院对此很重视。但是老师制定的政策和制度朝令夕改，之前说好的事情，到后面又变了，学生就会出现这种错落不接的状况。

我举两个例子，一个是关于毕业论文方向的，以前跟我们谈的是你以后四个方向想去哪儿就去哪儿，都没有问题。这个学期差不多就是选课截止前一个小时，突然群发一个邮件说，你们选什么样的课，就只能选什么方向的毕业论文，然后就这样定下来了。就好比我们有四个方向，四个套餐，你选择一个套餐，那个套餐就是你的方向了。之前跟我们谈的时候，你无论选什么样的套餐，毕业论文选什么方向都没问题，然后突然就改了。

钱颖一：你选的是什么“套餐”？

学生：我选的是创新与创业，因为我之前本科也是学的这一块，希望做本科论文的继续。虽然这不影响我，但我要代表我们班的同学说一说。同学们的意见非常大，因为有很大的冲突。第二个例子是关于出国交换的。之前也说，你出去交换也可以两年毕业。然后，之前一两个月，又变了，说你要出国交换，肯定得三年，两年不行。

钱颖一：我们也是第一年办，好多规则、规定都还在逐步摸索。

学生：这个正常。但我有个建议，可以让学生代表跟老师一起，参与制定这些制度。

钱颖一：你们可以一起参加。我们这个学期还专门成立了学生教学咨询委员会，这样你们就随时可以谈。

学生：我跟很多同学都聊过，我们原先很多同学是从本科经济与金融专业直接升到 MiM 项目的。他们很后悔进了这个专业，说还不如学会计之类的更实在一点。我们的专业课程，感觉还是跟学生的需求没有很好地匹配起来。其实学生喜不喜欢一门课程，你只要看上课的时候玩电脑的人多不多就知道了。我们班的大部分课程，都是大家盯着电脑的那种。但是，有些课程我觉得也确实还不错。

钱颖一：举个例子。

学生：“管理沟通”，讲怎么谈判，其实只有两天的时间，大家感觉收获还是很大的。我特此还给老师发了封邮件，向他表示感谢。这是我今年这么多课程里面唯一一门向老师表示感谢的课程。

学生：“战略管理”，那主要是老师个人的魅力吧。他个人经历比较丰富，可以讲一些我们接触不到的东西，大家就非常开心。他上课的时候，用 PPT 没有其他老师多，他有时候画黑板，然后我们就会比较愿意听他讲。他都是把模型画在黑板上，有时候会让同学上去画，让同学说自己的想法。

钱颖一：其实 PPT 会很枯燥。

学生：老师不把 PPT 发给我们。所以你上课一定要听。他会跟我们推荐很多书。

钱颖一：他很聪明啊，不发 PPT，你就必须在那儿记。

学生：就这门课算是我记笔记记得最多的，而且我也愿意记啊。

钱颖一：他会讲故事，对吗？

学生：他会讲很多，而且他确实看书很多。

钱颖一：你觉得他是看书多，还是去企业卧底多啊？

学生：都有，都多。他带我们去企业参观的时候，全靠他企业卧底的资源。

钱颖一：你在这里待了快两年了，跟浙大是什么样的比较？

学生：我是慕清华之名而来的，当年高考考不进，然后研究生保送进来了。

钱颖一：慕名而来，现在比较失望吗？

学生：那也没有，不敢谈失望。我觉得整个清华经管给我的感觉就是，确实在师资上比浙大要好很多。

钱颖一：学生群体呢？

学生：学生当然是更优秀了，在素质、能力上，各方面都会更上一层。

学生：我们 MiM 专业的课程设置会有大的变化吗？

钱颖一：跟 CEMS 对接以后，我想肯定会有一些变化。以前我们没跟他们接触过。这个项目之后会更国际化。

学生：我发现我们硕士里面还是有一些人有继续读博的想法，像我们班就有人想继续读博。您对这样的一些学生有什么建议？

钱颖一：我觉得想读博的，最好是直接读博，不应该先读 MiM。不过歪打正着的事儿经常发生，以为是这样的，后来发现不是，再后来发现幸亏不是。人生就是这样的，你说是不是？哪有知道的这么清清楚楚的？我一开始从数学转经济学的时候，还以为经济学都是数学呢，其实不是。

硕士生与院长共品下午茶

（2012 年 12 月 14 日）

钱颖一：今年年初我们成立了各教学项目的学生教学咨询委员会。由你们当中选出人参加，代表你们的声音。委员会一个学期至少和主管副院长、教学办老师就教学问题有两次沟通。我上个学期盯过，所以我在“下午茶”之前就收到一些问题。这学期我没有盯，现在我不知道是开了这个会还是没有开？

学生：我们金融专业的开了。

金融专业硕士定位

学生：我想问一个关于金融硕士的问题。我觉得我们金融硕士的课程中偏数量化的还是比较多。我觉得这一方面是没有拉开我们与本科生的优势，而且数量化的工作往往被物理或数学类的博士生占据。所以，金融硕士处在一个很尴尬的地位。我想问一下金融硕士的定位到底是什么？

钱颖一：我们没有把金融硕士（MOF）办成金融工程硕士（MFE）。中国与美国的情况不一样。在美国，MFE 的竞争力还是挺强的。但是在中国，给定数学物理博士这么多的情况下，我们就没有比较优势了。

学生：我们能减少必修课，增加选修课吗？这种课程设置会不会好一点。

钱颖一：可以啊。我觉得你们更应该跟教学咨询委员会提。或者你们写一份建议交给学习委员，说明现在必修课太多，在总学分要求不变的情况下，必修和选修结构进行调整，这样自主性要强一点，会好一点。

---

* 该篇为“研究生与院长下午茶”中的硕士生部分。

转型期的管理硕士（MiM）项目

学生：我是 MiM 班的班长。很多人跟我反映了课程设置上的一些问题。首先是有很多课我们不能选，导致同学后期压力很大，因为后期要去实习。其次就是我们这个项目的性质不明确。按理说，我们管理硕士应该是一个实践性的项目，但是我们的课特别多，总学分 50 分。同学们平时没有实习的时间，有的人就旷课去实习。大家建议可不可以去企业参观，体验了解一下实际情况，或者跟企业进行一些合作。总之，大家就是希望比较靠近实践一点。

钱颖一：这个项目本身还处在转型期。原来它是学术型硕士，现在我们把它做成应用型，但还是与 MBA 不一样。所以很多课程延续了原来的课程。你期望，我也期望，应该更具实践性。教这些课的老师十几年都是这么教的。你要知道改变老师的行为是世界上最难的事情之一。

学生：我是大四的，我以后希望读 MiM 专业，但我们本科没有任何管理学的基础。报 MiM 的人大多对金融和经济不感兴趣，所以就报了 MiM。

钱颖一：又不想先找工作。

学生：女生嘛，就会觉得有个硕士学位比较好。

钱颖一：纠结在这里了。美国没有这种硕士学位，但欧洲有。你的这种想法很普遍，念完大学本科四年，觉得应该还有个研究生学位，但又不想念博士，所以就念硕士，之后再去工作。

学生：我提一个反向的问题。我想将管理硕士作为过渡，将来念博士。我现在做助研，然后希望将来能够出去读博士，但是现在 MiM 项目的课程设置比较综合，觉得时间上不够用。

钱颖一：像你这样的人在 MiM 项目中很少。绝大多数是通过 MiM 项目直接就业。这也是我们打造这个项目的初衷。当然，也不排除像你这种情况。如果你真的一心想做学术，我觉得这个项目也不应该是你的障碍。比如这个项目上一年有一位学生就想念博士，所以她就去听博士生的课。美国没有学术型硕士，也有人就先念了一个 MBA 然后再去念博士。

学生：自主性可能就体现在这里。我觉得我是那种开窍比较晚的，到大四的时候才慢慢萌生想要做学术的念头。我觉得我能力没有那么强，这就是我现在面临的困难。

钱颖一：明白。

学生：我想问一下关于职业导师的问题。我们应该设立一个制度，请毕业三五年的一些学长来带学弟学妹。我们的金融硕士有业界导师，我是 MiM 项目的，我们还没有。

钱颖一：金融硕士项目有行业导师制度。但行业导师很忙，有些是在晚上七点多钟把你叫到国贸去吃一顿饭。

去实习还是珍惜在校学习机会

学生：我是理论经济学硕士，我读了硕士之后发现自己会先找工作。我们宿舍另外两位同学一位是会计的，一位是 MiM 的。大家在一起讨论问题的时候，感觉思维模式上会有一些差别。就是在这个过程当中，会让我觉得自己的简历上有一点压力。所以，我觉得将来分配宿舍是不是应该考虑这个因素？

钱颖一：当初你报考的时候，是不是很清楚这个项目就是学术型的？

学生：之前是了解了的，那时是想做学术，是入学以后才改变的。

学生：我们的经济学硕士是偏学术的。但是，我们受到周围就业的影响，实习的那些人对我们影响也很大。比如我室友是学金融的，他每天都在面试，或者很多人跷课去实习。

钱颖一：学金融硕士的跟你还不一样，那本来就是一个专业硕士项目。当然，我认为专业硕士也不应该跷课。但是，他们去实习的理由比你还是多一点。

关于实习的问题，大家的预期都是在上学期间就应该去实习。大学本科的第八学期就全都去实习了。我不去实习，人家去实习，那我这个位置就不是我的了，在我们这里就有这种压力。我完全理解，但这是一个很糟糕的均衡。

国外大学没有这种情况，大四最后一学期正是学得最兴奋的时候，因为前几年还没悟出来，到大四悟出来了，所以就拼命学习。而且他们会觉得马上要工作了，将来学习机会就要没有了，得赶快抓紧时间学习。他们的激励与你们正好相反。

我不是反对实习。我觉得实习很重要，但问题是在学期期间去实习，这就是另外一回事儿。我要是 HR（人力资源）的人，就会说你怎么逃课来实习啊？我就会很怀疑，要打一个问号。这不能算作加分，而是减分。

学生：很多 HR 的人就是看你的简历的丰富性。他们希望上手比较快的人，这样他们的前期投入比较少。如果我们提倡不在学期时间内实习，那我觉得压力就会很大。

钱颖一：所以我们要和北大光华联手，不允许在学期期间实习。只要有几个好学校联合起来，就能做成。

学生：我遇到光华的一位同学。他说他们教学办说，每学期旷课一次就不让毕业。开始还有一点儿威慑力，但到后来就没有人管了。现在他们上课的同学已经不到一半了。

学生：我的同班同学出去找工作的时候遇到了问题。他们不如工科学生有竞争力。金融行业现在不喜欢经管毕业的，他们更喜欢本科是学数学、物理或者计算机的。本科是数学、物理，然后去学金融或者经济双学位的同学很有竞争力。所以我就在想，如果工科学生的表达能力没有我们强，团队合作精神没有我们强，那为什么在找工作的时候，我们反而没有他们有竞争力？

钱颖一：这我觉得不奇怪。首先，总是有对行业背景的需求。其次，今年投行整体来讲是收缩，所以更看重一些行业背景，这是完全可能的。这并不是说我们学生在整体上没有竞争力。

学生：我们很迷茫。开学时我们经济系有 16 个硕士生，管理科学与工程系有 14 个，当时很多人都想将来读博。但是一学期结束之后，很多同学就打算就业了，很多人在找咨询的工作。这里有很多原因。我们看到博士生很焦虑，看到他们也很想去业界就业，所以我们受周围同学的影响。读博的话，时间周期特别长，有点儿看不到头，然后就很迷茫。

钱颖一： 国外也有类似的情况，在我们这儿比例可能高了点。每个人都会变。还有反过来变的，原来想去投行，实习以后，就发誓再也不进投行了。这种情况也是有的。这和周边环境的确有关系。但是，我觉得自己的兴趣最重要，不要太受周边影响。

我在今年清华大学研究生开学典礼上代表教师发言，讲了三个词，《新清华》连载了，你们看到没有？第一个词就是你得有“梦想”，千万不要让念研究生时期成为你的梦想消失的时候。各人总是有自己的想法，我们的问题是羊群效应太强。

改变糟糕的“均衡”

学生： 中国的学者，像在清华北大这种最顶尖高校里的学者，他们究竟对我们国家来说有多大的影响？学术乐趣是一方面，但是也需要经世致用。他们对我国的发展有没有影响力？中央或者国家决策者会不会听我们的声音？

钱颖一： 我现在是中国人民银行货币政策委员会委员，每季度都要去开会。是否听，我可不知道，反正我可以在那儿说，对吧？但我没办法验证什么东西是听取了我的意见。我还是国务院医改专家咨询委员会委员。应该说学者还是有很多机会去影响政策的。

学生： 您在中国最顶尖学校里面担任经管学院院长，在中国教育界非常有发言权。我们的国情是人实在太多，大家非常现实，竞争心理非常强，这在学生中越来越明显。我感觉中国学生中一心热爱学术而不管其他的人越来越少。您觉得中国教育是不是还会有一次大改革呢？还是说只能适应并继续这样一个糟糕的均衡？

钱颖一： 我没有办法回答你社会将怎样变化。我只能在这个学院范围内做一些事情。咱们都是学经济、学管理的，我们的分析基础是功利主义。即使在这个框架之下，也有长期和短期之分。我在今年学院本科生开学典礼的讲话，《中国青年报》登了，就是讲“无用”知识的有用性，是针对短期功利主义讲的。在上学期间找实习从短期看是理性的，但是长期来看可能就不是理性的，并不能使你的长期利益最大化。当然，如果你根本就不是一个功利主义者，对“无用”知识本身就有偏好，那就容易选择了。

怎样培养思考能力

学生：钱老师在今年的研究生开学典礼讲话中说的第二个词是“思考”。我的感觉是，从清华毕业的人专业能力很强，但他们没有北大毕业生思维活跃。除了上课，课外阅读量几乎没有。

钱颖一：知识和思考有差别。这一段我一定要给你们念一下，是爱因斯坦特别有名的一句话：“The value of college education is not to remember many facts，but to train the mind to think”（大学教育的价值，不在于记住很多事实，而是训练大脑会思考）。

你们多数都是“90后”。现在老师在讲课的时候，学生就上网搜索，搜出来的结果可能比老师知道的都多。但是这能说明这个学生就比老师更有知识、更有智慧吗？不能。因为你不一定知道这些搜出来的结果是在什么情况下更有道理。这里的关键就在于你是否会思考。

学生：这个思考能力怎么培养？

钱颖一：不是光读书。读书后得想，得琢磨，得争论，得跟你的同学讨论、跟你的同学争辩，在争论中思考。

硕士生与院长共品下午茶

（2013 年 12 月 5 日）

学术型研究生的未来规划

钱颖一：你们中有三人是学术硕士，有五人是管理硕士（MiM），其他的还有金融硕士、会计硕士。先从你们三位学术硕士说起。你们进来时是什么打算，现在怎么打算，是接下来念博士吗？

学生：我一直都是想将来硕士毕业之后出国读博士。

学生：我也是，进来以后找香港的老师跟他做公共管理有关的内容，和环境有关。在这里学完之后去读公共管理博士。

学生：我是一直想出去工作的。

钱颖一：当时为什么不本科毕业后直接工作，为什么念硕士呢？

学生：第一，我们信息管理的本科毕业去工作的人很少，毕竟学的有点奇怪。什么都学，什么都不懂的那种。来这里找一个更具体的方向念硕士，学一技之长，偏技术一点的。现在找的导师也是偏技术一点的。

钱颖一：你们现在的课程和博士课程是一样的，还是不一样？

学生：可以选博士生的课，也可以上硕士的课。“三高”（高级微观经济学、高级宏观经济学、高级计量经济学）也可以选。我选的都是博士生的课。

钱颖一：经济学硕士 11 个人，有多少人是想硕士后继续深造，或者出国读博，或者在国内读博？

学生：我们这届三分之一想读博。

会计硕士的“生意经”

钱颖一：你们MPAcc毕业以后都去金融行业，现在只不过是挂着MPAcc，实际念的是金融硕士。干脆改成金融硕士算了？

学生：收费不同。

钱颖一：MPAcc收2万元，金融硕士收多少？

学生：12.8万元。

钱颖一：你的本科是经济与金融，现在是MPAcc，实际念的是金融。毕业后去哪里？

学生：商业银行。

钱颖一：招你去是因为你是MPAcc，还是因为你念了很多的金融？

学生：我觉得是因为会计。

钱颖一：听说你们学会计的人认为去四大会计师事务所是垫底的？

学生：对本科生来说，这也是很好的选择。对研究生来说不是最好的选择。如果你喜欢且可以坚持的话，做七八年后再跳槽。

钱颖一：跳出来到别的地方做CFO？

学生：学会计的人很少。金融硕士每年招一两百人，而会计硕士只有20人。

钱颖一：但是其他学校的MPAcc很多。

学生：可我们是清华。

钱颖一：你觉得这一点有价值？

学生：有价值。在市场上，不得不承认，我们在这里是占优势的。就业单位看重出身。

钱颖一：一个MPAcc和一个MOF（金融硕士）在找工作时，哪个有优势？

学生：真的不一定。因为很多工作招聘时会说专业是金融和会计都可以，这个门槛我们和金融是一样的。招金融的时候，有时只有你一个是会计的，你就有优势，这就是稀缺性。

钱颖一： 在推研的时候，推金融的研和推会计的研，哪个难度大？

学生： 推金融要比推会计难。

钱颖一： 如果把会计和金融合在一起，给你一个更好但更难的项目，你怕推不上了吧？

学生： 对，我觉得推不上。金融竞争非常激烈。所以保险起见，我推会计，将来找工作也都差不多。

钱颖一： 你也是会计？

学生： 我本科也是会计的，我们学校是“211”大学，会计专业比较强，所以推会计可能机会大一些。

钱颖一： 你们本科会计念了四年，到研究生和本科有什么不一样的课程？

学生： 本科的时候会开“会计学原理”，学“中级财务会计”的时候有要到企业做会计的感觉，“高级财务会计”学一些合并报表的东西。本科的这三门课告诉你很基本的六要素等东西，把整个会计框架搭起来。在研究生阶段，永远讲现在最新的进程，不会在乎你本科有没有学过会计，不会考虑本科没有学过会计怎么处理。研究生的课程结合实际多一点，有很多的案例分析，这是本科没有的。本科教科书是做题之类的，研究生把我们放到实务中去考虑。

钱颖一： 金融课你上的什么课？

学生： 本科上过“公司金融”“投资学”。

钱颖一： 你们从外校考到清华学会计，来了三四个月了，有什么感受？

学生： 感觉在本科学校学的东西比较简单，也不是特别重视实务。学校里的大师也比较少。来到这边学的东西比较高大上一点。

钱颖一： 会计里什么是高大上的？

学生： 本科学校讲得比较多的是书本上的东西，这边学的比较贴近实务，比较贴近资本市场，能够反映一些比较重大的新闻或者并购之类的事情背后的真相，让我们看得更清楚一点。本科学的财务会计是国内准则，现在我们学的是美国准则，能够让我们了解中美之间的差异。

钱颖一：是用英文讲还是中文讲？

学生：用英文讲。还学了一些管理类和创业类的课程。比如“战略管理”，感觉挺有意思的，因为是完全脱离课本、脱离教材的讲法，用了挺多的案例教学方式。创业课程我也挺喜欢的，一部分是请业界创业的人，讲述他们真实的案例。我个人也是希望能够有机会试一下创业。在这里一方面能感受到非常好的创业氛围，接触更多的实例，很有意思。

学生：上完一年的课，最好的课是春季学期的。邀请了当时第一届会计本科的同学回来，学了一门“高级审计实务”，这门课的老师现在是毕马威的合伙人，讲得非常好。

学生：还有一门会计实践专题课，每个星期请一个学过会计且在不同行业工作的学长回来讲，他们基本上是我们老师当时的学生。这些课对我来说挺有益的。

一名金融硕士的“醉翁之意不在酒”

学生：我本科在林业大学学计算机，在中央财经大学辅修会计专业。我是他们学校那一届最后唯一坚持下来的外校学生，因为他们第一年在沙河校区上课。

钱颖一：你怎么去？

学生：到校本部坐班车，开到沙河校区，周末再回来。因为我们校内没有金融学相关的课程可以提供给其他专业的学生。我看到中央财经大学只有会计学接受外校学生，还有就是传媒大学。我现在是金融硕士，入学后觉得清华金融的课太难了，可能是因为我基础很差。我自己本来就没有想在金融这个方向就业。

钱颖一：你想往哪个方向？

学生：我自己创业做欧洲旅游的搜索引擎。对我来说最有用的课程是上EMBA的课。我做过2013级ABC班的“中国经济与金融”课的助教，您上课的助教就是我。

钱颖一：你到金融专业是错配，应该念管理硕士 MiM。

学生：不是的。金融专业会学到很多商业模式，这对我来说更有用一些。

钱颖一：EMBA 课程不对你们学生开放。

学生：我做了助教，20 门课我差不多做了 17 门课的助教。

钱颖一：你看看，EMBA 的课都说不开放，人家有路子。你怎么找到做助教的机会呢？

学生：很偶然的机会，他们招人，我就去做，后面做得还不错，包括同他们一起去西安的移动课堂。

钱颖一：移动课堂你都去了，我分管 EMBA 还没有去过那么多地方。你有自己的公司？

学生：我有自己的公司。其实我研究生一年级已经把课上完了，我现在是三年级。我带一些欧洲的资料回来一年半，开始做我自己的东西。

钱颖一：你是另一种神人。你们得互相交流。每个人都说 EMBA 的课不能上。但是有人有办法，关键还得看自己。上 EMBA 要交很高的学费，他不但不交钱，还能挣钱。

学生：主要是能够坐在第一排听，非常庆幸。

钱颖一：你自己有公司，EMBA 学生里有没有给你投资的？

学生：我们现在还不是很成型，需要再多走一步。欧洲那边的供应商基本谈好了，可能要做进一步的合作。我在那里待了四个月，去过九个不同国家做不同的项目，做过调研，各个方面的中文服务怎么做，做了非常详细的调研。我希望把商业计划书作为我金融专业硕士的毕业论文。

钱颖一：金融硕士从上一届开始从学术硕士转为了专业硕士。我们的毕业论文的类型已经向 MBA 靠拢了，可以是四种类型中的一种：案例分析、调研报告、金融产品设计、商业计划书。现在前三种已经可以写了，第四种一直还批不下来。

学生：如果我只是准备商业计划书的话，就不需要再做另外一篇学术论文了。

钱颖一：像你这样自身能力很强的人，再写一篇学术论文，不是更丰富你的人生吗？

学生：我本来就不是一个学术型的人，我是保研（保送读研究生）过来的，不用考试。如果让我考试，我根本就过不了，我的 GPA 也不是很高。我不是考试型的人，也不是学术型的人，我比较喜欢实战。包括我学会计，学了这么长时间，根本一点不懂，真正到我自己的公司要做账的时候，就要一个一个账目自己做，自己去地税局、国税局报税，就会很明白。

钱颖一：我想可能那么多念金融的，你是极少数提出这样的商业计划书的。如果我们的体制比较灵活，就可以允许用商业计划书这种毕业论文形式。你能坚持下来到沙河去念书，不容易。

学生：那边冬天风沙特别大。

金融硕士深圳班的诉求

学生：我是金融硕士深圳班的，现在是二年级，在这里主要是找工作。因为我们明年夏天就要毕业了，现在先找工作，然后接着写毕业论文。

学生：北京这边的很多资源到不了深圳，比如应聘什么的。在北京确实不方便，学院不安排住宿，自己找房子，乱成一盘散沙。可能老师不是很了解深圳的情况。

钱颖一：深圳学生在华南就业还是很有优势吧？

学生：也不是这样说。因为现在有很多企业来北京统一招聘。可能招来的人还是回到深圳或者回到上海。但北京是个统一的招聘平台。所以大家必须过来。

钱颖一：你现在不上课了吗？

学生：我们第一年把所有的课都上完了。2011 级是第一届，大家很不高兴，向学院提意见，最后把所有的课压到第一年。我们是第二届，第一届定下什么规矩，我们就怎么做，我们就把课全选完了，其实非常不合理。

钱颖一：北大汇丰商学院那边的金融硕士是什么样的？他们那边更不能

到北京来。

学生：汇丰商学院是三年，他们的学生在当地有自己独特的竞争力，专业基础特别扎实。我读了金融硕士，虽然我知道这是一个专业硕士，但是就业单位问我学的是什么方向，我都不知道应该如何回答，很尴尬。我对论文也没有概念，没有写过。我们没有发论文的要求。

钱颖一：金融专业硕士是没有发论文的要求，学术型硕士是有的。

学生：所有人都在找工作，全部在北京，而且非常不方便，我们没有宿舍。

钱颖一：学院是没有宿舍的，学校控制宿舍。

学生：法律硕士第一年在深圳，第二年回北京是有宿舍的。

钱颖一：这是一开始的契约。当时所有的法律硕士都要到深圳那边一年，再到北京来，一开始就是这样的。金融硕士项目远远晚于法律硕士，现在清华绝对没有宿舍了。

学生：深圳的同学应该不大能够理解这一点。从 2011 级到现在 2012 级再到 2013 级，大家都在吐槽这件事情。学校还是应该稍微考虑一下我们深圳班的同学。

钱颖一：你当过班长，你说说。你们第一届的时候提了很多建议，后来我们就改了不少。你们现在是第二届，而且你本科是在经管这边读的。

学生：其实我很理解当初学院在深圳办学的思路是很英明的。深圳那边不只是金融项目，也有法律，还有土木。确实有不少同学愿意回北京，因为北京资源多，企业总部在这里。深圳还有一些同学，因为本身家在南方，也愿意在那边发展。学生 100 人，我可以明确告诉您一个比例，现在只有 5 个人在深圳，剩下的 95 个人基本上在北京。

钱颖一：在北京住在什么地方?

学生：大家出去租房。

钱颖一：租房以后是找工作，也不是到清华来听课。

学生：我觉得住宿问题如果学校稍微有组织一点，会对整个项目发展更好一点。深圳班下一级有很多非常优秀的同学，有的同学基本全世界都游历过了，就是北京班都不可能出现这样的同学。深圳班同学潜力非常大，学校应该适当给予一点关怀和关爱。

钱颖一：清华在深圳还有其他项目。法律硕士是第一年在那边，第二年第三年都回来了。土木工程呢？

学生：土木工程算是学术硕士还有博士。他们跟着过去的老师做项目，和大规模培养不一样。他们专门跟着老师，老师在哪里，他们去哪里。

学生：我们2011级深圳班的班级氛围非常好，有一起去跑山，有一起去海边玩，有去烧烤，每个月还有生日会，一起做饭。

钱颖一：比北京班这边好？

学生：因为大家当时觉得在深圳受到了不公平对待，所以大家联合起来像一家人一样，就这么简单。

学生：其实住宿不是特别重要的问题，最重要的是清华的氛围。

钱颖一：住宿和氛围是连着的。

学生：在清华读书，上课是一方面，最重要的是进入一些社团，交一些朋友，这在大学里是最有价值的地方。我本科是清华土木的，还好一点，有些人本科不是清华的，但是来了以后完全融入不了这里的氛围，对他们的心理是一个挺大的打击。

管理硕士（MiM）的定位

钱颖一：管理硕士的定位和MBA不一样。没有工作经验的念管理硕士，这在欧洲很普遍，但在美国没有这种模式。管理硕士第一年多少课？

学生：平均选了22学分左右。

钱颖一：这个项目的留学生是不是比较多一点？

学生：总共有11人。

钱颖一：中国内地学生50人，有多少是清华本科毕业的？

学生：25人。

钱颖一：我听到MiM项目的学生找工作时的苦恼是管理硕士学位上没有

带金融两个字。

学生：我们对自己的定位有点模糊，很多同学学管理，就是一门心思往投行奔，一定要去金融。

学生：我们是工商管理。大部分同学找工作的方向是市场管理，最后拿到的是人力资源的工作。

钱颖一：喜欢做市场的人多？

学生：对。觉得人力资源比较琐碎，比较行政，不容易展现他们的能力。

钱颖一：公务员里搞人力资源的很厉害，谁都想去组织人事部门。

学生：他们认为去人力资源的薪水没有其他的上升空间大。

钱颖一：你想去做什么样的实习？

学生：我自己偏向去公共部门。我本科学经济的，硕士学管理挺好，让自己的知识结构更加完善一点。

钱颖一：你想当公务员吗？公务员有什么吸引力？

学生：我不是偏向铁饭碗那种，地方需要我就去，可能太理想化。如果能把学到的知识造福地方，给地方改善，也很好。我特别佩服南京那个当村官的大学生。他开发了一个产业从 2 亿元发展到 200 亿元，带来了很大的改变。在一个地方干事业，这很吸引我。我之前看到经济学家说，中国那么多人考公务员，是不正常的现象。更多有知识有才干的青年人要做实业，才能把整体经济带动起来，国家才有活力。这种观点我赞同，一开始不要那么安逸。

钱颖一：那位同学在加拿大念中学和大学，小时候在国内长大？

学生：读初中的时候出去的。

钱颖一：你怎么想到国内念硕士的呢？

学生：我父母做国际贸易，他们经常两边来回跑。我自己希望更加了解中国的形势。包括一些软环境。我在 UBC（不列颠哥伦比亚大学）大三的时候来清华交换了一学期。学金融和会计的课，主要是来体验。

钱颖一：你觉得还不错？

学生：我觉得那是我人生的转折点。我毕业的时候有 offer（工作聘书），考虑了很久，还是想更快地了解这边的市场，所以就来念管理硕士了，而不是工作后再念 MBA。

学生：我们班像她这样的很多。我们班的留学生只有一个德国人，其他的都是华裔。

钱颖一：以前我们这一代在国内念本科，到国外念研究生，现在有不少到国外念中学和本科，回来念研究生，我知道回来念 MBA 的也有很多。

一名“学神”的上课心得

学生：我个人感觉，现在的课程又慢又简单，没有办法把个人的潜力完全激发出来。这是我最大的苦恼。

钱颖一：不能苦恼，应该自己往前学。

学生：我上所有课的时候，名校的课件我一篇一篇地看。比如我们“高级宏观经济学”讲课比较慢，我们一个学期下来就讲几个很简单的模型。“高级微观经济学”老师怕很多人跟不上，花很多精力在计算上。

钱颖一：因为学生的程度不一样。

学生：我感觉层次没有完全拉开。

钱颖一：念到这种感觉很好。我在哈佛念博士一年级的时候，班上有一个人就非常超前。他叫菲利普·阿吉翁（Philippe Aghion），法国人，现在是哈佛著名的教授。他就总说这太简单了！我觉得你有这个潜力。

学生：不敢。

钱颖一：你觉得深度不够，你说的我也知道。你还是得追求更高的。

学生：我本科学了“经双”。数学系的本科生和研究生的课，我修了 274 个学分。

钱颖一：他这种人，你们通常叫他学神。你本科是自动化系的，我知道。你批评我们水平不高，我很理解。那你为什么念金融博士，为什么不念经济学博士？

学生：这是我当时的困惑。那年经济学博士招的人多，金融博士招的人少，我就挑个招人少的。没有想到招的人更多，我觉得我的选择非常不好。

钱颖一：你可以再申请念国外的博士，这没有什么不可以的。

学生：这是我目前的想法。

钱颖一：几年前有一个来自基科班（数学物理基础科学班）的学生，在我们学院上课，酷爱经济理论。我给他写推荐信，先申请到法国的图卢兹，后来去了 MIT 经济系读博士。我们经管学院的一个学生今年也去了 MIT 经济系读博士。

学生：当时他是基科班数学系最好的学生。

钱颖一：所以你不用困惑，该往前走就往前走。这位同学的选择方法很有意思，他觉得招得越少越稀缺，所以就来念金融博士。进来一看怎么学得这么简单，觉得不够过瘾。你觉得那些课特简单？

学生：对。我要研究更深层次的理论。无限规划我也看，这样才过瘾。

钱颖一：你在清华学得最过瘾的课是什么？

学生：测度积分，期中考了四个小时，期末考了四个小时。当年学数学分析的时候，考了五个半小时。

钱颖一：我们这位同学很有志向。

硕士生与院长共品下午茶

（2014 年 12 月 10 日）

硕士生本科学校的多样化背景

钱颖一：我觉得这种方式好，在一个学校念完了，到另一个学校念。你本科念金融，现在念管理，换一个专业不错。而你在厦大学了四年会计，到清华来学会计硕士，有什么新鲜的内容吗？

学生：重心没有放在会计上，也有选择管理的课，讲座什么的也去参加。主要是厦门太束缚、太闭塞了，就一所厦门大学，和其他高校也没有交流，不像这边出了门就是北大。

钱颖一：我在清华念书那时候，北大校园要比清华校园显得好。现在北大校园太拥挤了，那时候百年图书馆那个地方是一片大草地。

我 1993 年在北大经济学院教过书，是在 1993 年 5—7 月，我住 48 号楼，在勺园旁边。我当时在斯坦福教书，来给北大 1989 级、1990 级、1991 级经济学院的本科生讲课，也有硕士生和博士生来听。我讲信息经济学和博弈论，也是在国内第一个讲信息经济学和博弈论的人，教了两个多月。

到了 2004—2005 学年，我在北大经济学院和清华经管学院同时教“经济学原理”课。那时候没有微信，网络没有那么发达，同样的考卷可以隔一天在两个学校使用。那边是胡涛老师，这边是钟笑寒老师，他们两个人配合我教。

最后的考试分数分布差不多，没有什么差别。要说差别的话，清华学生上课的时候明显有点疲惫，因为清华的课多；而北大学生精神比较饱满，注意力更集中。两边的传统不一样，两边的风格也不一样。

你在人大念法学院，还念了工商管理双学位，一共多少学分？

学生：一共 200 学分。

钱颖一：为什么不想念法律，学工商管理了？

学生：我觉得我考过了司法考试，就 OK 了。工商管理是比较开放的那种，氛围会更好一些。

钱颖一：中国更需要律师，需要法治。

学生：但我懂不了那么深，只知道一些皮毛，更多的还是从实践当中获得。

钱颖一：你的计算机是在哪里学的？

学生：南京大学。院长，我发现清华经管学院招收的南大商学院的学生非常少。我们会计班就一个，上面好几届都没有。

钱颖一：南大整体环境比较宽松，北京的学校就管得比较严。

学生：清华不用申请在校园里张贴物品只有两个时间，一个是男生节，一个是女生节。其他时间贴海报，弄展板都要到团委申请，活动的那些展板全都要申请。男生节和女生节时不用审批，自己随便贴，因为太多了，审不过来。

学生：我们学校海报随便贴，不要申请。

钱颖一：我觉得来自不同学校的同学之间的交流很重要，每个学校都有自己的特点。

大学之间的差异性

钱颖一：今年的学院毕业典礼，我邀请马云来做毕业典礼演讲。为什么请他来讲？中国的高考状元都到清华和北大来了，状元自有他们的长处，不然不会考得这么出众。而马云是另一个极端，他考了三次，考上了杭州师范学院。

学生：俞敏洪也考了三次，考上了北大。

钱颖一：你们来清华，要记住的是，别让学校的环境束缚你们。北大比较放任自由，反而不容易扼杀学生的想象力。

学生：经管学院还是比较独特的。

学生：确实学院和学校有很大差别。

钱颖一：是有很大差别。

学生：院长，在我们这个阶段，我们应该关注一些什么呢？我们现在只关注考试、作业、就业。

钱颖一：这些当然也得关注，人总得生存。你们现在跟我们那时候的生存概念不一样了，我们那时候生存多难啊，现在很容易就生存了，如果要求不高的话。

学生：那时候包分配。

钱颖一：是包分配，会分到甘肃的。现在你们是希望找到更好的工作，你们主要是挑，实在不行才去四大会计师事务所。

学生：没有工作经历的念商科，是不是挺浪费时间的？

钱颖一：所以我们本科不办商科。

学生：国外本科生学商的不多。

钱颖一：美国的州立大学本科都有商科，那是州政府要求学校招的。研究型州立大学商学院通常不愿意招本科生，但是钱从州政府来，所以要招。商学院毕业的好找工作。教育永远有这个矛盾，对眼下就业的需求和教育者希望对你的长期培养之间总是有矛盾。作为你们来讲，当然要考虑能不能找到工作。对我来讲，更希望你们 20 年以后更好。这中间是有矛盾的。你们自己也要“打架”，在今天的我和明天的我之间“打架”。

学习如何讲故事、如何写作

钱颖一：美联储主席伯南克在 2013 年普林斯顿大学做了毕业典礼演讲，给毕业生提出十条建议。他专门比较了政治学、社会学、经济学等学科的特点。关于经济学，他说经济学无法预测未来，但经济学仍然有重要作用，就是可以去除那些或者逻辑上有严重错误，或者跟经验数据完全不吻合的判断，而经济政策建议中至少 90% 都属于此类。这就是经济学的作用。他说得很对。

网上有一个关于马云和阿里巴巴的视频“扬子江中的鳄鱼”，你们去看看。马云创立阿里巴巴的那天是 1999 年 9 月 10 日，是他 35 岁生日，他在那天的讲话都有录像。马云的本领在哪？他没有学过微积分，没有学过计算机，他自己说看不懂财务报表。当然，学英语对他非常重要，不仅是学语言，而且具有了世界眼光，他的眼界就跟其他人不一样。他还很会讲故事。你们现在关心的都是技术上的事，课程上的事。这也重要，但问题是，你们故事讲不好。

学生：故事讲不好的原因是语言不好吗？

钱颖一：不是语言不好，是文章写不好。我们的学校，我们的教育失败在这些地方，不是在传授知识方面，那些方面我们很厉害。我们学院本科生的“批判性思维与道德推理”课程就是想改变这种状况，“中文写作”课也是这个目的。

你们念完本科，念完硕士，学得一技之长。但我觉得最终还是怎么看这个世界最重要。像清华这样的学校，教育要超过知识的传授。我们写的那些文章，多是很空的。我们自己都意识不到，因为是从小训练的。

《朱镕基讲话实录》为什么受欢迎？别的高官退休后也出文集，但为什么没有人买？一看全是套话。朱镕基讲话中就没有套话。他的背景不一样，他被打成右派 20 年。

学生：信息量比其他那些文集高。

钱颖一：套话空话没有信息量，但有一个好处，就是不会犯错误。一旦有信息量了，就容易被找出毛病，被攻击。

现在有那么多海外留学生回来，绝大部分是学理工科的。他们在实验室里做得很好，能发论文。但是我发现，他们写给大众看的东西，基本上是他们在出国前写东西的味道，所用的语言都是那时的。语言可以保留很长时间，写东西时不知不觉地流露出来。自己可能都没有意识到。

硕士生与院长共品下午茶

（2015 年 12 月 24 日）

不同本科学校的经历

钱颖一：你们来自不同的学校，有不同的经历，很有意思。你是华中科技大的，学生都很喜欢你们的根叔校长。他的讲话中用了很多网络语言，很受学生欢迎。最后学生离开学校了，还能记着他。他的哪些话对你们有影响？

学生：我们华中科技大一直排名在八、九、十这样的。校长说，我们不应该关注这个排名，我们以前的排名都是八九不离十，我们应该退出排名市场，我们做好自己的事情就好了。他说在浮躁的社会里谁能静得下来，谁就能够取得比较大的成就。这句话对我影响比较大。

钱颖一：你们觉得是在清华静得下来，还是在华中科技大静得下来？

学生：我觉得这两个学校外在风格比较像，都是理工科的风格。

钱颖一：那你比较一下，是清华更浮躁，还是华中科技大更浮躁？

学生：我觉得，外在环境可能那边更安静一些，因为这边舞台更大，机会更多。所以相对来说，那边有一点出世的感觉，也更安静一点。在这边，见到的人更优秀，平台更广阔，不断打破自己的认识边界。

钱颖一：你本科在加拿大读的，到这边来念金融硕士。加拿大本科和美国本科差不多，课程数量不是那么多，一个学期四五门课，四年不到 40 门课。这边一学期就上 10 门课。你数学学过几门？

学生：我在加拿大的时候，数学比较简单。我大一大二数学课基本都上了。但是来了清华以后，感觉好像没有学过。

钱颖一：你在 UBC（加拿大不列颠哥伦比亚大学）是好学生吧?

学生：还行。我平均分 80 分左右。但是感觉到这边来就太差了。

钱颖一：这边学生竞争大。你们金融专业硕士中留学生不少吧?

学生：我们班有五六个。有一个俄罗斯人，其他的都是华裔。

钱颖一：金融专业硕士很难进的，说明你很厉害。

学生：对于留学生，还是很好进的。

钱颖一：外校来这里的必须是第一名。你真的是那边的第一名?

学生：我是浙大竺可桢学院学分绩第一名过来的。综合起来，我当时实习比较多一点。大二是德勤的咨询、审计，民生的投行，人寿的资管，都做过。我爸也是清华毕业的，我是在郑州上的中学，然后保送到浙大。

钱颖一：你们家给你很大压力，一定要你考回清华吧。

硕士项目的市场价值

学生：我硕士是念信管的，编程做得比较多。

钱颖一：学信管一不小心就会变成编程比不上计算机，管理比不上财会和经济金融，感觉两不搭，夹在中间。你们觉得呢?

学生：我们系老师一直灌输的观点是我们比他们都好，但市场上的感觉不是这样的。

钱颖一：你为什么不考经济学硕士呢?

学生：说实话，当时在西安交大时，我了解得不是很清楚。咱们的金融硕士是招牌，所以就申请了金融硕士。在这个环境里学到的东西很多，物有所值。

钱颖一：金融硕士是不是应该涨学费了?

学生：我们老师问我们，目前市场上哪个产品的定价最不合理?我们全班都说金融硕士的定价最不合理。

钱颖一：目前金融硕士的定价是很不合理。美国沃顿之类的商学院，一年是 6. 8 万美元，接近 60 万元人民币。清华才 13 万元，而且是两年。

学生：啊！我们都觉得学费太高了。

钱颖一：怎么会高呢？金融硕士毕业出去平均年薪20万。通常市场定价就是第一年的平均薪酬等于学费。我们的学费低于平均年薪。

你们觉得在清华经管念研究生，压力比较大，主要是因为学生比较优秀，还是管理比较严格？

学生：还是学生比较优秀，课程压力比较大。

钱颖一：跟本科比，你们觉得研究生轻松一点，还是压力更大？

学生：本科主要是大一大二课比较多，压力比较大。大三大四课就比较少，主要以实习为主。研一上学期课还比较多，所以压力比较大，主要是作业特别多，写作业晚上写到一两点。很多课都是这样的，非常多的小组报告，等等。

学生：我是管理硕士项目的。每一个老师都说，你们在其他课堂上可能学的比较虚，所以我想让你们多学点东西。于是就变成这样了。

钱颖一：那说明清华老师都挺认真负责的。如果课太水，你们会抱怨；课实了，也抱怨。

学生：有的课作业比较多，但不能说特别实。写报告这种东西太多，会感觉有些虚。

钱颖一：写报告是最难的。上面的领导要看你写的报告，如果你写得有水平，你就出众了。写报告是非常需要能力的。

学生：刚来的时候要求必须读两个学位，一个是清华的，一个是CEMS的。现在变了，也可以只拿清华的。

钱颖一：CEMS那边老是抱怨没有那么多人念他们的CEMS学位。关键是机会成本，因为拿两个学位就要三年，比拿一个学位多一年。多一年的机会成本很高，这是很大的问题。其实压缩到两年，拿两个学位，完全没有问题。在我们这里拿一个CEMS学位很值得，因为如果你到意大利的学校同样拿这个学位，价格是这里的10倍。所以，来我们这个项目的国际学生觉得特别值。

学生：我还是挺满意的，因为在加拿大，国际学生的学费肯定是本国学生的 3 ~4 倍，在这里只贵了 50%。

钱颖一：你算得很清楚。

学生：特别好的学校像 LSE（伦敦经济学院），大家都想去交换，但是名额少。所以很多人要去不太好的学校。

钱颖一：你们的问题是只认一些品牌。瑞士的学校多好啊，瑞士的科技水平世界一流。按照大学排名，世界前 50 的大学中有 35 所是美国的大学，但是除以人口后，按照人均计算，最好的是瑞士，瑞士有两三所大学在世界前 50，但全国人口才 700 万！瑞士居住环境也非常好。

学生：我问一个自己比较关心的问题。如何在顶级期刊上发表论文，有没有什么秘籍？

钱颖一：在国际顶级期刊上发表论文确实比较难。第一，你研究的问题和你的结论，除了跟中国相关之外，还要有一些一般性，不然受众太少。第二，你要积极主动地参加各种学术交流，讲你的东西，让更多人知道你的东西。要满足这两个条件，其中一个很重要的方法就是不要独自一个人写，要有合作者。不要把自己的领域限定得太窄，各领域的学术报告都去听，微观的听，宏观的也听。比如，现在流行的就是把金融微观结构加到宏观模型里。我是说不同的学科都要去听，寻找灵感。

各种就业考虑

学生：我想念经济学博士。其实当初就是想直博但是又舍不得金融硕士这个项目。

钱颖一：为什么舍不得金融硕士这个项目呢？

学生：我是西工大附中的，我高中成绩很好，但高考没考好，上了西安交大。如果从西安交大本科去国外，很难达到一个比较高的平台，所以就先到清华读一个硕士，这是招牌。

学生：我将来想做互联网公司，做产品或者数据分析。

钱颖一： 我们有与哥伦比亚大学合作的数据分析硕士。

学生： 我目前在修大数据的课，很有用。我稍微想往技术上靠一点。

钱颖一： 在所有会编程的人里面，你们的管理知识最强；在会管理的人里面，你们的编程能力最强。必须这样想，只能这么想。现在大数据很火，你们就业前景很好吧？

学生： 其实现在主要互联网公司需要的工作还是看编程能力，所以我们的竞争优势并不是很大。好多管科出去的还是做产品，偏商业的东西。

钱颖一： 做产品经理不比做编程发展潜力更大一点？

学生： 产品经理薪酬比较低，竞争更激烈一点。

钱颖一： 你是想回大陆发展吗？

学生： 我最近在找实习，遇到同样的问题。那些机构基本上要比较有专业技术的，有数学背景的。我这种他们基本不要。

钱颖一： 你可以说他们的英文都不行，我的英文是纯正的。

学生： 我之前面试的是一个高盛的高管。他就说，高盛绝对不要我们这种人，他们一定要当地学生，因为他们比较了解本地市场。

钱颖一： 你面试一大圈以后，发现你的比较优势在哪里呢？

学生： 那些想到外国驻点的中国公司。

钱颖一： 就是想把你派回到加拿大。但是你不想回去，所以你纠结郁闷。

学生： 对，现在很迷茫。

学生： 我学的是信管专业，本科四年加硕士两到三年，相当于六七年。但我自己特别想做的并不是和计算机与管理相关的。可让我放弃这六七年，我又觉得代价太大。

钱颖一： 你是觉得现在转专业成本太高了。我的例子跟你有点类似。我当时转学经济学的时候，我原来学数学的同学都快博士毕业了。但是从长远看这没有关系。虽然转学成本是很高的，但是我觉得还是可以的。你们不能太急功近利。

学生： 特别害怕走弯路。

钱颖一：你们还很年轻。

路是自己走出来的

钱颖一：我在 10 月份和马斯克有一场对话。已经过去两个月了，还没有整理出来。前天他的卫星发射成功了。我跟他的对话一共有两个小时，在 120 分钟内有 17 分钟是关于他的经历的。我们要把这段抽出来，把中英文字幕做好今天晚上上网，我们独家发布。今天我跟沟通办折腾了一下午，因为中文翻译不太对，不是那么准确，专业公司都弄不好，我就在干这件事呢。

我跟他的对话还是很深入的。他讲了怎么想到创建这家公司。本来他没有想到创建公司，只是想买火箭，但是不行，所以就只能自己做。要想降低成本，发射的火箭必须要可以回收，必须垂直地发上去，才能垂直地降落下来。前天回收成功了。我要赶快把这段视频发出去。

学生：您和高盛的 CEO 也有过对话，现在还在高盛的网上挂着呢。

钱颖一：是的。在那次对话中，有学生问他，你是怎么到高盛找到工作的？他说我没能在高盛找到工作，而是去了另外一家公司。后来这家公司被高盛收购了，这才去了高盛，还当上了高盛的 CEO。

我和马斯克的对话有两个小时。我事先做了充分的准备，跟他聊汽车、火箭、太阳能发电。我挖掘的不是技术性的，我挖掘他怎么进这个行业，怎么学的。他说靠自学。我说这么难的高科技怎么能自学？他说看书比听课要快。他既是 CEO，还是 CTO，这一点了不得。但是他没有学过工程硕士，只有两个学士学位，一个是工商管理，一个是物理。

今年的顾问委员会活动你们去了吗？

学生：拿不到票，这是一个很大的问题。

学生：我觉得对大多数同学来说，提问题好像是很难的事情。

钱颖一：提问题当然难了，这才是挑战你的地方。善于提问，还是要靠多积累多想。你们要多走出去听，北大的可以去听，对外经贸大的也可以去听。除非你是天才，可以一个人在那里写。我不排除有天才。科斯是天才，康德是天才。如果你不是天才，是一般人，那就得多交流，要跟别人交流。

学生：您当年也是这样吗？

钱颖一：我的胆子比较大，听上去愚蠢的问题我也敢问。中国人的最大问题是要面子，生怕问了一个蠢问题，丢了面子。

人生经历中的跨界

钱颖一：明天余隆带着中国爱乐乐团来清华演出。几年前新清华学堂首场演出，是我帮助请来余隆的。2011 年我跟余隆在经管学院有过一场对话，他认为很经典。我还同金铁霖有过一场“金钱对话”。金铁霖是李谷一、彭丽媛、宋祖英的老师。这两场对话，他们的评价都很高。我同余隆、金铁霖、库克、马斯克等人对话，可以编成一个集子。这些人中有文艺的、有科技的、有金融的。

学生：您在学术界特别强，后来转型也特别强。

钱颖一：我跨界了。

学生：这些有头有脸的人都是您工作以后才认识的吗？

钱颖一：我做院长以前只认识经济学界的人。朱镕基老院长让我来做院长后，我就没有发表过经济学学术文章了，不过我在《清华大学教育研究》上发了五篇有关教育改革的文章。我现在正在编两本书，要把我这些年在经管学院的讲话编到里面去。

学生：您最想做的是学者、主持人，还是院长？

钱颖一：在哪个阶段做哪个角色。本质上我是一个学者。

学生：可以认为是您对学术的热爱吗？

钱颖一：做学术对人的思维的挑战大。

硕士生与院长共品下午茶

（2017 年 4 月 21 日）

主持人：我们非常感谢钱院长在百忙之中抽出时间跟我们一起沟通和交流。钱院长作为经济学家和教育工作者，他对大学的改革得到了世界的认可。我们说钱院长是一个智者是不为过的。

本科学校的经历

学生：我本科是中山大学学金融的，在国际商学院。

钱颖一：你们学校有几个商学院？

学生：一共有三个，还有岭南学院和管理学院。

钱颖一：这三个学院哪个录取分高？

学生：本来是管理学院，资格很老的。现在国际商学院和岭南学院是整个中山大学录取分数最高的。除非是八年制的医学院，分数会高一些。

钱颖一：你本科在哪里？

学生：中财（中央财经大学）。我专业排第一，推研（推荐读研究生）过来的。

钱颖一：跟你中财四年比，硕士第一年你觉得在这里学到点东西了吗？

学生：从经济学理论上讲，我觉得大四是我巅峰。

钱颖一：可是一般人到大四都不念书了。

学生：我大四跟着老师读论文，跟着他搞过一番理论。我的老师是在图卢兹跟着梯若尔学的。

钱颖一：那你怎么不跟他干，多有前途啊？梯若尔是马斯金的第一个博士生，我是马斯金的第一个中国博士生。梯若尔获得了诺贝尔经济学奖，我现在天天做学生调研。

学生：您现在已经是教育界的标杆了。您对经管学院国际化做出的突出贡献，大家都非常佩服。北大老师也知道，中财老师也知道。

钱颖一：你们中财的校长是本科经济学教指委主任，我是副主任。你不做合同理论多可惜，那多有意思。

学生：我也觉得是，这是经济学中为数不多有意思的。

钱颖一：去年的诺贝尔经济学奖给了两个做合同理论的。

学生：我本科的毕业论文就写这个，感觉比我硕士论文花的心思多。

钱颖一：你说我们有必要搞经济学硕士吗？

学生：对于清华北大其实没有必要，想读博士可以直接申请国外的经济学博士。

学生：我是管理科学与工程的硕士。

钱颖一：你为什么不申请大数据哥伦比亚双学位硕士呢？

学生：因为那个硕士项目开办的时间太短，没有足够的历史样本给出一个结论，我不想做小白鼠。我很看好这个项目，但是我不愿意自己去试。我们班有同学在这个项目里，他是第二届。

钱颖一：现在管科（管理科学与工程）火起来了，大数据，云计算。

学生：我是管科的，和他不是一个方向，我是唯一一个想出国读博士的。

钱颖一：你本科在哪里？

学生：本科是人大的。

钱颖一：你是哪个专业？

学生：会计硕士。

钱颖一：明年会计硕士变成与新加坡管理大学合作的双学位硕士了。

学生：学费贵了很多。就目前我们专业来看，我很满意。

了解学生的实习率

钱颖一：我的助理告诉我，现在这时候研二的同学都在疯狂实习，所以很少有研二的人报名参加“下午茶”。

学生：我是专门请假过来的。

学生：有很多偏市场化的单位，签完约之后还要压榨你，所以同学们这段时间要免费过去干活。

钱颖一：一般是几月份签约?

学生：9 月到 3 月都有。我是 2 月签的。

钱颖一：一天工作多少小时叫实习？8 小时?

学生：比真正的全职还要多，拿的都是实习生的工资。从去年 7 月就开始了。

钱颖一：那你们研二没课?

学生：只有一门课，是您主持的“朱镕基经济管理理论与实践”课。

钱颖一：那是系列讲座。你一年级就把所有课都学完了?

学生：大家基本上都学完了。研二上半年没课，研二下半年不能选课。

钱颖一：你们硕士要求多少学分?

学生：43 学分。一年级学 40 学分左右。

学生：我的暑期实习 9 月份结束，因为有苏世民书院的助教工作，就回来了。然后，我就找工作。拿了三份工作聘书，最后签的是中行，做交易类管培生，先两年轮岗，之后再定岗位，轮岗有三个部门：全球市场、资管、投行。

钱颖一：你为什么觉得这份工作比那两份要好?

学生：一个重要原因是户口。另外，中行提供了一个机遇，有三类管培可选：交易、综合和法律。

钱颖一：你是交易类的?

学生：对。将来和金融沾边，和金融业务相关的前台都在里面了。

学生：我是从台湾过来的，毕业于辅仁大学管理学院。

钱颖一：你们和院长有接触吗?

学生：好像没见过。

钱颖一：你都没有见过你们的院长。每一次“下午茶”我都会发现问题。

昨天我的助理告诉我，说“下午茶”硕士场只有十几个人报名，说都在疯狂实习。我这就发现了问题，不然的话怎么能知道呢？每个项目的问题都不一样，本科有本科的事，本科双学位有双学位的事，博士有博士的事，硕士有硕士的事。现在硕士把两年的课程都放到一年里，第二年都是实习。我们本科四年级的学生也有这种事。你本科四年级时有没有实习？

学生：会有，但不多。

钱颖一：这是一种市场竞争的结果。

学生：你不实习的话就找不到工作，实习简历不够充实。

钱颖一：你反正已经签约了。你可以说我要到 7 月份才毕业，我这半年得念书。我念好书不是可以更好地为你卖力吗？

学生：现在这个社会就是这样。如果你跟他说要回去学习半年，各种编程语言、金融理论等，公司的人不信，肯定会认为这人是回学校玩儿了，游山玩水放松旅行了，就会对你有一个比较坏的印象，入职之后就会产生不好的影响。因为他接触的其他学校的学生都实习，除非把所有学生都联络起来，大家一起跟雇主说。只要大多数人还是在实习状态，他就不会信你的话。

钱颖一：你是在淡马锡，淡马锡就不要求你这么早去工作吧？

学生：我跟他说要回学校来读书。

钱颖一：你几月份去工作？

学生：7 月份。

钱颖一：你看，这就是一个例子。

钱颖一：实习的薪酬是正式工作的多少分之一？

学生：100 元一天。外资可能高一点。

学生：走劳务的话，超过 800 元缴税 20%，一个月 6 000 元的话，到手 4 000 多元。

钱颖一：你们还愿意？

学生：主要是为了丰富简历。

学生：主要是清华北大申请的人太多了。你不干，还有那么多清华北大的。

学生：实际干活的话，清华北大并没有比人大的强太多。

学生：他们人也多，人大比清华北大加起来还多。

学生：他们比咱们好用，就是好说话，让你多加一个小时班，乖乖加一个小时班。清华北大的多少还有点小脾气，让加班就不想干了，人大让你加班还多干两个小时。

钱颖一：中财呢？

学生：跟对外经贸（对外经济贸易大学）差不多。

为什么要实习？

钱颖一：你本科学的是会计？

学生：我本科学的是财务管理，和会计差不多。本科学的东西偏理论一点，这边都是实务性的课，请事务所合伙人来讲。

钱颖一：一年级就在实习？

学生：差不多，一边学习一边实习。

钱颖一：你们实习大致一周多少天？

学生：应该有四到五天。

钱颖一：在一周七天的时间分配中，占到 60%？

学生：肯定有。

学生：我上个星期没有实习，因为课量比较多，任务比较重。从这学期开始，一周去三天，早九点到晚六点。

钱颖一：你们实习是为了经历，不是为了钱。

学生：对。

学生：还有倒贴实习的。

学生：存款 50 万，存两个月，给你开实习证明。然后你用那个实习证明去申国外的，申国内的没有用，大家都玩滥了。一般申请一些比较水的一年制硕士项目一路绿灯。

钱颖一：所以中国的“市场化”程度远比国际上的高啊，可交易的东西太多了。我想做一个调查，看看研究生一年级同学课堂上多少时间，学业上多少时间，实习上多少时间。再看研二各占多少时间。当年明茨伯格（Henry Minzberg）做的博士论文，研究领导力，就是跟着 CEO 一个星期，把他从早到晚的日程全记下来，看他的时间配置。这是一篇非常有名的文章。清华的苏世民书院有一门 Deep Dive（中国社会调查）课程，其中一条路线就是带着外国学生去宝鸡，跟着一个市长一天，从早到晚看他这一天都在干什么。他们最后的结论是共产党的干部真辛苦啊！我也想知道研究生到底是怎么个辛苦法？

会计是一种沟通

钱颖一：你是管理硕士（MiM）项目的，跟咨询比较对口。实习的价值除了能帮助你继续找工作之外，那边学的东西和这边学的东西，哪边更有意思？

学生：侧重点不同。那边直接有实际的活让你操作，课堂上老师讲比较系统的知识。实习有一个好处，就是知道了咨询和 MiM 有很多相同点，发现校内学习的东西有很多实际意义。

钱颖一：所以两者是互补的，不是替代的。这是另一种解释，就是我们这里开的课有缺陷，去实习一举多得，既能帮助找工作，还能弥补这边课程的不足。这可能是能想到的实习的最好理由了。

学生：我们在实习中做了几个月的宏观经济研究，听您的“朱镕基经济管理理论与实践”课也听懂了。不然，光是在学校里学的那些，根本不可能听得懂。

钱颖一：所以你觉得去实习，对你理解楼继伟、谢平讲的内容有帮助？

学生：对，很有帮助。

钱颖一：你怎么也去考 CPA？

学生：我觉得考了之后大开眼界，因为很实在。我终于知道一个企业是怎么运作的了。

钱颖一：你举个例子来说明会计为什么让你觉得特别实在？

学生：比如知道企业利润是怎么算出来的，利润算出来后怎么一步一步地分配下去。咱们经济学里企业就是资本和劳动。我学了四年的 K（资本）和 L（劳动），但对企业没有任何感觉。学了会计后我发现，会计看待 K 和经济学看待 K 真不一样。虽然会计学的很多思维好像是错的，但是它能解决很多问题。

学生：其实会计真正往高了拔，背后也是有一套挺高的理论。

钱颖一：现在会计学前沿全都是应用经济学。我们对会计的第一理解是记账。

学生：这是一部分。

学生：现在的会计不是记账。

学生：会计的逻辑体系非常清楚。

学生：感觉是要和资本市场结合起来学。

钱颖一：哈佛大学本科没有会计课，想学会计的话去 MIT 学。他们的理由是说这可以自己学。会计不可以自己学吗？

学生：可以。

钱颖一：企业离不开会计。

学生：现在学会计很少有人学记账，都是通过会计了解企业状况。

钱颖一：我听到的最震撼的一句话，就是“会计学原理”第一堂课上老师告诉大家：会计是一门艺术。这句话说得很有哲理。会计是一门艺术。对吗？

学生：可以这么说。会计最重要的目的是把企业信息传递给外界，这是一门艺术。

学生：很多人对会计做过总结，很大一个功能就是沟通。

钱颖一：会计是一种沟通，要用数字来沟通企业里面的事。

学生：不仅是内部与外部的沟通，整个企业内部也要沟通。这种沟通是非常重要的。比如一笔钱投进来，到底用在哪个方向，会对公司内部产生什么影响，对资本市场产生什么影响。

钱颖一：马云说到现在他也看不懂会计报表。

学生：有人帮他看就行。

了解授课情况

钱颖一：我们的两个学术型硕士是比较难的，经济学硕士和管理科学与工程硕士要跟博士生一起上课。

学生：我们的“高微”（高级微观经济学）是选择博士生的，但“高宏”（高级宏观经济学）和“高计”（高级计量经济学）选的是硕士课。

钱颖一：硕士课的那个水平没有你在中财的高吧？

学生：肯定没有。课的难度还不如本科的难度。

钱颖一：本科你们上的是什么课？

学生：上的是“中微”（中级微观经济学），我们后来又上了很多“博弈论”“信息经济学”。

钱颖一：这边金融课比你在中山大学国际商学院的怎么样？

学生：相比来说更扎实一点。我第一学期和其他同学不太一样，我第一学期上了很多课，把以前没有打牢的基础巩固了一下。所以，我觉得从经管学院金融硕士的有些课程中受益很大。

钱颖一：“金融实务”课程去听了吗？

学生：课程质量很高。美中不足的是人太多了，和 MBA 一起上课，在大的报告厅，每次很多人。

钱颖一：他们这些人都是从业界请来的，业界的东西很有意思。

学生：有一门“投资学”课，它刷新了我之前的很多认识。虽然名字叫投资学，但是很多课程内容是在中国怎么实际操作的，怎么开展业务，中国经济转型是怎么走过来的，还做了相应的案例讨论，打开了一些视野。

硕士毕业后的道路选择

学生：我毕业后想去读国外的法律博士。

钱颖一：美国的法学院有两种学位。一种叫 JD，三年制，翻译成中文是法律博士，实际上是一个研究生专业学位，对应于 MBA。另一种是 JSD，中文叫法律科学博士，很多外国学生读。

学生：我问过一个在美国读 JD 的。他说法学院和商学院的区别是，商学院这个地方你没有工作经验来了没有什么意义，而法学院没有工作经验来了有意义。

钱颖一：所以 MBA 要求至少有三年工作经验才能申请，法学院的学生都是直接从本科四年级的学生升上去的。如果你想读法律，你就应该去听听我们本科的“批判性思维与道德推理”课程，对你申请美国的法学院有意义。

学生：您对在职博士怎么看?

钱颖一：我们学院早就取消了。在中国，在职博士容易变成“官博”和“商博”。官员和国企干部愿意念博士，对他的职业升迁有帮助，民企不会在乎。但成功的民营企业家也愿意念博士，因为他们很成功，挣了那么多钱，人生的一大遗憾就是没有一个博士学位。这是中国人的传统观念。你去问成功的商业人士，他没有博士学位的话就觉得缺点什么，人生不够完美。你觉得你会在国企干一段，然后呢?

学生：可能会去创业。

钱颖一：你要先把户口拿到?

学生：先把户口拿到，买了房就走。

钱颖一：在职业发展上，后来做得比较成功的有共同的一条，就是特别专注。经管学院早期毕业的人，好多不是很成功的，都是因为不够专注。心活是清华毕业生的一个毛病，一会干这个，一会干那个。要专注做一件事，或者官场，或者商场，或者学术，都行。你不专注，就不行。

学生：钱老师，您的路径好像不是特别专注，您的重心是在哪里？

钱颖一：我很专注。我这十年就专注一件事，做教育。全中国大学中的经济管理学院也没有一个院长比我更加专注做教育的，这点我敢说。

传播真正的教育

学生：我研一到清华以后，发现自己本科四年荒废了。我到这以后才发现真正的教育首先应该是完整的人格教育，其次是思维方式的教育。这些东西我在南开读本科的时候真的没有意识到。本科就是学专业，把专业学好，这两个问题都没有深入想，糊里糊涂地就过来了。我到研一以后，才突然意识到，自己真的没有独立之人格和独特的思维方式。我那时候下决心在经管学院三年要把大学本科再上一遍。到这以后，我没有实习，我每天学其他专业的课，看书。

钱颖一：你做得很对，三年等于七年，把本科再补上了，这也很好。你有没有看过我的一些文章？你刚才说的这些都是我这么多年一直在推动的。思考更重要，学会读什么比学会怎么读更重要。你是怎么悟出来这些的？

学生：您的一些讲话、文章我都看过。包括您的本科教育理念，在清华经管学院的本科教育改革，我感觉出来，明显的思维方式不一样，我身边的同学和外校来的都能感觉到。在这里看得更高，角度更新颖独特。

钱颖一：你本科四年的时候有没有到海外去过？

学生：去过法国。

钱颖一：那段经历对你有影响吗？

学生：有。但是您的教育理念、教育方式，还没有在全中国推行开来，只是在经管学院推行。我们南开的老师课上可能也会这样讲，但是没有自上而下的推动，没有氛围。

钱颖一：你们南开的校长龚克没有特别推行吗？他原来在清华当过副校长。

学生：他推的最多的是公民素质教育。他到南开以后最看重这一点，一直要恢复南开初衷，教育救国。但是从整个学校氛围来说，我没有感受到像您这样推动本科教育改革。也可能有，但我那个时候比较傻，没有体会到。所以一回头挺遗憾的，四年没有特别的收获。

钱颖一：你也接触南开其他学院的学生吗？

学生：也接触。我感觉这和你所学的专业没有特别大的关系。因为这种教育不管学计算机也好，学其他的也好，是一个人的根本。我希望您的这个教育理念再推广一下，或者不让它局限在清华经管学院之内。

钱颖一：我昨天去了宁夏大学，给各学院的院长、书记做了一场报告，给本科生做了一场报告。我在 2004 年去过南开。我觉得龚克在中国高校校长中是很突出有想法的。

学生：院长，您根据自己的读书经验，是怎么摸索出门道的？

钱颖一：我们的前面没有人指导，因为我是“文革”后第一届大学生。今年是我们参加高考 40 年。我是从纯数学到应用数学，从应用数学到数理经济学，从数理经济学到应用经济学，现在又到教育学，这是我的路径。

学生：我觉得这样才值得。先有理论高度，最后落到实处。

钱颖一：我现在的数学统计水平就是用点均值和方差的概念而已。

学生：但国内的教育学家并没有这个概括和认识。

学生：我也看到您的这篇均值与方差的文章。高中和之前的教育强调是知识化的基础教育，导致我们相对国外学生来讲要强。但对于所谓的人格也好，独立之精神，自由之思想也好，这种意识就不行了。在本科阶段，身边大多数同学也还是在学习知识，到研究生才见到更多的可能性，见到更多的同学、老师、大师，听过更多的东西，才能慢慢地开阔思维和形成意识。

钱颖一：你的这种情况无非是推迟了几年觉悟到，但还是悟出来了。你讲的还是一种好的情况。不好的情况，可能性更大的情况是，大学的禁锢比中学还厉害。现在有一些中学，比如人大附中、北京十一学校、上海中学，他们在素质教育方面是很领先的，但多数中学还是应试教育为主。

学生：很多素质教育流于形式。我上高中的时候，海淀区统一要求每个高中初中都要做素质教育，我们班最后拿到北京市奖。

钱颖一：素质教育是什么？

学生：就是实践教育，有点像我们大学本科做的一些创新实验计划，可以开展调研访谈报告，参加比赛。有个别同学在这上面做得非常出色，最后拿到北京市的奖。

钱颖一：不在于形式，关键在于你的醒悟，有时是顿悟。王阳明就有过顿悟。你是通过什么顿悟的？

学生：我是通过一本书顿悟的。读了一本北大中文系教授陈平原的书，叫《读书的风景》。当时我看到陈教授书里写的内容，才更理解了钱院长说的意思，就是您倡导的教育理念。我听到过，当时没有领悟到点。

钱颖一：当时没有让你顿悟，是他的书让你顿悟了。

学生：那本书是起点。

学生：您的教育理念，除了靠您个人奔走，有没有什么更好的办法贯彻下去，在全国铺开？

钱颖一：我先要把它记录下来，如果我不写下来就全没了，这是第一，这点很重要。清华有很多优点，特别是行胜于言，但是大多不会言。清华干了很多事，但沉淀不下来东西。

第二，我自己传播有限，好在现在这些主流媒体有兴趣。昨天的《人民日报》还登了我的一篇短文，我跟顾明远老先生的对话在报纸上也登了。但最主要的还是通过教育学生。我讲的跟我们的传统教育观念太不一致了。传统观念是学知识，学专业知识，学技术，学手艺。

学生：您希望我们毕业 10 年之后会是什么样子的？

钱颖一：毕业 10 年后？我去年这时候和 2002 级本科校友返校时座谈，他们就是正好毕业 10 年。我对 2002 级同学有特殊的感情，因为我 2002 年秋天第一次来清华给本科生教“经济学原理”，他们一年级刚入校。到 2016 年他们毕业 10 年。其中一个女生先去了投行，后来出来做了《致青春》的制片人。这恐怕是在毕业时无法预测到的。

学生：一个本科项目有通识教育，影响是很大的。

钱颖一：我们学院去年毕业的两个本科生去美国读艺术硕士。其中一位上个月回国后来看我，她在学戏剧制作。她说到了美国的学校之后才知道什么是自由，就是在学术上、学业上、艺术创作上都没有什么约束。

硕士生与院长共品下午茶

（2018 年 5 月 16 日）

寻找约束条件下的最优培养方案

钱颖一： 很多人跟我讲，金融硕士两年，一半时间都在实习，我就想了解，只有金融是这样，还是会计也是这样，管科也是这样？你是一年级，实习了吗？

学生： 实习了，从 12 月份开始实习，算是比较晚开始实习的。

钱颖一： 寒假全时都在实习，除了春节那几天。春季学期一开始就在实习？

学生： 一般是这样，要么就是实习，要么就是在找实习。

钱颖一： 你这个学期有多少学分的课？

学生： 这个学期有四门课，10 个学分，比较少，上学期 20 个学分。这一年下来，课就基本上完了。

钱颖一： 整体来讲，实习时间超过读书时间。是实习可以学到课堂上学不到的东西，还是不实习就很难找到工作。到底是哪种情况？

学生： 直接的原因还是为了找工作。

学生： 我更多不是找工作导向的实习。我一直想从事不同领域的研究，包括不同行业、不同实体、买方卖方企业。

钱颖一： 所以你觉得实习也是培养方案中不可或缺的重要部分？

学生： 我今天一直想问院长一个问题。我很好奇，院长心目中理想的金融硕士应该是什么样子的？

钱颖一： 我之所以问你们，就是我没有答案。美国的学校通常是在假期的时候实习，上课期间不会实习，但这未必适用于我们。可能我们的课很无聊，所以你去实习，会学得更多；也可能是我们的市场竞争情况和国外不一样，你不实习就找不到工作。所以，我想最优培养方案一定得在约束条件下才能知道。

学生：可能看行业。有的行业你就必须得实习才能拿到工作；有的行业可能需要全时找工作，比如去 PE（私募股权）、VC（风险资本），通过实习没有用。如果去国企，还要好好准备面试。

钱颖一：深圳班第二年没有课程，方案设计就是这样的。你们的总学分是41 学分，论文占6 学分，所以一年就把35 学分的课程学完了，剩下都是实习。北京班同学也是这样吗？

学生：除了第一年秋季学期开学就找投行实习的那些人选课比较少，大多数人第一年就把所有课上完了。

钱颖一：你们觉得这个两年的硕士项目方案合理吗？如果有偏差，怎么纠正？

学生：北大汇丰商学院第一年强制要求不准实习，但还是有挺多人偷着出来实习。

钱颖一：强制不实习的道理是，将来一辈子都是工作，现在学习的时间是稀缺的，要珍惜。但大家的回答是，因为别人都实习，我不实习就没有竞争优势。这是金融硕士的情况，你们管理硕士（MiM）呢？

学生：我们第一年在北京，第二年一般出去交换，我刚交换回来，现在正在找实习。

钱颖一：海外交换的时候实习吗？

学生：不实习，完全是念书。

实习的收益

钱颖一：你觉得实习给你带来什么？

学生：就是对行业有一些了解。有时候在学校的认知和外面公司的人想的不一样，可以给一点启发。

钱颖一：这个必要性是显然的。但在学期中间实习，占上课时间，不就冲突了吗？

学生：我因为很多课是在前八周，这样安排的话，后半学期就会有几天空余时间。

钱颖一：国外交换的时候，一般都是排满课，不会是只排前八周，都是全学期排课，而且一周上两次，我们一周只上一次。是否都是一周一次的课？有一周两次的课吗？

学生："高等运营管理"是一周两次，都是小班教学。

钱颖一：你看管理科学就是严谨。你们交换过的都知道，国外大学一个学期上四门课，一门课一星期上两次课，一星期得上八次课，从第一周到最后一周全排满。我们是把每周两次课变成一次课上，把一学期 16 周变成 12 周，甚至变成 8 周。你们高兴，这样就有实习时间了。

学生：工科不实习，甚至暑期也不实习。

钱颖一：他们不去外面实习，但在实验室里工作。

学生：他们的课程和实践结合更紧密。

钱颖一：我们可以说实习是进入社会这个大实验室。一般实习做什么？实习中可以学到什么？

学生：首先是了解行业，看到社会一个角落，知道商业规则。我最近在一家 VC 实习，对 VC 这个行业了解更深入了一些，而且看到了和管理有关的东西，了解了他们的思维模式，业界和学界的思维模式差异挺大的。这些是非常重要的。

钱颖一：你去 VC 实习感受特别深的是什么？

学生：VC 要投创业者，他自己也是创业者，感觉这个组织是变化的，能看到整个过程。和合伙人有时候哪怕是开一个很平常的周会，他们的一些认知，对管理的一些看法，会让你觉得很有收获。

钱颖一：这种学习很重要，也是学校教不了你的。有人一概反对实习，我也觉得不对。这种知识书本上不会写，但是你在那里就感受到了，谁和谁说话，谁先说话，怎么说话，都是有学问的。我两周前和沈南鹏对话。我是学数学的，他也是学数学的。你把我们两个做一对比，你就知道你将来要干什么了。

我们学院的好处是选择机会多。但是现在发现，同学们每一样都要尝试一下才做选择。金融行业里有多少种尝试？一级市场、二级市场，买方、卖方，都要尝试。你是都尝试过了？

学生：我只是做行业研究。

钱颖一：你都看过什么行业？

学生：看过纺织服装、房地产，看过一点点人工智能、无人零售，现在看教育。

钱颖一：教育是一个巨大的市场，现在很火。所以你在实习中，还是学到了很多学校不可能学到的东西。

学生：对，我觉得是这样的。我觉得这是一件很悲剧的事情，其实我很喜欢学习，尤其我们临近毕业，很留恋学校，但是很无奈。

学生：我是金融硕士研二，深圳班。刚结束一段实习，休养生息。实习是很辛苦的。我在一家投资公司做 PE，做一些行业研究，也做过投资岗位的实习，主要在一个项目的前期做一些分析，这些分析还是蛮有意思的。我们实习时，会做一些在我们看来比较简单的工作，写写报告，听听专家访谈，做一些比较基础的工作，换得我们了解行业的机会。

钱颖一：所以实习的确给了你入门的机会，虽然也要做一些很辛苦的事。法拉第给人家打扫卫生，结果打扫打扫就旁听了一些课，最后他进入了实验室，成了大物理学家。

学生：实习多的话，边际收益是递减的。那些硬性的技能实习两次就能积累，也能满足老板的一些要求。但我们还是会选择不断地实习，能够让我们不断地跟进行业的最新动态，比如在投资公司就可以知道现在的风口在哪里，之前可能是人工智能，最近的风口是零售。通过不断实习，可以接触这些行业内最新的资料。

钱颖一：一些实习还是很有必要的，帮助了解流程。但是，现在我们的问题在于是不是实习太多了会影响你上课?

学生：其实我还好。我从来没有一边实习，一边上课。我一般上课就是全时间都在学校里，实习一周全实习。

学生：我是会计二年级，二年级上学期出去交换了一下，回来之后赶上春招（春季招聘）找到工作的。

钱颖一：准备去哪里？你的工作和会计相关吗?

学生：在投行，和会计也算相关吧。

钱颖一：会计第一年的课程多吗？你本科是学会计的吗?

学生：我本科不是学会计的，而是学经济学的。我们第一年的课程蛮多的，就跟金融硕士一样，也是第一年把所有的课程学完。我在第一学期的后半段做了一段实习，还有寒假也做了实习。

钱颖一：你的实习是自己找的，还是通过别人介绍的?

学生：我是自己找的，但是信息来源一般都是学长推送的比较多。他们会在我们群里发项目组缺人或者有实习机会的信息。

钱颖一：最好的情况是，学院提供很多课和很多实习机会，你自己能把握，能找到一个最佳组合。但是，我知道这很难。人家这边说你今天来吧，你也不能说我等一个月再去。

学生：我是金融硕士一年级的。我本科没有实习，也是从研一开始，一直在实习。我实习的目的首先是要快速了解金融这个行业，来之前一点概念也没有。可能实习过一段时间之后，就会开始思考自己的人生路径，因为感觉做第一份实习之后，会出现路径依赖的问题。如果先进了一级市场，可能第二份实习还会在一级市场做。这时候开始想自己可能真正适合什么，然后想跳出原来实习的圈子，再重新定位自己，这时候我可能会反向从我的课堂寻求一些帮助。因为我在课堂中能够跳脱出来看我真正适合什么。但是在实习中，可能只会沿着原来的路径，会越走越远，可能不会真正知道自己喜欢什么。

因为我本身可能也是打算晚一年毕业，也就是上三年。虽然我第一年有一定的实习，并没有全身心地投入学习，但是我觉得可能在剩下的两年中我有一段时间会放在学习上。

竞争越来越激烈

钱颖一：现在是社会主义经济比资本主义经济竞争更厉害。在台湾竞争就没有那么厉害，在加拿大竞争也没有这么厉害。

抗压能力是很重要的，金融行业压力很大，竞争很强，要有抗压能力。但是有些知识不是在压力下学出来的，而是要在宽松的环境下才能学出来。特别是深层次的思考，得有宽松一点的环境，那些思考对你的一生都很重要。多少年以后回头看，你们就可能后悔当初太短视了。

学生：我之前本科是在武汉读的，根本没有人实习，我们脑子里没有实习这个概念。到了研究生以后才发现原来要实习，每个人都在实习。在没有外部工作压力的情况下，单纯读书是件特别享受的事情。

学生：五年前可能这种现象还没有现在这么激烈，五年前公司不是现在这样的招人方式。现在，企业越来越以全社会招聘的心态对待我们学生。他们的管理岗位有时候需要从其他公司招聘有经验的人，就会采用社会招聘。按照常理来说，如果招聘学校里的学生，可能会更看重你有没有潜力，有没有规划。现在我们找工作，发现包括企业领导都不是很在意这个，他在意现在这个岗位需要有人，你是不是来了就能上手，是不是能够把工作做好。

钱颖一：这几年中国整个业界和社会变得越来越急躁、浮躁，就是要快，都想马上致富，还要获得“财务自由”。

学生：我工作的那个地方，听到我说之前实习的地方干了相同的工作，做出了什么成绩，他们就觉得我可用。完全是用社会招聘的心态对待我们这些学生。

不实习的例外

钱颖一：有没有到现在为止一点实习都没有做过的？

学生：我刚刚想问您的那个问题。我发现可能一开始的时候，并不知道院长对我们的情况那么了解，包括对我们的挣扎、我们的困惑这么熟知。我对此一直很好奇，我在经管已经待了六年。

钱颖一：你进来的时候是什么专业？

学生：就是经济与金融专业，2012 级的。

钱颖一：你是 2012 年入校的，我在你们的开学典礼上给你们讲了“无用知识的有用性”。

学生：我其实很疑惑，院长到底希望我们成为什么样的人？

钱颖一：这个问题不是我希望你们成为什么样的人，而是你自己希望成为什么样的人？

学生：或者在一个教育者眼中，他认为什么样的人可能是这个国家需要的？

钱颖一：我知道我不希望你们成为什么样的人。我特别不希望看到每个人回答说，我做这件事，是因为我的同屋这么做，我的学长告诉我这么做。我现在看到的情况是，因为别人这么做，所以我也这么做。不应该这样。

学生：在台湾是没有实习的。我 6 月毕业，大概从 3 月开始找工作。

钱颖一：这都属于正常情况。假定你在台湾念硕士，两年，你实习不实习？假定同样是金融硕士，你实习吗？

学生：也不实习，主要是台湾没有实习。这边找工作竞争太激烈了，公司先看你有没有相关实习，没有相关的实习就把你剔掉了。

钱颖一：台湾的金融界竞争没有这么激烈？

学生：完全没有那么激烈，有一份实习，就很厉害了。

钱颖一：我们原来也是这样的。但他有一份实习，有人就有两份，看到有两份的，人家就说我得要有三份的，最后的竞争均衡点变成了现在这样。

全世界没有哪里比咱们这里竞争更激烈。你在这种激烈竞争中锻炼，回到台湾以后就所向无敌了。

学生： 这里对我最大的影响是开阔了眼界。因为在台湾没有 PE、VC、投行，没有那么多券商。我这种在台湾顶多做销售，就很厉害了。但我来到这里可以去 PE、VC 实习，去投行，不管一级市场二级市场的，买方卖方的，都做过。我回去后，和人家最大的差别就是我的见识比较多，我更懂公司的一些流程，或者人家说懂撰写。但是，我自己没有打算回去。

学生： 我也是金融硕士，我是留学生，本科在 UBC（加拿大不列颠哥伦比亚大学）读的，我没有实习。我们觉得还是应该上课。

钱颖一： 这是传统，上课就是上课，实习就是实习。国外的想法是，我付了学费，不上课亏了。而且我以后一辈子工作，所以现在要专注于学习。我们这里的情况不太一样。

学生： 我是来学习的。但在大家的压力下，我这学期还是出去找了一份实习，结果不太好。一个投行，offer（工作聘书）都发来了，但管我要身份证，可能是我长得不太像外国人，所以他们一直都不知道我是外国人。我说我没有，我只有护照，他们说不行。我感觉挺委屈的。

钱颖一： 你也从中学到了很重要的事情。

就业市场对信息的解读

学生： 本科时候发现一个现象，大一要选数学，有 ABC 三种。我们那一年，如果高中学理科的，就选 A，其他的同学选 B。现在的同学，即使高中学理科的，也没有选 A 的，都选 C 了。

钱颖一： 选择 B 的同学在期中考试以后很多换成了 C，包括一些理科状元，奥赛金牌获得者。现在很少有人学 A 了。我们本来都是好心，因为我们的学生来源是各种各样的，所以提供 ABC 三类课程，供大家选择，不做统一要求。结果现在理科状元都去选 C，只是为了提高学分绩。

学生： 我学妹跟我聊，她周围没有人选 A。选 A 可能是很变态的那种。

钱颖一：我无语了。你们是中国最优秀的学生到这里来的。你是从上海财大毕业的，你们那边呢？

学生：我们那边数学不分 ABC。但是入学时要考英语，分 ABC 级。很多人故意考很低的分，去选 C，因为 C 更容易。

钱颖一：这我就不懂了。如果所有人都选 C，而我选了 A，那说明我很厉害啊，为什么这个信息没有价值呢？

学生：在今后的职业发展上，市场看不到这一点。

钱颖一：我如果选了 A，我就有很强的激励在我的简历中凸显出来。我就跟你拉开了。

学生：选 A 得 85 分和选 C 得 95 分相比，单从分数看，显然选 C 好。

钱颖一：选 A 得 85 分肯定要远好于选 C 得 95 分。我非常不懂这个就业市场的运作。

学生：人力资源的人可能很粗暴，如果系统里的分数不那么高，直接就把你卡掉了，你都没有机会说我选的是 A。

钱颖一：你们觉得是这样的吗？

学生：用人单位是绝对的强势地位。他们强，我们弱，他们制定游戏规则，我们只能根据规则玩。我们研二的同学一路找工作，和这么多公司的人力资源部打交道，我也跟公司的人力资源部聊过，你们到底想招什么样的学生。清华北大的简历就不下 1 000 份了，工科的、经管的、什么都有。他说在这种情况下，我没有办法筛选，我要招聘的就是岗位，谁有相关的实习经历，就先把他挑出来，没有的，就先把简历扔了。我也不管你们是不是数学 A 考了多少分，就先把简历筛掉。如果都有相关的实习经历，就看你们谁做的时间更长，这是一个倒逼我们学生的体制。

钱颖一：学术市场就不是这样的。现在申请国外博士，要先做研究助理才能申请到。做一般的研究助理都是没用的，一定要给你特别难的题目让你做，你能做出来，说明你厉害，我就推荐你。这个机制是对的，因为他要找的人不仅确实要学习非常好，而且确实要有研究能力。你基本上是说人力资源的人是用非常粗糙的办法在挑选人，最后挑选出的都是 GPA 高、实习多的，但未必是真有能力的。你想说的是市场多么无效率。

临界规模

学生：我想分享一个反例。我研一时候，因为我们 MiM 是和外国学生一起上课的，那些外国学生刚来的时候，在课堂上积极举手发言。学期过一半的时候，他们慢慢被我们同化了，也变得非常安静。我研二的时候去国外交换，我在国外课堂上反而被他们同化了，因为他们所有的人非常愿意讨论，教授把课堂上讨论的分数占比设置为 30%，所以迫使我一定要做讨论。这是两种非常不同的情况。

钱颖一：这两个完全一致。外国学生来这里的比例是多少？

学生：特别少。

钱颖一：对啊。经济学里说，必须有一个 critical mass（临界规模），就是足够多的人。如果有足够多的人不说话，很少几个人说话就很难。反过来，足够多的人都说话，你不说话也不行，这就是多重均衡点。刚才说到在 UBC、在欧洲大学，多发言是一种均衡。而在我们这里，少发言是一种均衡。其实我们多年前也不是这样，这几年怎么就变成这样了？

学生：我想分享一下我们本科的教学经历。我本科是清华法学院的，我们很多课程全都是中国学生，但是我们发言特别积极，大家抢着发言，课下会读很多书，去反驳老师。我们很多课程是案例课，老师会分享很多最近有争议的刑法案件，或者离婚案件，让我们课堂上进行讨论。这些课程中，大家能够解决问题，或者发表自己的意见，因为没有标准答案，所以每个人特别积极。但是，如果涉及一些理论性的课程，比如德国和美国宪法之类的，大家发言就会比较少。

钱颖一：你在学“批判性思维与道德推理”的时候，能看到大家发言挺踊跃吗？

学生：挺踊跃的，不论大课小课，大家发言都挺踊跃的。

选择太多惹的祸？

钱颖一：现在是选择太多的问题。我刚当院长的时候，觉得大家选择机会太少了，所以给大家更多的选择。我也经常鼓励同学尝试一下不同的经历，比如试了投行才有可能对这份工作憎恨无比，才可以安心做学问。但现在我发现产生了另外的问题，就是选择太多了，而我们的承受能力又太弱。所以这时候有意识地把你的选择集合缩小，或者有意识地不去知道一些信息，可能会更好。

那天我参加湖畔大学开学典礼，马云说了一句话，什么是聪明？聪明是能看到别人看不到的东西。什么是智慧？智慧是看到了假装没看到。但是这是很难做到的，所以最好还是不看。选择不看到，就是少听室友说，少听别人介绍。现在回想起来，如果当时多听了，没准我就去干别的了。因为当时的无知，结果就走了跟别人不一样的路。因为你们都问了别的人，所以你们的信息是一样的，决策也是一样的，最后大家的竞争也格外激烈。

学生：我和大家的经历不太一样，我是来自哥大（哥伦比亚大学）项目的，今年研一。我们班同学基本上分两拨，其中一拨还想在金融方向发展，这些人从研一上来就开始实习。他们放弃去哥大的学习机会，因为如果想做前台的话，从哥大回来是不可能找到前台工作的，所以还是留在中国。我本科是政法大学的，因为政法大学在昌平，很远，所以不可能有时间实习，就在昌平安心学了四年。我是学数学和经济学双学位的。

钱颖一：感谢昌平。她说的这个一点都不特殊。我问过杨振宁，西南联大是个奇迹，在战争时期，国力很差，却出了很多人才。他说很简单，昆明只有一家电影院，我们没有别的事干，就是学习。所以，你说的很有一般规律性。不是说条件越好，你就一定能学得好。想想西南联大，就给你提供一个反例，那时候国家那么弱。你说一定要图书很多，也不是，他们那里图书也没有那么多。很重要的一点，就是只有一家电影院。

学生：我本科也没有做过金融方向的实习。我现在在快手实习。我在设计科学部，做一些推荐算法和一些比较基础的工作。这些东西在学校尤其在经管学院是基本学不到的。他们面试的方式也和金融类不太一样，每一轮面试官的反馈都是问这个人做过什么项目，能否写代码。很多即使有很好的社会招聘经验的人，因为面试三轮，也可能在第二轮被刷掉。这就要求平时在学校里功夫很扎实，才能面对考官给你不同的提问，非常考验你在学校训练的学习能力。

钱颖一：所以，你觉得他们的考题和检验方式还是希望你有扎实的东西。

学生：对，要有扎实的东西。在清华这些年，我们的项目想培养我们的管理思维方式和软技能，在哥大可以选一些更技术的东西。所以，我上半学期在学校选了很多课，下半学期选择做实习，感受一下他们的数据到底是什么样的，他们为用户制定的策略是怎么做出来的。我觉得这些是在学校里学不到的，也和金融方向挺不一样的。

钱颖一：你是哥大项目数据科学方向，所以第二年你要去哥大。他们对编程特别看重吗？你是在哪里学的编程？

学生：我是自学的。

钱颖一：这是我的另外一个观点，培养自学能力是很重要的。我们那代人都是被迫自学的，因为当时是“文革”，我们没有什么学好上，只有自学。今天是一个很有意义的日子，“5·16”。1966 年 5 月 16 日是“文革”开始的日子。现在情况变了，但是学校也不可能把所有课都开了。有自学能力的人和没有自学能力的人完全不一样。企业肯定喜欢有自学能力的人。

硕士项目两年还是三年？

学生：现在金融硕士两年或三年，但大家没有人选择三年，那些去交换的学生也想在交换的情况下依然两年毕业。

钱颖一：去交换的一般要三年才能毕业。管理硕士（MiM）也要三年。

学生：的确是三年毕业更好。但在目前的环境中，三年毕业像留级了一样，压力很大。

钱颖一：这不叫留级。现在有一个好词叫间隔年（gap year）。咱们最近几年去斯坦福和哈佛读博士的两个本科生，本科都是五年毕业，中间一年是间隔年，听上去很高大上。如果你觉得多读一年值得，那就多读一年。如果你觉得多读一年很水，那就没有必要。但是，如果出去交换，你最好读三年，可以把其中一年考虑成间隔年。

学生：是的。但在有两年和三年可选择的情况下，都选了两年。

钱颖一：这是急躁的表现。如果你自己觉得你的情况三年更合适，你就别把其他人的选择作为理由。我们的选择准则是，因为别人都这样，所以我也这样。这是一个大问题。

在深圳建立院区

钱颖一：我们学院将在深圳设立一个院区。深圳是一个很重要的地方。你们就业选择在北京，还是在深圳？

学生：整体趋势是越来越多在深圳。

钱颖一：深圳是很有前途的。在深圳工作的话，一般在什么行业？

学生：基金或投行。我们这届金融硕士深圳班总共100人，在深圳工作的不到10人。

钱颖一：有没有去PE、VC的？

学生：有一个去PE的。

钱颖一：深圳有很多创业企业。现在北京的独角兽多起来了。原来的BAT，只有百度在北京，阿里在杭州，腾讯在深圳。这一轮中的TMD（头条、美团、滴滴）全在北京，京东也在北京，小米也在北京。蚂蚁金服是阿里投的，所以在杭州。其他新起来的都在北京。怎么解释？

学生：因为杭州和深圳这些地方阿里和腾讯势力太强，新的进不去。

钱颖一：这也是一种解释，地区的势力太厉害了。

学生：我们深圳班有七八十人最后回到北京这边工作了。

钱颖一：我一直在想你们第一年在深圳，第二年应该回到清华来。核心的问题是要解决第二年的住宿，有住宿就有归属感。你们都是自己在外面找住宿，归属感就差了。从项目培养上看，北京班和深圳班没有差别，都是一样的，这是我一开始就坚持的，我说必须是同一个培养方案。住宿问题我们同学校都谈得差不多了，最后还是被否了，说没有住宿资源。我担任院长期间有几件事没有干成，这是其一。

学校紫荆公寓外面有一家酒店。我们原来想过把它拿下来，但后来没有做成。我们现在的思路是，与其买酒店，还不如到深圳去发展。所以，现在我们要往深圳那边发展。粤港澳大湾区这个概念很厉害。我在美国旧金山湾区住过很长时间。旧金山湾区一共是 900 万人，包括了硅谷。而粤港澳大湾区到 2025 年要达到 1 亿人，多了 10 倍。粤港澳大湾区有旧金山湾区有的创新创业，还有旧金山湾区没有的金融中心，香港是金融中心，深圳也是一个金融中心。另外还有完整的供应链体系，硅谷那边没有供应链。要往远看一点的话，那边有很大的发展潜力，前景确实好。所以，我们一定要去那边发展。

但是，深圳没有一所“985”大学，因此深圳市政府拼命想吸引好大学。清华、北大、哈工大都在那里有校区。现在深圳正在建 10 所中外合办学校，清华－伯克利是其中之一，香港中文大学也在那里建了一个校区。深圳市政府财政收入很多，它们可能是中国唯一一个地方财政花不完钱的城市。所以，它们的人才引进力度非常大，给了很多优惠政策。如果北京的雾霾再严重点，深圳的吸引力就更大。美国原来发达的地区是东部，西部原来是很荒凉的地方，即使是在 20 世纪 70 年代，硅谷也到处是樱桃树，这些年才变成如今的状况。10 年、20 年后深圳肯定同现在又不一样了。

第四编
博士生与院长共品下午茶

第七章
2010—2018 学年

博士生与院长共品下午茶

（2011 年 5 月 26 日）

博士项目的学术定位

钱颖一：过去我们举办研究生“下午茶”，通常都以硕士生为主。今天是博士生专场，在我的记忆中，这还是第一次。

在过去两年中，我们接连推出了关于加强博士教育的一系列措施，坚持不懈地开展相关工作。我们博士教育的定位非常明确，就是坚持学术导向，但这并不排斥博士毕业生选择去企业工作。实际上，即便是国外最顶尖的经济管理博士项目，这种情况也时常发生。如果谈到导向，博士项目的设计是鼓励毕业生进入学术研究机构，以高校为主，但这并非唯一，还包括政府、研究机构以及企业中以研究工作为主的部门。经过讨论以后，我们已经明确了这个学术定位，并与之配合制定了相应的措施、政策。比如，从今年开始我们就不再招收在职博士生了。这是一个具体措施。

在培养方式上，我们不断出台新的办法。两年前我参加过博士生论坛，感觉效果不理想，随后我们改成了每周的学术报告会。同时，我们要求学院的每一篇博士论文都要经过匿名评审，尽管学校只抽取其中一部分做匿名评审。之后，我们还要组织统一的博士生资格考试。

在博士生导师指导论文方面，学校最近出台了一项新政策，原则上准许副教授具备博士生导师资格，当然也需要一个确认的过程。实际上在学校政策出台之前，我们学院早已制定了相应政策，学院所有教师，包括讲师、副教授，都可以参与博士生论文指导。

还有一项十分重要的改革，就是从今年起我们停止以导师名义招博士生，改为根据学科招收博士生。我们学院有八个学系，我们对应设置了八个博士项目。比如经济系有经济学博士项目，金融系有金融学博士项目，会计系有会计博士项目等，一共八个。大家报名的时候，无论是直博（直读博士）还是普博（普通博士），都要报某一个博士项目，而不再报某一个导师。由于清华的计算机不认学科，只认人名，我们只能先以系主任的名义招收，但是这并不意味着系主任是所有这些博士生的导师。经过资格考试后，在同学们对各位老师的研究领域比较了解后，再经过双向选择，确定自己的导师。如果把这些改革累加起来就不难发现，我们的博士培养过程发生了十分重大的变化。

我们原来的博士生培养定位并不清晰。过去我们有各种各样的博士，比如论文博士、在职博士、普通博士、直读博士，五花八门。而现在，我们只有普博和直博，关键是无论是普博还是直博，从培养方案来讲是相同的。由于普博生曾经有两三年硕士阶段的积累，所以可以跳过一些课程，但还是要参加统一的资格考试。所以，改革后博士生来源可以不一样，基础可以不一样，但是博士培养方案和流程是一样的。

以前有一种说法：本科报大学，硕士报学院，博士报导师。过去，博士生从一开始就跟着一个导师，导师采用师傅带徒弟的培养模式。今后的博士生首先进入经管学院的八个项目中的一个，经过严格的课程训练，通过资格考试后，再选导师。也许你从某位导师那里所学比较多，关系比较近，但你还是应该接受所在学系老师的共同培养。特别是你的论文指导小组，其中可能有正教授，也可能有副教授，甚至是助理教授。

由一个导师指导，有的相当好，有的很不负责，风险非常大。将来导师组由三人组成，当然其中一位是你的主要导师，不过未必是论文指导小组的组长，因为目前组长还需要由正教授担任。

在招生程序方面我们也有变化。从今年夏季开始，所有申请博士的除了参加国家规定的考试，还要经过夏令营环节，也可以称之为“面试”，才能进入我们学院的博士项目。以前个别系已经开始采用这种方式了，但许多系还没有。

所有这些都使我们在博士生的招生和培养环节上发生了变化。当然，要完善这个过程还需要相当长时间。北美大学尽管学校、专业各不相同，但大致的培养过程与我刚才描述的基本一样。学院教师对这一改革都很认同。

创造学术就业市场

钱颖一：在整体博士项目改革中还有一个环节，就是就业。我们是学术导向，我们希望我们的学生毕业后前往学术研究机构，特别是重点高校甚至顶尖高校，其中也包括海外高校就业，担任教职。我们也在思考能有何种途径、创造什么样的条件，让大家可以更顺利地在这条路上平稳前行。当然，学术道路从来都是很艰难的，但也充满乐趣。

美国的学术就业市场已经非常成熟。比如，美国经济学会（AEA）和美国金融学会（AFA）每年1月份举办年会，会议期间又是学术就业市场。即将毕业的博士生来到会场，参加招聘机构的面试。这是组织得非常好的一个市场。类似的还有美国管理学会（AOM），每年8月份举办年会，规模巨大，也是一个学术就业市场。其他学科没有这么大规模的，比如美国营销协会（AMA），会议时间与AOM相差一周，其规模比较小，但也是一个组织高效、条理性很强的市场。和管理科学与工程学科相关的年会在秋季，也是类似的情况。如果说前面那些可以叫作“公开”市场的话，会计很大程度上更像“私下”市场，因为会计学科内部联系比较紧密，教授之间关系也比较亲近。

博士生学术就业市场因学科不同而比较复杂，因为这里各学科的要求、需求等都不一样。我参加过很多面试，发现不同学科的招聘相差很大，比如，市场营销系的毕业生，通常在还没有博士毕业参加面试的时候，已经可以拿出两三篇发表的论文，若拿不出一两篇发表过的论文，几乎无法找到工作。而经济、金融、会计专业的毕业生，毕业时一篇论文都没有发表过也很正常，但是必须得拿出一篇已经有完整研究成果、尚未发表的论文。在AOM会议上招聘的时候，应聘者还没有一篇既有模型又有数据的论文，只是论文的纲要和初步数据。所以，学科不同，差别极大，无法用统一标准衡量。不要说工科理科怎么样，即使我们一个学院中的八个博士项目，就很不一样。

过去几年出现了一个很大的变化，就是国内至少有十多所学校开始去美国的 AEA、AFA、AOM 招聘海外博士生。这也意味着国内毕业的博士生在学术就业方面将面临更激烈的竞争，因为海外博士还是很有竞争力的。

目前我们处于这样的状况：一方面我们的博士项目通过改革走向国际规范；另一方面，我们希望大家更多走学术发展道路，更多就业于学术单位。但是，国内的学术就业市场还很不成熟。从我们学院来讲，经济系博士毕业生有到上海交大的，也有到人大的。前几年会计系博士毕业生去高校的更多一点，但基本上属于个别教授负责联系。去年经济系一个博士毕业生很优秀，想去北大任教，在学院通过了，可是在学校一层被卡下来了，所以并不容易。

我们有一个正在策划的计划，就是北大、清华、复旦、上海交大这四所学校的经管学院或管理学院准备在今年秋季开启“优秀博士毕业生巡回演讲”机制。具体做法是，每所学院推荐 3 名博士生，涵盖各学科，一共 12 名，组织到四所学院巡回演讲。实际上，这个概念我们也是参考了国外的做法。大家可能知道有一本经济学杂志《经济研究评论》(*Review of Economic Studies*)，是一本欧洲杂志。为了促进、提高欧洲的经济学学术水平，每年选出十来个美国刚毕业的优秀博士生，通常在 5 月份左右组织他们到欧洲大学巡回做学术报告。我们的设想是安排在每年 10 月或 11 月，在北美的学术招聘市场之前，而欧洲是在北美学术招聘市场结束之后。

这 12 位入选者会得到由我们四位院长签名的证书，证明得以入选其中受到了学术认可，本身也是一种荣誉，这是第一。第二，这四所学院可以优先考虑他们进入博士后，当然这完全取决于各学院自身的判断。第三，对非常突出的学生，学院可以直接聘任。所以，存在多种可能性。这是我们现在的设想，而且每所学院都由主管教学的副院长牵头。如果将来这种模式取得成功，人数可以有所扩大。当然作为第一次，我们相对比较慎重。基本想法是通过这种方式，推动完善国内的学术市场，因为只靠一所学院很难达成。

从我们学院来讲，目前教师招聘已经不分海内外，一视同仁，薪酬也一样。我们没有理由限制我们自己培养的博士生。但是从学生的职业生涯考虑，如果你是在清华经管学院念的博士生想应聘本院教职，那么至少应该去清华以外的地方工作两年，即到其他大学读两年博士后或任教。这并非歧视，而是希望你有不同的阅历，既然十分优秀，到其他地方会增加个人学术经验。所以，也希望大家博士毕业后，如果想在清华顺利发展，还是先历练出不同的经历，包括申请海外的学校。

博士生论文发表要求

学生：博士生同学做了很多努力，希望自己能够真正走上学术道路，往往并不急于在博士的时候较早地发表论文，而是在根基牢固以后，慢慢培养起来，再发表重量级的文章，进入学术工作市场。

钱颖一：我们现在已经把博士毕业论文发表要求从四篇减到两篇。我们有些教师还习惯于过去的做法，认为如果不发表几篇好论文，就证明不了博士生的质量。目前我们取得的共识就是发表两篇论文，将来再减少。我更希望大家若干年磨成一剑，能写出特别好的论文，而不在于数量。

学生：论文发表是表明学术能力的一个信号。在美国不需要论文发表，原因是它有强大的学术市场，教授有判断力，无须通过论文发表来证明。但是，在中国学术市场未能有效形成之前，这还是必需的。第一位重要的还是要建立学术市场，以后渐渐地，这种发表论文的需求自然而然就降下来了。

钱颖一：在美国高校，论文答辩多是一个形式，因为它已经形成了一个声誉机制。在我们还没有声誉机制的时候，也只能这样。欧洲论文答辩要让国外评审人飞过去参加答辩，要经过严肃评审。比如斯德哥尔摩大学的一个博士生论文答辩，让我写评语，还要飞过去参加答辩，非常严格。美国不是这样，主要是靠导师把关，并且由市场评判，看能否找到工作。因此，不能只看表面形式。

我们学院的政策是一视同仁，最终取决于学术水平，而不在于你从哪里毕业。同学们认为就业辅导形式就是建立信息平台，我个人认为不是。对于非学术领域，市场信息平台特别重要。对于学术市场，信息平台恐怕不够。我们博士项目的学术协调人不只提供博士毕业生的信息，还必须亲自与其他院系的教师沟通。你们各自有什么特点、学术水平大概在什么位置等，学术协调人应该有所了解。

博士论文选题

钱颖一：我看到你们提出的最需要帮助的是选课题，它成为各项中最关注的一项。在理工科，课题通常是导师给的，但经济学和管理学不是这样的。导师通常会问你，“你对什么有兴趣?”也许你提出若干，然后老师可以帮助你筛选，指出某个课题没有什么意义，某个课题太难，某个课题不聚焦，等等。这是我们这个领域典型的指导方法。我们与工科不一样，没有国家项目。我们是社会科学，至少我在读博士的时候，没有听说过任何一个同学是向老师要课题的。

何平老师：我自己在读博士时遇到的最困难的问题就是选课题。没有任何一个老师会给你一个课题，都是自己去想，然后跟老师谈。老师提供建议，包括可行不可行、有没有什么意义等。博士论文，或未来毕业之后自己搞研究，最重要的工作就是能否选好课题。

钱颖一：这本身就是博士项目需要培养的能力。

何平老师：没错，我们有许多人读了七八年毕不了业，虽然考试成绩特别优秀，但最后卡在无论如何都想不出来一个能为大家普遍接受的出色课题。我觉得，这是培养博士生十分重要的环节。

钱颖一：这里除了科学成分，还有艺术成分。过去中国留学生容易想非常宏大的题目，要建立新框架，不愿意做太窄的课题。但是，要找到不宽不窄的课题，可不容易啊。

何平老师：我们中国学生缺少提问题的能力，只会接受知识。

钱颖一：能提出问题是很难的。真正找到一个好题目也是很难的。真正能让老师思考一番再作回答的提问才有意思。

何平老师：最主要的就是，发现问题，提出问题，然后再解决问题。

钱颖一：学术报告会是搜寻想法的场所。参加报告会可以看到别人怎么提出问题，怎么回答问题，发现其中的缺陷，重点不在于它已经完成了什么，而是发现还没有完成什么，因为这就是潜在的课题。参加报告会时，你要经常琢磨："怎么我没有想到？"再思索："为何这么回答问题呢？"如果你们参加报告会觉得一无所获，就可能说明中间互相交锋没有达到那种水平。

何平老师：我觉得我们的学生对学术各个环节的功能、定位不太清晰，好像强迫你们做一件你们不愿意做的事情。其实，这是锻炼的一部分。

学生：我们这学期主要是读论文，不停地读论文。我们做会计，到底以后做的是偏理论方向还是与实际结合多一些？管理会计可能是发展方向，财务会计也有很多理论要研究。以后选择的题目方向上有没有侧重？更多关注什么？

何平老师：我觉得更多在于兴趣爱好。如果你真正喜欢就去做。主要看你自己的兴趣，选择什么就是什么，做学问最好是这样。

学生：不知道将来清华博士生有没有机会教咱们学校的选修课？

钱颖一：博士生不能独立开一门课。博士生可以在老师主导的大课下面教小课，小课基本上是由博士生教的。

学生：有没有从业界进入学界的？

钱颖一：在美国现在没有了，在经济、金融、管理等领域，这条路基本上不通。从学界可以进入业界，但业界不可能转入学界。

严格学术道德

钱颖一：我们总在强调学术道德学风的问题，但从结果来看很不满意。上星期我们成立了两个委员会：一个是学生学术道德委员会，一个是教师学术道德委员会。在学生学术道德委员会成员中，我还增加了一位美国老师。让他加入进来，我觉得有很大价值。毕竟我们中国的文化对规则要求不那么严格，而西方人对规则严格坚持，文化上差异明显。他来学院好几年，给我写过很多邮件，对我们学院的这个方面抱怨非常多。他只是反映了一种声音，我不是因为他的抱怨才改的。

举一个写推荐信的例子，在中国，学生写推荐信请老师签个名是常规做法，但他说这是不可思议的事。我说："老师看过后认可并签名，不行吗?"他回答说："不行。"他还说："更令人不可思议的是，学生不但自己写推荐信，还伪造教授签名。"还有考试互相抄袭，论文抄袭，普通的日常作业互相之间也抄袭。总之，在考试、作业、推荐信、答辩等一系列环节都暴露出学风问题。也许我们还不是最差的，居于中上游，其他学校有可能更糟糕，但这些都不能成为理由。所以，对这类事情学院非常重视，也决心采取一系列措施。

这与整个社会风气比较浮躁有关。当然我们从学院做起，从考试、作业环节做起。我在国外任教时，在招生委员会里看到国内的一些推荐信，基本上一眼就可以看出推荐信是不是学生自己写的。显然，这需要从各方面培养、塑造，注重平时的诚实教育，包括作业可以讨论，但必须独立完成，以及考试杜绝作弊等一系列问题的纠正、解决。

何平老师：我们太宽容了。

钱颖一：宽容得简直不可思议。

何平老师：我的导师跟我说过，有一个人在美国论文写得特别好，但后来大家发现他的一个处理结果不是很谨慎，结果这个人彻底在单位消失了。希望大家真诚对待，有就是有，没有就是没有。你们要想真的不凡或有所成就，就需要诚实。总会有人来调查你的，没有方舟子，也有"圆舟子"。

钱颖一：我相信，真正有可信度的老师是不会让你写虚假推荐信的。

学生：大家没有这种意识，就把它当成了常规，不觉得是一件特别严重的事情。

博士生与院长共品下午茶

（2011 年 12 月 2 日）

为博士生开设数学夏令营

钱颖一：经济系这学期博士生的课感觉怎样？

学生：我觉得大部分的课都还行吧。按照我们的课来看，如果认真学的话，学得还是蛮扎实的。但是有一个问题，问了同学才结束的资格考试情况，他们说考得非常不好。

钱颖一：考不好的原因是什么呢？

学生：我觉得有些是技术层面的，因为很多人进来之前数学基础不够。

学生：因为之前学的是中级经济学，数学要求没那么高。现在高级经济学的那三门对数学的要求还是蛮高的。

钱颖一：这些学生是考进来的，还是推研上来的？

学生：大部分是直博推荐上来的。很多同学没有学过“数学分析”，只学了“微积分”，运算还可以，但是不懂证明，不懂分析，所以基本上不了解“高微”（高级微观经济学）。然后就是优化，其实我们清华本科优化也没学，这就使“高宏”（高级宏观经济学）成为难题。然后就是“高计”（高级计量经济学）里的计量都是线性代数，我们当时学得比较简单，不够深，于是学习矩阵变换就比较困难。

钱颖一：国外这个问题更严重，因为他们的学生来源更是五花八门。不是说这些内容你一定要在大学学过才行，这是一个最大的误区。我们的误区

---

* 该篇为“研究生与院长下午茶”中的博士生部分。

就是你要准备好，把所有这些东西都学到。这是不可能的。你不能自己学吗？你是学过数学分析的，是吗？

学生：是。

钱颖一：我们可以搞“数学夏令营”（math camp）。一个月的时间，或三周的时间，在开学之前。

学生：那样做的好处就是让大家不要怕。现在很多同学觉得很痛苦，是因为他觉得完全没有入门的感觉。

钱颖一：那我们就搞数学夏令营。

学生：我觉得需要。

钱颖一：管科的同学有这个问题吗？你们觉得数学基础怎么样？

学生：我们也觉得经济系的课听着很费劲，所以就自己补一点数学。

钱颖一：还有哪个系要跟着经济系学？

学生：金融系需要学“高微”，会计系也要求学“高微”。

钱颖一：“高微”是一定要学的。“高计”呢？

学生：“高计”不一定，是选修。

钱颖一：金融和会计应该学“高计”。

哪些课程收获大？

学生：我们的分数都是实实在在的，而且经济系给博士生上课的老师都还挺好的。

钱颖一：经济系我知道还是比较严格的。管科的是不是课程也比较严谨？

学生：对，课程是比较严谨的。

钱颖一：我自己的判断就是经济和管科这两个系的课程还是很严谨的。市场营销和人力资源呢？

学生：人力资源系博士生的课其实开得不全，所以硕士生的课我们也上。博士生的课我就明显感觉有收获，老师会讲得深很多，但硕士生的课很浅。

学生：我这学期在北大那边上了“组织行为学”，与这边的课完全不一样。

钱颖一：这我都知道。

学生：我们经济系和管科系的收获是最大的。其他系的同学就感觉“打了几天酱油”。课程不系统，比如说有定量没定性，有定性没定量，有中级没有高级，有的课可能只有初级。

学生：我觉得我过去一年收获最大的就是几位从美国留学回来的老师上的博士生课，就是纯博士才能上的课。每周要看很多论文，那些课收获很多。过去一年对营销的学术研究感知都是从那些课上来的。

钱颖一：营销系特聘教授开课吗？

学生：开，也收获很大。

学生：从国外回来的，接受过比较严谨学术训练的老师开的课收获挺大。

钱颖一：这是应该的。你在这儿学不好就去别的地方上课。

学生：从数量上来讲，博士一年级的绝大多数课还是硕士的课。

钱颖一：从整体来讲，我们在工商管理学科方面还是比较弱的。会计呢？你们两位是会计系的，说说有多少收获。

学生：会计开课的时间有点奇怪，我们这学期很少学到会计本专业的课，都是在学管理学的课。会计的课集中在春季学期才开，像“高级财务”“审计”“财务管理”都集中在春季学期。所以，我们现在秋季学期学很少会计专业的课程，只有“中级财务会计”“高级管理会计”这些课。这学期我们学的主要是管理学的课。

学生：会计课是这样的，系里想让那些没有学过会计的人在这学期学完“中级财务会计”，所以很多课都集中在下学期了。

钱颖一：是为了等那些人。

营造更好的学术氛围

学生：我们经济系还是有很多学术报告会。可是，每次我去就发现听的人不多，很多同学不去。

钱颖一： 我们学院网站主页上面，左边那栏叫通知公告，右边那栏叫学术报告。这一年，我就发现左边那栏很长，而右边那栏很短。一周前我就跟沟通办说，这肯定不对，我说每个系都有学术协调人。我们有八个系，理论上每个系每周都应该有一场学术报告，而且还有博士生论坛，还有来这儿找工作的要做报告的。不出三天，右边栏目的长度就超过左边栏目的长度了。接下来的问题就是信息有了，但是人还不去。这就是一个学术氛围问题。

人力资源系昨天有一位来找工作的斯坦福博士毕业生到你们这儿做学术报告，你们去听了吗？

学生： 去了。

钱颖一： 海外博士生做的都是前沿的，导师不一定在前沿，但博士生必须做前沿，不然就找不到工作，所以必须去听。

学生： 以前是缺少这一块信息，现在是有了信息之后，很多同学不去。

钱颖一： 大家缺少激励。这个确实是学术氛围问题。现在我们讨论的问题都是正经问题，几年前我们都讨论不到这个问题。当时我指定每个系必须有一个学术协调人，每个系必须每周有一次学术报告会。在我刚来的时候，是没有的。现在有了，但是博士生缺少激励去听。硕士生不去听学术报告会，我觉得可以理解。但是，博士生不去听学术报告会，你怎么写博士论文呢？我就纳闷了。

学生： 我看到一个现象，就是经济系的学术报告会，在我们才开学的时候，那时候“三高”（“高微”“高宏”“高计”）还没那么大压力，我们博一的同学很多去听，但高年级的同学很少见。等到现在再去看的时候，我们班的同学也少了，高年级的同学从来就没去过。

钱颖一： 应该是高年级的去得多，低年级的去得少，这才可以理解，因为高年级的要写论文。

学生： 这个问题我能解释，因为我比他高一级。我是经济系的。因为每个老师都局限在他的领域内，我们听了一年，其实也就两个方向，国际贸易和经济周期。听来听去都是这些东西，解模型，calibration（校准）。听一两次就够了，没有多样性。

钱颖一：我在国外也组织过学术报告会。假如你的兴趣不是国际贸易，也不是宏观，而是对产业组织或者发展有兴趣，那你可以提建议，提出邀请来做学术报告的人选。你还可以到附近的学校听报告，还是得有主动性，不能被动等待。

学生：刚才讲到经济系的学术报告会的问题，对此我有个小小的建议。因为北大有很多学术报告会，人大也有很多学术报告会，我们都离得非常近，我觉得清华这边的学术报告会更偏重于国际贸易和宏观，北大更偏重于劳动经济学和微观理论，人大有时候也会有一些很好的学术报告会。我觉得您是不是能够在学院层面上推动，把这三个整合一下，比如报告人到北大去了，能不能请他也来我们这里。

钱颖一：我们已经做了，现在一些学术报告会就是联合邀请的。这件事要靠教师之间的关系来推动，学院没办法推动。比如李宏彬老师认识光华的周黎安老师，因为他们是斯坦福的同学，所以他们经常是一起请人的。上次那个斯坦福的雨宫健（Takeshi Amemiya）教授先跟我联系，最后是两边一起邀请的。这样的话两边可以分摊成本，所以大家有很强的激励一起邀请。

学生：北大的学术报告会时间很多跟清华是冲突的，清华放在周四下午，大家都没课。北大放在周二下午，这边有课，就过不去。

钱颖一：那边也一样啊，这边有学术报告会，那边也过不来。

学生：如果去北大讲了之后，再来清华讲，可能更好。

钱颖一：这个我们没有办法下命令。雨宫健的例子比较特殊，因为他是给我直接发邮件的，我们跟光华分担成本。在北大的学术报告，你们也可以去北大听啊。

学生：是啊，但是时间经常会冲突，光华的讲座经常放在周二下午。这边经常会有课。

钱颖一：那你就得衡量是课重要，还是学术报告会重要。我们周四的学术报告会，他们那儿还有课呢，一样的问题。我在哈佛念书的时候，MIT 有学术报告会，也是一样的问题，但我们也经常去那儿听学术报告会。

建立反馈沟通机制

学生：去年您跟博士生下午茶，我还记得您说博士生论坛大家的反馈都没用。今年的这个博士生论坛为什么推迟到这么晚，就因为前面跟好多老师沟通，拜托他们，我们需要这些改革，真的是搞了三个月，最后好不容易才有一点点改变。

钱颖一：我每学期都有一次“下午茶”。以前有其他老师参加，从去年开始，“下午茶”就我一个老师来。我发现现在听到的与我原来听到的就不一样。去年的 MBA“下午茶”上，那些学生就点着名说这个老师、那个老师。这促使我马上就把一些问题解决了。今年就比去年好多了，去年抱怨的很多问题都没有了，当然还有其他问题。你们也是一样，从去年开始，我一个老师来参加。我的成本是什么呢？就是我回去后得向其他分管的老师复述，但是我觉得我复述时的扭曲程度比这些人坐在这儿要小。不过，这要增加我的工作量，增加一倍还多，但我觉得还是值得的。

学生：如果有更多的老师像您这样对学生的意见这么关注，我觉得我们会好办很多。

学生：现在的渠道就是您说的一学期见一次，或是一年见一次。

钱颖一：我们形成固定机制，一旦形成机制，不做的成本就很高了。我再忙也得安排“下午茶”的时间，不然我就破坏了自己定的规矩。

学生：同学有很多反馈意见是即时性的。我们能不能收集这些信息，比如每个月出一份简短的报告，然后确保您能够收到，这样就行了。

学生：谢谢钱院长今天下午跟我们的交流。我觉得简单地讲，收获最深的就是无论什么事情，还是我们自己得主动。

钱颖一：要主动，用英语说就是要 proactive。

博士生与院长共品下午茶

（2012 年 5 月 10 日）

强化工商管理类博士第一年的基础课

钱颖一：今天工商管理类博士项目有同学来吗？就是战略、人力资源、市场营销、技术经济那四个系的博士生。我要解决他们的问题。

学生：有几个事先报名的都跟着导师出去调研了，没有来。

钱颖一：你博一都上什么课？

学生：博一上了“高计”“高微”这些比较基础的课，然后是“组织行为学”。

钱颖一：“高微”是所有学生都学吗？

学生：不是。我们有基础类的必修课，大概有七八门课，每个博士生要选四门才能毕业，其中有“高微”“高计”“高宏”“高级数理统计”。你如果要毕业的话，这几门课中怎么也得选两三门，要不然最后凑不到四门课。但每个人选的不一样。

钱颖一：除了经济学的课以外，我想知道管理学的课。

学生：管理学的课都是选修的，有十几二十门。

钱颖一：一年级的核心课是什么？

学生：“战略管理”。

学生：营销这边我们大概有五六个博士生一起上课。学术性比较强的课，我们都选了。我这两年把所有博士的课都上完了。比如，“消费者行为”“市

* 该篇为“研究生与院长下午茶”中的博士生部分。

场营销模型”，这些都是美国回来的老师开的，就五个博士生。每周要读论文，我是全部上完的。除此之外，就是战略、人力资源这方面的课，我们会上，但是每个人的选课确实有区别。

钱颖一：有统一的要求吗？比如说你是战略的，哪些课要学？你是营销的，哪几门课必须要学？

学生：没有。就是有二十几门课，你要选够学分。我大概选了六七门课。

钱颖一：普博就不跟你们一起学了？

学生：普博他们也有学分要求，但是课组和我们是一样的，要求修的学分也比我们少。所以他们会跟我们一起上课，但不是所有的课都是一起上的。他们选的数量会比我们少一两门。如果他们选的课和我们的课一样，还是会和我们一起上的。

钱颖一：你们的“战略管理”课有多少人在学？

学生：加硕士生的话，有 100 多人。

钱颖一：要是那样的话，我可以说这门课是硕士课，是为硕士生开的。我不能说这是专门为博士生开的课。

学生：对。因为我理解的专门为博士生开的课，只有营销的课，只有五个人上。这种课的压力往往比 100 多人的课要大很多。

钱颖一：那你上这些课，接受程度和我们的本科生相比，你觉得如何？

学生：事实上我本科修过“经双”。但即使这样，我在上“高计”“高微”课程的时候，肯定会比本科是经管的同学更有压力。

钱颖一：那管理学方面的课呢？

学生：实事求是地讲，我觉得管理学方面的课，就是作业多，但承受的压力其实比经济学要低。我觉得，我收获最多的课一定是人数越少的课。人数越少，收获越大。就是那种五六七个博士生一起，每周可以讨论问题的课。这种课的收获肯定比 100 多个同学在上的课要大。

钱颖一：在博一有这种课吗？

学生：我们营销系就有，就是“市场营销模型”，还有“消费者行为”。

好些课都是五个博士一起上的，我们一年级就只有五个博士生。

钱颖一： 所以要不就是五个人的课，要不就是100多人的课。

学生： 还有那种30个人的课，但也是和硕士一起上的，主要是人力资源管理类的。

钱颖一： 营销、人力资源、战略、技术经济都是工商管理一级学科内的学科，如果每个系五个人，加起来就得有二三十人了。

学生： 但我们没有博士生横跨四个系的课。

钱颖一： 我知道，这就是我现在要解决的问题，所以我今天要问大家这些问题。现在确实没有跨四个系的课？

学生： 对。

学生： 我是偏营销战略。营销主要分三个领域：消费者行为（CB）、数理模型（Quant）、营销战略。营销战略是比较宏观的，但是这个领域的老师也用定量的方法。

钱颖一： 所以你应该听了很多战略系的课？你的领域和战略结合紧密。

学生： 听过“战略管理”。我个人觉得，那门课是在大课里面我收获比较大的。因为一学期下来，好歹还学了一些理论框架，还学了一些知识。同学们反映那门课他们收获也挺多的。

“管理研究方法论”课程

学生： 我室友是技术经济的，他们有门课叫“管理研究方法论”，普遍反映对他们之后的研究有帮助。

学生： 我感觉有同学学了那门课之后并没有掌握那些方法。在博士生论坛上就可以看出来，同样是博一的人，有的同学就能指出，你的研究方法中有什么漏洞。我以前做过很多物理学的实验，看到那个实验的时候，我就发现他那个实验中有很多不严谨的地方。然后我提出来之后，老师就会反馈说，的确，他没有考虑到。同样博一管理类的课程，有的同学就会发现这些漏洞，但有的同学就觉得挺好，没有问题。

钱颖一：这属于基本训练，也是为什么我们现在要重新修订博一的基础课程。美国博士教育与欧洲的不同就在这里，现在欧洲也在改，就是博士一年级必须要有统一的标准训练。现在经济学已经基本上做到了，会计、金融也差不太多了。管科我们一直就比较强。我们最薄弱的就是工商管理类，还没有统一的博士第一年的基本训练。所有清华经管学院的工商管理类博士项目的学生，必须要学会它的方法论。只有这样，一看才能知道研究中的毛病是什么，研究设计的缺陷是什么。这是需要训练的，就像医生看病人一样，有一套程序，没有经过训练，就不知道该怎么处理，经过训练的医生，有一套程序就知道如何处理。一样的道理，做研究，设计实验，必须要考虑哪些因素，没有这样的训练不行。

学生："管理研究方法论"这门课，也是和"高微""高计"一样，是列在选修课里的。

钱颖一：它不能是选修课。在经济学类博士项目中，"高微""高宏""高计"都是必修的。

学生：对。我们现在所有课都是选修课，所以"管理研究方法论"不是所有的博士生都上。

学生：我感觉很多同学就是没有弄清楚管理学的研究方法，从那个博士生论坛上就看得出来。一是实验方法，跟行为有关的方法，与行为经济学中的很多实验有点类似。二是统计方法，就是计量经济学为主。用了很多统计的方法，但是我始终感觉他们的统计方法是有缺陷的。因为在应用的时候，你问他一个很简单的东西，他都说不清楚。他会说，大家都这么做，然后我就这么做了。

学生：我这学期也学了"管理研究方法论"博士生的课程。从我内心来讲，还是挺失望的，没有我预期的那么好。我感觉无法从这门课程当中吸取更多我想要的东西。可能老师讲的都是书上的内容，只告诉你一些知其然，而背后那些所以然的东西，老师都没有讲，所以会造成刚刚提到的那个问题，就是许多博士生知道用这个方法去做，而这个方法背后的原理，很多人确实不太清楚。这门课主要讲统计方法。

学生：现在我的很多想做学术的同学，更多时间花在后面的论文课上，比如五六个人的小课，大量读论文，之后老师讲论文，大家讨论论文。然后他们可能再回过头来重新学习方法论。

据我所知，像技术经济系本来招的博士就不多，往年几届，毕业的没有一个继续从事学术研究工作的，都去了企业，特别是去国企，如国家电网。所以，我现在的感觉是，他们很多人不在意学术，他们考虑的是找工作。

钱颖一：这有点儿鸡生蛋，蛋生鸡了。如果我们的课程是非常严谨的，如果能学到的东西很多，学了以后将来能够运用于学术，大家的学术热情就会高。我们的课程不能提供这些，那还不如去企业。这是互为因果的。

学生：对。这是一个很差的均衡。

钱颖一：你们直博第一二年的，觉得基础训练哪些课程很有必要，现在很欠缺？你们觉得计量经济学很重要，那微观经济学呢？

学生：我个人认为计量经济学的应用性不大，可能还是博弈论对我们有点帮助，一般均衡之类的对我们就没什么太大用，因为我们更多关注的是产业之类的。我们有时候想接触一些非主流的经济学，比如演化经济学，这对我们研究创新很有帮助。我是第三年联合培养去牛津学了这些东西。

钱颖一：你们了解的比如北大、浙大、西安交大，他们博士生的基础训练和我们相比怎么样？

学生：我感觉侧重不同。我参加过几次全国博士生论坛。他们很有针对性，他们跟哪个导师，就是那个导师的风格，定量或定性。我觉得他们学的研究方法可能比较单一。大部分我认识的浙大和西安交大的学生，数理统计方面可能比我们好一点。但是，我们除了这些课程还学其他很多定性的课程，我们掌握的研究方法面比他们宽一点。

钱颖一：那你们觉得有用的课还是“管理研究方法论”？

学生：对。但那门课的深度还是不够的。我们做博士论文大多要做大规模的调查，但很多细节的东西实际上没有对应的课程，我们基本上都是自学。

学生：我有个建议，就是“管理研究方法论”那门课能不能拆成两门课或者说把它细化。

博士资格考试怎么考？

钱颖一：你现在博一上的课，课程考试都怎么考啊？

学生：如果是硕士的大课，就是平时做展示，然后期末小组提一个案例分析、报告，或者咨询分析之类的。如果是博士的课，最后我们至少都要提交一份报告。如果还能做一些研究，最后需要把数据处理出来，提交一篇完整的研究报告。

钱颖一：博士资格考试什么时候考？

学生：是在进入博二的 10 月份。

钱颖一：你是去年 10 月考的。那个考试跟课程考试有什么区别？

学生：很注重学术研究方法。还有就是这个考试的内容都涉及理论和研究方法。

钱颖一：所以跟课程没关系，是综合考试。

学生：我们考一天，上午就是考大管理类，涉及人力资源、战略，我们所有人都做同一套题。下午就是各个学科做一套自己的题。

钱颖一：资格考试考一天？

学生：对，上午三个小时，下午三个小时。

钱颖一：大家都通过了吗？

学生：我了解到的是营销系都过了，但经济系有挂的。

钱颖一：先不说经济学，我们就说人力资源、技术经济、战略、市场营销这几个领域，你知道有挂的吗？

学生：我认识的人中没有挂的，只有分高分低。管理学这一学科决定了我们的题目大部分是主观的。可能让我们阐述一个理论，进行一个研究设计，很难有大的问题。

钱颖一：你们怎么复习，把以前的题目都拿来看？

学生：看论文。考试都没有问到前一年的题。我们确实也不知道上几级师兄师姐考的是什么。我们都是摸索着复习，而且在考试之前老师不进行任何与考试相关的沟通。

重新划分工商管理类中的学科边界

钱颖一：我们要重新划分学科。技术经济、战略、人力资源是一个平台。营销要分出来。AMA（美国营销学会）从来都是独立的，不跟AOM（美国管理学会）一块开会。

学生：反正我开学一进来的时候，战略、人力资源、营销这三个系就联系多一些。

钱颖一：因为原来这三个系是一个系，叫企业管理系，后来才分成三个系的。

学生：这三个系的同学原来都比较熟。

钱颖一：这是路径依赖。还有，按照中国的学科分类，会计分在工商管理里面，其实会计跟金融、经济更近。

国外说的“大管理”是指美国管理学会覆盖的那些研究领域，包括战略、人力资源、组织行为、创新、创业等。营销是独立于这些领域的单独一个系。我们现在正在设想把这三个系，就是技术经济、战略和人力资源打通，做成一个平台。在国外很多商学院，这些领域组成一个大的“管理系”。这样的话我们就可以加强管理研究的方法论训练。

经济、金融、会计这三个系博士生在一起上课吧？

学生：金融和会计两个系的压力很大。

学生：特别是会计，他们要学我们的“高微”，估计很难。

学生：因为会计系那些同学的数学基础比经济的就弱一些。微观的东西他们会感到很困难。上课的时候就感觉得出来，他们基本上不知道老师在讲什么。

博士生课程中的英文授课问题

学生：我觉得博士生的授课语言，跟本科生和硕士生的不一样。毕竟以后不管是做学术，还是工作，都是在国内，可能主要都是用中文在交流。但是我们的“三高”（“高微”“高宏”“高计”）课，基本上大多数人还是用英文授课。授课效果要比用中文讲差一点。我跟很多同学交流，他们即使英文比较好，在理解上还是比用中文要来得慢。

学生：如果是用中文授课，效果肯定比英文好。但如果用中文授课，这两年的基础课一过之后，大家就开始自己做研究了，那时候可能同学们的英文能力会弱一点。现在我们博四、博五的同学如果要找工作，如果想去海外的高校，就明显遇到英文的问题，国外高校不会录用一个没有英文教学经历的学生。

博四、博五的同学他们没来。他们有的同学就建议高年级的学术报告会能不能开成是由同学讲论文，讲给低年级的同学听，由高年级博士生用英文讲。其中的一个问题就是如果要申请国外高校，能不能说我曾经有英文教学的经历？

钱颖一：在国外博士生是不能独立开课的，可以做助教，讲 section（小课）是可以的。比如说“三高”。“三高”要求每一堂课里边都要有小课或习题课，讲补充材料。应该要求博四、博五的同学有这个教学环节。

学生：应该算是一个训练环节。课程英文授课，原来清华本科的同学可能容易接受一点，但如果不是清华本科的同学，一上来听英文授课，会有一点困难。

钱颖一：你们的意思是英文授课是一个问题，特别是对从清华以外学校来的同学。

博士毕业生的教职选择

钱颖一：你有没有去北大那边看过他们的市场营销课程设置？

学生：课程设置我还真没了解过。但是光华那边的博士生论坛，我参加过，我也了解过他们每年博士毕业的情况。

钱颖一：你的感受是什么？

学生：就是他们去年博士毕业发的论文数量比我们多，因为他们博士毕业找工作要去高校，那就要看论文发表多不多。他们去年有两个博士毕业生发的论文数量就挺多的。

钱颖一：他们去了哪里？

学生：我只听说有一个去了人大，因为是发在 *Journal of Marketing*（*JM*，《营销杂志》），所以就一篇抵了无数篇。其他的还有一个师姐，我听说发的数量特别惊人，她也去了北京某高校。

钱颖一：那我们去年毕业的有去高校的吗？

学生：今年我们系有两个师姐要毕业，但是至今我还不知道结果。

钱颖一：你们系毕业的，去澳大利亚高校工作的那个博士生呢？

学生：我听说他是为了发一篇英文论文延期毕业，而且在美国多待了半年。那篇论文对他很重要。

学生：我们这边有发 *JM* 的吗？

学生：假如你一直在这边待着，在博士期间不合作的话，很难发。我印象中我们这边没有发 *JM* 的。

学生：现在经济学博士确实有点饱和，不论是国内还是国外。而且据我所知，在我们这边经济学博士毕业之后去高校比较困难，因为很多高校都标榜要海归，也不管招的海归质量如何。我所知道的有些海归其实质量不太好，回国几年就发不出论文了，那还不如招个国内的人发《经济研究》《管理世界》。我认为，我个人毕业几年之后回北师大任教可能都比较困难，北师大现在也开始招海归。学院如何才能为我们走学术道路创造条件呢？

钱颖一：人大还招了我们这儿毕业的一个博士呢。

学生：人大这两年倒还招了两个北大的，但是招清华的，没有招经济学的，而是招了管理学的博士。前两年还招过一个清华的金融学博士。

钱颖一：那你就要做第一个被招的经济学博士。

学生：我觉得不仅是经济系博士，职业选择是想从事学术研究方向的博士生都会遇到的一个问题。我们其实挺困惑的，五年之后我们能不能找到教职，能不能去到想去的高校。您对我们有什么建议，这几年我们有什么环节是需要注意的?

钱颖一：现在中国高校正处在转型期，转型期就会有一些这样尴尬的局面，好学校都说要招海外博士。当然有些学校是理性的，但有些学校是不理性的，可能根本不知道是怎么回事，就盲目招国外的。也许后来他们会学习到这样不行，再招国内的。我们恰好就处在这个中间时期。

我觉得其实还是看实力。一个办法就是跟海外教师合作。你看这位同学，就是在本科的时候和莱斯大学（Rice University）的教授合作写东西。和海外教师合作有很多互补性，我们对中国的情况熟悉、数据熟悉，他们对发文章有经验。最后的评价指标里就是看你有多少文章，你是哪儿毕业的没有意义。所以，有一点你们还是要相信——市场上还是认文章的。我们这儿有一个经济学博士毕业的，北师大也给她教职了，虽然她最后没去。她也是和海外教师有合作文章。

有些国家就是迷信学位。我觉得中国不是这样，中国人还是很认实力的。但这个实力怎么展现呢？或者是跟海外合作，或者是中间有海外学习经历，都会帮助你更好地发表文章。发文章是硬道理。

博士生与院长共品下午茶

（2012 年 12 月 14 日）

把博士项目纳入学院三年战略规划的优先工作

钱颖一：我们现在正在制定学院下一个三年战略规划（2013—2015 年），已经做了很多次讨论，还没有最终成文。下一个三年规划中有一些我们优先考虑的工作重点。在讨论过程中大家都感到应该把博士项目作为一个优先重点工作，在人力、物力、财力上要有更多的支持。院务会比较一致的意见是我们的博士项目要有比较大的进步，有比较大的投入，同时也会有比较高的要求，这一定是相辅相成的。这是学院正在讨论和研究的事情之一。

学生：上次研工组组织的调查，从中能看出来大家比较关注的几个点。关于研究热情，60% 的博士生说研究热情一般，研究热情很高的博士生只有 30% 多。这是我们比较担忧的情况。

在需要得到帮助的方面，第一是导师的指导，第二是研究课题的选择。导师指导方面，按理说，每个同学都有自己的导师，为什么还会有那么高的比例，让我很疑惑。关于研究课题，同学们可能希望导师给自己一个课题，而不是自己找到问题来做。

在认为提高学术能力最有效的途径方面，91% 的人选择与老师探讨，自己独立学习和与同学交流也占了 50% 多，博士生论坛占了 16%。这一次调研的结果跟上一次调研的结果很不一样。在上一次调研中，认为博士生论坛有效果的是零，这也算是近两年博士生论坛改革的一个结果。

---

* 该篇为“研究生与院长下午茶”中的博士生部分。

钱颖一：这还不够，还要进一步改革。几年前我去三堡参加清华博士生论坛，发现基本上流于形式，所以就决定拿回到学院来做。但仍然觉得效果不够好，所以我们现在放到系里做，很严肃认真地做。每一个系应该有一名教师负责这个学术报告会，让我们的学生做演讲。博士生论坛原来是校团委搞的，我们就用一门课的形式替代这个论坛。我们也跟学校沟通，得到承认。实际上我们要求更严了。你刚才说 16% 比零要好多了，但还是不够。

学生：这两年我们的博士生论坛改革都是我和我们团队一起策划的，能感觉出来这样一份改革非常不容易。但是，我们在办的过程中也遇到了一些问题，我们还是希望一定要有老师，他就相当于指导学术报告会这门课，同时有工作量，有工作量他就得负责任。

学生：我能提点建议吗？如果博士生论坛是各系办的话，规模相应而言会小一点。我的想法是，我们能不能一个学期或一学年结束的时候，把其中一些比较优秀的工作论文挑出来，不要太多，让这些同学有一个展示的机会。

钱颖一：可以啊。这需要协调，比如让每一个系出两个人，出两篇好文章。你们学生要做一些推动。

学生：这样的话，跟在小范围讲法也不一样，你面对的听众也不一样。确实要有表达能力。调查问卷中提到，在要培养的学生能力当中，第一个是创新能力，第二个是表达展示能力。在我们做博士生论坛的时候，就看得出有些博士生，你大致能猜到他想讲什么，但他就是讲不出来，特别着急。

博士生面临的三个问题

学生：博士生研究热情不高，导师指导不足，课题经费不够，是目前博士生面临的三个核心问题。

钱颖一：这三个问题，我们开始解决了。博士生参加国际会议的经费，现在跟导师拴在一起，但导师的情况不一样，有的导师经费多，有的经费少，有的负责，有的不负责。所以学院要专门给博士生统一提供参加国际会议的经费。

但是，我也有另外一个问题。经济系教师反映博士生不去听学术报告会。现在是硬性规定必须去，要签字。虽然去了，但去了以后打开电脑干别的事，不听学术报告。当然这个学术报告可能不是你的领域，有时可能水平不是那么高。这是为什么呢？原来你们说人太少，其实我们现在博士生的总量每年60人。国外的商学院每年博士生也就是20人，加上经济系30人，并不比我们多，香港的大学博士生就比我们少太多了，所以说不是没有临界规模（critical mass）。人家可能只有20人，但学术氛围很高涨，而我们60人，学术氛围仍然不高。

学生：我觉得这是不是跟您刚才说的导师指导不足有关。

钱颖一：博士第一年和第二年在国外也都没有导师指导。

学生：是不是因为我们的博士生里有一部分是非学术的，只有一部分是学术的，所以学术的人还是不够多？

钱颖一：你说非学术是什么意思？就业可以有学术市场和非学术市场，这是有差别的。但是，博士生培养都是学术导向的，我们没有非学术的博士生，我们现在也没有在职博士生了。在国外也是，即使最好的大学，也只有50%左右的担任教职，另外50%去业界，这很正常。但是，所有博士生的训练都是学术导向的，你必须达到一定的学术标准才能毕业。

学生：这里还有一个问题，很多学生不愿意做学术，是因为导师本身也不太做学术。

钱颖一：是。还有更糟的情况，就是导师让你做课题，不是学术性的，而是咨询性的课题。这时你宁愿从中解放出来，对不对？

在博士项目上，我们的经济学和管理科学与工程两个系的规范性还是不错的，但是工商管理学科就比较薄弱。北大光华在10年前搞的IPhD（国际博士项目）不错，我听说我们的博士生跑到他们那里去听课。我们面临的大环境是一样的，现在北大光华在工商管理领域的博士从事教职的人数多于我们。

学生：我们会不会借鉴其他学校搞硕博连读？这样可以多招一些学生进来，然后在转博的过程中也能把那些对学术感兴趣的人挑选出来。这样录取到的博士质量会更高。而现在这种直博，可能有些人并不愿意做学术，然后还不得不坚持读。

钱颖一：直博和硕博连读，听上去这两个机制是一样的，但实际运作是不一样的。北大就是做硕博连读，结果现在北大也要改了。原因是道德风险。因为硕士难上，博士容易上，所以不少人先进硕博连读，然后念了一半儿就不念了，拿个硕士走人，这样比申请硕士要容易。直博的话，如果念不下来，就不能拿硕士。现在北大也要变成这样，就是增加你从博士退出的成本。或者如果要拿硕士，你必须要念三年，这也是要增加你的退出成本。

学生：我们的工商管理项目的博士数量太少。以人力资源与组织行为系来说，我们有 16 位教师，但今年只有三个博士生。本来一些副教授和教授做学术的热情是非常高的，但是他们分不到博士生。如果教授能把学生分一些给助理教授和副教授带，学生可以在一入学的阶段就接受学术项目的熏陶。

钱颖一：这个问题我们已经解决了，但你们可能赶不上了。从明年开始，工商管理的几个学科，学生入学后统一上一样的课。我们是找两位在海外的特聘教授给我们设计课程，是工商管理的基础课，方法论的课。他们两人都是美国著名商学院的讲席教授，他们帮着设计的课程完全是与国际接轨的。

关于博士生的指导，我们早就定了是三人的指导小组。正教授做组长，副教授、助理教授作为成员。当然还要解决一个激励问题，就是发表论文时，署名在前在后的问题。这个问题我们要解决。教师与博士生合作写论文是否算数？过去不算，教师就觉得没有激励。现在说算数了，这不就是激励吗？这些都已经改了。

学术就业市场的挑战

钱颖一：每年 1 月初，在美国经济学会和美国金融学会年会期间就是学术就业市场，博士生都去那里找工作。这里有几种表达环节。一是“电梯谈话”（elevator pitch），就是利用一两分钟的时间，你要简要地把你的研究工作讲给别人听，让人觉得你的研究是有意思的。当然，这是很肤浅的，但也是一个本领。你至少让人觉得你的研究值得再往下听。二是在面试（interview）的30分钟里，你要有一个本事，把你做了一两年的研究工作讲清楚，让人很难找出破绽。三是你的校园访问（campus visit），你的展示（presentation）一个半小时，口头表达。最后是你的书面表达，怎么对付杂志的编辑和评审人，又是一套东西。这些都是博士培养中的必要训练，都要有这样一个过程。

我做博士生的时候，这些都不懂。那时候没有PPT，还是在黑板上写字。现在的工具变了，但是组织逻辑、组织故事的能力是一样的。你们练这些能力的第一步是要向你的同学讲清楚，然后是向你的导师讲清楚。如果你在导师和同学那里都没有说清楚，那就不可能在外面说清楚。所以，同学之间的交流是很重要的。

我在哈佛时有一位印度同学叫阿比吉特·班纳吉（Abhijit Banerjee），他现在是MIT的名教授。他很会论理（argue）。所以我得把他先给说服了才行。所以第一步一定是你的同学。刚才你提到，大家对学术的热衷程度不高。这跟同学之间关系不密切也有关。如果同学能挑战你，你就会觉得很兴奋，就会觉得学术有意思。你跟同学都聊不起来，那肯定就没意思了。

学生：现在愿意去高校和研究所的只有50%，还有50%的人不想做学术，有各种各样其他的就业方向。

钱颖一：现在国内高校就业市场有点儿奇怪，都说要招海外博士，所以对国内培养的博士就有某种程度的歧视。我听说有的高校明文规定不招国内博士。我觉得比较可笑，不应该这样。在清华经管，我们招聘教师，不管是哪儿毕业的都可以，只看水平。所以，国内市场确实是个很大的挑战。但也不是说没有需求，就是那些有需求的学校可能不够分量，在座的未必看得上。我相信长远这个市场肯定会好起来的。

当然还有另外一条出路，就是海外的学术就业市场。这方面的挑战更大，但也不是完全没有可能。我们的博士项目还需要下大力气。

我们说的海外，也包括香港、台湾、新加坡等华语地区。我觉得这是可能的事儿，因为现在世界各地对中国话题都很有兴趣。当然你要让人相信你研究的方法是严谨的，数据是可靠的。在国内做博士论文，研究的问题会引起兴趣，这是没有问题的，问题就是使用的工具是否前沿、研究方法的严谨性是否够。

学生：就业中的主要困难就是海归的竞争和国内高校的就业机会比较少。同时接受过学院就业辅导的人非常少，有 86% 的同学没有接受过。

钱颖一：我们很明确，学院的 CDC（职业发展中心）是不管博士生学术就业的，他们面向业界，面向本科、硕士、MBA 学生。虽然我们有博士项目协调人，但他们通常都比较年轻，帮助学生就业这种事儿他们帮不了大忙。我们现在明确，博士生就业工作的最终负责人就是系主任。我们专门为此开过会。

美国的大学博士生就业系统很成熟。最近我就收到过芝加哥大学经济系博士毕业生找工作的名单。每个人有一张照片、详细的简历、论文摘要、联系方法。系里有 Placement Officer，就是负责就业的协调人，芝加哥大学经济系是詹姆斯·赫克曼（James Heckman），诺奖获得者。要有这样的人去做“销售”才行，只找个副教授做怎么行呢？所以，我们现在也很明确，系主任负责。系主任可以委派其他人做一些工作，但是系主任就是 Placement Officer，是最终负责人。

学生：如果不找学术工作，要找央企呢？

钱颖一：那 CDC 就有这方面的知识了。今年 CDC 公布了一个结果，我们今年有 24 个博士生毕业，去教职的不到一半。所以我们要加大改革的力度。

虽然我们的教学项目很多，本科、硕士、博士等，但是真正反映一个学院学术水平的只有博士项目。博士项目必须写出博士论文，必须有原创性。再一个就是将来高校里面是不是有我们的博士担任教职，这是学院的学术影响力。反映一个学院在学术界的影响力有两条途径：一是通过发表的论文，二是通过毕业生。这跟硕士不太一样，硕士都是就业，那是反映在业界的影响力，而不是在学术界的。

学生：您觉得在理想状态下，经管的博士生，尤其是经济系的博士生，做什么样的工作最好？在这几年他应该怎么努力？

钱颖一：我最希望的当然是你们能去“985”高校任教职。美国的学校也是这样，都希望博士毕业生能去美国最好的大学任教职。我们现在有 39 所“985”高校。在这些学校，你的学术能够发展，你的学术影响力也是最大的。

今年管科的一位博士毕业生去北航的经济管理学院任教职，我觉得很好。他代表博士毕业生在学院毕业典礼上发言。他的发言稿第一稿中没有说去哪儿工作。我问他，他说去北航。我说这么重要的信息为什么不写在发言稿里呢？经管学院毕业的博士去北航经济管理学院任教，我觉得是非常好的。如果经济系的博士毕业生能去北大经济学院任教职当然好。MIT 经济系为什么这么牛？因为它培养出的很多博士生在美国顶尖大学做教授。

学生：财经类院校没有多少是“985”高校的。我在对外经贸大的时候就是清华经管经济系的博士上课，特别好，学问也特别好，我们都特别喜欢。

博士生与院长共品下午茶

（2013 年 6 月 9 日）

博士项目衡量学院学术水平

钱颖一：学院在去年年底制定了新的三年战略规划，从 2013 年到 2015 年，其中有六项学院的重点工作。在教学项目方面就列了博士项目一项。我们过去几年，在 MBA 项目、本科项目、硕士项目和 EMBA 项目方面都花了很大力气，做了很多改革，如 MBA 项目课程体系、本科项目课程体系和硕士项目的转型改革。去年，我们在 EMBA 项目上也做了很大的改变。博士项目这几年也一直在不断调整。不过我还是觉得博士项目需要花更大的力气来做。

以前的几次“下午茶”，听了大家提的一些建议，我们也都做了很大的调整。在培养方案方面，从报考环节到论文指导，都有所改变。今年上半学期，我们又对博士生的奖学金、工位都做了比较大的加强。所以从学院来讲，是要把博士教育作为非常重要的工作来抓的。

我一直都说，学院有这么多教学项目，最能衡量学院学术水平的就是博士项目。而且，我们跟国外差距最大的也是博士项目。其他的项目，如本科和硕士，差距没有那么大。我们的 EMBA 项目可能还领先呢。国外商学院的 EMBA 项目人数少，哈佛和斯坦福还没有 EMBA 项目。相比的话，我们的 EMBA 项目就很突出。

博士项目之所以差距大，因为它完全要看教师的研究水平。我们的教师水平有了很大提高，但是跟国外顶尖大学相比还是有相当的差距。博士项目又如此重要，因为从博士项目毕业的人，相当多的还会继续从事研究和教学，他们会往下带学生，所以它的影响力很大。到现在为止，我们的博士毕业生在国内或者国外高校担任教职的，最多的可能是会计系，再有管理科学与工程系博士毕业生每年都有去重点高校任教的，而其他系就不那么多了。

这些年来，我们对博士项目更加重视，提供了更多资源，同时要求也在提高。资格考试将更严格，论文送审全部双向匿名，资格考试评卷也是匿名。这样比较公平，比较客观。从指导老师这方面，我们从制度上讲是指导小组，由三个人组成，其中有一个人担任组长。也许组长是挂名的，年轻一点的教师反而是主要的指导教师，这没有一定之规。原来要发四篇论文才能获得博士学位，现在减到两篇。现在我们学院有七个系，有八个博士项目，因为经济学里还有一个政治经济学项目，其他七个项目正好对应七个系。我们已经建立了三大平台提供基础课程，经济学、管理学、管理科学与工程。这些都是我们在梳理博士项目，提高博士培养水平方面做的事情。

探寻学术之路

学生：我问了很多毕业生，他们并不是不想做学术，只是因为找不到教职。

钱颖一：我觉得我们还有一些空间。在政策上我们还是要调整，比如增加奖学金。我们对教师也开始给一些鼓励政策，如果你的学生拿到教职，我们对教师要有额外的鼓励。你找工作，导师努力不努力很不一样。你这个教职，要靠导师打电话，是要下功夫的。

博士项目成本很高，两边都是巨大投入。学院这边要巨大投入，指导学生要一对一，需要至少五年的时间。博士生这边也是巨大的投入，你们的机会成本都非常高，凭着你们的智慧和基础，如果你们选择其他路径，在物质方面和其他方面的收益都会很大。读博士很艰苦同时也有大风险，因为做研究和找工作都有很大的不确定性。特别是在现在，一个客观形势就是国内的学术就业市场不太成熟，还处在比较初步的时期，所以它的风险就更大。

除了增加奖学金的力度，我们承诺的博士生工位已经差不多做好了。我最近正在做但还没有完全做成的就是去海外交换学习的经费问题，我在找几个潜在的捐赠方。当然，最核心的一个问题是学术就业市场。美国的学术就业市场很成熟。如果大家有兴趣可以看我的一篇文章《经济学家市场在美国》，10 年前发表在《经济学家茶座》上，其中有详细介绍。

关于去海外大学交流的时间，这是一个很有意思的问题。前几年我们发现同学出国学习主要还是选一些课，现在情况在变化。其实是在博士第二年之后出去比较好。因为基础课程都差不太多，如果在这边的两年期间把基础课程大致上完了，正在思考一些论文题目的时候再到国外去，可能收获最大。因为国外大学的学术交流多，氛围好，研讨水平高。在学术报告会上，即使你不说话，只听别人讨论，对你都很有启发。每一个模型后面都是一套戏法，你看不懂，别人一评论，你可能就懂了。博士论文题目不少是在学术报告会讨论中发现的。在国外，没人向老师要题目的，要自己想。自己怎么能想出来呢？要听学术报告会，从中受到启发。

到海外学习，就是利用那边的机会，跟老师、同学交流。交流最好的场合是那边的学术报告会，不管是不是你的研究领域，你都要去听，这些领域之间很多是相通的。不能说我是学公共财政的，其他领域的就不听。公共财政的研究方法可能是从劳动经济学里借鉴过来的。博士生的好处就是没有任何思想包袱，听完这个听那个，然后可以结合。老师的水平是高，但他的思路可能会固化。

有些人最有名的文章出自他的博士论文。迈克尔·斯宾塞（Michael Spence）获得诺贝尔奖的主要文章就是他的博士论文。我做论文的时候问我导师，博士论文应该是什么样的文章啊？他就叫我去图书馆读斯宾塞的论文。他是哈佛的经济学博士，我就到图书馆把他的博士论文拿来看了，这篇论文是后来他得诺贝尔奖的重要原因，所以博士论文特别重要。还有一个方面，就是博士生之间的合作特别多。你们学金融的都知道施莱弗（Andrei Shleifer）和维什尼（Robert Vishny），他们两人有很多合作文章，他们是在 MIT 读博士时的同学。同学之间的合作是最自然的。

学生：我想问出国做博士后的问题，据我了解，国外没有这个概念，所以回来以后国内市场认可吗？

钱颖一：在经济学和管理学领域没有博士后机制。但是，如果你争取了两年的研究时间，你就有可能发文章，通过你发的文章可以被认可。博士后不是学位，最后你要拿实力说话。假设你在 LSE（伦敦经济学院）做了两年博士后，有一篇文章发出来，还有三篇文章等待发表，那你的简历就同两年前完全不一样了，你的竞争力可能都超过了海外博士。

学生：我们毕业之后找教职，一方面最主要看科研能力，另外一方面人家高校那边也非常看重你的教学能力。但是，我们的培养过程完全没有教学方面的。

钱颖一：这就是为什么我们现在要求你们都做助教，要教小课，教习题课。有些学校很严格，在你教的时候必须全程录像，之后要点评。所以，博士培养应该有这个环节。我们现在设计做助教的时候，论据也是这个，就是说将来你要做教师的话，要有这方面的训练。

学生：我很担心自己会出不了成果，这特别恐怖。

钱颖一：每个人都是这样，我也是。在你没写出论文之前，你是不知道自己能否写出来的。你写出来的时候都是不知不觉的。你说的这点我理解，但你需要知道每一个人都这样。

学生：我觉得学术是一条精英之路，它只能容忍顶尖的两三个人，剩下的人都被淘汰。

钱颖一：那你怎么知道你不在顶尖的几个人里面？

学生：我没有确定，但是我很害怕。老师当时有什么办法能够确定自己可以沿着这条路走下去？

钱颖一：我那个时候也不确定。

学生：所以是带着风险做的吗？

钱颖一：同时你得带着兴趣去做。

学生：现在博士生都是横向分班的，就是按照进校的年份分班，所以一个班可能就只有几个是同专业的同学。

钱颖一：分班是横向的，但是你们完全可以在同一个系内部组织微信群，把所有同一专业但不同年级的博士生都放在一起，因为你们之间的共同语言更多。我上次参加了金融系的午餐会，所有金融系博士生都在，是不同年级的。

学生：好像我们很少这样做。我们当初进来的七个博士生经过三年，学习到了什么样的水平，没有一个很好的比较，也不太好意思互相问。有时候就觉得自己水平很有限，也不太乐意展示自己做的东西。我觉得还是应该有这样一种半强制性的机制，至少应该把获得奖学金的同学的成果进行公示。二年级以上的博士生评奖是以学术文章的成果来评的，但是我们并不知道这些人做了什么成果。所以，我觉得有必要做得更加公开一些。这是向最高水平看齐的一种形式。

放眼海内外就业机会

学生：我有一点观察，就是国内外博士生的差异。在国外，读博士就是为了做学术，做老师。我去交换的时候遇到一个人，她已经做到企业管理层了，年薪很高，家里还有两个孩子，还有老公，要靠她维系，但是她就想做老师，所以辞掉工作来读博士。但是在国内，博士生的生源就差别很大。比如在座的很多同学是直博生，当时选择读博的时候，没有想清楚自己将来要做什么，他们其实前两年要花很多精力在思考，未来是做老师还是从政，还是去国企？

钱颖一：你说的对。

学生：我们几个毕业的博士生也经常在讨论，学院要不要改成双轨制，学术导向和非学术导向两个轨。

钱颖一：这个问题我们在三年前就已经决定了，我们关闭非学术轨，专心做学术导向的博士项目。我们不搞非学术轨，我们只搞学术导向的博士培养。

学生：如果咱们的学生都是直博生，只搞学术导向，不现实。另外，比如今年我去找工作，北京除了清华、北大、人大这样的学校之外，像北理（北京理工大学）、北邮（北京邮电大学）和北科（北京科技大学）这样的学校都会强调，招聘本土博士要占进京指标，所以本土名额一般只放一个，竞争非常激烈。这样一来，我们在找工作的时候，运气的成分就很大。

学生：招聘海外博士一般不占学院招聘名额，这就意味着海外博士可以随便招。以北师大今年为例，它有七个系，但是这七个系只有一个名额招本土博士，系之间要先"打架"，哪个系"打架"赢了，才可以通过学院把这个人招进来。

钱颖一：你说的这个问题很现实。

学生：我们去接触的时候发现，其实清华、北大并不赢在论文发表上，而是赢在潜力上。人大毕业生的发表更强。我今年认识了两个竞争对手，至少都有两篇论文发表，另一篇即将发表，还有在外面讲课的经历。咱们这边教学训练比较少。而且人大的人很会搞关系，比较实际。这样，咱们的学生在就业市场上也面临蛮残酷的竞争。

钱颖一：现在是一段过渡期，是比较困难的，就是很多学校把本土和海外做了切割，实行不同的政策。我相信长远不会是这样的，但不幸的是这一段时间它就是这样的。如果论文发表周期比较长，做博士后可能有帮助。

学生：如果想去北美找教职的话，我们还要做些什么呢？

钱颖一：在北美找教职，你说简单也简单，就看你一篇工作市场论文（job market paper），不看其他的。但是这并不容易，因为我们的水平还不够高。

学生：我还想问一个问题，我们是以做教授作为导向的。我认识一位师姐去 IMF（国际货币基金组织）做研究，我想问一下我们学院对于学生去国际组织做研究的态度怎样？

钱颖一：挺好呀。我记得有位老师问我这个消息要不要发到网上，我说要发。我们学院的导向是以学术研究为导向的。像 IMF 这种机构，它的要求和你找教职的要求是一样的。进 IMF 这样的机构工作还是很难的。

学生：那如果是政府研究机构或者业界研究机构呢？

钱颖一：政府研究机构五花八门，有各种各样的，要具体看。

博士生与院长共品下午茶

（2015 年 6 月 5 日）

怎样评价一个大学的水平？

钱颖一：招聘教师时都愿意招在本学科领域里面研究做得好的学者，可以提高学校的研究声誉，也可以成为合作者，但是不会太在乎这个教师教课怎么样。而且现在的大学排名里面没有教学，都是论文发表，因为很难有客观数据反映教学状况。这就是现状。

学生：为什么学生选学校的时候更多看学校的研究声望？

钱颖一：其实在美国还有另一种情况，就是美国学生也愿意上 Williams College（威廉姆斯学院）这样的文理学院，而不是综合性研究型大学。

学生：如果我是一个理性的人，我应该是看学生的就业。

钱颖一：但是哈佛校长说过，我们从来不关心学生的第一份职业，我们关心的是他的第六份职业。为什么只看第一份职业的就业率？人家看的是第六份职业，哈佛的力量就显示在这里了。哈佛的校友会说，哈佛的教育对我找第六份工作很有帮助。所以，我一直说大学教育不应该只关心毕业后的就业，而是应该关心人的一辈子发展。

学生：从一所学校毕业的校友情况看学校质量还有一个问题：有可能是学生本来就牛，与他是否读了这所学校无关；还有一种可能是他本来不牛，但是读了这所学校使他牛了。所以你很难说，到底是大学的作用，还是他自己的原因。

钱颖一：像布隆伯格（Michael Bloomberg），他给约翰·霍普金斯大学捐了 10 亿美元。为什么？他说他在高中时的成绩不好，是 C 水平的学生，所以这所学校是冒很大风险录取了他。正是在这所大学里，他成长很快，毕业的时候他成了学生会主席，后来在商界非常成功。所以他就觉得是这所大学改变了他。但很多清华学生认为，清华录取我是因为我考分高，并不认为是大学的作用。所以对大学最感激的是那种学生，他们进来的时候比平均水平要差，但毕业时和毕业后很出色。这些校友更愿意反馈给大学。

学生：戴维·布斯（David Booth）给芝加哥大学商学院捐款也是这样，他是来自南方的一个小城市。

钱颖一：他觉得在芝加哥的教育让他受益，所以他就很感激。假定这个人是考奥数出来的，觉得自己本来就很牛，他不觉得学校对他有多大贡献。

学生：现行体制下招聘老师没有学生的参与。如果让学生参与的话也会有问题，因为学生没有办法衡量。

钱颖一：我最近写的文章中提出教师治学。有人提出师生治学，就意味着学生要参与到各种委员会里。在发表论文方面，学生无法判断。即使在教学方面，学生是受教育者，怎么知道学这门课是应该的，而学那门课是不应该的呢？学生会说这门课对我找工作没有帮助。但老师会说对你找第六份工作有帮助。医疗的情况更极端，就是病人完全不知道该吃什么药，所以必须完全听医生的。如果完全按照学生的意愿，就是培训。教育和培训之间是有差别的。

学生：最近读过几本书，我很好奇大学是什么。读完之后我就很困惑，就是历史上的大学都是讲宗教讲哲学的，完全是教不实用的东西。

钱颖一：那跟中国过去的私塾是一样的。孔夫子的教育你说有没有价值？当然有，要使你成为人上人。在西方，是为了培养君子（gentleman），会拉丁文，成为上等人。现代科技发明以后，情况变了，教育要实用。

学生：所以，我就很好奇。大学逐渐演变成今天的综合性、多学科的大学，既有教育，又有研究，并且发展到今天，特别看重研究。

钱颖一：有了排名后对研究的偏好就更严重了。但是 MBA 排名还不太一样，其中有 20% 的权重是毕业后工资的增加，把它算作教育的结果。然而本科排名就没有薪酬这一项，因为本科的专业五花八门，也很难度量满意程度，因为满意程度是很主观的。

最重要的是一篇有分量的论文

学生：我们现在还有一两年毕业，哪些方面需要更多的培养，或者说国内跟国外比我们有更多的欠缺？

钱颖一：一篇非常有分量的论文是第一位的，其次是演讲和展示。关键是你要讲故事，得把故事讲好，但中国人不太会讲故事。我为什么要相信你的结果，你的结果为什么有贡献？这还是要靠你说。你要告诉读者，还要让人家信。这不仅是语言问题。

学生：我觉得拿中国的东西做他们就不信，但非要往那边靠，所以就很假。

钱颖一：我能理解你说的，但这里关键是你想说什么。发展经济学的主流竟然不包括中国经济发展，都是讲印度的。印度人就会把故事讲得比较好，说成是一般性的发展问题，而中国的发展就成了特殊情况。我在哈佛的印度同学班纳吉，我请他来经管学院讲，他讲一个贴现率（discount rate）的含义就可以讲半个小时，我们连三分钟都讲不出来。你们要会讲故事。

学生：院长您希望经管学院的博士未来是什么样的发展，去哪里，期望我们怎么样？

钱颖一：我们的教育理念就是提供一个好的学术环境，使你们能最好地发挥你们的聪明才智。当然，我希望你们能在学术上有所贡献和影响。

博士生的学业和就业规划

学生：我有一个关于就业规划的问题。我现在读博士四年级，一年后毕业，想找教职。其实有两种规划：一种是去国外做博士后，然后再找教职；另外一种就是直接在国内找，我对这件事情一直很纠结。在国外找的好处就是国外的学术氛围还是比国内更浓一些，两年可以安心写两篇比较高质量的论文，做博士后没有很多教学任务，而且将来找工作的范围也大。但现在主要的问题有两个：一是国外的博士后项目很少，二是两年后国内很多学校可能都饱和了。所以，我就没想好。

钱颖一：经济学和管理学跟实验科学不一样，博士后在实验科学里面是必经的一个阶段，这是他们的制度。在我们这里不是，博士后就相当于访问学者。所以，完全要看机会，随机性很强。一是要看那边的老师是否对你的研究有兴趣，二是还要有经费，如果这些条件都有，我觉得去还是很好的。

学生：博士后一般都是推荐的吗？自己联系的话概率比较小，学院这边有没有这样的机制，老师帮助通一下信息，因为有的时候很多信息可能不清楚。

钱颖一：还得靠学生自己主动探索。老师没有激励这么做，除非学生主动找老师，一般都是这样。所以，你自己要主动找老师。

几年前我们设计过一种机制，就是在国内联合几个学院，相互之间可以互相聘用博士后。说了几年了，听上去挺合理的，但是最后落实的时候发现落实不下去。

学生：我是二年级博士生，现在比较困惑。我比较感兴趣的题目没有什么老师在做。也有老师的研究和自己的兴趣比较吻合，但是他们不是自己当时选的那个导师系列。您能不能就这个问题，给我提点建议。

钱颖一：你还是得做自己有兴趣的，没兴趣的话也做不出什么东西。可以让老师间接指导。

学生：这样老师会不会有点嫌弃我？

钱颖一：我想这很正常。如果你没兴趣跟着老师做，做出来有什么意思，除非你做着做着有兴趣了。

学生：我们很难判断哪些老师很有潜力，哪些老师看上去不错但其实没有什么好的思想。

钱颖一：你要看到老师不同的长处，不仅是一种。有的老师很有直觉，有的逻辑性很强，有的人脉很广，都不一样。你要善于整合不同老师的资源，这是学生的一个很重要的本领。我在哈佛读博士时对中国经济改革有兴趣，但哈佛有哪个导师做中国经济改革的研究呢？没有。但是，我找马斯金（Eric Maskin）学博弈论，我找科尔奈（Jάnos Kornai）学习东欧经济改革。他们两人风格很不一样，科尔奈看问题很深刻，马斯金分析问题非常严谨，我就把两边的长处都学来。

学生：那您在沟通的时候是两边跑，会有意见吗？

钱颖一：你是传递信息的人。这是做学生的好处。

学生：很多老师还是会觉得我的学生为什么去找别人。这是一个传统。

钱颖一：我们现在已经改为三个人组成一个论文指导小组了。这里面还是有人情因素的，但我在制度上只能做到这点。

学生：我觉得这个制度比其他“985”学校已经先进很多了。但老师还是觉得你是他的，他拥有你。

学生：您在读博的时候遇到过这个问题吗？就是您的两个导师之间观点不一样。

钱颖一：他们经常观点不一样。

学生：那最后是您来决定？

钱颖一：那你要试图理解，最后是你来决定。你要想，你的论文听众很广，你都不能说服你的导师，怎么去说服别人呢？你的导师至少还跟你是站在一起的，还是想让你毕业的，而市场上的那些人就不一定了。

学术传统和哲学文化

学生：在国际知名的经济学家中，中国人、韩国人、日本人为什么特别少？

钱颖一：这里有学术传统问题。中国曾有《孙子兵法》，还有《厚黑学》，更偏权术，而不是系统的科学。中国人讲博弈中的招数，但是纳什证明了博弈均衡点的存在性问题。具体的招数在现实中有用，但是从学术上讲纳什均衡定理远为更重要。你纵然有 1 000 种招数，搞政治阴谋有用，但是你没有证明在什么条件下一定存在一个均衡。反过来，让纳什搞政治，他什么也不会。这是不同的。

中国文化中也有哲学，但是有人说它不成哲学体系。数学中我们能算 π 到小数点后面几位，但是没有发展出几何公理体系。韩国、日本、中国都是儒家传统。印度人虽然是亚洲，但不算东亚这边。印度文明本来就有宗教，本来就追求形而上的东西。它是一个独立的文明。印度是先有宗教，后有国家。中国没有自己的宗教，佛教是从印度传过来的。印度文明与基督教文明、伊斯兰文明有共同之处，与中国文明不同。但是我们一般说起来，总是把印度和中国绑在一起，都是东方、亚洲，这是西方的视角。这样看，对印度就好理解了。

学生：所以他们可以发那么多论文。

钱颖一：印度经济学家中也有哲学家。阿玛蒂亚·森（Amartya Sen）和达斯古普塔（Partha Dasgupta）都是经济系和哲学系的双聘教授。中国人中没有这种情况。中国人的哲学从来是实用主义的，对形而上的问题不感兴趣。中国人希望解决现实问题，不追究什么存在问题。但印度人就很有哲学思辨。

我们不问那么多 why（为何），但是我们问 how（如何）。我们中国人的长处是执行力，但这样也有问题。我们的好处是我们能解决眼前的问题，但是深层次问题不问也不想。中国的这套哲学深入到中国人的骨髓里，跟印度正好呈现两个极端。我们执行力特别强，印度人整天在争辩。是不是这么回事？哲学课你们谁去听？很少人去听吧。

学生：因为我们没有这种体系，所以没有系统的科学，然后在近代被赶超。

钱颖一：在现代中国，为什么要学科学？是为了能造枪炮，经济强盛。所以在中国，学科学是为了学技术，学技术是为了有用。我们学的所有东西最后都要变成可以用的，叫学以致用。经济学更是了，经世济民。而另一种人，学科学是为了理解世界，就是想弄懂这个地球和宇宙怎么是这样的。

学生：总有人说我们中国人比较浮躁，比如说工业制品，精密程度赶不上日本。那我们是不是应该从根本上去学习？

钱颖一：人家做指甲刀，可以做到全球最好。一家日本餐馆就放三桌，尽管他可以开30桌。

学生：德国在100年前的制造品也是劣质品的代名词，英国当时就要求德国制造一定要标明是德国制造。

钱颖一：20世纪80年代初我刚到美国的时候，台湾产品的质量也很差，所以有发展的阶段性。你可以把阶段性因素过滤掉，再来看剩下的那部分，超出的那个部分可能就是我们的特有因素。这是统计学的思考方式，而中国人的思考方式通常是解剖一只麻雀。

学生：那中国的经济学教育呢？

钱颖一：现在经济学教育与数学教育、物理教育一样了。现在你的分析框架基本上是西方的，但是你要分析的问题是中国的。

做院长后的“为”与“不为”

学生：院长，您从一个研究者来做院长，从经济学研究到做教育，您怎么看这里面的得失呢？您回国之后就从来没有带过学生？

钱颖一：没有带过博士生。那是一个人自己的决定，是个人的选择。要做研究就要申请经费，你有行政职位的话申请经费就容易很多，但这实际上有利益冲突。虽然这在国内很普遍，但我没申请过。另外，带学生要花时间的，我还是一心一意做好院长吧。

商学院院长在国外确实是一份全时工作，与其他学院还不同。要做好这个院长，就不能再顾及自己的研究和带学生了。这也是我的一个原则。

学生：院长，您有那么多资源，如果有人让您帮忙推荐，您会给我们推荐，对吧？

钱颖一：我写推荐信的都是我指导过的学生，我熟悉的。如果我没有指导过你，我又不了解你的论文，是不可能写出有内容的推荐信的。只有一种情况，是机构之间的合作项目，一定要由院长来提名、推荐。这是制度上的要求，必须要院长签字。但这都不是学术性的，都是硕士项目。

学生：能不能给我们讲一讲学术界在中国是如何影响国家政策的？

钱颖一：这里有好多层次，至少有三个层次。第一个层次纯粹是思想层面，就是你写的东西有政策制定者去读，这种影响不是直接的，而是间接的。第二个层次是你参加论坛、研讨会，比如中国经济 50 人论坛，中国金融四十人论坛等，大家听你的见解。第三个层次更为直接一些，就是你参与有针对性的委员会，比如我参加的“十三五”规划专家委员会，中国人民银行货币政策委员会等。当然不止这三个层次。

博士生与院长共品下午茶

（2016 年 6 月 7 日）

既要会讲故事，又要会建模型

钱颖一：最近特别流行的一本书《人类简史》，作者是以色列人，在牛津读的历史学博士。他是 1976 年生人，现在暴得大名。他说人类就是会讲故事的动物。他曾来清华演讲过。

学生：我当时记得作者说，他对现代科技发展比较担忧，比较悲观。比如说，之前生物学的发展就是医学的进步，是以治病救人为目的的。现在是在改造人，延长生命。这会造成一种贫富分化，不平等。

钱颖一：20 世纪的发明，比如，苏格兰人发明的青霉素，救了很多穷人，可以治好以前的绝症。

学生：现在包括基因工程这些科技都能改造人。如果富人有钱做这些东西，那他的生命，包括智力方面，都能得到改造。

钱颖一：但是有人批评说，历史事实不是这样的。历史事实是，在过去 100 年，英国女王的生活水平的改进远不如现在一个农村穷人的改进。

我上周五到小米专卖店去，就是在北五环的彩虹店，跟苹果店似的。小米的产品很便宜。大彩电，超薄，价格只有三星的 1/3。插线板 45 元，电饭锅 900 元，还有空气净化器。从美国买空气净化器得 1 000 多美元，合 1 万元人民币啊！它的空气净化器不超过 1 000 元人民币。这种科技进步肯定让穷人受益。那么，为什么将来基因工程和医疗技术只让富人活得长，穷人就不行呢？无论你发明什么产品，我们中国人就能用 1/10 的价格做出来。

到底科技发明是对富人更好，还是对穷人更好呢？有经济学家认为社会效果最大的发明是抽水马桶，它极大地改善了卫生条件，延长了人的寿命。还有人认为是抗生素，比如青霉素。经济学要靠数据说话。比如你研究高速公路、高铁，是谁从中受益？

学生：有人说是发达地区。因为他们根据克鲁格曼的那个模型，认为交通成本降低，导致劳动资本等要素价格都降低，原来占有优势的地区会更受益，所以这一派说是发达地区受益多。另外一派根据另一个模型，说明所有人都会受益。这还是需要检验的。

钱颖一：这些都需要检验。这就是经济学家的工作。现在经济学家也用定量方法研究历史。现在很火的是量化历史，在国内每年都开研讨会。

我觉得，作为博士生，首先是学方法论。一个方法可以用在很多领域。西方从希腊开始就有一种对科学方法的追求。这在中国文化中确实没有。希腊人那个时候就觉得数学可以用来描述世界。数学就是比例，比例（ratio）就是理性（rational），是一个词根。天文上的东西可以用数学描述，都是数学比例。这是一种很神奇的想法。后来西方人就是沿着这条路发展科学的，把数学用到力学中，把物理现象用数学公式来表达。中国能算圆周率，但没有想过自然现象可以用数学公式来表示。

经济学的发展也是这么延续下来的。你说经济运行这么复杂，但是我们可以用一个简单的数学模型来描述。你也可以说，我们是不是走得太极端了，什么东西都要建模。这背后是对科学方法的追求。现在我们的自然科学还行，但是社会科学还不行。虽然现在也建模型，用模型检验，但是我们自己都不信。

学生：希腊人提出数是世界的本源吗？

钱颖一：他们认为数是世界的本源。阿玛蒂亚·森上次来讲你们谁去听了？

学生：我去了。因为我不好好学习，都去听讲座了。

钱颖一：你本科在哪里？

学生：南大经济学。

钱颖一：南大就有这种氛围，而我们清华怎么就没有啊？森是哈佛经济学教授，同时又是哲学系教授。他在我们这儿做讲座时，我正在哈佛讲咱们经管学院的案例，所以没有参加。1988 年我在哈佛时上过他的“福利经济学”课。他在福利经济学中的主要理论贡献是在阿罗不可能定理下面继续发展，非常数学又很哲学。

学生：他那天讲的是发展经济学，还有女性教育问题。

钱颖一：印度人特别会讲故事。你们要学会讲故事，要跟印度人学，中国人讲故事都不太行。我把社会科学放在自然科学与人文学科之间。自然科学的方法我们要用，就是建立理论模型，然后用经验数据检验，这是科学的方法。但是咱们做的是社会科学，你还要讲故事，那是人文的。你必须得把这两者结合起来。

热门与冷门题目

钱颖一：我们习惯于第一问你是什么观点，第二问你是什么学派。我在美国那么长时间，经济学家从来不问你是什么学派，只有中国人老爱问你是什么学派。研究经济学史的人为了研究方便，可能有必要划分学派，这样便于梳理。但如果纠缠于学派，你就不太注意他的推理过程了。

学生：不同环境中的学者有不同的方法论。

钱颖一：但是，经济学的方法论基本是一样的。你看政治学就不太一样。再看人类学，就分为两派，一派基于科学，一派基于人文，他们之间经常“打架”。你们市场营销学科也分消费者行为与定量分析两种方法。

学生：现在有融合的趋势，就是一篇论文里面可以两种方法同时存在。

钱颖一：经济学中的行为经济学就是受心理学影响。虽然还不是那么主流，但是已经影响很大了。不少经济学家仍然很难接受行为经济学。心理学实验就是给大学本科学生做实验，因为便宜。

学生：消费者行为学也是这样的。

钱颖一：社会学用田野调查数据。但是总而言之，研究方法必须是科学的，这一点大家是认同的。经济学中以前用计量经济学估计，后来也用可控实验。管理学受经济学和心理学的影响，现在也开始受政治学和社会学的影响。国外的商学院也招聘政治学和社会学的博士。

学生：机器学习现在特别特别火。计算机的“三俗”。

钱颖一：哪“三俗”？

学生：大数据、机器学习、云计算。

学生：我们都反“三俗”。现在都做深度学习，不做这些了。

钱颖一：我的观察是，获诺贝尔奖的研究工作在当时做的时候不一定是热门题目（hot topic），而是后来变成了热门题目。诺思研究历史中制度的作用，当时很冷门。科斯研究企业组织，也是很冷门的。现在研究公司治理很热，但多少年前也不热。什么东西变热了，找工作比较方便，但未必就是根本性的，也不一定是最创新的。

学生：大家找热门题目做还有一个原因，就是期刊编辑。冷门题目那些编辑都不懂，你就很难发表出来，所以大家还是要适当地从众（herding）。

钱颖一：是这样的。这里还有一个故事，是关于阿克洛夫（George Akerlof）的“The Market for Lemons”（柠檬市场或次品市场）这篇文章的发表过程，这是他自己给我讲的。他当时是伯克利经济系的助理教授。这篇文章他投了四个杂志都被拒了，经济学一共只有五个顶级杂志，四个都拒了，包括《美国经济评论》（*AER*）、《计量经济学》（*Econometrica*）。因为他的模型非常简单，但是他的想法是革命性的。最后《经济学季刊》（*QJE*）发了。自此以后，《美国经济评论》吸取了教训，专门安排一个编辑审那些看上去比较奇特的文章。这是真事儿。

跨界读书对做研究的启发

学生：我这学期在上彭凯平老师的课。清华成立的那个数据研究院和很多学科都有交叉。彭老师现在做的就是把人类的书籍文字都扫上去，然后有人分析使用第一人称次数的比率，以此分析个人主义和集体主义。这其实是社会学的一个很古老的问题。

学生：但是，这不应该叫大数据问题，而是一个大量数据的问题。我觉得这并没有触及大数据的逻辑。

钱颖一：芝加哥的一位经济学家分析报纸上出现某些关键词的频率与金融市场恐慌指数的关联。我看到的一个大数据应用的有意思的例子是利用谷歌搜索词的频率预测流感，就是看人们搜索买感冒药的信息。

学生：社会学有一个大课题组是做宏观经济的大数据，他们这次招了挺多人。

学生：精仪系那边有做风险管理的，社会安全方面的风险管理。比如说当地震发生时，看人们的手机通话或者其他记录，能推断出他们在地震之后是去父母家还是朋友家避难。

学生：我也上过心理学的课。我觉得经管课程设置非常好，就是多元。我研究的结果就是一个人在成年早期经历重大事件之后，他的财务杠杆率会更低，研发投入上会减少，就是这样一些结论。

钱颖一：你们说这些话有没有科学根据啊？你得拿出数据来说话。施莱弗很聪明。他有篇文章说，在公司年报上看 CEO 照片的大小，能反映这个人的个性。这也是公司治理问题。1998 年的时候，他就给我推荐了《枪炮、病菌与钢铁》那本书，我也放在给本科生的推荐书单里了。弗格森的课上也讲到了这本书。那本书把经济的发展归因为地理因素，而不是种族或文化因素。弗格森的课上比较了郑和与哥伦布的差别。郑和面对的是太平洋，哥伦布面临的是大西洋。大西洋的跨度比太平洋要小得多。他们就是喜欢用特别简单的逻辑给你解释复杂的历史现象。看上去很科学，你可以检验。还有一个很有名的论述中国为什么没有像英国那样发展出资本主义的原因，是因为中国的煤矿在北方，运到经济发达的南方很远，而英国的煤矿就在曼彻斯特旁边，运输成本很低。

学生：我觉得这种说法也很有套路，就是因为海洋的距离都是外生变量，就不用解释内生性的问题了。

钱颖一：经济学家为什么对地理因素那么看重？因为它是外生变量，不是内生的。细菌和病毒产生疾病，疾病和纬度相关。为什么非洲落后，不是种族问题，完全是地理气候原因，因为太热了，热了以后细菌太多，细菌多了以后人就活不长，动物也活不长，所以人吃的东西也不好，于是环境造成了后来发展落后。

经济学家看完这本书以后想到，这个疾病导致的死亡率可以作为工具变量来研究制度的作用。达龙·阿西莫格鲁（Daron Acemoglu）他们就用它来研究早期制度对现代经济发展的影响。因为有的疾病对英国人的杀伤力强但对当地人没有杀伤力（这是有数据的），在这种地方英国人就不愿意建立好制度，只是掠夺资源。反之，英国人就愿意建立好制度，有利于经济发展。这种差异就影响了几百年后不同地区的经济发展状况。阿西莫格鲁真是看了那本书后受到启发的。

所以我就说，你必须看一些跨界的好像不相关的书，不能只看导师让你读的专业书。这些有影响的研究就是这么做出来的。

学生：这一点我特别有感触。我前段时间在美国交换，在哈佛待了 9 个月，跟着迈克尔·克雷默（Michael Kremer）。

钱颖一：克雷默非常聪明，我们俩是哈佛同学。你怎么找到他的呢？

学生：我当时发邮件和他联系。然后他就把我接收了。

钱颖一：你学到了什么东西？他非常有创造性。你跟他做了什么呢？

学生：我在那边主要看一些政府的数据，我印象最深的一篇论文是他 2014 年发出来的，他们想解释为什么在印度北部对妇女的歧视比较严重，在南部好一点。以前的一些说法是北部被一些伊斯兰国家占领了，所以是文化的影响。他的解释就推翻了这个说法。他说因为印度北方和南方的土壤质地不一样，北边的土质是比较疏松的，男人可以用犁，用牛来耕地，就不需要女性工作。而南方的土质是黏土，用牛拉犁是不行的，需要女性参与劳动。他用土壤质地来检验，是一个非常强的解释。

钱颖一：土质松不松可以检验，而文化很难度量。他告诉我他 1989 年来过广州，但是不知道怎么做中国的研究，所以就研究印度和非洲了。

最终是哲学问题

学生：我感觉中国这30年的变化实在太快，很难找到比较干净的事例。所以参加“下午茶”也是希望向钱院长请教一下这个问题。

钱颖一：你别请教我，你得自己去想啊。我觉得在和施莱弗、克雷默这样的人交流时就能悟出新想法。我觉得悟性很重要，基础不是那么重要。你有时候看别人的工作，不一定要沿着人家的去做，但可以从中受到启发。《枪炮、病菌与钢铁》就对经济学家有启发。他有他的主题，地理因素很重要，能解释现在的经济发展程度。他开篇讲他到巴布亚新几内亚去，思考土著人为什么那么穷。最后他追溯到地理原因、气候原因。经济学家看到他的研究以后受到启发，把疾病与殖民者在殖民地建立的制度质量联系在一起。我不能给你答案，但我可以告诉你，研究的创新是这么出来的。

《人类简史》那本书，也是很奇怪的。作者是历史学家，但他把人类7万年的历史分成三大阶段。我们通常都是从文明以后开始算，但他不是。我们智人（Sapien）只是人类（Homo）中的一种，其他的比如尼安德特人，后来都没了。

学生：他那本书的内容很杂，虽然他是做历史的，但是生物、经济、社会都有包含。

钱颖一：这本书在中国很火。中文书名翻译成《人类简史》，把原来的副标题变成了主标题。这是营销手段，中国人特别喜欢看“简史”。还有一本书，叫《极简欧洲史》，也很流行。中国人想要特别快就能领悟出观点。你们看到过这本书吗？

学生：好像叫《你一定爱读的极简欧洲史》（众人大笑）。

钱颖一：是一个澳大利亚人写的。中国人真的是急功近利，喜欢找捷径。《从0到1》卖得也很好。我们的文化特点是功利主义，不看过程，只看结果，包括你们经常问的“你的观点是什么”。

所以，康德对我们学生的冲击就大了。我问过经管学院的学生，他们觉得康德永远都不能撒谎的命题对他们来说很震撼，或者无法理解。昨天我跟一个 MBA 同学聊，他说德国人半夜 12 点在一个十字路口遇到红灯，照样不会穿行，尽管一辆车也没有。我说这是德国人的康德式价值观。中国人会说，既然没有车我当然就可以穿马路了，因为不会造成坏的后果。但德国人就在那儿站着，等红灯变成绿灯后再走，因为规则本身比结果更重要。

学生：要是有摄像头的话中国人还是会停的。

钱颖一：有摄像头就有不同结果了，因为他就要被罚了，还是结果主义。

学生：确实，康德那个感觉印象最深刻。

钱颖一：因为它跟我们的习惯观念反差太大。但是，现代的人权观念都是从康德哲学中引申出来的，而不是从功利主义哲学。有些价值之间是不可替换的，有些东西是不能买卖的，而我们中国人的想法是，任何东西都可以交易。所以，中国和印度的差别，到最后是哲学观的差别。

学生：不是他们的传统发挥作用，是殖民地遗留下来的吧？

钱颖一：森有一本书《惯于争鸣的印度人》，就是反驳你的这种观点。森在这本书里说，好争辩是印度的传统文化。中国的传统文化肯定不是好争辩，孔子的伦理是君君臣臣、父父子子的等级制度，你怎么能跟你上面的人争辩呢？以色列犹太人也是非常喜欢争辩（argue），那是他们的宗教传统。印度人什么东西都要跟你 argue。我们只满足于“你的观点是什么？”，我们不注重争辩的论据和过程。

学生：还有，就是罗尔斯对我们影响也挺大。

钱颖一：罗尔斯的推理方式，也是我们中国人不会想到的。怎么会想到“无知之幕”（veil of ignorance）和“原始状态”（original position）呢？我们不会往那个方向想。但我现在觉得，这可能是跟他们的宗教信仰有关，就是在现实世界的外面还有另一个视角，是上帝的视角。我们想不到这点。

我们能接受你的出身决定你的阶级立场这样的说法。但他们说，那你出生之前你还不知道你身份时，如何判断？还有一个就是，康德被认为是唯心主义哲学，我们不熟悉。尽管黑格尔也是唯心主义，但是他的辩证法被马克思继承，所以我们熟悉。博士生期间的机会多好啊，你们可以做想做的课题。

创造性人才的根本是人的创造性思维

钱颖一：你研究创新创业？

学生：对。尤其是科技驱动的创新，即科技创新。现在都说“双创”，可能有一点儿过时了。

学生：我觉得“双创”这个话题不是很适合目前的中国环境，都说“双创”背后的驱动因素是为了解决就业，但是这个驱动只是生存型创业。所以，现在又在提科技驱动的科技创新。

钱颖一：这里的误区很大。中国人一方面缺乏科学思维，另一方面又会变成科学主义。你说乔布斯那算创新吗？按这个定义来说他不是。你说马斯克他有什么资质啊？他本科学的那点儿物理学还不一定有咱们物理双学位学得多呢。

我们成立清华 x-lab 的时候是在“双创”提出之前，我提的是“三创”：创意、创新、创业，不俗吧？我们 2012 年就开始筹备，2013 年成立 x-lab。总理首次提出“双创”是 2014 年下半年。什么叫自主创新？在硅谷有很多外国人。一说到科技，就是技术含量，谁来认定？我们原来说是政府，现在政府说应该是科学家。谁是科学家，是院士吗？

关于生存型创业和机会型创业，也都是经济学家为了方便研究提出的。到我们这里就要上升到政策层面。一旦我们形成了概念，特别是我们政府太强大，给你定义成是生存型或机会型，再变成政策，那就麻烦了。

学生：所以真正要做起来，尤其是要制定创新创业政策，还是一个很复杂的问题。

钱颖一：上周二政协专题协商会，我在发言中说，大学不是追求创业率，大学是为了培养创造性人才，这就需要创造性思维。现在的问题是急功近利，追求短期结果。一方面我们特别崇尚科学，但是实际上我们的思维方式又是不科学的。要不就是科学主义，什么都要找科学家论证。两者都不对。

学生：其实是像您说的，应该培养创造性思维（creative thinking）。

钱颖一：Creative thinking 是最重要的。我们这里有一个难题。我们只想要技术上有创新，却不能在思维上有创新。这里面有根本性的矛盾。

读历史需要批判性思维

学生：我做公司治理研究有点偏历史，是看 CEO 年轻时经历过“三年自然灾害”这个事件对他后来在公司治理方面的影响。

钱颖一：中国企业家俱乐部里面有很多大牛，其中 20 世纪 60 年代出生的比例很大。这很好理解，因为 1959 年到 1961 年之间出生的人很少。之后人口有一个恢复性增长，然后他们在 90 年代正好赶上了中国市场化时期。

学生：我觉得跟老师做这样的研究对我最大的收获就是，不是跑一个回归就可以了，你得通过一系列逻辑链条证明你说的因果关系是可信的。这个问题研究起来很复杂，不仅经历“三年自然灾害”，后面还有“文革”，还有各种各样的大事。我当时做的一个主要思路就是，“三年自然灾害”受灾的各个省份会有差异。

钱颖一：所以你们还是觉得这是“自然灾害”？

学生：我那个研究的题目不叫“自然灾害”。

钱颖一：但是你顺口就说出来了。

学生：因为这样交流会方便一些。

钱颖一：交流过程中也就误导别人了。

学生：其实我们小的时候就知道它不是“自然灾害”。

钱颖一：你怎么会知道它不是“自然灾害”呢？

学生：听父辈和再往上一辈人讲述的。他们经历过，就会告诉你，不是这样的。

钱颖一：今年是“文革”50 周年。“文革”是一个巨大的历史话题，没有人研究。我这次见到魏昂德（Andrew Walder），他是斯坦福的社会学家。原来有一阵儿研究中国的国有企业。后来他跟我说，他要研究中国的“文革”，因为100年后，没有人读有关中国国有企业改革的文章，但一定会读有关“文革”的文章。同样，“三年大饥荒”是一个重大课题。阿玛蒂亚·森就有研究。他有一个很著名的论断，印度经济虽然比中国经济搞得差，但是不会出现这种程度的大饥荒，因为印度有言论自由。

学生：我想问一个问题。刚才我们谈到了好多历史书。现在有一些新媒体，我可以看一些视频比如纪录片，从中知道一些历史，您觉得这种方式如何？

钱颖一：我觉得可以受到启发，但我觉得不能替代读历史书。你从那里受启发后还得再看更深刻的东西。

学生：您是说相当于从新媒体找到一些兴趣，然后再看一些相关的书籍资料？

钱颖一：对。如果你把它作为替代品，就错了，要作为互补品。看短视频的危险就是你以为这就是知识，那就坏了，就变得浅薄了。但是，如果你把它作为互补品，你看了它受到启发，再找到原著，再深挖，这不就很好吗？这是一个根本性的问题。我觉得短文不能替代书。由于新媒体的出现，读书的数量可能会下降。

学生：但是有很多书，我不能够区分好书和坏书。

钱颖一：看评论可能对你选择有帮助。

学生：有的时候我觉得在清华很没有自信，总是担心自己基础不够，做那些是不务正业。

钱颖一：这是在清华形成的心理阴影，总是怕自己的基础不够。老怕知识不够，老怕基础不扎实，知识不完全。这是一种恐惧。其实好多情况都是一边研究一边学习的。我不懂的东西，我愿意跟别人讨论。

学生：我就特别向往变成这样的人。

钱颖一：南大应该是比较宽松的啊。你们那儿居然能产生《蒋公的面子》。

学生：南大总体氛围是比较宽松的。

钱颖一：你们有地理优势啊，你们离政治中心比清华要远很多。还是地理决定论。为什么深圳的创新就比北京好？离得远。

博士生与院长共品下午茶

（2016 年 11 月 28 日）

用科学精神追求真理

钱颖一：我在学院当了 10 年院长，最近出了两卷书《大学的改革》，其中有一章专门讲博士生教育。有一篇讲到博士培养理念，就是要追求真理，要有科学精神。什么是科学精神？科学精神就是用科学方法认识和对待世界，概括为两点：一是用逻辑推理的方式建立理论并推导出可检验的命题；二是用实证方法对命题做出检验、分析和判断。科学精神是对逻辑的尊重，对查找数据的渴望，对知识理解的愿望，对前提条件的考量，对验证的要求，以及对质疑所有事情的信仰。这就是科学精神。

科学分为自然科学和社会科学。经济学是社会科学中的基础学科，管理学是社会科学中的应用学科。科学方法要讲逻辑讲证据，不能忽悠，有几分证据说几分话。崇尚科学，就要鄙视世俗的权力和金钱。崇尚科学就是追求真理的价值。

中国的社会科学学者因为有两个原因欠缺科学精神，这说得有点尖锐。第一个原因是中国文化传统的缺陷。虽然我们有灿烂的文明，但中国文化中缺少逻辑体系，没有产生出欧几里得几何学、牛顿力学等，也没有产生通过数据严密验证的经验方法。第二个原因就是运用科学方法研究人和社会时，容易受到政治的影响和市场的诱惑。

梦想、思考、会通

钱颖一：我在 2012 年清华大学研究生开学典礼上代表教师发言时寄语新

生“梦想”“思考”“会通”三个词，我说“梦想给你激情，思考助你创新，会通帮你连接”。我说，无论你目前的专业是文科还是理科，无论是博士生、普通硕士生还是专业硕士生，无论你们终生从事一个职业还是换了其他职业，都要有一个共同的期待，就是“让梦想激发你的行动，让思考伴随你们的一生，让会通使你与众不同”。这里的“会通”是会议的会，交通的通。为什么是会议的会呢？你们谁能解释一下？

学生：这个会有心领神会的意思。

学生：有处理的意思，是一个“过程”。

钱颖一：每个大学的传统都不一样，“会通”是清华的一个特别重要的传统。我的邻居，清华大学历史学教授何兆武先生，读过清华四个专业。他是1921年出生，今年95岁，他的《上学记》特别有意思，深受读者喜爱。他翻译过大量的德文法文哲学名著。我经常拜访他，向他请教。他跟我说，会通包括中西会通、古今会通、文理会通。清华老校歌唱的“东西文化、荟萃一堂”“立德立言、无问西东”，就是这个意思。清华教授王国维大师也说“学无新旧之分，无中外之分，无古今之分，无有用无用之分”。

我在讲“梦想”的时候引用了德鲁克的三个石匠的故事。你们都知道德鲁克是世界级的管理学大师。一个路人问三个正在凿石的石匠在做什么。第一个说我在挣钱过日子，第二个说我在做国内最好的凿石工作，第三个说我在做一座神奇的教堂，这里面有美好的精神家园。第一个石匠只是为了挣钱；第二个石匠好胜；第三个石匠有梦想，眼中有光。

梦想不在于高低，不在于大小。研究生期间学习的忙碌、就业的焦虑等都容易暗淡你的梦想。但越是这样，越要坚持梦想。其实人天生就有梦想，只是后天的经历可能把它磨灭了，所以研究生阶段千万不要停止梦想。

如何适应博士生生活

学生：我目前感觉自己在艰难地适应博士生生活，生活也没有那么满意，但是也不知道问题在哪里？

钱颖一：那你告诉我你现在作为博士生的生活是什么？

学生：早上过来到工位，然后坐一天，看资料，写点材料等。

钱颖一：你现在是三年级，你有固定的导师吗？

学生：有。如果这一天没有其他事情，我就会坐一天。觉得对外面的世界知道的太少，还是想做一些企业的实践。

钱颖一：若是换作我，我不可能老坐在工位上，我会去北大等地方。还可以去找人聊聊，找人讨论问题，去做调研等。如果你觉得自己是天才，你可以坐在工位上，一坐一天，一坐十天，去推演，去演算。如果你觉得你不是天才，你就要出去，多听多看。我在哈佛读博士的时候就经常去 MIT 听课。

学生：但北大最好的老师讲课不让我们听啊。

钱颖一：那要想办法，不要有心理障碍，不要给自己设框框。一年级同学，目标比较简单，就是学一些课，通过资格考试。二年级的学生考完资格考试后就比较迷茫。你们之中大多数人在此前人生 16 年里的目标非常明确，就是考试，从小就会考试。但是到了博士生阶段，通过资格考试后，就很迷茫，因为要做研究。每个人都要问他自己，我能做研究吗？我会做研究吗？我也有过同样的经历。

论文首先要有好的想法，知道怎么提出问题，其次才是解决问题，最后把它写出来。我们的同学不知道怎么提出问题，怎么找出问题。

学生：我现在主要在看论文，每次找到一个题目以后就找老师，老师就问我，你的论文的意义何在？然后就说我看的东西还不够多，然后我就接着看。

有思想的学术和有学术的思想

钱颖一：在学院 2009 级研究生开学典礼上，我讲到思想和学术的关系。王元化先生曾经观察到，中国的学术界在 80 年代是有思想无学术，在 90 年代是有学术无思想。王元化先生提倡有学术的思想，有思想的学术。这些都跟你们有关，因为你们是博士生，也要提倡有思想的学术和有学术的思想。

思想和学术不完全一样，一个好的思想要有严谨的学术推理才能站得住脚。另一方面，没有思想的学术就会很局限、很肤浅。

学生：我比较幸运，在宜家工作过，积累了大量的企业数据，可以建模。

钱颖一：在中国，目前电子商务基础非常好，数据很多。

学生：我有一个问题。现在电子商务这么火，我觉得业界很火，但跟我们学术界是分裂的，和我们的学术关系不大。学术并没有跟上业界的步伐。

钱颖一：这个“不大”才有研究的潜力。通常都是业界的实践领先于学术研究。我们到现在还没有优秀的管理学学术研究贡献给世界。比如海尔的人单合一，能否成为贡献？基于商业模式产生新的理论，为什么在中国目前总出不来？一个原因是我们总是想把它与中国特殊的文化连在一起，但这样的话就没有了一般性。企业家自己很难总结出来，并上升到理论高度。他们可以做得很好，但是形不成理论。而我们学者无形中受我们传统思维框架的束缚，跳不出来，外国学者对中国的理解又是有限的。

学生：我现在最大的困惑就是找学术定位，我们学得很交叉。但正因为交叉，没有自己核心的东西，都是在学别人的。我也在找我感兴趣的方向，但是每次都很难找到一个可做的具体题目，而且还会受到身边的一些干扰，不会坚定地去做，经常摇摆。有时跟同学聊，很多人都会告诉我，你在做的东西没意义，于是就更定不下来自己要做什么。

钱颖一：你们更应该先讨论有趣和无趣这样的问题，是否有意义是后一个问题。

学生：我现在看一些论文感觉很无聊。目前还是找不到一个有趣的话题。

钱颖一：你们同学之间不合作写论文吗？

学生：目前看，经管学院学生之间互相合作比较少。

钱颖一：国外是没有第一作者的概念，至少在经济金融领域。

学生：国内博士生发中文期刊的最多，是不是第一作者关系很大。国内期刊不讲同等贡献，这也导致缺乏合作。平时在一起讨论的时候，很少讨论学术问题，因为合作的不能算，尤其是第二作者，都不算。

钱颖一：国外有同等贡献这种说法。当然，如果我们国内也放开，说不定又会带来其他问题，比如学术腐败。

学生：我们更多是跟导师合作，导师给你提供数据，我们进行分析。我们自己缺乏一定的数据，由于学术与实践脱节，所以获取一定的数据是很难的。向企业要数据是交换，企业觉得有价值才会给你数据。

钱颖一：这就是国内外企业的一个区别。国外企业给你数据的时候并没有希望能够从你这里得到什么。

工科有实验室，在实验室中讨论交流很自然。社会科学没有实验室，在学术研讨会上讨论交流是获取灵感的重要方式。讨论中一句看似虚无缥缈的话，有时会激发你的灵感。所以一定要有学术氛围。

博士生与院长共品下午茶

（2017 年 12 月 4 日）

国内外博士培养的差异

钱颖一：博士项目是我们学院唯一一个放在各系管理的教学项目，其他教学项目都是放在学院管理。这是因为各系是按照学科划分的，而博士项目的学科学术性最强。这种管理方式也有它的问题，就是各系的情况不一样，导致各学科之间、各系之间的要求也不一样。

在国外，通常经济系是独立于商学院的，博士生规模也比较大。北美主要研究型大学经济系每年招 30 名左右的博士生。而商学院所有博士项目加在一起每年招 20 名左右的博士生。两者合起来大约 50 人。我们学院经济和管理合起来每年招 60 名左右。这些博士生分到学院的七个系。除了经济系以外的系，如果对应到国外商学院，咱们这边每年招的博士生可能是那边的两三倍。比如会计系，那边一般每年招两个博士生，我们会计系今年招六个。

招收博士生多一点有好处，也有问题。博士生培养与本科硕士不一样，是要精心雕琢，一对一指导，教师要投入很大精力。我们这里的生师比相对来讲比较高，一个教师对应的学生数比较多。我们的博士生绝大部分都是免试推荐上来的，很少是普博考上来的。现在普博考试 100 人里面只录取六人。

学生：现在不管是国内还是国外博士生都是用同样的标准。从您的角度看，对国内读博的同学有什么建议让我们可以更好？

钱颖一：现在跟以前不一样了。国内和国外的差距在缩小。现在学院也在创造更好的条件，博士生出国学习都给奖学金，我们也尽量让大家有机会与国外的教授一起合作。过去这些路不通，现在这些路都通了。现在不是说从海外回来的人都行，最后还是要看你的实力。

我们学院不用“海归”这样的词。我们从 2010 年开始，在全国所有的经济管理学院中最早实现薪酬并轨，海外博士和国内博士是同一个薪酬体系，取消双轨制。我们对国内博士的唯一要求就是你不能连续在清华待着。比如你在清华拿到博士，但不能直接被聘为清华的助理教授，一定得出去至少两年后才能回来。除此之外，我们同样对待。

我们不太有利的条件是生师比高，一个教师对应的学生较多。还有就是我们的教师校外事情特别多，花在学生身上的时间比国外教师要少。怎么弥补呢？在博士期间出国一个学期或一年，还是挺有意义的。

比如做领导力研究，在国内学习跟企业很接近，而在方法论上国外训练更加严谨。在这边有数据，能提出有趣的问题。所以，如果你能到海外提高方法论，把两边结合起来，你的优势就比在海外读博士的要大了。

你觉得在国内找教职，国内学校明显地歧视国内学校培养的博士吗？

学生：比较起来，可能有歧视的因素在里面，也是自身竞争力没有国外博士强的原因。在资源匹配和硬件上，我们这里的资源已经很强了。但是，我们的学术氛围怎么能够进一步加强呢？

钱颖一：你觉得这方面我们同海外博士项目之间的差别是什么？

学生：第一点，我看了一下我们同样的一门课程——“管理的微观理论”，我觉得海外的理论建构比我们更多，要求肯定也更多，他们的理论铺垫会更扎实一些。所以，在这方面还有一定的差距，但是这个差距不是特别明显，因为我们也是很成体系了，这些年各系的老师不断打磨，培养方案在改变，已经和国外很接轨了。第二点，我们的博士生研究氛围没有他们那么强，去海外读博士的同学孤注一掷出去读，他们系里的整体科研氛围，同学之间的影响和他们自己的个人动机都很强，相比较在国内熟悉的环境中，有时候恍恍荡荡一两天。

钱颖一：你说的我特别同意。仅仅看课程设计、培养方案设计，我们已经和国际接轨了。但是，学生的心态还不一样。刚才你用的词是“孤注一掷”，倒也未必，只是他们能比较沉下心来做研究，外面的干扰很少。我们这里做学问之外的事情太多了。在这个地方读博士，你要有巨大的毅力，拒绝诱惑。因为咱们这里其他的各种活动太多，老师的活动也太多。美国大学的环境比较单纯。

我发现这些年来，中科大出的学术人才，至少在美国，比较多。中科大在安徽合肥，比较安静。我想能考上清华北大的人也都能考上中科大，所以不是人的能力问题。中科大出的学术人才多，是因为他们那边比较安心。所以心态很重要，要沉下心来。咱们这里的干扰太多，各种各样的。我说的干扰在很多情况下是指好机会太多，那也是一种干扰。

建立博士生的“纵向”交流机制

学生：我觉得同一级之间的交流非常充分，得益于班级的组织。

钱颖一：我们的班级是按照年级划分的，所以同一级的交流有制度在。但是同一个系里的上下年级之间就没有交流制度。咱们学院的管科是不是好一点？

学生：管科好一点。管科比较偏工科，他们的导师总会每周都有时间见学生。

学生：其实组织管理系以前的博士生自己搞过一个午餐会，学生自己想来就来，刚开始有老师参加，后来因为质量不太好，就停了。

钱颖一：给定我们现在的教师资源，我们有什么办法改进？刚才听上去有效的沟通机制是班级，我们现在是同一年级为一个班。垂直的同一专业领域里的沟通机制就得依靠所在系的力量。有什么办法通过系里的力量帮助你们呢？

学生：我觉得一个可能的方案就是尽早给博士生一个工位或者一个空间。

钱颖一：我们在新楼设计时就考虑了这一点。但是现在受到空间的制约，我们实在没有房间，这间房间还是我当时硬弄下来给博士生用作讨论室的。对面的房间原来是博士生工位，因为要建立一个数据中心，要从国家统计局拉过来一根专线，所以把工位拆了。大家说都要数据，所以对面的房间是提供数据的，正在装修。

学生：去年我是一年级的时候我们班有一个制度，每个系强制要求，必须得请比自己高一级的师兄师姐和大家分享，比如吃个饭什么的。

钱颖一：你是什么系？

学生：会计系。我们自发邀请他们做分享，通过上一届同学联系，请他们来分享，效果很不错。

钱颖一：我们对本科项目、硕士项目、MBA 项目，都是通过学院的行政力量做很多事。但是对博士项目，我们不愿意通过行政力量推动，所以只有两种可能的推动力，或者是教师组织，或者是学生组织。你说你们会计系是谁牵头做这件事？

学生：上一年是我做这件事。邀请之前的师兄师姐，这个机制也不够长效，我跟你方向相近，我跟你关系比较好，来的人就比较多。

钱颖一：现在的学术氛围不够强，也不能通过行政手段硬推。现在每一个系的博士生在一个学期内没有一次活动把大家都聚起来的。经济系博士生最多，一年有 10 人，五年就是 50 人。其他系每年有 6 人，五年就是 30 人。如果能来 20 人参加也不错。以系为单位，最合适的组织者就是系博士项目协调人，每个系都有。期中考试之前搞一次，期中考试之后搞一次，一个学期搞两次。同一个系的博士生在一起，可以邀请一个老师来讲方法论的东西，也可以请高年级的同学来介绍自己的经历。可以是午餐会的形式，午餐成本很低，但是能吸引大家来。你们觉得这个主意怎么样？如果这个主意好，就要具体去做。

学生：具体还要看活动的内容是什么。

钱颖一：咱们说一个范围，应该有什么样的内容？

学生：已经发了论文的学长介绍一下写作经历。我们想知道他一步一步是怎样做的。我希望在自己发论文之前就知道心路历程是怎么回事。

钱颖一：这是一个好主意。如果我们都同意，那就要找分管教学的副院长，找教学办来落实。但教学办会说他们不管博士项目，都是各个系负责。所以就得让副院长，加上教学办主任，七个系的博士项目协调人一起开会。博士生有这个要求，以系为单位，每一个学期搞两次该系的博士生学术活动，内容可以是高年级学生讲他们的论文，也可以讲他们学习的心路历程。你们希望老师讲什么？

学生：可以让老师对高年级学生做点评。这是可以学到很多的，相当于工作论文的讨论。

钱颖一：也可以找兄弟院校同一个系里的人来讲。其实这里可以装进去很多内容，是学术性的，是同一个系里的。你们觉得怎么样？

学生：太棒了。

钱颖一：关于了解师兄师姐毕业教职情况，可以请一些新近毕业的博士回来传授经验。现在每年评一次中国经济学奖，里面有一个优秀博士论文奖，今年清华有一个，去年清华也有一个。我们也可以请他们来讲讲。

学生：那些刚入职的对我们帮助最大。

钱颖一：帮助最大的是离你们近的，太远了帮助就不大。他们可以介绍一下他们的经验。但这个要分领域，不同领域的不太好比。所以除了请四五年级的学生讲，刚刚毕业获得教职的人回来讲也是一个方面。一学期搞两次，负担也不那么重。假定同学至少一学期参加一次，就会有效果。

第五编
高管教育学生与院长共品下午茶

第八章
2010—2018 学年

EMBA媒体班学生与院长共品下午茶

（2010年11月24日）

钱颖一：我们学院的“院长下午茶”活动，最初是由本科生发起组织的，在我担任院长之前搞过，但那时不固定也不频繁。我任院长之后开始每一学期定期组织，从本科生逐渐推广到了不同项目，现在每学期举办五场：本科生、本科生双学位、研究生（硕士或博士）、MBA（中文）、MBA（英文）。这次也算开了一个新的先例，与EMBA媒体班举行一场“院长下午茶”。

大家都是媒体界人士，多数是财经报道方面的，现在来到我们清华经管学院EMBA媒体班学习，这是感受大学、感受学院的一次特殊人生经历。我们学院具备很多优势，特别是这几年来在各方面发展相当迅猛。

清华早期历史

钱颖一：清华建立的头十几年即1911年到1925年之间，是留美预备学校，是一所八年制的学校，以两个四年划分为中等科和高等科，实际上是现在的初中高中六年加上大学一二年级，毕业生赴美国插班到大学，念两三年拿到一个大学本科学位。现在我们熟知的那些名人，包括陈岱孙、梁思成、周培源等，都是在此期间作为清华学校毕业生前往美国留学的。所以，那时候的清华还不能叫作大学。

清华作为一所大学在国内起步相当晚。北大、北师大、上海交大、复旦、武大这些大学在20世纪20年代已经很成熟了。清华1925年才招收第一批本科生，而且仍像中学一样不划分系，直到1926年才成立了17个系。其中一个系就是经济学系，这也是我们经管学院的渊源。当时经济学系划分两个科——经济科和商科，所以经济和管理起初就在一起。

1928 年陈岱孙回到清华并担任系主任。他是 1900 年生人，很好算年龄。1920 年他从清华学校毕业后去美国威斯康星大学念本科，1922 年本科毕业后到哈佛大学念经济学博士，1926 年毕业。那时，像他这样的学生毕业以后还不会马上回国，而是前往欧洲游学一番，他也去欧洲游学了。1928 年陈岱孙从欧洲回国，先在福建家乡待了几个月，同年清华的聘书就到了。进入清华当年就担任了清华经济学系的正教授、系主任。

1993 年春季学期我还在美国任教的时候，曾到北大教过一门课，讲博弈论与信息经济学，这应该是在国内最早开设的。就在那期间，我专门去拜访了陈岱孙先生，那时他已 93 岁。那天我们聊得很开心，也发现了许多共同之处。他是清华毕业的，我也是清华毕业的；他在哈佛拿到了经济学博士，我也是在那儿拿到了经济学博士。他问我在哈佛做研究生的时候住在哪儿，我回答说住在 Perkins Hall——哈佛的一栋研究生宿舍楼。他说自己当年也住在 Perkins Hall。当时我同他还有一张合影，非常珍贵。

1928 年，清华成为国立清华大学，那时才正式变成了大学。1925 年招收的第一批本科生，一共才 100 多人。其中有 1929 年毕业的王淦昌，中国“两弹一星”功勋科学家。后来清华都习惯称“几级”，比如 1925 年入校的叫一级，1926 年的是二级，1929 年入校就是五级。那一级一共 200 多人，这一级也人才济济。今年纪念几位著名人士诞辰 100 周年，其中有曹禺和钱钟书，都是清华五级的，五级还出了一些其他杰出人物。

虽然我在清华读本科，但我念书那会儿都不了解老清华的事儿。以我们的校训为例，众所周知，校训是“自强不息，厚德载物”。但在我念书的 20 世纪 70 年代末 80 年代初，这个校训是不使用的，没人知道。这实际上是在建校 90 年的时候，也就是在 2001 年才重新启用的。因此，中间有很长一段时间无人知晓。原来有一块清华的匾额上书“人文日新”四个字，挂在大礼堂里面。还有许多不熟知的情况。

在一些国内著名高校中很少有像清华这样的学校，它的校名和校园一直原样保留下来。北大的校址原来在城里的沙滩，现在的校园是原来燕京大学的。所以，现在你很难在北大的校园里讲当年的某某人在某栋楼里有过什么往事，毕竟那是发生在城里的沙滩红楼。不像清华这儿，一提起曹禺写剧本《雷雨》的地儿，马上就可以找过去，它就在我们图书馆的地下室，哪张桌子都可以说出来。国内很多高校因为中间校园更换了多次，故事随着风物迁移，都消逝了。还有许多学校的校名都变了，像天津大学原来叫北洋大学，南京大学原来是国立中央大学，等等。在这方面，清华始终在原址周围扩建，这样就保存了许多老清华故事。比如对杨振宁来说，他就在离二校门不远的地方念的小学，叫成志小学。那时他父亲是清华数学系的教授，在科学馆里上班，所以他经常在科学馆里玩儿。他是在这个园子里玩儿大的，自然就感情深厚。在清华校园里，还有很多这样的趣事。

我为什么要讲清华的历史？明年是清华百年校庆。其实清华作为大学，是不到百年的。1911 年建校那会儿叫清华学堂，一年以后改称清华学校，英文叫 Tsing Hua College，改为清华大学是 1928 年的事。这是历史。

大学的历史对大学风格的形成影响很大。北大原来在城里，属于欧洲大学风格。欧洲的大学大多在大城市里，像巴黎大学、伦敦大学、柏林大学，学生不住校，都是走读，大学很开放。北大以前的五个学院不在一起，分散在各个地方，有的在景山旁边那条街上，有的在另一条街上。在城里，一抬头就可以看到紫禁城，时常提醒他们的历史责任感。这种欧洲的风格也充满开放的文化气息。像蔡元培早年留德，柏林大学也在城里，风格可谓一脉相承。

北大后来迁址到燕园。燕园和清华园相邻，据说燕园是赐给皇妃的，清华园是赐给皇子的。两园的建筑风格也不同，清华园的建筑风格偏男性化一点，燕园比较女性化一点，有人考证过。清华园远离北京城，当时骑毛驴到西直门城门，需要很长时间才能进城，可见，清华距京城之遥远。清华从一开始就是寄宿学校。试想，13 岁的小孩来到清华学校，包吃包住，所有钱都得上交，实施严格管理。清华的严格管理源于那时。过去我误以为，清华一度是工科学校，因而管理很严。后来经过研究，感到不是这样，而是认为清华初创时作为寄宿学校的这一因素更为重要。

这就是清华这所学校的早期演变过程。清华在 20 年代的时候，按陈岱孙的原话是：有名气，无学术。什么名气呢？就是“庚子赔款”办学的一所学校，学生毕业后去美国留学，学校很有钱，就是这么一个名气。为什么无学术？清华基本上是所中学，从 1925 年开始才招大学生。后来最重要的是梅贻琦在 1931 年担任校长。从 1925 年到 1937 年抗战爆发迁至长沙和昆明仅仅 12 年，如果从 1928 年真正成为国立清华大学算还不足 10 年，短短这些年一下子就变成了全国学术上最领先的大学，这是不得了的事。

1929 年国民政府教育部要大学搞成三级：大学、学院和系。于是，在原来 17 个系的基础上成立了三个学院，即理学院、文学院、法学院。当时，法学的概念比较宽泛，经济学、政治学都在其中，陈岱孙又兼任了法学院院长。后来在 1932 年增加了一个工学院，所以就变成四大学院了。到 1948 年又增加了一个农学院，所以就是五个学院，一直到 1952 年。

目前有关民国时期教育历史的书籍很多，关于西南联大方面题材的都不知出版了多少本。我看仅此一条就说明我们现在的教育存在巨大问题。清华从综合性变成工科，之后又逐渐恢复理科、文科，说起来恢复时间还不长，但也有二十多年了！而当时的清华只经过十几年就已经相当接近世界一流了。当然历史机缘也不同。

教“经济学原理”课的意义

钱颖一：中国传统一向重视教育，把它当作投资，因此愿意为教育投入大笔资金。最近国家出台了三个中长期规划纲要，分为科技、人才、教育，其中只有教育全称为《国家中长期教育改革和发展规划纲要》，另外两个只是叫《发展规划纲要》，这说明教育中需要改革的方面很多。

我在清华，在一门课上花了不少时间，就是讲授“经济学原理”课。今天上午还在教，这是大学本科一年级的必修课，我为什么会特别关注这门课呢？因为我一直觉得，从事经济领域以及包括媒体、法律、社会等各行各业，

“经济学原理”都是重要的基础课程。我是从 2002 年秋季开始在清华开设并讲授这门课的，那时我还在美国任教，来清华兼职授课。

今天我这堂课讲的是科斯定理。今年 12 月 29 日是科斯先生的 100 岁生日，我们还要为此举办一个活动。科斯在中国的影响很大，因为产权经济学、交易成本经济学对中国的影响非常大。说实在的，制度经济学在中国的影响比在美国要大。原因很简单，我们在这方面十分欠缺，因此需求很大。今天上午给一年级同学讲述了如何理解科斯定理，因为我觉得这其中存在很多误解，它的含义到底是什么？它如何让我们改变了看问题的视角？今天你们当中一位同学给我发邮件，提到了我的那篇文章《理解现代经济学》，其中专门论述了科斯定理。我在美国与这些经济学家交往密切，包括科斯在内，确实获益良多，许多方面并非从书本里能读到的。我希望把我理解的这些能够原汁原味地传授给学生，他们会因此受益。

我在“经济学原理”课上讲经济学十大原理，堪称经济学最基本的道理。根据我过去几年的经验，学生们很可能把大部分内容都忘了，只记住其中的几句话或者一个笑话也可以。每次来听课的也有新闻学院的学生，我喜欢讲的故事就是，以前美国 ABC（美国广播公司）有一位著名主持人彼得・詹宁斯（Peter Jennings），有人采访他时曾问道：“你在大学期间后悔没有上的一门课是什么？”他回答说：“有一门课我很后悔当时没有上，就是‘经济学原理’。”他补充道：“如果我当时上了这门课，后来作为主持人，对采访或报道就会有很大好处。”

有一次，我在海外碰到一位在清华新闻学院念过书后来转学出去的同学。多年以前，她听过我的“经济学原理”，我就问她，记住我这门课里什么内容了？她说就记住了一个笑话，就是我在中央电视台讲过的那个笑话，涉及经济学中的激励原理和价格机制。有一句著名的话，很多人都讲过，现在也搞不清最初是谁说的。爱因斯坦也讲过，哈佛校长也讲过，心理学家也讲过，后来变成了警句：什么是教育？教育就是当你忘记了学校教的所有东西，剩下的那些没有忘记的东西。我觉得有道理。

那天我讲完课后，对面过来一个学生，他说："我是哈尔滨工业大学毕业的，今天来听你的课，我只想告诉你一句话：20 年后我再见到你，我绝对记住你今天说的这句话。"这就是我为什么愿意教本科一年级的"经济学原理"。我没有教本科其他课，也没有教研究生和博士生的课。许多人都感到奇怪，因为我们有个概念，好像学问越高，教的课就应该越高级，学问低才教初级的课。我不教博士生，不教硕士生，也不教本科高年级，我只教本科一年级。

2006 年江泽民访问他的母校上海交大。后来上海交大党委办公室给我传来了他们的一份简报，里面引述了江主席的话：现在大学教授都不教课，但是你们知道吗，我知道，在清华杨振宁教大学的普通物理，钱颖一教经济学原理。我觉得基础课程特别重要，所以就教这门课。

今年入校的本科生大多是 1992 年出生的。清华的学生虽然聪明，但入校之前没有学过经济学。我必须要给他们把复杂的事情讲明白，这并不容易，对我自身也意味着很大的锻炼。马斯金是我的博士论文导师，后来的诺贝尔奖获得者。我做他的学生的时候，曾经问他："什么是一个好的理论？"他说：第一，不能一眼就看出结果来，如果所有人都能看出来，还要你干吗？你总要推几步，而一般人没有经过这几步推不出来，就是说你能看到别人没看到的。第二，还要经得起推敲，觉得确实有道理。最好的理论是那种"意料之外，情理之中"的结果。

今天上课时，我还讲了一个例子，关于进口配额和关税。进口配额和关税在某种程度上是等价的，都能提高价格，但有一个区别：关税的税金由海关征收了，而配额就不一定，谁有进口配额许可证谁就能拿走这部分租金。我在课上讲了一个故事，20 世纪 80 年代国际贸易争端主要发生在美国和日本之间。美日争端产生大量摩擦，其中有一项是汽车贸易之争，日本汽车在美国热销，美国人一向主张自由贸易，抬高关税的事儿听上去就很没面子，于是不愿意加征关税。结果，政治家想出了一招儿，就向日本人谈判施压，称作"自愿限制"。比如，如果你们日本每年能够出口给美国 80 万辆汽车，那么现在自愿限制一下，只出口50万辆。这听着很有道理，但我提示学生：你们有没有想到这个故事跟我们刚才学到的配额的故事一模一样，只有一个差别，这个差别就是那部分租金由日本人自己的企业拿走了，而不是美国人通过进口配额拿走了。

这件事有趣在哪里呢？首先是结果出乎意料，听上去好像是日本人自愿限制，又不需要美国人动用关税、配额那些工具，但实际上效果完全一样，而且还让日本人拿到了好处。这就好比在中途岛上，日本人开了一家皮包公司，在买卖美国的进口许可证。虽说出乎意料，但仔细一想合情合理，只是转了一个弯。

后来，我又给学生们举了一个例子，有关人民币升值问题。有一位经济学家提出，干脆不升值但加征出口税，至少还能拿到这笔钱，与那个“自愿限制”如出一辙，对不对？所以基本原理是简单的。

这种事例有助于理解这类问题，历史上有大量这类事件。在给学生讲解的时候，第一他们会觉得很生动，在课本上也看不到；第二也跟现实有联系，毕竟都是真实发生的事，与我们今天许多情况都有联系；第三，这也不是一下子就能看出来的，中间需要稍微转一个弯，需要有一些推理。

我一直觉得，基本原理极为重要。理论的好处恰恰是能把看上去不相关的事情联系起来，就像牛顿力学能将地球上的规律与星球间的规律用同一个公式表达。尽管经济学家还达不到物理学家这么精致的描述，但也试图在做。

中国教育中的问题

钱颖一：今年960万人参加高考，约600万人被录取。清华招收3 300人，我们学院招180人。这些学生进入我们学院可能基于一个错误的推理，却到了一个正确的地方。我在他们入学时第一句话就说：“我知道，你们来这儿估计是因为错误的原因，但我要让你们来这儿以后感到自己来了一个正确的地方。入校时你们都在想将来如何。来了以后就要重新开始，要考虑如何规划各自的未来。”

我任院长后连续四年，我们学院的文科、理科高考平均分在清华所有院系中全部名列第一。文科名列第一就不用说了，理科也是第一。于是，又有很多人出于社会责任感开始说："这样的学生应该去念物理、数学。"我表示十分赞同，他们确实应该念数学、物理这些专业。但是我说，存在一些问题。第一，即使他们不来清华，也可能就去了北大，这是竞争。今天我来之前看到一封邮件，一个学生正在考虑上北大数学学院还是清华经管学院，在这两个之间艰难抉择。第二，如果从社会角度讲，难道这些学生去了数学学院将来就会从事数学了吗？其实不管他们去北大还是清华，他们大学三年级之后，照样会去念金融数学，别人无法左右。后来我说，与其念金融数学，还不如来经管学院好好学习我们这些课程，将来可能会对他（她）更有帮助。

不能否认，毕竟经过高考从约 1 000 万人中考到这种分数的不是一般人。虽然这些学生很聪明却也有很大问题。什么问题呢？他们记忆力超强，而且对问题加以归类的能力也很强。中学老师训练他们，如果看到一道题，要能够立即把它划归成某一类，进行归类后，解题就有套路了。不过，对于那些题他们可能完全不懂其中的道理，却能做出来，这本领真是不得了。原来我还以为文科题目依靠死记硬背还能做出来，但是我就不懂了，像数学题、物理题、化学题等理科题目仅仅靠生背恐怕不行吧？有一次，物理系系主任朱邦芬院士就告诉我："我们中国人发明了一套办法，应试教育的技巧不仅仅在文科通行，在理科也一样。你知道叫什么吗？叫'大量做题'。"

昨天下午，见到我的学生，二年级要考"中级微观经济学"，那里面有大量数学计算，我说："这下你们背不了了吧？"他说："老师，您不知道。我们叫'刷考题'，就是在有千道题的题库里，全'刷'一遍，老师出的考题基本上就没跑了。"这是一件很可怕的事情。

教育的精髓

钱颖一：教育中的另一个问题是现在的学生太功利了，功利到了要算计今天做的事是不是明天就能有收获。例如，如果某一门课不能直接有助于夏天找到实习机会，那就不上了。又比如有两门课程，从这一门课中能学到东西，但由于任课老师要求要严一点，给分稍微低一点，他们就不愿意选，而去选另一门课，只因为老师给的分数高一些。我们开设两门物理课，一门开给文科生，另一门开给理科生。我们发现，文科生班里的课有不少学生是理科生，因为这样可以获得更高的分数。

在清华，学生肯定不会面临找不到工作的问题。我记得哈佛的本科方案中提出，进行课程设计的时候要想到让学生一生受益。我认同这一点，于是我就审视这些课程，哪些会让学生一生受益，哪些不会，这对将来毕业步入社会之后的影响肯定迥然不同。既然我们在培养学生的时候要考虑其一生受益，因此我一开始就讲到不要这么功利，不要过于实用主义。

本科生入校时十八九岁，记忆力很好。但我更要求他们学习、掌握分析的方法，相信这对他们 10 年、20 年后的未来会有帮助，这是我的教育理念。我们绝对不要把学生找工作作为我们教育的目标，目标应该是看四十几岁的时候成为什么样子，这同我们现在流行的教育理念不太一样。

前天，我碰到了校党委主管学生工作的副书记，他跟我说："40 年代，哈佛有位校长名叫科南特（James Conant），名气很大，在校长任上几十年。他是一位化学家，有一本书写到他接任校长后说的一句话'从此这个世界上少了一位化学家，多了一位教育家'，你要花时间在教育上，要有心理准备，中国将失去一位经济学家。"我说："我现在已经花了很多时间在教育上。"

今年清华大学本科生开学典礼让我代表全校教师发言。我开门见山：你们到大学来，重要的不只是学习知识，更重要的一是要有好奇心，二是要有想象力，三是要有批判性思维。我讲了一个故事。我们说中国人很重视教育，其实世界上还有一个民族就是犹太人也很注重教育。全世界的犹太人总共不到 2 000 万人，少于上海市的人口数量，却出了 100 多个诺贝尔科学奖获得者。全球华人包括不会讲汉话的华人都计算在内，一共才只有 8 名诺贝尔科学奖得主，而我们有 13 亿人口。这其中有什么差别呢？当然，存在很多差别。其中一个，据说中国学生回到家里，家长常问的问题是："你今天学到什么新知识了”，而犹太学生回到家里，家长问的是：“今天你提了什么好问题”。截然不同。提问题的前提是需要有好奇心、想象力，还要有批判性思维，不然，你怎么会提问题呢？我希望今年这些 2010 级入学的学生记住我讲的内容。

学生：哥伦比亚大学有个副校长在中国逛了一圈儿，回去写了一本《伟大的美国大学》，他有感而发，厚厚的一本。

钱颖一：对。通常是到美国以外转过一圈后，更要夸赞美国的大学。

学生：在他的那本书中针对中国教育有这样的描述，中国政府无论如何不能理解自由是大学的灵魂。

钱颖一：确实不能理解。说到这里，我给你列举一个西南联大的例子。在西南联大时，国民政府教育部部长陈立夫给所有大学下了一份教育部指示：课程要统一，要经过批准。这份指示也下发到西南联大，西南联大校务会一直保留着这份原件。于是，包括冯友兰在内的几位教授给陈立夫写了封回信，那封信原件尚存。回信的大意是，我们认为现有课程设计最适合西南联大，并表示：“我们无需按照你们的指示行事。”这封信寄回教育部后，就再无下文，也没有人来干涉他们。

教授治校还是教授治学？

学生：那您觉得教授治校是根本吗？

钱颖一：我们喜欢说“教授治校”。这是有背景的，就是现在的大学太行政化了。其实美国的大学还真不是教授治校，准确的提法应该称作“教授治学”。如果说教授治校，欧洲比美国更接近，比如在欧洲的大学，校长、院长、系主任都分别由教授选举产生。

这类讨论就跟我们 20 世纪 80 年代企业改革时的讨论很像。如果大家记得在 80 年代初企业改革讨论中有一种企业自治理论，蒋一苇提出来的，当时叫“企业本体论”，就像南斯拉夫一样，企业要搞自治。现在，已经没有人再提企业自治问题了，都知道这不是一种好的治理模式。现在的公司治理中是董事会聘请经理人。80 年代初很多人都认为企业自治是改革方向，那是为了反对当时的计划经济，为了削弱行政化。现在教育界的情况类似，不少人提议教授治校，我能理解为什么，原因在于过度行政化，与当时企业遇到的问题一样。

假定院长由选举产生，我估计不会成为院长。为什么欧洲的大学改革困难重重？选上以后，一搞改革就被选下来，问题在这儿。我能理解你为什么这么提，确实必须发挥教授的作用，大学行政化的问题很严重。但是严格来说，我觉得，教授治校未必是解决方法。

学生：我就问一个教育方面的问题。现在我们对教育问题也非常焦虑，因为也要考虑下一代教育的问题。您刚才提到《国家中长期教育改革和发展规划纲要》，您认为我们国家如果着手教育改革的话，应该从哪几方面着手？

钱颖一：我只能说我们学院的事。我这几年开展了 MBA 课程改革、本科课程改革、硕士课程改革以及博士改革，这些就是我们的“产品”改革。再有就是教师引进。过去 5 年我们新进了 55 位教师，而且还在增加。在这几个方面，应该说我们学院在清华是走在前列的，而且我也希望在这方面能为其他院校做出表率。

金融财务 MBA 学生与院长共品下午茶

（2017 年 11 月 5 日）

顾问委员走进课堂：FMBA 专场

钱颖一：记得至少五六年前，我有一次跟 FMBA（金融财务 MBA）的几位同学一起聚会，谈到 FMBA 校友工作。从那以后，我就积极推动这类合作项目校友的工作，叫作合作校友，主体是 FMBA 的校友，并把它纳入我们学院的校友体系。从 2000 年开始的北京班，2004 年开始的深圳班，FMBA 到现在已经有将近 2 000 名校友。几年前我去深圳参加了 FMBA 深圳班十周年的活动。

去年和今年的顾问委员会走进清华经管课堂活动，我们都安排了 FMBA 专场。今年还特别安排了格林伯格来到 FMBA 专场。之后他跟我特别提到，他对 FMBA 的那场对话感到非常兴奋，第二天他回纽约后就给我打电话，又说到跟你们的对话，让他觉得对清华非常振奋，说很高兴和你们交流。

格林伯格的经历很励志。他在 1975 年，也就是中国改革开放之前就来过中国。我听说他在与 FMBA 同学的交流中，大家问他的问题他都回答了。一个 92 岁的人思维非常敏捷，非常细心。他说他每个周末打网球，基本吃素。我在一个多月前又去过他在纽约的办公室。

学生：我当时挺惊讶，他的一些回答真的非常坦诚。包括我们问他怎么看当时 AIG 危机时候的一些情况，他都做了非常诚实的回答，是很坦诚的一个人。

国内外瞩目的顾问委员会

钱颖一：今年我们的顾问委员会会议以及相关的活动可能是国际和国内

影响力最大的一次。时间是非常重要的因素。这不是习主席第一次会见我们的顾问委员，第一次是在 2013 年，在十八届三中全会之前的两周，当时也受到很大关注。当然这次受到的关注更大。这次是在十九大召开之后习主席第一次会见外国来访者，并亲自向顾问委员解读十九大精神。这次参加会见但上次没有参加会见的顾问委员有保尔森、扎克伯格、库克等。不仅国内媒体，国际媒体如《纽约时报》《华尔街日报》等都做了报道。这次的影响大，还在于在会见我们的顾问委员之后不久美国总统特朗普就来访问了。所以，我们的顾问委员会会议正好是在十九大和特朗普访华之间举行的。

现在很多媒体都想探秘清华经管学院顾问委员会。几年前《南方都市报》的记者用咱们学院网页上的信息综合出一篇文章，还配了一张顾问委员图。我们学院的顾问委员会在 2000 年 10 月 6 日召开第一次会议，算是正式成立。当时的学院院长是朱镕基。事后我想，朱镕基在 2001 年 6 月辞去了学院院长职务，他当时有前瞻性的考虑，在卸任院长之前成立一个顾问委员会，帮助学院建设。关于这段历史，在保尔森的书《与中国打交道》中专门有一章，即第七章中有详细介绍。现在这本书有英文版和繁体字中文版，后者在香港出版。

第七章是讲 1998 年到 2000 年期间，朱总理找到他，感叹中国的管理人才缺乏，管理教育落后。保尔森说他那时到清华经管学院来，发现学生都非常聪明，发言也很踊跃，但是他们说的英文他听不懂。他就跟朱总理说了学生英文水平不行的事。我是在 2006 年 9 月份当院长的，在 10 月份召开顾问委员会会议上，朱院长突然问我学院有多少门课是英文授课？我说有七八门吧。他听了之后就大加批评。在《朱镕基讲话实录》出版以后我才知道，原来他早在 2001 年在清华辞职演讲中就讲了希望清华经管学院用英文授课。再加上保尔森在此之前也向朱总理讲过学院学生英文水平问题，我就能理解为什么在 2006 年他特别关心英文授课的事。

保尔森是顾问委员会第一任主席。当时参加第一次会议的照片上有十位海外委员，中方委员有周小川、柳传志等。最早的顾问委员会海外委员都是保尔森帮助找的，他当时是高盛的 CEO，所以有不少他认识的与高盛有业务关系的大企业老总，比如沃尔玛、柯达、诺基亚、麦肯锡等。当时的诺基亚就相当于现在的苹果。当时国内最有影响的民营企业家就是联想的柳传志。当时周小川是证监会主席。

顾问委员会成立后的第一个建议是建立高管培训中心。当时通过保尔森找到哈佛商学院帮忙，因为保尔森是哈佛商学院的 MBA 毕业生。当时的哈佛商学院院长是金·克拉克（Kim Clark）。

顾问委员会的初衷就是帮助学院提高办学水平。我在做这项工作时脑子里想的就是教育。最开始就是一个半天的会议，请顾问委员给学院出谋划策。开始的时候外国人都比较客气，说的都是些好话。因为我知道公司董事会上会有 Executive Session（闭门会议）环节，就是把公司内部董事请出去后开会。所以我们也引入了类似机制，在顾问委员会会议的最后环节，请清华的人都出去，方便他们发表意见，包括尖锐意见。当然，这些意见最后要传达给院长。这是顾问委员会的第一部分内容，发挥出谋划策的作用。

第二部分内容是让顾问委员有机会更多地接触我们的学生和教师。比如，从 2007 年开始我们借顾问委员会会议举办清华管理全球论坛。做了几年后又改进，既有大论坛上的对话，又有顾问委员走进课堂的小型活动，这样让学生能够更加近距离地接触顾问委员。从去年开始，我们又加入了学院的青年教师与诺贝尔经济学奖获得者的交流。这种交流是双方都受益的。学生们可以从顾问委员身上直接聆听到他们的生活和工作经历，通常都很励志。另一方面，顾问委员也可以了解到中国最好的大学中的学生关心的问题，他们的国际视野，甚至是学生的英语水平。这是在现场了解到的真实情况，不是道听途说的。今年有 17 场顾问委员走进课堂活动，是历年最多的。

顾问委员会的第三部分是国家领导人会见。每年朱镕基老院长都会会见参会顾问委员，直接听取他们的建议。同时也会有现任国家领导人会见。今年的会见时间正好是十九大闭幕之后，是国家最高领导人会见，所以引起极大的关注。

顾问委员会委员都是谁？

学生：我的这个问题跟顾问委员会活动有关。我们看到这么多特别有名的商界政界大佬在顾问委员会里，学院按什么标准选择让谁加入我们的顾问委员会？比如任正非、乔布斯当时怎么没有进入顾问委员会？

钱颖一：每一位新任顾问委员都要经过顾问委员会主席、副主席、朱镕基名誉主席的同意。

我在2006年做院长后，哈佛商学院院长邀请我担任哈佛商学院顾问委员会委员，我是其中唯一来自中国大陆的委员。我在这个顾问委员会上认识了不少人，苏世民是其中之一。苏世民自从加入顾问委员会后每年都来开会，11年来从未间断。在他熟悉清华之后，捐了1亿美元建立苏世民书院，另外他还通过他的关系筹了4.5亿美元，现在一共是5.5亿美元。其实他打电话筹款的时间机会成本是很高的。但是，他说我得让他们每个人都有参与感。

为什么没有乔布斯？乔布斯在生前从未来过中国。那个时候苹果基本没有进入中国市场。乔布斯后来生病了，在2011年去世。开辟中国市场的是乔布斯的接班人库克。如果你们记得的话，直到iPhone 6才能使用中国移动的网络，在此之前只有中国联通的CDMA可以使用iPhone。现在库克是我们的顾问委员。

华为的任正非是中国的标志性企业家。我曾经去华为见他，邀请他给咱们学院毕业典礼演讲。但是他非常低调，说从来不参加这类活动，连他自己孩子的毕业典礼都不参加。这对他来说是一个原则。他这个人非常与众不同，他的经营方式也与众不同。比如，他拒绝投资银行要华为上市的建议，坚持不上市。华为是内部持股，所有股份都是员工持有的。但同时华为又是中国公司中最国际化的，华为的海外收入超过一半，没有哪家中国公司能做到。20年前他让IBM的人进驻华为，帮助建设内部管理系统，全盘照搬。现在它的管理体系全部都是IBM的，并且已经超过IBM的管理水平了。

我们的顾问委员会受关注也是因为其中的美国人比较多。比如这次二十几位参加会见的委员中，有一大半是美国来的。由于中美关系的重要性，所以自然受到关注。

学生：我之前在《华尔街日报》工作，待过五年，负责文化产业报道，现在做文化产业的投资。

钱颖一：这次我同康卡斯特的 CEO 罗伯茨对话。这个公司的故事也是非常传奇的。康卡斯特起初是有线电视公司，就相当于我们这里的歌华。但经过几次转型，收购了互联网宽带，收购了 NBC 电视网，还兼并了环球影视。罗伯茨这个人非常务实。

印度人的心智模式

学生：我之前看过钱院长写的《大学的改革》，这次看到咱们重量级的顾问委员会委员中有几位印度裔的美国人。之前看到一篇报道，说在世界 500 强企业和美国大学商学院里，有很多高管是从印度出来的。有人说印度大学的教育理念是学工科专业，再把商科作为第二学位，由此得出印度在企业管理方面相对中国人有优势。这个问题想请教一下钱院长。

钱颖一：我觉得既不是语言问题，也不是像你说的印度大学做工科和商科的学科交叉问题。我觉得一些印度人能做世界 500 强的 CEO，能做一流商学院院长，原因比这些要深刻得多。

我对这个事的观察从 20 世纪 80 年代就开始了。我在哈佛读博士的时候有一个同学是来自印度的，当时我就发现他的经济学根基非常好。他现在是 MIT 的著名教授。我在做了院长之后的感觉就更深了，因为我与许多世界顶级商学院院长打交道，发现不少是印度裔的，比如哈佛商学院院长、芝加哥商学院院长、康奈尔管理学院院长、南加州大学商学院院长。他们的经历与我的经历一样，就是在印度读小学、中学和大学，到美国读研究生和博士，然后留在美国工作。我们也是同一年代人。

你看美国的商学院里面有中国人做院长吗？不仅现在没有，在可看到的未来也不太可能。以哈佛商学院为例，不仅现任院长是印度裔，而且在 200

个教授中就有 30 多个是印度裔的。所以今后再选院长，还有可能是印度裔的。而华裔教授就不多，并且绝大部分是做技术性的领域，比如金融中做数学模型的，会计中也是做数学模型的。这些领域中国人比较强。但是，当院长要会讲故事，会沟通。印度人特别会讲故事。

我们的顾问委员会中有好几个印度人，他们的姓名以 N 开头的多。我们的座位是按照姓名字母排序的，所以印度人就都坐在一块了。哈佛商学院院长姓 Nohria（诺里亚），百事可乐的 CEO 姓 Nooyi（诺伊），是印度女性，微软的 CEO 姓 Nadella（纳德拉）。我不知道为什么印度人名字中 N 打头的居多，也许是偶然。

谷歌现在的 CEO 叫 Sundar Pichai（桑达尔·皮查伊），也是印度裔。在硅谷的公司中，华裔和印度裔总量对半，但是公司管理层印度人就多太多了。我们会想到是语言问题，其实并非这么简单。现在中国人的英语也很好。中国同印度的发展阶段原来差不多，现在中国超前。我们也都是在本国读本科，到美国读研究生，之后在美国工作。这有很多可比性。也许是很多中国人回国发展了，而印度人没有回印度，留在美国了。这有可能是一个因素，但是不足以解释全部。

去年（2016 年）6 月 1 号，纳德拉来清华，我同他有一个对话。对话中我们谈到一个词，叫 mindset（心智模式）。他在对话后说我正好要送你一本书，是一个斯坦福心理学家写的，书名就是 *Mindset*。我问过中文翻译，有人说是思维模式，其实这是比思维模式更宽泛的一个概念，我翻译成“心智模式”。

比如中国人问的问题绝大部分都是怎么做，是 how（如何）的问题。比如怎么创业？怎么读 MBA？中国人的长项是解决怎么做的问题，所以中国人执行力强。而印度人喜欢问为什么，是 why（为何）的问题，而且能讲出很多道理。相比中国人，印度人的执行力不强。但我们即使把事都干了，也讲不出道理，这是我们的 mindset 或心智模式。在美国的中国人会说，印度人会搞关系。但中国人不是以搞关系著称的吗？我们搞关系的路数，在一种文化里行，换一种文化可能就不行了。

其实印度的教育体制和我们的很像，也是应试教育，因为我们的人口基数都很大，而教育资源稀缺，只好通过考试制度来筛选。印度高等教育的主体之外有两个特殊体系，一个是印度理工学院（Indian Institute of Technology），一个是印度管理学院（Indian Institute of Management），前者是工科，后者是管理。它们都是精英教育，通过考试录取，竞争非常激烈，因为录取的人数非常少。全印度所有的印度理工学院的校区加起来每年录取的学生可能还没有清华录取的学生多。

你们看过《三个傻瓜》（又译《三傻大闹宝莱坞》）那部印度电影吗？它就是讽刺印度理工学院的应试教育。我当时就特别推荐这部电影，它在印度票房非常高。这部电影对印度的教育制度讽刺得很到位。发展中国家教育资源很少，又要发展教育，没有别的办法，只有通过考试来配置有限资源，这比其他方式比如任人唯亲要好。在这点上，我们和印度是相似的。他们同我们一样，应试到了最后就是看怎么解题，怎么给出标准答案。他们用这种电影来讽刺应试教育。这部电影是喜剧片，很有教育意义，我们中国有这种电影吗？在这点上，他们比咱们开放，他们有自我批评，咱们没有。

关于中国和印度的比较，要深挖的话确实同文化传统相关。印度经济学家阿玛蒂亚·森获得诺贝尔经济学奖，他写了一本书《惯于争鸣的印度人》。他说印度人几千年的历史都是这样的。犹太人也善于辩论，他们从小学《圣经》，学律法，即《塔木德》，鼓励争辩。

中国和印度这两个国家在外人看来可比性强。我们和美国、欧洲、日本的发展阶段不一样，基础也不一样，不大可比。但恰恰是从中印两国出来的人做事风格特别不一样。我们中国人去印度访问，通常回来后说印象不好，为什么？你在机场降落，你通过高速公路去酒店，这几项正好全是中国的强项。即使美国，这几项可能现在也不一定比得过我们。然而他们的强项你却没有看到。

创新和创新人才教育

学生：您已经做了很多学院的改革和创新项目，请分享一下下一步经管学院是否还有更多创新和改革的项目，我们作为学生应该以怎样的形式参与或者如何做出自己的贡献？

钱颖一：这些年来我一直都在致力于教育改革和创新。我们一直在推的无论是通识教育，还是 x-lab，都是超前的。现在清华大学也开始提出“三位一体”的教育。价值塑造、能力培养、知识获取的“三位一体”教育是我们学院最早提出的。现在中国经济在世界中的相对地位，跟五年前和十年前不一样了，现在的创新程度也不一样了。

我去年花了很多时间在提高我们本科通识教育的八组课上，有六组是历史、哲学、社会科学；有两组是自然科学：一组物质科学，一组生命科学。但学生不愿意学物理和生命科学。清华老师教物理和生命科学，并不水。问题是我们的学生并不是物理和生物专业，要讲得学生不觉得枯燥无聊，是不容易的。经管学院的学生要对生命科学有理解，并不一定要学会做实验。我这个暑假读了一些物理和生物的书，就悟出来，物理课和生命科学课必须得上，但是不一定是现在这种教法。后来就想到引入“物理学简史”和“生命科学简史”两门课。如果能把科学历史这个脉络搞清楚，是有价值的。

今年 6 月，我们清华成立了科学史系，从北大挖过来一个牛人教授叫吴国盛，来做系主任。他招聘了一些新老师，有一个年轻人叫张卜天，不到 40 岁，已经翻译了 40 本科学史的书，还只是副教授。我昨天在城里见到他，听了他一下午的课，一个年轻有为的科学史学者。他翻译的书，有关于科学和宗教关系的最新研究。我们过去都以为科学和基督教是对立的。他说这是误解，比如我们一直讲布鲁诺被烧死是因为教会对科学的抵制，其实不是。

科学史这个领域以前没有人重视。商务印书馆出版了三四十本科学史系列的书，很多是他翻译的。我就觉得科学史会越来越重要，尽管原来是非常冷僻的领域。现在科幻小说、电影、游戏等很时髦，这使得现在大家分不清楚科幻和科学。科幻很重要，它给你想象力。大家做科技投资，不能把科幻和科学混淆了。

我们学院最先开了科学史的课。物理学史和生命科学史的课，让你对整个科学的演变，对什么是科学方法，什么是科学，科学现在能解决什么问题，还不能解决什么问题，有一个整体的理解。我觉得这是很重要的。

孙正义原计划要来参加今年的顾问委员会会议，结果临时有事就没有来。他组建了一个 1 000 亿美元的基金。上周就在咱们的会议之前，3 000 人在沙特阿拉伯开了一个投资者大会。孙正义就特别相信“奇点”（singularity）会很快到来。他说他投资的目的就是要让奇点早来 20 年。他投资的基础是什么？当然是科学技术的发展。

学生：新时代中国要加快建设创新型国家，人才是创新的根基，是核心要素，人才培养根本上要依靠教育。我们看到清华经管学院在您的带领下，近年来围绕着教育理念、教育内容现代化、教师人事制度以及学院治理这四个方面做了大量的改革和创新。我们想请教您，能不能结合这次顾问委员会主席给您反馈的意见，说说您下一步改革创新还有哪些举措，尤其对我们学生？

钱颖一：我昨天刚收到顾问委员会主席给我发来的顾问委员会上委员意见的总结。有很多和学生不是直接相关，比如是关于教师的，因为这次会议的主题就是关于教师队伍建设的。当然，这跟大家又有关系，因为更好的师资、最前沿的师资，教学就会更好。另一个提到的意见是，我们做研究不要面面俱到，要跟中国的产业发展相关。比如创新，有些面向消费者的，使用互联网的，比如网上支付，我们是超前的，或者是并行的。但是还有很多是落后的，有些还很落后。

在我看来，现在妨碍我们创新的一个很大障碍就是我们全民太想创新了。这听上去非常悖论，其实不是，因为我们对创新的诉求是要立竿见影。这是我们的问题。激情是好的，但是如果政府都想马上见效果，公司都想立刻上市，这就是有问题的。

回到教育这个问题上。一般人回答你的这个问题都会集中在怎么创新教育上。我觉得一部分问题恰恰是我们的视野太窄，目标太集中，所以反而制约了我们的创造力。现在全世界创新激情最高的是中国，这是毫无疑问的。但是我们当前创新人才教育的问题是，我们太看重短期结果。我们的学生不要学物理，不要学生物，觉得这些东西都没用，找实习找工作的面试中不会问这种问题。你们面试过人，问的问题都是很技术性的，因为希望招聘的人能马上好用。如果你突然问一个量子力学的问题，问一个有关宗教的问题，就会问傻了。我想说的是，创新不要太短视，科学的发展在未来对创新、对投资都有很大的帮助，但是需要准确理解科学的发展进程。现在人工智能被忽悠得不得了。到底哪些是真的东西，哪些是能做到的，哪些是不能做到的，要回答这些问题，就要学习什么是科学的方法。而我们知道的太少太少。

寻求更宽的职业道路

学生：我是一个工科背景为主的学生，我想从您的角度，跟您探讨一下怎么看待 FMBA 这个项目对同学自身职业选择和职场发展能力的提升。

钱颖一：这个项目有几个突出特点。第一个突出特点，就是你们不愿意参加全国研究生联考。所以你们这个群体就非常有意思。用我的话说，就是方差比较大，因为如果参加那个考试的，就会比较趋同。第二，你们当然都跟金融有情结，不少有金融从业的经历。第三是香港中文大学，它是香港三个主要大学中非常特殊的一个，现在在深圳也有校区了。

你的学科根基是工程。现在金融这个行业也在受到技术的很大冲击。原来需要几百人的交易场所，现在只需要两个人了。人工智能可以推动金融的发展，同时人工智能也冲击金融行业。你现在做什么？

学生：我一直做投资。

钱颖一：跟汽车行业相关的投资？

学生：现在是。

钱颖一：所以你熟悉汽车行业。在这个行业中我们有几位顾问委员，有通用汽车的 CEO，还有日产和雷诺的 CEO，宝马的 CEO。今年我去参观了宝马，现在完全是用机器人。他们的总部办公楼和装配工厂就挨着，工厂占地一点点，机器人排得很密。他们觉得面临新能源汽车和自动驾驶的挑战，对他们会形成巨大冲击。特斯拉的 CEO 马斯克也是我们的顾问委员。特斯拉的市值高于福特的市值，GM（通用汽车）的市值只比特斯拉高一点点。

学生：我们这个班的同学方差是挺大的，可能有一半以上的人并不是学金融的，而是学文科、工科、理科的。所以也请教一下，对于我们这些最开始不是学金融出身的，这个项目对我们职业发展或者选择有哪些方面的提升？

钱颖一：看看顾问委员会委员中从事金融的委员的成长路径，也许对你们有所启发。苏世民本科在耶鲁学心理学和社会研究。保尔森本科是学历史的，他们后来都读了 MBA。鲁宾斯坦是学法律的。他们都是很成功的投资界的人物。在他们那一代从事金融行业的人里，很少是本科学金融的。但是，他们都在金融行业里干得很好。不过，现在情况可能有些变化，年轻一代中可能本科学金融的比较多一点。

回答你的这个问题，本科不是学金融这本身不是一个障碍，可能还是一个好处。同学们在一起，方差大是好事，有不同经历的同学互相交流。我觉得一个共同的问题是，在我们这里无形的心理障碍特别多，你得破除这个障碍。这样的话，职业发展的道路就很宽。

学生：您工作非常忙，所有演讲的讲稿是自己写的，同时还写书，怎么能这么高效地工作？

钱颖一：我的这本书是把过去的讲话稿编辑在一起的。不过我的所有讲话稿确实都是我自己写的，每一个字都是我自己写的。我不仅写我的讲话稿，我还经常帮助沟通办修改院册、新闻稿等。我花了好多好多时间在这些事情上面。

我的这本书是我过去这十年的讲话稿和文章的文集，但是编辑也花了不少时间。我一直有一个习惯，学者都有这个习惯，就是每次念完讲稿后，我都会把临时修改的地方记录下来。所以，我的这些讲话留下来的都是历史的真实。讲稿都是最原始的材料。比如第一次天使投资人颁奖在我们学院，那是2007年，我当时有一个讲话，收录到我的书里了。我有一次到深圳，碰到一个人，他说他是那次的受奖人之一，他记得是2011年。我说不对，那是2007年，因为我刚整理过我的那份讲稿，他自己都没有记清，而这只是10年前的事。这说明10年前我们学院就对天使投资很重视。那次我讲到我在硅谷的经历，这一经历使我对天使投资很重视。

青腾班学生与院长共品下午茶

（2018 年 6 月 22 日）

你们赶上了创新创业的新时代

钱颖一：今天我想说的第一点，就是你们赶上了创新创业的新时代。在经济学者中，我对创业这个问题是比较敏感的。我从哈佛博士毕业后，1990 年到斯坦福任教，就到了硅谷。我看到了硅谷在 90 年代的崛起。因为这个原因，我那时就很关注创业。而主流经济学只是在最近才开始重视创业。比如在全球卖了几百万册的畅销经济学原理教科书，居然不提熊彼特，他是研究创新创业的鼻祖。最近开始发生了变化。熊彼特是奥地利人，他在去世前的影响远没有凯恩斯大。但是熊彼特很可能是 21 世纪最重要的经济学家，因为 21 世纪是创新创业的世纪。

我在 1999 年写过一篇关于硅谷的文章。我那时候在美国教书，夏天到深圳，在深圳做过一个报告，就是讲硅谷的。后来我根据这个报告写了一篇文章，叫“硅谷的故事”。那时候在中国人看来，硅谷是个神话，很神奇。这篇文章在十几年后，仍然被拿出来传播。1999 年前后三年，也正是腾讯、阿里、百度创业的时候。这是第一波中国互联网的创业热潮，现在我们称它们为 BAT。它们的共同特点，就是从学别人起步。马云到西雅图第一次看到互联网，就学来了。腾讯的 QQ 也是学的 ICQ。当然在模仿中有改进。

从那个年代到现在过去了 20 年。在人家从 0 到 1 的基础上，我们从 1 到 N，N 是指这个行业在中国的规模，而我们的规模是很大的。这几年的变化，不仅是在一个领域中发展，而是做成生态了，把一维上的 N 扩大成了 M 维，就是延扩到不同行业。这是腾讯在和 360 “打仗”以后的战略改变，现在叫生态。

你们赶上了这个新时代。在这个新时代中，有 TMD（今日头条、美团、滴滴）。具体公司不重要，重要的是代表性，代表了新时代创业者做的事同20年前不太一样了。你们都是这个新时代的参与者。你们做的不是互联网，而是移动互联网，是人工智能。你们创建的公司背景，你们的大学教育背景非常丰富多样。但是可以看出，移动互联网占了很多，人工智能占了很多。从心态上讲，不再是20年前的那个年代，先看人家怎么做，我们再模仿。你们从一开始做的事情可能就是从0到1。更广泛地说，你们做的事情已经跟硅谷做的事情并驾齐驱了，有些方面已经不相上下。当然也有所不同。比如在人工智能领域，中国在一些方面是超前的，但在另外一些方面美国领先。现在中国的独角兽（企业）数目已经与美国的差不太多了，再过三四年，很可能中国独角兽的数量会超过美国，而且市场估值也有可能超过，现在投资总量已经是不相上下。当然各个领域也是各有不同。

我们这个青腾班本身就是一个创新。在这点上，我和你们心心相印，虽然年龄上咱们跨了一代多。我非常能理解你们的这种创业精神和热情。这是我想说的第一点，就是你们赶上了一个好时机。我也一直力图跟着你们的脚步在走。我这个学期有两场对话，一场是同今日头条的张一鸣，他是1983年出生的；一场是同红杉中国的沈南鹏，他是做投资的，而且投了很多新一代的创业企业。

学院在创新创业教育上的探索

钱颖一：第二点，清华—青腾未来科技学堂是清华经管学院与腾讯一起合办的，所以我特别想说一说清华经管学院这些年在推动创新创业教育方面的一些思考和举措，主要谈举措。你们的学习模块至今为止是：第一模块在北京，第二模块在深圳，第三模块在海口，第四模块在波士顿，第五模块又回到北京，之后你们还有三个模块，在外面的比较多。

我觉得青腾与清华经管的连接是极其重要的。经管学院在我当院长的十几年里，一直推动教育改革，其中一个方面就是改变管理学院过去仅仅关注管理教育的模式。除了做好培养职业经理人的传统 MBA 教育，我们还要做好创业者教育，这与培养职业经理人不同，从教育的理念到方法都很不一样。社会上既需要职业经理人，也需要创业者。

创新创业教育怎么做？我们做了三个方面。首先是师资队伍的组合。在 2013 年初，我们是全国高校中第一家管理学院重新组织了一个系，叫作创新创业与战略系。这是基于我们原来的两个系，其中一个是技术经济与管理系。这个系是我们学院在全国的王牌，最开始搞项目管理，后来搞项目创新。另一个是战略管理系。我做的一件事，就是把这两个系合并了。事后想起来直冒冷汗，我把全国排名第一的系合并了，而且名字都改了，原来这么知名的名称没有了，好比你原来有一个王牌产品，突然说不做了。我们做了以后，其他学校开始效仿，浙江大学后来也建立这样一个系，名称一模一样。我们是在 2013 年做这件事的，这是在国家提出“双创”之前。

昨天给你们上课的教授就是这个系的教授。他不用 PPT，而是在黑板上写字。他昨天写的让你们今天回味无穷，这就是水平高。他是能沉下心来跑到公司蹲点做研究的。我们这样的商学院，师资是最重要的。商学院中的教师有他们的长处。企业家有企业家的实践经验，但是也有局限，因为他只知道自己企业和行业的例子，例子讲得很好是没有问题的，但是他不能系统化和理论化。学生要听教师和企业家讲，两边要结合，这就是我们现在的路数。

第二个是我们在 2013 年 4 月创建了清华 x-lab，到今年五年了，我们在 5 月份组织了一个纪念五周年的论坛。两周前，我去武汉参加中国管理学研究国际学会，其中有一个院长论坛，清华、北大、港大、浙大四个院长讲。他们三个讲的都是商学教育的理论和设想。我说你们都讲得很好，我来讲我们是怎么落实你们讲的那些想法的。我讲的就是清华 x-lab 五年历程的案例。我的发言大家反应极其热烈，原因是我们这五年全是行动。清华 x-lab 是由经管学院发起，联合了清华的 25 个院系，这就是大学中的商学院的优势。

第三个就是这个和腾讯合办的清华—青腾未来科技学堂。我们举办的培训班很多，但你们这个班很不一样。去年春天我和马化腾在深圳一起启动这个项目，秋天我们在清华组织论坛，请了汤晓鸥、饶毅、张首晟等，都是老朋友。这个班是在创新创业教育方面的一个创新模式。我们这个班的特点是依托综合性大学，特别是以理工科为主要支柱的大学，有学科前沿优势，有学科融合优势。我们这个项目取名为清华—青腾未来科技学堂，这样一个名称，一个是未来，一个是科技，这两个是关键词。

我们学院每年有一个学院毕业典礼。之前我们从外面邀请毕业典礼的演讲嘉宾，或者是经济学家，或者是企业家。今年我们第一次请到一位科学家，量子物理学家潘建伟。我在去年很早的时候就请他了。他去年获得了未来科学奖。国际上有两本最牛的科学杂志《科学》（*Science*）和《自然》（*Nature*），他被《自然》杂志评为去年全球十大人物之一。量子通信和量子计算都是未来科技的重要方面。

我们对这个项目确实是不计成本地倾力投入，邀请了诺奖得主，业界大咖，配备了超级团队，课程设计非常不一般。这是大学中的商学院与企业合作的一个创举，我们之前没有太多这样的经历，也在探索之中。

对未来人才的思考

钱颖一：第三点，我想跟你们传递的信息，就是对未来人才的一点思考。《未来简史》大家可能看过，作者在此之前还写了一本《人类简史》。他说未来不是宗教之争，而是数据之争。不管你同意不同意，数据将来要在人类历史中有重大作用。我觉得未来肯定会是一个新的科技创新时代，其中人才的创造力是最重要的。中国的人才培养有它的优势，也有它的不足。我们的创业项目模仿的多、类似的多，重复性的多。我们更需要一些创造力强，与众不同的甚至有颠覆性的创造力。

我自己有两条体会，分享一下。第一条，我接触这么多创业家后发现，知识很重要，但并不是以前概念下的单一学科的知识，而是跨界知识。《史蒂夫·乔布斯传》那本书的背面写着一句话，说他是站在科学和艺术之间的。论单一学科，他什么都不行，微积分没有学过，电路原理也没有学过，编程没有学过。但是他能把硅谷和好莱坞联系起来，把科技与艺术结合起来。所以我的第一条感悟就是创造力中知识很重要，但单一学科知识不够，学科交叉知识更为重要。我希望同学们懂科学，懂技术，懂管理，同时更多涉猎人文，包括历史、哲学等。大家都要补课，因为我们都是从过去的教育制度里出来的。

第二条，最近一年多我在不同场合讲，做创新做创业也好，做创造力也好，要想做得与众不同，除了知识、勤奋之外，人的世界观、价值观或称价值取向是极其重要的。我说的价值观是针对当前具体问题的态度。我们现在容易急功近利，急于尽快看到成就，比如尽快上市，尽快出成果。现在创新创业的多，竞争越来越激烈，价值取向就更重要。

科学家都很偏执，爱因斯坦就是，他的追求就是想用一个简单的公式描述世界。霍金今年刚去世，他也是。我昨天在飞机上看的一个电影就是讲霍金的，讲他在上大学的时候，遇到一位女生，她问他的理想是什么？他说我就想用一个公式来解释世界。这很偏执，但这就是追求。科学就是这样向前发展的，不是因为科学家为了获诺奖。

不管是科学家还是工程师、创业者，我觉得价值取向很重要。当然运气也很重要。你们坐在这里，本身就是极其有运气的，你们比我有运气。但是运气不可控。有了运气以后，很重要的是人的价值取向。这一点对于像我们这样的文化传统来说，更需要关注。为什么？因为其他国家和民族有宗教信仰，而我们是无神论文化，更容易只有一种价值取向，就是功利主义。我们都是工具理性，我们讲的创新也都是为了经济发展、技术进步。

在我看来，在哲学层面有三种价值观：短期功利主义、长期功利主义、非功利主义。目前我们的偏向是短期功利主义，连长期功利主义都不是，更不要说不考虑经济回报的非功利主义了。未来人才真的应该思考更多，特别是在价值观上。

总结一下，以上我说了三条：你们处于一个好的时代；清华经管学院积极推动创新创业教育；对未来人才的思考，特别是未来人才的价值取向。大家都在受教育，清华—青腾未来科技学堂共有八个模块，现在是第五个模块，将来大家可能忘了很多教授讲的细节。我希望的是大家能够记住一些有思想性的、指导性的，哪怕是一点点，这对你们今后也会产生影响。这就是我们对未来科技学堂的希望。

学生：谢谢钱老师。今天真的是非常珍贵的一次活动。钱老师给我们讲的是肺腑之言，也是最精彩的一课。短短一二十分钟，凝聚了几十年的智慧。虽然大家也知道，但是我想说，不夸张地讲，钱老师是当今这个世界上的经济学家和商学院院长中，最身体力行和以关注实践为己业的。刚才钱老师跟大家讲清华经管学院他当院长 12 年，从思想到实践，他身体力行地推动教育改革，从学术到教育，到人才培养。他组织的顾问委员会全世界找不出第二个。

钱颖一：我昨天打了“飞的”，去东京见孙正义。我动员他今年 10 月份来参加学院的顾问委员会会议。他相信奇点理论，迷人工智能。

学生：钱老师他自己本身是经济学家，是教育家，又在做教育改革。他也在推动建立西湖大学，他是西湖大学的发起人之一，是西湖大学校董会主席，还是湖畔大学校董。

钱颖一：很多人把两者混淆了。这两个都在杭州，校名中都有一个“湖”字，但完全不同。我认为中国既需要西湖大学培养科学家，也需要湖畔大学培养企业家。我两边都支持，因为我觉得中国需要科学家，也需要企业家，都需要。

教育是为学生打开多扇窗户

学生：我是做医学影像的智能解读，几年前从硅谷回来自己创业。我们这个团队中大家比较类似，做的时间差不多三到六年，公司规模几百人，很多也是以科技创始人为主的。主要的问题是想顺着您刚才的话说。我们通过这个班的学习，您觉得在几个方面，包括管理经营战略执行等方面，希望我们能达到什么样的提升和学习？

钱颖一：我希望的是你们通过这样的学习，这种形式的学习，通过在同学和老师之间交流，能够打破过去那种无形的界限，能够走出以前的误区，能够进入以前的禁区。我觉得这会是很大的收获。

教育就是打开很多窗户，具体看到什么，要靠自己去领悟。我们过去把每个人当作机器一样，要求你学这个，学那个。其实把教育比作窗户更好，原来这边也可以开窗户，那边也可以开窗户，窗户外面的世界是这样的。还有把教育比作光的，有了光，看到了原来看不到的东西。这种教育理念我认同。而我们的传统不是这样。有把教育比喻成铸造模板的，有比喻成培育植物的，也有比喻成动物的，如伯乐相马之说，各种比喻都有。教育的对象是人，不是铁、不是植物、不是动物。人有他的主动思考，但是他思考的时候无形中受到很多制约，加了很多框框，把思考束缚住了。教育要破除这些束缚。所以，通过这样的课程，重要的不是学了哪些知识，而是打开新的窗户。

来自“机制设计”的启发

学生：我之前在硅谷待过，在那里读过一段时间书。我的问题是上次去了波士顿，马斯金教授给我们讲了机制设计，当时的时间特别紧，大家听得特别过瘾。今天早上几位同学分享企业管理上机制设计如何更优化。我想听听您对机制设计的想法。

钱颖一：机制设计有两个要点。第一，博弈论是在给定游戏规则下，你怎么选择不同策略，达到最好效果。机制设计是反过来，给定你希望有一个什么样的结果，反过来设计一个博弈规则或者叫机制，并且把所有人的各种激励都考虑进去，最后博弈出来的结果正好就是你想要的。所以这是一种倒推的思维。第二，在设计机制的时候，必须要考虑“激励相容”，就是要考虑到人的激励，考虑到每个人都为自己的利益。中国人说“上有政策，下有对策”。你在设计政策的时候，就要事先把人家可能的对策考虑进去，你再出台政策，出来的结果正好是你想要的。

《圣经》中就有这么一个例子。罗得当时分家，两块地，谁拿这块地，谁拿那块地。怎么办？很简单，让第一个人划地，由第二个人先挑。中国文化讲孔融让梨，那是改变人的价值观，我谦让给你，我很高兴，这也是一种办法。这是从道德层面说的。但是假如人的偏好不能改变，那怎么办呢？一种机制设计就是谁切蛋糕，谁后挑。你切的时候知道对方会挑一个大些的，所以就会切得非常均匀。

《圣经》中还有一个例子，是讲所罗门王的。有一个小孩，两个女人都说是她的，你怎么区分呢？你要设计一个机制，目的是把这个小孩给真正的母亲，不是假的母亲。所以所罗门王就说，我把这个小孩一分为二，真正的母亲就叫起来了，说不行，那我就不要了。所罗门王说好，那孩子就是你的。所以这种想法在西方文化里就有，就是在假定人的偏好不变的情况下，你要设计一个机制来做事。

学生：今天上午分享的公司治理的结构设计也是一例。

钱颖一：公司治理就是一个具体的机制设计问题。公司治理这个概念是西方的。它提出的问题是，现代公司有很多投资人，与过去所有者直接管理企业不一样。那就要设计一套制度，让投资者觉得他的投资利益能受到保护，经理人又有足够的积极性。这也说明企业初创的时候，与后来成长到一定阶段并上市后，是非常不一样的。乔布斯创建苹果公司，可是上市后他就被解雇了。你说他该不该被解雇？他该被解雇，他当时真的不会管理。他后来学习了，改变了。

机制设计的关键是要考虑到所有人的激励。计划经济是20世纪人类的一大教训，它告诉我们仅有伟大的理想是不够的。机制设计里面有非常重要的思想。

中美贸易摩擦不是单纯的经济问题

学生：我主要研究脑科学接口系统。去年您做的顾问委员会活动，我们在美国都很关注，有很多新闻报道，好像没有人见过这么多科技大佬聚在一起，而且是在中国。最近中美贸易战开始，让我们很紧张，昨天美国政府列出了 27 种危害美国知识产权的行为，其中把一个在美国雇用高科技人才的企业都列入了。我们在美国有一家公司，很多技术人员都是美籍华人或者美国雇员，把他们研发的核心技术在中国做市场、做应用。最近感觉挺紧张的。

钱颖一：本来中美之间是很好的互补，美国的基础科学强，中国的应用市场大，而且灵活。比如移动支付，在我们这里非常火，而在发达国家却比较保守。但现在中美关系出了问题，事情还在发展中。到底特朗普的路数是什么？各人有各人的说法。有的说他想围堵中国，但为什么他对盟友也加关税呢？有一条大家说得很对，贸易不是主要问题，主要还是政治问题。美国的贸易赤字不可能通过给中国加关税解决。如果同中国的贸易下降，那么同其他国家的贸易就会增加，因为贸易赤字总量是由国内储蓄决定的。所以这根本就不是关于美国贸易赤字的问题，而是贸易赤字在不同国家之间的分配问题。有一个数字很有意思，就是把日本、韩国、中国大陆、中国台湾、中国香港等东亚经济体的对美贸易加起来，过去这些年对美国的总贸易盈余是下降的，不是上升的，只是在这些地区间的分配不同而已。所以，从经济学角度讲，贸易战没有意义。

当然，即使经济上没有意义，政治上仍然会很有意义，因为政治决定选票。这里仍然有不同的可能性。这就不是我们的专长了，我们需要找点研究国际关系、国际政治的老师来讲课。不过要想找好的老师不容易。情绪化的东西没有什么意义，对大家也没有什么用，反而会误导。我们都不是研究这个领域的。我只是觉得从经济学上，没有什么实质意义的东西在里面，所以我觉得跨界更需要加强。

学生：在“中国发展高层论坛”上，萨默斯提醒在座的所有中国官员、精英们，千万不要觉得特朗普代表的是他自己，他代表的是美国对中国的广泛民意。他同中国的高层都见了面，他觉得中国高层误判了。

钱颖一：这次确实是和以往不一样。有哪一个领域的美国人出来为中国说话了？通常我们会想到华尔街、零售业，还有在中国投资的跨国公司。但是至今为止我们没有听到，学界我也没有听到。

学生：我看《华尔街日报》。它出了一期大型报道，发现这次受贸易战影响的超过一半以上的是外资公司，所以你打击中国，实际上是打击在中国的外资公司。这是非常奇怪的。

学生：我做人工智能芯片。我们团队是由两岸的海外留学生组成的。我在台湾出生，祖籍是广东。团队是海外的留学生，骨干还是大陆清华为主，相处比较和谐。昨天上课时听老师说，未来两三年大陆金融状况会比较严峻，主要是地方债问题，我们感到很震撼。我想问现在中美关系紧张，中美贸易战会加重，中国的金融状况变得更加严峻。您的观点呢？

钱颖一：简单地回答一下这个问题。首先，说中国的金融会出问题，不是第一次。外国人通常都会以他们熟悉的国家，比如美国、日本为基准来解读中国的数字。如果只看负债率，确实很高。但是他们不知道，中国还有另外一些他们不会想到的因素，因为中国的政府和那些国家的政府是很不一样的。比如，中国政府拥有很多的国有企业，很多的土地，有很多调动资源的手段，这些都是其他国家没有的。世界上其他政府一定特别羡慕中国政府的财政收入增速。尽管现在在努力减税，这些年财政收入仍然是两位数的增长。不是说没有风险，有。但是必须在账本的两边都看，负债边和资产边，以及政府的控制手段。这并不是说中国金融不会出问题，政策可能会出错，实施也会出错，比如2015年的时候就出错了。我想说的是，潜在的资源在，基本面在，而且不能把中国政府等同于美国政府、欧洲国家的政府，这是一个极其有控制力的政府。

我想金融业调整是必要的。你说现在又增加了贸易因素，但我一直觉得贸易本身没有那么大的作用。这次不是单纯的贸易战，背后是科技战，是不同政治制度、不同价值观的争斗，而我们至今的分析都还局限于贸易和经济。

致 谢

首先感谢朱镕基老院长，是他推荐我担任清华大学经济管理学院院长，并从始至今都给予我巨大的支持、指导、鞭策、教诲。

感谢清华大学历任校长、书记和学校各位领导，特别是2002年聘任我为特聘教授时的王大中校长和2006年任命我为院长时的顾秉林校长和陈希书记。

感谢清华经管学院的教师、职员，尤其是各届院务会成员，特别是赵纯均院长、杨斌书记、高建书记、白重恩院长。

《大学的改革》“学子篇”的这两卷是我在“院长下午茶”系列活动中与学生的对谈，我要由衷感谢组织和参与这一系列活动的清华经管学院学生和选修经管双学位的清华学生。他们是中国高校中最优秀的学生，他们的提问、他们的谈吐、他们关注的问题，饱含了当代中国高校学生的学识、见识和智识，同时也反映了他们的困惑、焦虑和纠结。这些都是最真实、最真诚，也是最宝贵的信息。

不同于《大学的改革》前三卷，这两卷的内容是根据“院长下午茶”活动的现场录音或录像整理而成。为了收集和整理这些原始资料，清华经管学院多位老师为之辛勤付出。特别感谢教方兴、徐雪莹、刘惠心，没有她们的努力，这两卷成书是不可能的。

感谢中信出版集团，特别是肖梦、吴素萍、孟凡玲、包敏丹、肖新明、杜珂为编辑此书尽心尽力。